Bielefelder umweltrechtliche Studien

herausgegeben von

Prof. Dr. Michael Kotulla, M.A., Universität Bielefeld

Band 4

Daniel Hoffmann

Der Grundsatz der ortsnahen Wasserversorgung im Wasserhaushaltsgesetz

Normuntersuchung und Entwicklung

Nomos

Die Deutsche Nationalbibliothek verzeichnet diese Publikation in der Deutschen Nationalbibliografie; detaillierte bibliografische Daten sind im Internet über http://dnb.d-nb.de abrufbar.

Zugl.: Bielefeld, Univ., Diss. 2014

ISBN 978-3-8487-1795-8 (Print)
ISBN 978-3-8452-5797-6 (ePDF)

1. Auflage 2015

Für Lotte Sophie,
meinen strahlenden Sonnenschein
und leuchtenden Stern

Vorwort

Die essentielle Bedeutung der Versorgung mit qualitativ gutem Trinkwasser in ausreichender Menge rückt zunehmend in den Fokus der Öffentlichkeit. Während die Weltgesundheitsorganisation WHO nach wie vor für große Teile der Bevölkerung vor allem in den ärmsten Regionen der Welt keinen ausreichenden Zugang zu sauberem Trinkwasser feststellen kann, ist in den Industrienationen und insbesondere in Deutschland bisher in nahezu keiner Region ein akuter Wassermangel zu verzeichnen. Allerdings wird mittlerweile davon ausgegangen, dass durch eine anhaltende Klimaveränderung sowie aufgrund der fortschreitenden Wasserentnahme zu landwirtschaftlichen und industriellen Zwecken auch in Deutschland zukünftige Versorgungsengpässe nicht mehr ausgeschlossen werden können. Zudem ist selbst in wasserreichen Regionen die steigende Verschmutzung des Grundwassers mit Blick auf das dauerhaft ausreichende Vorhandensein von nutzbarem Trinkwasser kritisch zu bewerten. Dieser Befund bestätigt die Notwendigkeit eines sorgsamen Umgangs mit dem zur Verfügung stehenden Wasser, der in der Bundesrepublik im Bereich der staatlichen Gewässerbewirtschaftung seine gesetzliche Grundlage findet.

Mit der Feststellung, dass Wasser ein ererbtes Gut ist, das geschützt, verteidigt und entsprechend behandelt werden muss, wurde auf europäischer Ebene zur Schaffung eines gemeinschaftsrechtlichen Ordnungsrahmens für den Gewässerschutz die Wasserrahmenrichtlinie (RL 2000/60/EG) erlassen. Im Zuge ihrer Umsetzung hat der deutsche Gesetzgeber im Jahr 2002 den sogenannten Grundsatz der ortsnahen Wasserversorgung in das Wasserhaushaltsgesetz eingefügt, dessen Voraussetzungen und Auswirkungen bis heute nicht abschließend geklärt sind.

Vor diesem Hintergrund macht es sich die vorliegende Studie zur Aufgabe, den mittlerweile seit 13 Jahren eher beiläufig betrachteten Grundsatz der ortsnahen Wasserversorgung im deutschen Wasserrecht und seine zentralen Regelungsmerkmale erstmals umfassend zu untersuchen und in das nationale wasserrechtliche Bewirtschaftungsregime einzuordnen. Die Arbeit wurde im Juli 2013 abgeschlossen und im Sommersemester 2013 von der Fakultät für Rechtswissenschaft der Universität Bielefeld als Dissertation angenommen. In der vorliegenden Fassung wird der in der Literatur und

Rechtsprechung im Wesentlichen unveränderte Stand der Diskussion zu dem wasserrechtlichen Nähegrundsatz bis November 2014 berücksichtigt.

Mein größter Dank gilt Herrn Prof. Dr. Michael Kotulla, M.A., der diese Arbeit angeregt, betreut, mich bei ihrer Verwirklichung jederzeit mit fachlichem und persönlichem Rat unterstützt und im allerbesten Sinne gefordert und gefördert hat. Ferner bin ich Herrn Prof. Dr. Andreas Fisahn für die zügige Erstellung des Zweitgutachtens zu Dank verpflichtet.

Diese Arbeit hat mich während ihrer Entstehung durch diverse Lebenssituationen begleitet. Meinen ganz besonderen Dank sage ich meinem besten Freund, der mir nicht nur in dieser Zeit stets mit Rat und Tat zur Seite gestanden hat. Ohne ihn wäre das Zustandekommen der Arbeit sicherlich ungewiss geblieben. Besonderer Dank gilt auch meinem Vater, dessen Unterstützung ich mir immer sicher sein kann. Ebenso danke ich meiner Lebensgefährtin für ihre bewundernswerte Geduld vor allem in den intensiven Phasen der Bearbeitung.

Besondere Erwähnung gebührt meinem Hund Stu, der mir auf seine Weise mehr über mich selbst beigebracht hat, als ich es je erwartet hätte.

Oldenburg, im Januar 2015

Daniel Hoffmann

Inhaltsverzeichnis

Einleitung

Trinkwasser ist eine lebenswichtige Ressource. Seit jeher sind Siedlungen auf die Versorgung mit Wasser in ausreichender Qualität und Menge angewiesen. Wasser kommt in der Natur allerdings nicht überall einheitlich in der gleichen Menge vor, Umfang und Qualität des Wasserdargebots sind regional unterschiedlich. Es gibt Bereiche mit großen Wasservorkommen, bestehend aus reichhaltigen Oberflächengewässern oder umfangreichen Grundwasservorkommen, und solche Gebiete, in denen Wasser ein wenig vorhandenes Umweltgut ist. Dabei unterliegt in der modernen Industriegesellschaft, vor allem in Ballungsräumen, die Nutzung von Wasser vielfältigen Anforderungen. Die dauerhafte Übernutzung des vorhandenen Wasserdargebots und ein gesteigerter Schadstoffeintrag in das zur (Trink-) Wasserversorgung hauptsächlich herangezogene Grundwasser gefährden die Versorgung der Bevölkerung mit qualitativ gutem Wasser. Längst wird deswegen hierfür nicht mehr nur das direkt am Ort der Verwendung vorhandene Wasser beansprucht. Sofern dies möglich ist, wird Wasser auch über lange Strecken transportiert, um das Bedürfnis der Bevölkerung an der Versorgung mit Trinkwasser in ausreichender Menge und Qualität zu befriedigen.

Hieraus folgt eine zunehmende räumliche Trennung der Wassernutzer von den Gebieten, in denen Wasser zum Teil in erheblicher Menge zur Versorgung einer Vielzahl von Verbrauchern gefördert wird. Die Konzentration der Wasserentnahme auf einige wenige wasserreiche Gebiete kann weiträumige Auswirkungen auf den Natur- und Wasserhaushalt zur Folge haben, wogegen die Erhaltung und Wiederherstellung der Nutzbarkeit des Wasserdargebots am Versorgungsort zusehends vernachlässigt wird. Der hierdurch angelegte Konflikt zwischen der notwendigen Nutzung des Wassers für den Menschen einerseits und dem Schutz des Wassers andererseits erfordert einen tragfähigen Ausgleich. In einem modernen Rechtsstaat ist es Aufgabe der Rechtsordnung, durch verhaltenslenkende Maßnahmen den erforderlichen Interessenausgleich herbeizuführen. Hierzu hat der Gesetzgeber den sogenannten Grundsatz der ortsnahen öffentlichen Wasserversorgung in das Wasserhaushaltsgesetz eingefügt. Die Bestimmung seines Inhalts und seine Implementierung in das öffentlich-rechtliche Bewirtschaftungsregime des Wasserhaushaltsgesetzes sind Gegenstand der nachfolgenden Erörterungen.

A. Ausgangslage

Bereits vor der bundesrechtlichen Normierung der ortsnahen öffentlichen Wasserversorgung haben einige Landeswassergesetze ähnliche, inhaltlich aber divergente Regelungen einer ortsnahen Wasserversorgung bereitgehalten. Andere Landeswassergesetze kannten eine solche Regelung dagegen nicht[1]. Entsprechend uneinheitlich bis gar nicht vorhanden waren die normativen Anforderungen an die öffentliche Wasserversorgung bei dem Zugriff auf entlegene Wasservorkommen. Damit einhergehend hat sich eine insoweit defizitäre Versorgungs- und Regelungsstruktur in der Bundesrepublik etabliert. Zwar gab es auch bundesrechtlich bereits vor der Einführung des Nähegrundsatzes Ansatzpunkte für eine angestrebte ortsnahe Wasserversorgung aus den allgemeinen Anforderungen des Wasserrechts[2]. Der Gesetzgeber hat diesen Aspekt aber erstmals im Jahr 2002 im Zuge der Umsetzung der Wasserrahmenrichtlinie[3] aufgegriffen und versucht, eine ortsnahe öffentliche Wasserversorgung über die Landeswassergesetze zu installieren. Nach der Änderung der Gesetzgebungskompetenz für den Bereich des Wasserrechts durch die Föderalismusreform erließ der Bundesgesetzgeber schließlich § 50 Abs. 2 WHG[4] als bundeseinheitliches Recht, der wie folgt lautet:

> »Der Wasserbedarf der öffentlichen Wasserversorgung ist vorrangig aus ortsnahen Wasservorkommen zu decken, soweit überwiegende Gründe des Wohls der Allgemeinheit dem nicht entgegenstehen. Der Bedarf darf insbesondere dann mit Wasser aus ortsfernen Wasservorkommen gedeckt werden, wenn eine Versorgung aus ortsnahen Wasservorkommen nicht in ausreichender Menge oder Güte oder nicht mit vertretbarem Aufwand sichergestellt werden kann.«

---

1 Zu der Rechtslage vor der 7. WHG-Novelle auch unten, 1. Teil, D. I. Regelungsstruktur in den Landeswassergesetzen bis zur erstmaligen Einführung des Grundsatzes der ortsnahen Wasserversorgung in das Wasserhaushaltsgesetz.

2 Hierzu 1. Teil, D. II. 1. Ungeschriebener Grundsatz der ortsnahen Wasserversorgung vor der 7. WHG – Novelle.

3 RL 2000/60/EG, ABl. L 327 vom 22.12.2000, S. 1.

4 Hierzu im Ganzen 6. Teil: Vorrang der ortsnahen Wasserversorgung und Landesrecht.

Das Postulat einer ortsnahen Wasserversorgung ist danach zwar schon länger ein Thema im deutschen Wasserrecht, seine Voraussetzungen und Anforderungen sind bisher allerdings nicht abschließend dargestellt. Insgesamt fehlt die umfassende Aufarbeitung der Norm, beispielsweise hinsichtlich ihrer Verortung in der wasserbehördlichen Gestattungsprüfung. Schon die Funktion des Nähegrundsatzes für sich genommen ist nicht bekannt. Jener wurde zunächst in dem überkommenen § 1a Abs. 3 WHG als gemeinsame Bestimmung für die Gewässer dem gesamten Wasserhaushaltsgesetz vorangestellt, mittlerweile findet sich die Regelung in der Mitte des Wasserhaushaltsgesetzes im Dritten Kapitel als »besondere Bestimmung« für die öffentliche Wasserversorgung wieder. Der Gesetzgeber bedient sich bei der Abfassung des Nähegrundsatzes unbestimmter Rechtsbegriffe, welche für das Verständnis der Norm inhaltlich aufzufüllen sind. Dies ist bisher nicht erschöpfend geschehen. Insbesondere das zentrale Merkmal der Ortsnähe wurde bereits in den zuvor bestehenden landesrechtlichen Bestimmungen uneinheitlich verwendet und wird auch nach Einführung des Grundsatzes in das Wasserhaushaltsgesetz des Bundes differenziert betrachtet[5]. Hinzu kommt, dass die Regelung einige wasserrechtlich äußerst kontrovers diskutierte Bereiche ohne weitere Konkretisierung anschneidet. Beispielsweise stellt die Vorgabe auf das Wohl der Allgemeinheit ab, dessen Verständnis im Wasserrecht schon seit Jahrzehnten zur Diskussion steht[6]. Insgesamt gibt die sprachlich eigentlich klare gesetzliche Formulierung des Vorrangs der Bedarfsdeckung aus ortsnahen Wasservorkommen damit eine Reihe von Fragen für die praktische und rechtliche Umsetzung auf, die weitestgehend unbeantwortet sind.

Im Wesentlichen beschränken sich die rechtswissenschaftlichen Erörterungen zu dem Grundsatz der ortsnahen Wasserversorgung auf die Erwähnung der Norm in Lehrbüchern oder einer eher knappen Kommentierung der isolierten Vorschrift[7]. Darüber hinaus erfolgt eine mittlerweile jedoch in weiten Teilen nicht mehr zeitgemäße Auseinandersetzung mit dem Thema

5 Hierzu insgesamt unten 4. Teil, C. Ortsnähe.

6 Zu dem Meinungsstand ausführlich unten, 4. Teil, E. I. Umfang des Allgemeinwohlbegriffs im Wasserhaushaltsgesetz.

7 Etwa Czychowski/Reinhardt, Wasserhaushaltsgesetz, 10. Auflage, § 50; Kotulla, Wasserhaushaltsgesetz, 2. Auflage, § 50; Gößl in Siedler/Zeitler, BeckOK Wasserhaushaltsgesetz, § 50 Rdnr. 25ff; Hünnekens in Landmann/Rohmer, Umweltrecht, § 50 WHG Rdnr. 19ff; Hasche in Giesbert/Reinhardt, BeckOK Umweltrecht. § 50 Rdnr. 8ff.

durch einige wenige Autoren[8], die sich hauptsächlich mit dem Ansatz einer ortsnahen Wasserversorgung vor seiner bundesrechtlichen Normierung beschäftigen. Insgesamt findet der Vorrang der ortsnahen öffentlichen Wasserversorgung in der wasserrechtlichen Literatur nur am Rande Erwähnung[9], wobei sich die Betrachtung auf das mögliche Verständnis der Ortsnähe beschränkt. Angesichts der kartellrechtlichen Problematik von Wasserpreisen und ähnlichen prominenten Themen des Wasserrechts tritt die Wahrnehmung der Anordnung einer ortsnahen Wasserversorgung regelmäßig in den Hintergrund und wurde bisher insgesamt nur rudimentär abgehandelt.

B. Aufgabenstellung

Die vorstehenden Ausführungen lassen erkennen, dass eine vertiefte Auseinandersetzung mit dem Grundsatz der ortsnahen Wasserversorgung aussteht. Es ist zudem zweifelhaft, dass bis hierhin eine ausreichende Aufarbeitung der einzelnen Merkmale des Nähegrundsatzes erfolgt ist, soweit diese überhaupt Gegenstand einer Untersuchung waren. Ziel der vorliegenden Arbeit ist es deshalb, den Grundsatz der ortsnahen Wasserversorgung einer umfassenden Auslegung und Einordnung in das wasserrechtliche Bewirtschaftungsregime zu unterziehen.

Dazu soll die Regelung selbst in den Kontext des Wasserhaushaltsgesetzes eingeordnet werden. Grundsätzlich wird dabei zu erörtern sein, in welchem Maß die Träger der öffentlichen Wasserversorgung dadurch betroffen werden und welche verfassungsmäßigen Grenzen der Norm insoweit entgegenstehen. Der Erkenntnisgewinn liegt hier zunächst in der Herausarbeitung einer belastbaren Arbeitsgrundlage für die nachfolgende Normuntersuchung. Neben der Implementierung des Grundsatzes der ortsnahen öffentlichen Wasserversorgung in das Normgefüge des Wasserrechts wird darauf

8 Etwa Hendler/Grewing, „Der Grundsatz der ortsnahen Wasserversorgung im Wasserrecht", in ZUR Sh 2001, 146; Kibele, „Paradigmenwechsel in der Wasserwirtschaft" in VBlBW 1997, 121.

9 Beispielsweise Hasche, „Das zweistufige Bewirtschaftungsermessen im Wasserrecht", in ZfR 2004, 144; Reinhardt, „Neuere Entwicklungen im wasserhaushaltsgesetzlichen Bewirtschaftungssystem unter besonderer Berücksichtigung des Bergbaus" in NuR 2004, 82; Breuer, „Wasserpreise und Kartellrecht", NVwZ 2009, 1249.

aufbauend die inhaltliche Bestimmung der konkreten Normmerkmale und die Darstellung ihrer Bedeutung für die wasserwirtschaftliche Praxis angestrebt, wobei die bestehenden Norminterpretationen und Ausführungsansätze auf ihre Tauglichkeit hin zu überprüfen sind. Die dabei gefundenen Ergebnisse dienen als Anknüpfungspunkt für eine Bewertung der Norm und der Erarbeitung gegebenenfalls erforderlicher Nachbesserungen durch den Gesetzgeber. Hierzu soll aus den Ergebnissen der Normuntersuchung ein praxistauglicher Regelungsansatz abgeleitet werden. Vor dem Hintergrund der Föderalismusreform ist abschließend festzustellen, ob der bundesrechtliche Regelungsansatz dauerhaft Bestand haben kann.

Der aus diesem Vorgehen insgesamt resultierende Erkenntnisgewinn wird in erster Linie darin bestehen, den Grundsatz der ortsnahen Wasserversorgung und seine Regelungsmerkmale vollumfänglich zu begreifen. Die Anforderungen für die Wasserentnahme zu Gunsten der öffentlichen Wasserversorgung sowie die Grenzen ihrer Verweisung auf die ortsnahen Wasservorkommen zum einen und die Rahmenbedingungen des Zugriffs auf entlegene Wasservorkommen zum anderen werden herausgearbeitet und einer praxisgerechten Formulierung zugeführt. Aus den konkreten Untersuchungsergebnissen sollen darüber hinaus Konsequenzen des Grundsatzes der ortsnahen Wasserversorgung für bestehende Fernwasserversorgungssysteme gezogen werden.

C. Gang der Untersuchung

Der Gang der Untersuchung wird naturgemäß durch die Zielsetzung der Arbeit bestimmt, den Grundsatz der ortsnahen Wasserversorgung im Kontext des Wasserhaushaltsgesetzes zu erfassen und herauszufinden, wie weit der Vorrang der ortsnahen öffentlichen Wasserversorgung reicht und welche normativen Voraussetzungen die Regelung hierzu de lege lata bereithält, sowie gegebenenfalls festzustellen, welche Voraussetzungen de lege ferenda für den effektiven Normvollzug hinzutreten müssen. Zu diesem Zweck gliedert sich die Arbeit in sechs Teile auf.

Der Erste Teil führt in die Thematik ein. Im Zweiten Teil werden die Adressaten des Grundsatzes der ortsnahen Wasserversorgung Gegenstand der Erörterung sein. Der Dritte Teil dient der grundsätzlichen Einordnung des Näheprinzips in das wasserrechtliche Bewirtschaftungsregime, darauf aufbauend beschäftigt sich der Vierte Teil ausführlich mit der Aufarbeitung der einzelnen Normbestandteile des § 50 Abs. 2 WHG. Daran schließt sich der Fünfte Teil mit einer Bewertung der vorgefundenen Untersuchungsergebnisse an. Der Sechste und letzte Teil gibt vor dem Hintergrund der konkurrierenden Gesetzgebungskompetenz des Bundes nach der Föderalismusreform einen Ausblick auf den dauerhaften Bestand der bundesrechtlichen Anordnung. Die Ergebnisse der Arbeit werden abschließend in einem Fazit und in Thesen zusammengefasst.

Dem Ersten Teil wird zunächst eine Realanalyse vorangestellt (A.), in der zur Verdeutlichung der tatsächlichen Situation in Deutschland die wasserreichen und wasserarmen Gebiete aufgezeigt und im Verhältnis dazu die bedeutendsten Fernwasserversorgungssysteme veranschaulicht werden. Hieran schließt sich eine Zusammenstellung der umweltpolitischen Erwägungen an, die zu der Präferenz der Versorgung aus ortsnahen Wasservorkommen führen (B.). Dort sind die wesentlichen Argumente zusammenzufassen, die auch bei der späteren Untersuchung des § 50 Abs. 2 WHG zu berücksichtigen sind, gefolgt von der Betrachtung möglicher wirtschaftlicher Aspekte als Intention einer ortsnahen Wasserversorgung (C.). Schließlich wird die normative Entwicklung des Nähegrundsatzes im Wasserhaushaltsgesetz aufgezeigt (D.).

Der Zweite Teil setzt sich mit der Frage auseinander, wer maßgeblich durch den wasserrechtlichen Nähegrundsatz verpflichtet wird – differenziert anhand der Zielrichtung der Norm wird dabei zwischen den direkten (A.) und den indirekten Normadressaten (B.) unterschieden. Anschließend wird der Vorrang der ortsnahen Wasserversorgung mit der kommunalen Selbstverwaltungsgarantie konfrontiert (C.), wobei es um die Frage geht, ob durch den Nähegrundsatz eine relevante Rechtseinschränkung erfolgt und – falls eine solche erkennbar ist – welche verfassungsgemäßen Grenzen für den Vorrang der ortsnahen Wasserversorgung sich hieraus ergeben.

Inhalt des Dritten Teils ist die Einordnung des Nähegrundsatzes als solches in die nationalen und supranationalen wasserrechtlichen Vorgaben. Insgesamt geht es in diesem Abschnitt darum, grundlegende Erkenntnisse über das rechtliche Gebilde »Grundsatz der ortsnahen Wasserversorgung« zu erlangen, indem das Postulat einer vielseitigen Kontrolle am geltenden Recht unterzogen wird. Dazu erfolgt die Gegenüberstellung der Anordnung der ortsnahen Wasserversorgung mit den bestehenden wasserrechtlichen Bewirtschaftungsgrundsätzen (A.) und der wasserrechtlichen Bewirtschaftungsstruktur (B.). Gegenstand der Untersuchung dort sind vor allem die

Ziele der Gewässerbewirtschaftung und ihr Verhältnis zu der ortsnahen Wasserversorgung. Anschließend wird eine erste Einordnung des Nähegrundsatzes in die wasserrechtliche Gestattungsstruktur vorgenommen (C.).

Im Vierten und zentralen Teil der Arbeit erfolgt die umfangreiche Herausarbeitung der einzelnen Normmerkmale des § 50 Abs. 2 WHG. Die Reihenfolge der Untersuchung orientiert sich dabei an den textlichen Vorgaben des § 50 Abs. 2 WHG, lediglich die Betrachtung des Merkmals des »Vorrangs« erfolgt an nachgerückter Stelle, um den inneren Zusammenhang der Regelungsmerkmale nicht auseinander zu reißen. Dementsprechend wird zuerst der Begriff des »Wasserbedarfs« untersucht (A.). Leitgedanke der Bearbeitung ist die Überlegung, ob hierin eine bestimmte Entnahmemenge oder eine mengenmäßige Begrenzung der Wassernutzung angelegt ist. Dabei wird das Wasserhaushaltsgesetz nach vergleichbaren Regelungen durchsucht und ausgehend von den bereits ermittelten grundsätzlichen Erwägungen die Auffüllung des Merkmals vorgenommen, gefolgt von der Entwicklung praxisrelevanter Bedarfsszenarien in Bezug auf eine vornehmlich ortsnahe Wasserversorgung. Die hiernach gefundenen Ergebnisse werden auf ihre Vereinbarkeit mit kollidierenden Grundrechten hin überprüft. Anschließend wird die Einordnung des Merkmals »Wasserbedarf« in die wasserrechtliche Gestattung versucht.

Es folgt die Darstellung des Begriffs »öffentliche Wasserversorgung« (B.), wobei anlässlich der Verwendung dieses terminus technicus die Einbeziehung anderer Versorgungsstrukturen in die Regelung einer ortsnahen Wasserversorgung kritisch hinterfragt wird.

Hieran schließt sich die umfangreiche Auseinandersetzung mit dem für das Postulat charakteristischen Begriff der »Ortsnähe« an (C.). Dort ist der Maßstab für die Regelungsreichweite des Grundsatzes einer bezeichnenderweise ortsnahen Wasserversorgung zu erarbeiten. Für die Begriffsbestimmung erfolgt einleitend eine Negativabgrenzung zu dem Aspekt der Fernwasserversorgung, anschließend werden zur positiven Begriffsdefinition vergleichbare Regelungen des Wasserrechts und verwandter Rechtsgebiete herangezogen. Ausgehend davon wird eine untere und eine obere Grenze des räumlichen Einzugsbereichs der ortsnahen Wasserversorgung erarbeitet. Der Begriff der Ortsnähe wird hier unter Berücksichtigung des wasserrechtlichen Meinungsstands einer abschließenden Bestimmung zugeführt.

Im Weiteren findet die Betrachtung des wörtlichen Vorrangs der ortsnahen Wasserversorgung statt (D.). Der Untersuchung vorangestellt ist das normativ angestrebte Verhältnis der Wasserversorgung aus ortsnahen und entlegenen Wasservorkommen, das an dem wasserrechtlich geltenden Wertungsmaßstab einer gestattungsrechtlich regelmäßig privilegierten öffentlichen Wasserversorgung gemessen wird. In diesem Gefüge wird eine Standortbestimmung des Regelungsansatzes in der wasserrechtlichen Gestattungsprüfung vorgenommen und die Funktion des wörtlichen »Vorrangs« herausgestellt.

Zuletzt erfolgt die Auseinandersetzung mit dem Vorbehalt entgegenstehender Belange des Wohls der Allgemeinheit (E.). Dabei wird der Meinungsstand zu dem wasserrechtlichen Gemeinwohlbegriff aufgezeigt und einer Auflösung zugeführt. Ausgehend von dem so gefundenen Verständnis der Belange des Wohls der Allgemeinheit werden die maßgeblichen Gemeinwohlbelange, die bei der Entscheidung für und wider einer ortsnahen Wasserversorgung relevant sein können, erörtert und die Ausgestaltung des Gemeinwohlvorbehalts anhand des praxisrelevanten Beispiels finanzieller Erwägungen der Träger der Wasserversorgung ausführlich dargestellt.

Auf Grundlage der vorangegangenen Ergebnisse soll der bestehende Grundsatz der ortsnahen Wasserversorgung in dem anschließenden Fünften Teil im Sinne einer Defizitanalyse bewertet werden. Zunächst wird hierzu seine absehbare Umsetzung in der wasserbehördlichen Praxis beschrieben (A.). Anschließend soll seine Eignung darauf hin überprüft werden, ob die mit ihm verfolgten Ziele erreicht werden können und der Nähegrundsatz zu sachgerechten Ergebnissen führt (B.). Im Folgenden wird untersucht, ob und gegebenenfalls welche rechtlichen Konsequenzen der gesetzlich vorgezeichnete Vorrang der ortsnahen Wasserversorgung für die bestehende Versorgung aus entlegenen Wasservorkommen entfaltet (C.). Gegenstand der Betrachtung ist dabei insbesondere, ob angesichts der gegebenen Versorgungsstrukturen in der Bundesrepublik rechtlich eine Rückführung der Fernwasserversorgung in den ortsnahen Bereich angezeigt und möglich ist. Hierauf folgt die inhaltliche Bewertung des § 50 Abs. 2 WHG (D.), an deren Ende basierend auf den Untersuchungsergebnissen ein eigener Vorschlag für die Formulierung des Grundsatzes der ortsnahen Wasserversorgung steht.

In dem Sechsten und letzten Teil wird kursorisch das Verhältnis der bundesrechtlichen Anordnung der ortsnahen Wasserversorgung zu den Landeswassergesetzen unter der Vorgabe der Föderalismusreform beleuchtet. Dabei sollen als Ausblick auf potentielle Diskrepanzen bestehende Unterschiede in dem Regelungsverständnis der Landesgesetzgeber zu der bundesrechtlichen Ausgestaltung des Nähegrundsatzes aufgezeigt werden (A.). Die Dauerhaftigkeit der bundesgesetzlichen Anordnung gegenüber abweichenden Landesnormen wird überprüft (B.), wobei für den Grundsatz der ortsnahen Wasserversorgung die Möglichkeit einer Einordnung als abweichungsfeste stoff- oder anlagenbezogene Regelung nachvollzogen wird.

1. Teil: Einführung in die Thematik – Grundsätzliche Erwägungen zu einer ortsnahen öffentlichen Wasserversorgung

Der Ansatz einer ortsnahen Wasserversorgung wird in der Versorgungswirtschaft regelmäßig vor dem Hintergrund der Versorgung aus entfernten Wasservorkommen, der sogenannten Fernwasserversorgung, diskutiert. Ausgangspunkt der Betrachtung des Prinzips der ortsnahen Wasserversorgung soll daher eine Einführung in die unterschiedliche Bedeutung von Fernwasserversorgung und ortsnaher Wasserversorgung für den Wasserhaushalt und die Bewirtschaftung der Ressource Trinkwasser sein. Die Fernwasserversorgung und die ortsnahe Wasserversorgung sind hierfür zueinander ins Verhältnis zu setzen. Den grundlegenden Unterschied zwischen den beiden Versorgungsarten stellt in tatsächlicher Hinsicht das Maß der räumlichen Entfernung dar, die für die jeweilige Versorgung überwunden werden muss[10]. Während im Fortgang der Untersuchung zu klären sein wird, wann ein Wasservorkommen und dementsprechend die Versorgung aus demselben als ortsnah bezeichnet werden kann, lässt sich der Zugriff auf weit vom Versorgungsort gelegene Wasservorkommen bereits jetzt ohne weiteres als Fernwasserversorgung bezeichnen. Die hierauf basierende Versorgungsstruktur in der Bundesrepublik soll zunächst aufgezeigt werden. Ausgehend von diesen tatsächlichen Gegebenheiten wird erörtert, welche Erwägungen für den Erlass einer Regelung zur ortsnahen öffentlichen Wasserversorgung eine Rolle gespielt haben und auch weiterhin als Leitkriterien für die Beurteilung der Vorgabe des § 50 Abs. 2 WHG heranzuziehen sind. Die Rechtsentwicklung bis hin zu der aktuellen Fassung des Wasserhaushaltsgesetzes wird dargestellt.

---

10 Hierzu ausführlich unter 4. Teil, C. II. Erste Annäherung an den Begriff der Ortsnähe.

A. Realanalyse: Fernwasserversorgungsstruktur in Deutschland

Der Anteil der Fernwasserversorgung am Wasseraufkommen der öffentlichen Wasserversorgung nimmt stetig zu, 1993 lag er bereits bei über 30%[11]. Im Regelfall soll eine Fernwasserversorgung in der Bundesrepublik dort erfolgen, wo das regionale Wasserangebot nicht ausreicht, um den bestehenden Wasserbedarf zu bedienen[12]. Maßgeblich für die Darstellung der Wassermenge einer Region ist zum einen die Wasserbilanz. Indikator für diese Bilanz beziehungsweise das dadurch bedingte potentielle Wasserdargebot ist die Gesamtabflusshöhe einer Region: je höher der Abfluss des Wassers in den Boden ist, desto größer ist die zur Verfügung stehende Wassermenge[13]. Hinsichtlich der mittleren jährlichen Abflusshöhe sind der Harz, das Sauerland, der Schwarzwald sowie der bayrische Wald und die bayrischen Alpen als die wasserreichsten Gebiete mit einer Abflusshöhe von bis zu 2000 mm/a auf 1 km^2 in Deutschland zu benennen. Gerade noch auf die Hälfte der Abflussmenge kommen die Gebiete im Thüringer Wald, im Erzgebirge, in der Eifel, im Hunsrück, Vogelsberg, Odenwald, in der Fränkischen und Schwäbischen Alb sowie die Ausläufer der bayrischen Alpen. Der größte Teil Norddeutschlands weist demgegenüber eine mittlere Abflusshöhe von 150 – 500 mm/a auf, Ostdeutschland und die übrigen Gebiete in den alten Bundesländern sogar nur noch eine gegen 0 mm/a laufende Abflusshöhe[14]. Hier existiert rechnerisch nahezu kein Wasserdargebot. Diese Gebiete sind ohne weiteres als »trocken« zu charakterisieren.

Hinsichtlich der Wasserversorgung ist weiterhin das Grundwasservorkommen einer Region entscheidend für das zur Versorgung zur Verfügung stehende Wasser. Die öffentliche (Trink-)Wasserversorgung in Deutschland beruht zum größten Teil auf der Entnahme von Grundwasser[15], die Wasser-

---

11 Lehn/Steiner/Mohr, Wasser – Die elementare Ressource, S. 61.

12 Vgl. Busskamp, „Unsere Wasserversorgung“ in Liedtke/Mäusbacher/Schmidt, Nationalatlas BRD, S. 150, wonach ein unzureichendes Wasserdargebot vor allem in Ballungsräumen zu finden sei.

13 Glugla/Jankiewicz, „Wasserreiche und wasserarme Regionen“, in Liedtke/Mäusbacher/Schmidt, Nationalatlas BRD, S. 130.

14 Liedtke/Mäusbacher/Schmidt, Nationalatlas BRD, Übersichtskarte „Abflusshöhe“ der Bundesanstalt für Gewässerkunde für den Zeitraum 1961 – 1990, S. 131.

15 Vierhuff, „Grundwasserergiebigkeit“, in Liedtke/Mäusbacher/Schmidt, Nationalatlas BRD, S. 142.

gewinnung aus Grundwasser macht etwa 65% des Gesamtwasseraufkommens aus[16]. Äußerst ergiebige Grundwasservorkommen bestehen im Raum Hamburg und Bremen sowie an der niedersächsischen Küste, Berlin, Brandenburg und dem östlichen Sachsen-Anhalt, in den nordrhein-westfälischen Rheingebieten sowie zwischen Mainz und Freiburg. Ebenfalls ergiebig sind die Vorkommen im Donaubereich zwischen Ingolstadt und Ulm und im Landshuter Raum. In diesen Gebieten ist eine Wasserentnahme von häufig über 5 hm³/a in den angesiedelten Wasserwerken möglich. Immerhin noch als ergiebig hinsichtlich der Grundwasserförderung mit einer möglichen Fördermenge von 1 – 5 hm³/a sind die Grundwasservorkommen in den Gebieten des östlichen Niedersachsens sowie im westlichen Nordrhein-Westfalen, im Bereich des Vogelsbergs in Hessen sowie in Zentralbayern[17]. Die übrigen Gebiete, also insbesondere Mitteldeutschland, sind mit Blick auf die Bedeutung des Grundwassers für die Wassergewinnung als gering bis unbedeutend einzustufen. Es lässt sich somit ein relatives Nord-Süd-Gefälle in Bezug auf die Ergiebigkeit der Grundwasservorkommen in Deutschland erkennen. Mit der Ergiebigkeit der Grundwasservorkommen einher geht, mit Ausnahme des ostdeutschen Raumes aufgrund der schlechten Abfließeigenschaften, die Fähigkeit zur Grundwasserneubildung in den einzelnen Gebieten[18]. Da letztlich gerade die Grundwasserneubildung den Maßstab einer langlebigen und ertragreichen Grundwasserentnahme darstellt, ist im Ergebnis der ostdeutsche Raum jedenfalls langfristig als wasserarm zu bewerten, weil hier eine Erneuerung der nur teilweise regenerativen Ressource Trinkwasser durch das Auffüllen der Grundwasserspeicher nicht stattfindet.

Schließlich sind für die Wasserversorgung die Oberflächengewässer zu berücksichtigen. Dabei richtet sich der Fokus vorrangig auf stehende Gewässer, weil die Fließgewässer in Deutschland aufgrund mäßiger bis starker Verschmutzung, vor allem in der Nähe der Ballungsräume, regelmäßig

---

16 BDEW vom 22.08.2008, „Die öffentliche Wasserversorgung in Deutschland", S. 4 unter Bezugnahme auf Daten des statistischen Bundesamtes sowie des Bundesamtes für Gewässerkunde in Fachserie 19, Reihe 2.1.mit Stand September 2006.

17 Liedtke/Mäusbacher/Schmidt, Nationalatlas BRD, Karte „Ergiebigkeit der Grundwasservorkommen" der Bundesanstalt für Geowissenschaften und Rohstoffe, S. 143.

18 Vgl. hierzu Liedtke/Mäusbacher/Schmidt, Nationalatlas BRD, Karte „Grundwasserneubildung" der Bundesanstalt für Geowissenschaften und Rohstoffe, S. 145.

nicht ohne weiteres zur Trinkwasserversorgung herangezogen werden können[19]. Eine gute bis sehr gute Gewässergüte – also eine Einstufung als gar nicht bis nur gering belastet – ergibt sich dort lediglich in Teilbereichen, vornehmlich in Quellnähe[20]. Obwohl insgesamt eine Verbesserung der Gewässergüte der Flüsse in Deutschland seit 1995 zu erkennen ist, sind gerade einmal 7,3% der Gewässerstrecken als gut bis sehr gut einzustufen. 57,8% der Gewässerstrecke erreichen immerhin noch die Bewertung einer mäßigen Belastung, 34,9% liegen damit unter dieser Anforderung[21]. Insgesamt lässt sich daher festhalten, dass die Verwendung von Flusswasser zur Trinkwasserversorgung regelmäßig nur mit erheblichem Aufbereitungsaufwand möglich ist. Bereits das Flusswasser der Güte II (mäßige Belastung) wird den Anforderungen an die Beschaffenheit von Trinkwasser nach der TrinkwV nicht gerecht, so dass schon hier ein erheblicher Reinigungsaufwand für die öffentliche Trinkwasserversorgung vorausgesetzt ist. Im Übrigen ist im Rahmen der Oberflächenwasserbewirtschaftung auf die Wasserentnahme aus Seen und Talsperren zurückzugreifen. Hierbei ist jedoch zu beachten, dass gerade diese natürlichen Wasserspeicher nur in ausgewählten Gebieten vorhanden sind. Deswegen spielt die Versorgung aus Oberflächenwasser außerhalb der Fernwasserversorgung in Deutschland auch nur eine untergeordnete Rolle. Insgesamt ist innerhalb der Regionen mit umfangreicher Wassergewinnung (über 500 Mio. m^3/a) die Deckung des Wasserbedarfs aus Oberflächenwasser nur in Nordrhein-Westfalen (62,1% des gewonnen Wassers) und Baden-Württemberg (25%) beachtenswert, bei geringeren Bedarfsmengen (unter 500 Mio. m^3/a) kommt dem Oberflächenwasser auch in Sachsen (56,8%), Sachsen-Anhalt (46%) und Thüringen (43,2%) Relevanz zu[22]. Demgemäß ist die Beurteilung eines wasserarmen beziehungsweise wasserreichen Gebietes vor dem Hintergrund der möglichen ortsnahen Versorgung letztlich vorrangig an die Frage des Grundwassers und der Abflussmenge zu knüpfen. Aus dieser Perspektive sind insbesondere die Regionen Ostdeutschlands, die Rheinregion vom

19 In der Regel ist ohnehin die Aufbereitung des entnommenen Wassers zum Zwecke der Trinkwasserversorgung notwendig, vgl. etwa Kotulla, Wasserhaushaltsgesetz, 1.Auflage, § 1a Rdnr. 14. Die Verwendung des schon qualitativ schlechten Flusswassers dürfte dann aber einen äußerst hohen Aufbereitungsbedarf erfordern.

20 Vgl. Liedtke/Mäusbacher/Schmidt, Nationalatlas BRD, Karte der LAWA zur biologischen Gewässergüte der Flüsse 2000, S. 135.

21 Blondzik/Rechenberg, „Die Wasserqualität unserer Flüsse", in Liedtke/Mäusbacher/Schmidt, Nationalatlas BRD, S. 134.

22 Busskamp, „Unsere Wasserversorgung" in Liedtke/Mäusbacher/Schmidt, Nationalatlas BRD, S. 150.

Rhein-Main-Gebiet bis nach Karlsruhe, aber auch der Stuttgarter Raum sowie vereinzelte Gebiete Norddeutschlands als wasserarm zu bezeichnen.

Demenstprechend erfolgt auch die Wassergewinnung im Bundesgebiet insgesamt nicht einheitlich. Eine mengenmäßig hohe Wasserentnahme (100.000 – über 500.000 m³/km² im Jahr) findet vornehmlich an der Nordseeküste Schleswig-Holsteins, der Ostseeküste Mecklenburgs, der westlichen Nordseeküste Niedersachsens sowie im Ruhrgebiet und in der Region um Köln statt. Ebenfalls hoch ist die Wassergewinnung im Harz, in Ostbrandenburg in der Region um Cottbus, in Sachsen in der Region um Gera, im Rhein-Main-Gebiet sowie den Rhein entlang bis zur Schweizer Grenze, im Bereich des Bodensees und im südwestlichen Bayern. Demgegenüber erfolgt eine mengenmäßig überwiegend nur geringe Wassergewinnung im übrigen Ost- und Mitteldeutschland[23]. Die danach bestehende Fernwasserversorgungsstruktur lässt sich kartographisch wie folgt darstellen:

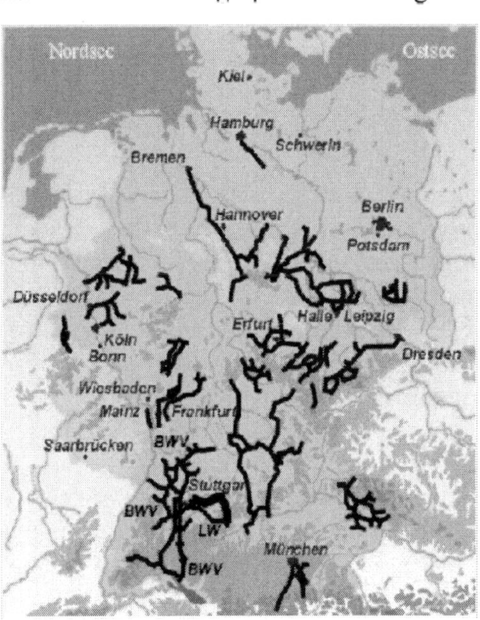

Bildquelle: Weiß, Langfassung »Möglichkeiten und Grenzen des leitungsgebundenen Fernwassertransports« in Umweltmagazin 12/2001

23 Liedtke/Mäusbacher/Schmidt, Nationalatlas BRD, Karte „Wasserversorgung" der Bundesanstalt für Gewässerkunde, S. 151.

Mit Stand des Jahres 2003 ergeben sich hinsichtlich der Versorgung aus dem Verbrauchsgebiet entlegenen Gebieten folgende Strukturen, wobei nur die wichtigsten Versorgungssysteme erwähnt sind[24]: ein relativ kleines Fernversorgungsnetz besteht zunächst im nördlichen Schleswig-Holstein, das vor allem der Versorgung der Küstenregion an der Nordsee dient und vornehmlich aus Grundwasser gespeist wird[25]. Ein weiter verzweigtes Versorgungsnetz findet sich an der Niedersächsischen Küste. Die Stadt Hamburg wird insbesondere aus der nördlichen Lüneburger Heide versorgt. Des Weiteren besteht ein Fernversorgungssystem im Bereich der Stadt Hannover. Braunschweig und Bremen beziehen ihr Wasser vor allem aus dem Harz, wobei die Versorgung sowohl mit Grundwasser als auch aus Oberflächengewässern, beispielsweise der Sösetalsperre, erfolgt. In der Region um Halle an der Saale wird ebenfalls Fernwasserversorgung betrieben. Eine Fernwasserversorgung findet auch für die Stadt Chemnitz sowie in Thüringen für die Städte Erfurt und Gera statt, wobei die Wasserentnahme hier vorwiegend aus Oberflächenwasser erfolgt. In Nordrhein-Westfalen besteht eine Fernwasserversorgung der Stadt Münster aus einer Talsperre sowie ein komplexes Fernwasserversorgungssystem im Ruhrgebiet, das sowohl aus Oberflächen- als auch aus Grundwasser gespeist wird. Im Bereich der Stadt Bonn existiert ein kleineres Fernversorgungsnetz sowie die Fernversorgung aus verschiedenen Talsperren für das Siegerland. In Hessen erfolgt die Fernwasserversorgung entlang dem ersten Drittel der Lahn. Außerdem liegt ein komplexes Versorgungsnetz für die Stadt Frankfurt a.M. vor, das aus mehreren Bereichen gespeist wird, u.a. aus dem Vogelsberg. Ein weit verzweigtes Versorgungssystem ergibt sich aus der Fernwasserversorgung Bodensee, die mehrere Städte Baden-Württembergs, insbesondere Stuttgart, versorgt. Ein anderes Versorgungssystem besteht ausgehend von der schwäbischen Alb für weitere Gebiete Baden-Württembergs, zum Beispiel für Ulm und Aalen. In Bayern erfolgt eine Fernversorgung der Stadt Nürnberg aus dem Donaugebiet sowie für die Stadt München aus den Voralpen im Bereich Garmisch-Partenkirchen. Die vom Umfang des transportierten Wassers größten der hier benannten Fernwasserversorgungssysteme sind

24 Ein weiterer Überblick ergibt sich auch aus „Liberalisierung der deutschen Wasserversorgung", Texte des Umweltbundesamtes im November 2000.

25 Die Wasserentnahme aus Grundwasser stellt den Regelfall innerhalb der Fernwasserversorgung dar, vgl. Liedtke/Mäusbacher/Schmidt, Nationalatlas BRD, Karte „Wasserversorgung" der Bundesanstalt für Gewässerkunde, S. 151, so dass im Folgenden auf eine explizite Erwähnung der Übersichtlichkeit halber verzichtet wird.

die Bodenseefernversorgung, die Versorgung im Bereich der Stadt Frankfurt a.M. und die Versorgung im Ruhrgebiet. Die weitesten Transportwege werden für die Versorgung der Stadt Bremen, im Rahmen der Thüringer Fernwasserversorgung und der Bodenseefernversorgung sowie der Versorgung der Stadt Nürnberg zurückgelegt[26]. So wird beispielsweise die Stadt Frankfurt a.M. mit Wasser aus der Region Vogelsberg (60 km Transportweg) sowie aus dem hessischen Ried versorgt. Insgesamt bildet die Stadt Frankfurt den Mittelpunkt der zentralen Fernwasserversorgung im Rhein-Main-Gebiet als hauptsächlicher Wassernutzer der Wasservorkommen im entlegenen Umland[27]. Bremen wird aus der Sösetalsperre im Harz fernversorgt, dies macht einen Transportweg von ca. 200 km aus. Stuttgart erhält Wasser durch die Bodenseefernleitung aus dem Bodensee (ca. 165 km Transportweg)[28]. Nürnberg erfährt eine Wasserversorgung durch den Zweckverband Wasserversorgung Fränkischer Wirtschaftsraum, der Rheinwasser über eine Strecke von etwa 100 km zur weiteren Verteilung transportiert[29].

Typischerweise wird aus Gebieten mit hoher Wassergewinnung Fernwasserversorgung betrieben. Im Ergebnis ist damit eine starke, regional begrenzte Belastung der Wasserförderung auch zu Gunsten wasserärmerer Regionen festzustellen. Dabei folgt der Rückgriff auf Fernwasserversorgung in diesen Fällen nicht immer aus dem gänzlichen Fehlen von Wasser. Jede der zuvor benannten Städte liegt an Flüssen: Frankfurt liegt am Main, Bremen an der Weser, Nürnberg an der Pegnitz, Stuttgart am Neckar. Insofern wäre in unmittelbarer Nähe der Versorgungsgebiete ein mengenmäßig ausreichendes Wasserangebot vorhanden. Überdies erfolgt gerade im Frankfurter Raum eine vielfältige Wasserförderung[30]. Daneben wurde bereits aufgezeigt, dass etwa das Land Bremen selbst über umfangreiche Grundwasservorkommen verfügt. Allerdings sind diese Wasservorkommen zum Großteil aufgrund ihrer übermäßigen Verschmutzung zur Wasserversorgung nicht mehr geeignet. Die Notwendigkeit der Nutzung entlegener

---

26 Liedtke/Mäusbacher/Schmidt, Nationalatlas BRD, Karte „Wasserversorgung" der Bundesanstalt für Gewässerkunde, S. 151.

27 Leßmann/Scharpff/Wedel/Wiegand, „Grundwasser im Vogelsberg", S. 24.

28 Treuner, HdWB der Raumordnung, Wasserver- und Entsorgung, III.

29 http://www.wfw-franken.de/1527.php.

30 Liedtke/Mäusbacher/Schmidt, Nationalatlas BRD, Karte „Wasserversorgung" der Bundesanstalt für Gewässerkunde, S. 151.

Wasservorkommen ist in Ballungsräumen zumeist auch dem unsachgemäßen Umgang mit der Ressource Trinkwasser geschuldet. Hieran schließt sich die weitergehende Verminderung des qualitativ und quantitativ ausreichenden Wasserdargebots durch übermäßige Flächenversiegelung und unzureichende Abwasserentsorgung – auch durch veraltete Abwassersysteme – an.

B. Umweltpolitische Erwägungen zu einer ortsnahen Versorgungsstruktur

Ausgehend von diesem Befund ist der Ansatz einer ortsnahen Wasserversorgung näher zu betrachten. Es liegt auf der Hand, dass an verschiedenen Orten in Deutschland aufgrund der wirtschaftlichen und demographischen Strukturen unterschiedliche Anforderungen an das nutzbare Wasserdargebot gestellt werden. Zugleich steht danach fest, dass diese Anforderungen aus den jeweils vorhandenen Wasservorkommen nur höchst unterschiedlich bedient werden können. Ganz allgemein sieht das Wasserrecht hierfür vor, dass unter Berücksichtigung des rechtlich zulässigen Rahmens und unter Beachtung der wechselseitigen Interessen das benötigte Wasser aus allen zur Verfügung stehenden Wasservorkommen entnommen werden kann[31]. Dies galt so bis zur Einführung des Nähegebots auch für die öffentliche Wasserversorgung, was die aufgezeigte Versorgungsstruktur bestätigt. Es stellt sich damit die Frage, warum eine gesetzliche Anordnung der ortsnahen öffentlichen Wasserversorgung erforderlich ist und welche Intention dem Regelungsansatz zugrunde liegt.

I. Ausgangslage und Entwicklungsprognose der zur Trinkwasserversorgung geeigneten Wasservorkommen

Gegenwärtig gibt es in der Bundesrepublik in keiner Region einen akuten Wassermangel. Allerdings wird davon ausgegangen, dass aufgrund einer anhaltenden Klimaveränderung und der fortschreitenden Entnahme von Wasser zukünftig regional Wasserengpässe auftreten können[32]. Als Ursa-

---

31 Hierzu ausführlich unten, 3. Teil, C. II. 1. Die wasserrechtliche Gestattungsstruktur.

32 BT-Drucks. 16/9990, Umweltgutachten 2008, Kap. 7 Ziff. 554.

che hierfür wird auf der Entnahmeseite neben dem originären Trinkwassergebrauch vor allem die anderweitige Verwendung des regional vorhandenen Wassers etwa für die Feldberieselung oder zu industriellen Zwecken gesehen. Zudem soll die fortschreitende Verunreinigung des vorhandenen Wasserschatzes durch den Eintrag schädlicher Stoffe in den Wasserkreislauf zu einer potentiellen Verknappung des verwendbaren Wassers führen[33].

Für die zukünftige Inanspruchnahme des vorhandenen Wassers zur hier maßgeblichen Trinkwasserversorgung bedeutet dies zum einen, dass sich das nutzbare Wasserdargebot abhängig von der Entwicklung der vorgenannten Faktoren regional reduzieren wird. Gleichzeitig bleibt zu bedenken, dass in der Regel vielfältige Interessen bei dem Zugriff auf das Wasser zu berücksichtigen sind, die teilweise in einem diametralen Gegensatz zueinander stehen. So kann die gesteigerte demographische Entwicklung einer Region zugleich mit einer steigenden Bodenversiegelung durch Bebauung, insbesondere in den bisher nur wenig genutzten Randbereichen, einhergehen. Die hierdurch bedingte Verringerung des Wassereintrags in den Boden steht zugleich dem gesteigerten Wasserbedarf für die Trinkwasserversorgung entgegen. Auch die landwirtschaftliche Nutzung von Flächen beeinträchtigt durch den übermäßigen Eintrag von Düngemitteln und Pestiziden nachhaltig die Grundwasserqualität. Eine Verringerung der zur Trinkwasserversorgung qualitativ nutzbaren Wasserressourcen ist die Folge.

Es zeigt sich, dass danach ein Spannungsverhältnis zwischen dem regionalen Wasserbedarf sowie dem vorhandenen Wasserdargebot einerseits und dem Wasserdargebot und der hieraus zu deckenden Trinkwasserversorgung andererseits bestehen kann. Dieses Spannungsverhältnis wird durch die mehr oder weniger fortschreitende Verunreinigung des Wassers noch verstärkt. Ausgangspunkt für die Sicherung einer dauerhaften Versorgung der Bevölkerung mit qualitativ gutem Trinkwasser in ausreichender Menge ist die Bewirtschaftung der hierfür in Frage kommenden Wasservorkommen. Hieraus kann sich grundsätzlich die Vorgabe bestimmter Zuteilungskriterien für die Gestattung der Wasserentnahme rechtfertigen. Der Gedanke der ortsnahen Wasserversorgung knüpft dabei an unterschiedliche Erwägungen

33 BT-Drucks. 16/9990, Umweltgutachten 2008, Kap. 7 Ziff. 554.

an, die im Folgenden im Vergleich zu den Rahmenbedingungen der Versorgung aus entlegenen Gebieten weiter betrachtet werden.

II. Qualitative und quantitative Aspekte der Wasserversorgung

Für die Überbrückung der Entfernung vom Förderort zum Verbraucher wird das Wasser transportiert – je weiter der Ort der Wasserentnahme von dem Versorgungsgebiet entfernt ist, desto weiter ist der Weg, den das Wasser hierfür in Transportsystemen zurücklegen muss. Grundsätzlich besteht dabei zunächst die Gefahr von Transportverlusten, beispielsweise durch undichte oder beschädigte Leitungen[34]. Insofern birgt die Fernwasserversorgung, die gerade der Überbrückung weiter Transportwege dient, aufgrund der langen Leitungssysteme regelmäßig ein gesteigertes Risiko von Wasserverlusten. Zudem können großräumige Überforderungen der beanspruchten Wasservorkommen auftreten[35]. Dies ist bei der Versorgung aus nahegelegenen Wasservorkommen zumeist anders.

In wasserwirtschaftlicher Hinsicht führen Leitungsverluste zu einer quantitativen Beeinträchtigung des vorhandenen Wasserdargebots, so dass ein wasserrechtlich gebotener nachhaltiger und effizienter Umgang mit der Ressource Trinkwasser nicht gegeben ist[36]. Soweit eine Versorgung mit bereits nutzbarem Trinkwasser erfolgt[37], besteht darüber hinaus die Gefahr ei-

34 Hendler/Grewing, „Der Grundsatz der ortsnahen Wasserversorgung im Wasserrecht“, in ZUR Sh 2001, 146 (148); ebenso Fischer/Zwetkow, „Systematisierung der derzeitigen Privatisierungsmöglichkeiten auf dem deutschen Wassermarkt – Trennung von Netz und Betrieb als zusätzliche Option?“ in NVwZ 2003, 281 (286); vgl. auch Laskowski, „Die deutsche Wasserwirtschaft im Kontext von Privatisierung und Liberalisierung“ in ZUR 2003, 1 (7).

35 So etwa Breuer, „Wasserpreise und Kartellrecht“ in NVwZ 2009, 1249 (1251); zustimmend Hünnekens in Landmann/Rohmer, Umweltrecht, Rdnr. 19 zu § 50 WHG.

36 Hieran ändert auch nichts, dass solche Leitungsverluste in Deutschland als gering anzusehen sind; so führt etwa Schmalz, „Ressourcenschonung im liberalisierten Wassermarkt“, in ZUR Sh 2001, 152 (153) an, die leitungsbedingten Wasserverluste in Deutschland zählten zu den geringsten in der Welt.

37 Der sog. Trinkwassertransport ist in Deutschland das alleinige System der Fernwasserversorgung, vgl. Weiß, „Möglichkeiten und Grenzen des Leitungsgebundenen Fernwassertransports“, Langfassung des Artikels in UwM 12/2001, S. 1. Den

ner qualitativen Beeinträchtigung des Wassers durch den Transport. Aufgrund der oftmals langen Transportwege sind vorbeugende Maßnahmen gegen die Verkeimung des Wassers erforderlich. Hierzu werden dem Trinkwasser desinfizierende Stoffe wie etwa Chlor zugefügt[38]. Paradoxerweise stellt nach Maßgabe des Anhangs 3 der Trinkwasserverordnung (TrinkwV) die Anreicherung des Trinkwassers mit Chlor eine chemische Verunreinigung dar. Hierdurch wird das insoweit zunächst »reine« Wasser durch die nachträgliche Anreicherung mit chemischen Substanzen zunehmend »verschmutzt«[39]. Wird das geförderte Wasser erst am Ort der Versorgung aufbereitet, ist aus dem gleichen Grund ein vermehrter Reinigungsaufwand, gegebenenfalls auch durch Zugabe chemischer Stoffe, erforderlich[40]. Dies erscheint nicht zuletzt wegen § 6 Abs. 3 TrinkwV bedenklich, wonach die Konzentration von chemischen Stoffen im Trinkwasser so niedrig wie möglich gehalten werden soll. Der Umgang mit Trinkwasser ist immer auch vor dem Hintergrund seiner Eigenschaft als wohl bedeutendstes Lebensmittel für den Menschen zu beurteilen. Insgesamt dürfte daher eine stetige Kontamination des Trinkwassers, auch wenn die Menge des Eintrags mit der TrinkwV letztlich vereinbar ist, dem Ziel der Erreichung einer möglichst guten Trinkwasserqualität, sog. »sauberem« Trinkwasser, entgegenstehen[41].

Anders verhält es sich dagegen, wenn das zu verbrauchende Wasser am Ort seiner Nutzung gewonnen wird. Gegenüber der Fernwasserversorgung sind

---

Gegensatz hierzu stellt der sog. Rohwassertransport dar, wobei eine Aufbereitung des Wassers zu Trinkwasser erst am Versorgungsort erfolgt.

38 Laskowski, „Die deutsche Wasserwirtschaft im Kontext von Privatisierung und Liberalisierung“ in ZUR 2003, 1 (7); Hendler/Grewing, „Der Grundsatz der ortsnahen Wasserversorgung im Wasserrecht“, in ZUR Sh 2001, 146 (148); Weiß, „Möglichkeiten und Grenzen des Leitungsgebundenen Fernwassertransports“, Langfassung des Artikels in UwM 12/2001, S. 4, wonach entsprechende Maßnahmen zur Aufbereitung des Rohrwassers regelmäßig unabdingbar sind.

39 M.w.Nachw. auch Markopoulos, „Rechtliche Ge- und Verbote bei der Öffnung der Wasserversorgungsmärkte“, in KommJur 2012, 361 (364).

40 Der sog. Rohwassertransport findet derzeit in Deutschland allerdings nicht statt und ist daher nur der Vollständigkeit halber zu erwähnen, vgl. Weiß, „Möglichkeiten und Grenzen des Leitungsgebundenen Fernwassertransports“, Langfassung des Artikels in UwM 12/2001, S. 1.

41 Vgl. Schmalz, „Ressourcenschonung im liberalisierten Wassermarkt“, in ZUR Sh 2001, 152 (155) unter Verweis auf das Umweltgutachten 2000, BT-Drucks. 14/3363.

im Rahmen der Versorgung aus ortsnahen Wasservorkommen grundsätzlich weitaus kürzere Transportwege erforderlich. Dementsprechend sind hier regelmäßig kaum vergleichbare Bedenken anzusetzen. Neben der kürzeren Wegstrecke der Transportsysteme ist dafür auch die bessere Kontrollmöglichkeit eines überschaubaren Transportsystems maßgeblich. Leitungsverluste können daher bereits im Vorfeld wegen eines geringeren Wartungsaufwandes vermieden werden, wie überhaupt die ortsnahe Wasserversorgung der Vermeidung unnötiger Wasserverluste dienlich ist[42]. Bei vergleichbarer Wasserqualität im Rahmen der ortsnahen Wasserversorgung ist von einer geringeren qualitativen Beeinträchtigung des Wassers auszugehen, weil eine Desinfektion zum Schutz vor Verkeimung für die kurzen Transportwege regelmäßig nicht benötigt wird. Damit hält die Versorgung aus nahegelegenen Wasservorkommen erhebliche Vorteile gegenüber der Fernwasserversorgung parat.

III. Medienübergreifende Betrachtung

Die tatsächlichen Vorteile einer ortsnahen Versorgungsstruktur setzen sich bei einer medienübergreifenden Betrachtung fort. Der Transport des Wassers über lange Entfernungen hinweg ist aufgrund erforderlicher Pumpvorgänge meist sehr energieintensiv[43]. Im Lichte einer integrativen Betrachtung ergeben sich durch die Fernwasserversorgung daher in mehrfacher Hinsicht Probleme. Der erhöhte Energiebedarf ist angesichts einer möglichst klimaschützenden Wassernutzung, wie § 6 Abs. 1 Nr. 5 WHG sie vorsieht, nur bedingt akzeptabel. Darüber hinaus kann die übermäßige Wasserentnahme aus einer Region zum Zwecke der Versorgung entlegener Gebiete zu einer Übernutzung des dortigen Wasserdargebots führen. Die mit einer möglichen Übernutzung des Wasservorkommens einhergehenden Schäden des Natur- und Wasserhaushalts am Ort der Wasserentnahme, etwa durch Absenkung des Grundwasserspiegels aufgrund der hohen Entnahmekapazität, sind im Rahmen einer ganzheitlichen Betrachtung nicht

42 Kotulla, Wasserhaushaltsgesetz, 2. Auflage, § 50 Rdnr. 6.

43 Hierzu etwa Weiß, „Möglichkeiten und Grenzen des Leitungsgebundenen Fernwassertransports“, Langfassung des Artikels in UwM 12/2001, S.2; Laskowski, „Die deutsche Wasserwirtschaft im Kontext von Privatisierung und Liberalisierung“ in ZUR 2003, 1 (7).

hinnehmbar[44]. Ebenso kann die aufgrund des weitläufigen Transports des Wassers mögliche Anreicherung von Desinfektionsmitteln im Trinkwasser den Natur- und Wasserhaushalt am Versorgungsort beeinträchtigen. Sofern dieses Leitungswasser beispielsweise durch landwirtschaftliche Nutzung in den Boden eingetragen wird, können sich die beigesetzten Stoffe im Boden und letztlich im Grundwasser anreichern[45]. Entsprechendes ergibt sich abwasserseitig nach dem Gebrauch des Wassers. Im Übrigen resultiert aus der für den Wassertransport benötigten umfangreichen Verrohrung ein gesteigerter Rohstoffbedarf[46], die Verlegung von Fernleitungen macht weitere Eingriffe in Natur- und Landschaft erforderlich. Daher ist die Fernwasserversorgung schon mit Blick auf umweltschützende Belange außerhalb des Wasserrechts generell kritisch zu betrachten.

IV. Versorgungssicherheit

Auch unter dem Gesichtspunkt der Versorgungssicherheit lässt sich die Fernwasserversorgung zwiespältig beurteilen. Unter Versorgungssicherheit kann ganz allgemein – angelehnt an den Begriff der nachhaltigen Ressourcennutzung – das auch zukünftige Zurverfügungstehen einer ausreichenden Menge qualitativ hochwertigen Trinkwassers verstanden werden. Dabei ist davon auszugehen, dass gerade im Falle der Zugriffsmöglichkeit auf mehrere kleine Wasservorkommen im Umkreis eines Versorgungsgebietes eine Abhängigkeit von einzelnen Wasservorkommen – wie bei der Fernwasserversorgung – nicht entstehen kann. Zwar trägt in wasserarmen Regionen vor allem eine konstante Fernwasserversorgung aus ausreichend ergiebigen Wasservorkommen erst zu einer sicheren Wasserversorgung bei[47]. Wo nahegelegene Wasservorkommen den Wasserbedarf nicht bedienen können,

---

44 In diesem Sinne ging auch der Gesetzgeber davon aus, dass weiträumige Auswirkungen durch die Grundwasserentnahme im größeren Umfang, insbesondere im Wege der Fernwasserversorgung, nicht auszuschließen sind, BT-Drucks. 14/8668, S. 7.

45 Lehn/Steiner/Mohr, Wasser – die elementare Ressource, S. 284.

46 So unterhält etwa die Bodenseewasserversorgung ein Leitungsnetz von 1.700 km Länge, vgl. http://www.zvbwv.de/de/zahlen_und_fakten.html.

47 Lehn, „Wasser in Baden-Württemberg – Ansätze zu einem nachhaltigen Umgang“ in Weigt, Wasserwirtschaft in urbanen Räumen, S. 139; so wohl auch Kibele, „Paradigmenwechsel in der Wasserwirtschaft“, in VBlBW 1997, 121 (123).

ist die Nutzung entlegener Quellen also geradezu notwendig, um die Versorgung aufrecht zu halten. Dennoch ist die Fernwasserversorgung vor Grenzen gestellt. Ihre Transportwege sind weitestgehend richtungsgebunden; die Transportrichtung orientiert sich an den natürlichen Gegebenheiten und ihre Umkehr oder Änderung ist in der Regel nicht möglich. Außerdem wird die Fernwasserversorgung oft finanziellen Zwängen unterworfen. Ergibt eine gewünschte Transportrichtung ein zu hohes Maß an Energieaufwand, z.B. wegen erforderlicher Pumpvorgänge, oder ist der Leitungsweg zu lang, wird die Fernwasserversorgung unrentabel[48].

Hieraus folgt, dass eine generelle und zukunftssichere Versorgung aus entlegenen Wasservorkommen tatsächlich und wirtschaftlich nur eingeschränkt möglich ist. Dementsprechend kann eine Fernwasserversorgung nur in ausgewählten Regionen zur Versorgungssicherheit beitragen. Im Übrigen ist die Wasserkapazität der bestehenden Fernwasserversorgung nicht dauerhaft zur Anreicherung und Aufstockung aus anderen Wasservorkommen geeignet. Die Vermischung von Trinkwasser unterschiedlicher Qualität in einem gemeinsamen Netz führt langfristig zu einer Qualitätseinbuße des transportierten Wassers und zu Schädigungen der Transportsysteme beispielsweise durch Belagablösungen an der Verrohrung[49]. Deswegen und wegen der vielfach schon aus Kostengründen bevorzugten Fernwasserversorgung besteht die Gefahr einer einseitigen Abhängig von überregionalen Versorgern, insbesondere wenn nahegelegene Wasservorkommen per se nicht zur Versorgung herangezogen werden. In diesem Fall wäre die Aufrechterhaltung der Versorgungsstruktur bundesweit auf einige wenige große Wasservorkommen beschränkt[50]. Hier kann bereits der kurzfristige Ausfall der Wasserlieferung einer beständigen Versorgung entgegenstehen.

---

48 Treuner, HdWB der Raumordnung, Wasserver- und -entsorgung, III.; Weiß, „Möglichkeiten und Grenzen des Leitungsgebundenen Fernwassertransports", Langfassung des Artikels in UwM 12/2001, S. 1; Fischer/Zwetkow, „Systematisierung der derzeitigen Privatisierungsmöglichkeiten auf dem deutschen Wassermarkt" in NVwZ 2003, 281(286); Schmalz, „Ressourcenschonung im liberalisierten Wassermarkt", in ZUR Sh 2001, 152 (154).

49 Laskowski, „Die deutsche Wasserwirtschaft im Kontext von Privatisierung und Liberalisierung" in ZUR 2003, 1 (7); Umweltgutachten 2002, BT-Drucks. 14/8792, Ziff. 672.

50 Kibele, „Paradigmenwechsel in der Wasserwirtschaft", in VBlBW 1997, 121 (123); Hendler/Grewing, „Der Grundsatz der ortsnahen Wasserversorgung im Wasserrecht", in ZUR Sh 2001, 146 (148); Laskowski, „Die deutsche Wasserwirtschaft im Kontext von Privatisierung und Liberalisierung" in ZUR 2003, 1 (7).

Nicht zuletzt der sog. »Anschlag auf die Bodenseewasserversorgung« im November 2005, der für mehrere Tage die Trinkwasserversorgung aus dem Bodensee verhinderte, hat gezeigt, wie leicht die Versorgung einer Vielzahl von Menschen aus lediglich einigen wenigen großen Wasservorkommen beeinträchtigt werden kann.

Wegen der eingeschränkten Mischbarkeit verschiedener Wasserqualitäten ist letztlich auch die mengenmäßige Versorgung im Rahmen der Fernwasserversorgung beschränkt, da die Versorgungskapazität mehr oder weniger auf ein Wasservorkommen reduziert wird. Hier entsteht das Problem, dass viele unterschiedliche Wassernutzer bei der Beanspruchung des einen Wasservorkommens in Konkurrenz treten. Sowohl die divergente Nutzung als auch die Verteilung des Wassers kann dabei zu Spannungen führen. Bestehende Abhängigkeiten werden so noch verschärft. Zudem wird deutlich, dass eine flächendeckende Versorgung aus entlegenen Wasservorkommen nur in einem begrenzten Maß möglich ist.

V. Indirekte Verhaltenssteuerung - Verantwortungsverschiebung hin zu einer eigenverantwortlichen Gewässernutzung

Im Rahmen der Fernwasserversorgung greift naturgemäß eine Vielzahl von Wassernutzern gemeinsam auf ein mehr oder weniger großes Wasservorkommen zu. Erfolgt dabei eine übermäßige Wasserentnahme aus einer Region für die Versorgung entlegener Gebiete, kann dies zu einer Übernutzung des beanspruchten Wasserschatzes führen. Die übermäßige Wasserförderung in einer Region kann die dauerhafte Verschlechterung des regionalen Wasserangebots verursachen. So wird etwa aufgrund einer hierdurch bedingten permanenten Grundwasserabsenkung auch der auf das Wasser angewiesene Naturhaushalt beeinträchtigt.

Anders als bei der Fernwasserversorgung, bei der die Kommunen auf entlegene und vielfach auch für sie »unbekannte« Versorgungsgebiete zugreifen, erfolgt eine ortsnahe Wasserversorgung denknotwendig aus dem unmittelbaren Umfeld der Wassernutzer. Die Versorgung aus ortsnahen Wasservorkommen bindet daher zugleich die Gemeinden an dieses ihnen nahegelegene Wasserdargebot. Ziel einer vornehmlich ortsnahen Wasserversorgung ist unter diesen Voraussetzungen unter anderem die langfristige quantitative und qualitative Sicherung des genutzten Wassersschatzes. Damit einher geht die Begründung von Eigenverantwortung für dieses gleichsam

»eigene« Wasservorkommen[51], denn im Hinblick auf eine dauerhafte Nutzung des Wassers wird der verantwortungsbewusste Umgang mit demselben vorausgesetzt[52]. Dementsprechend wird von der gesetzlich angeordneten Nutzung der ortsnahen Wasservorkommen erwartet, dass eine Übernutzung dieses Wasserdargebots im Rahmen der ortsnahen Versorgung aus eigenem Antrieb unterbleibt, weil die daraus entstehenden Belastungen unmittelbar die Wassernutzer selbst treffen[53]. Es wird sogar davon ausgegangen, dass die Kommunen gerade wegen der gesteigerten Verantwortung für das ihnen zur Verfügung stehende Wasser teilweise freiwillige Mehrleistungen zum Gewässerschutz über die gesetzlichen Anforderungen hinaus unternehmen[54]. Dies trägt im Ergebnis zum Schutz des ortsnahen Wasservorkommens bei, weswegen der ortsnahen Wasserversorgung in hohem Maße eine ressourcenschonende Wirkung zugesprochen wird[55]. Damit geht auch der Schutz der entsprechenden Grundwasservorkommen einher, die regelmäßig zur Versorgung herangezogen werden[56]. Hiernach soll eine »Selbstdisziplinierung aus Selbstinteresse« erfolgen[57]. Insoweit kann der Ansatz einer ortsnahen Wasserversorgung als Instrument der indirekten Verhaltenssteuerung der Wassernutzer verstanden werden.

Aufgrund der nahen Anbindung der genutzten Wasservorkommen an den Ort der Versorgung verringert sich wegen des Eigeninteresses der Kommunen an einer intakten Landschaft in ihrem direkten Umfeld zudem die Gefahr eines weiträumigen Eingriffs in Natur und Landschaft, wie er aus der

---

51 Statt vieler Kibele, „Paradigmenwechsel in der Wasserwirtschaft", in VBlBW 1997, 121 (122).

52 M.w.Nachw. Gößl in Siedler/Zeitler, Wasserhaushaltsgesetz, § 50 Rdnr. 26.

53 Laskowski, „Die deutsche Wasserwirtschaft im Kontext von Privatisierung und Liberalisierung" in ZUR 2003, 1 (7); Hendler/Grewing, „Der Grundsatz der ortsnahen Wasserversorgung im Wasserrecht", in ZUR Sh 2001, 146 (148).

54 Laskowski, „Die deutsche Wasserwirtschaft im Kontext von Privatisierung und Liberalisierung" in ZUR 2003, 1 (7).

55 Vgl. Kibele, „Paradigmenwechsel in der Wasserwirtschaft", in VBlBW 1997, 121 (123); entsprechend bereits zu der überkommenen Rechtslage Czychowski/Reinhardt, Wasserhaushaltsgesetz, 9. Auflage, § 1a Rdnr. 25a; so wohl auch Hendler/Grewing, „Der Grundsatz der ortsnahen Wasserversorgung im Wasserrecht", in ZUR Sh 2001, 146 (149).

56 Laskowski, „Die deutsche Wasserwirtschaft im Kontext von Privatisierung und Liberalisierung" in ZUR 2003, 1 (7); Kibele, „Paradigmenwechsel in der Wasserwirtschaft", in VBlBW 1997, 121 (123).

57 So ausdrücklich Hendler/Grewing, „Der Grundsatz der ortsnahen Wasserversorgung im Wasserrecht", in ZUR Sh 2001, 146 (148).

Versorgung aus entlegenen Gebieten herrühren kann. Dies trägt insbesondere dem das gesamte Umweltrecht umfassenden Gedanken der Nachhaltigkeit und dem medienübergreifenden Umweltschutz Rechnung. Durch das geringere Leitungsaufkommen bei der Versorgung aus nahegelegenen Wasservorkommen ist der Transport des Trinkwassers weniger energieintensiv als im Rahmen der Fernwasserversorgung. Somit lässt sich eine Versorgung aus ortsnahen Wasservorkommen im Regelfall besser mit den Anforderungen der Gewässerbewirtschaftung, hier insbesondere mit den Vorgaben einer integrativen und vorsorgenden Bewirtschaftung, vereinbaren.

VI. Abgrenzung der nutzbaren Wasservorkommen

Im Unterschied zur Fernwasserversorgung liegt es in der Natur eines ortsnahen Versorgungsansatzes, dass regelmäßig nur bestimmte, nämlich nahe gelegene Wasservorkommen zur Versorgung in Betracht kommen. Damit wird in umgekehrter Sichtweise der Kreis der potentiellen Wassernutzer in der Regel auf die dem Wasservorkommen nahe gelegenen Kommunen beschränkt. Hieraus wiederum folgt, dass ein in dem Gebiet einer Kommune gelegenes Wasservorkommen grundsätzlich nur für die Versorgung dieser Kommune und der anliegenden Gemeinden reserviert ist. Der Zugriff entlegener Wassernutzer erfolgt nicht.

Demgegenüber sind die Wasservorkommen im Bereich der Fernwasserversorgung einer Vielzahl von möglichen Wassernutzern ausgesetzt. Dies bedeutet zugleich, dass solche Wasservorkommen mit den entsprechenden negativen Konsequenzen für den Wasserhaushalt am Entnahmeort allen Wassernutzern offen stehen. Mit der Beschränkung auf eine ortsnahe Wasserversorgung wird dieser Entwicklung entgegengewirkt. Damit entfaltet die ortsnahe Wasserversorgung auch eine Schutzfunktion für die Kommunen, in deren Gebiet sich die zur öffentlichen Wasserversorgung geeigneten Wasservorkommen befinden. Spiegelbildlich zu der angesprochenen Verantwortungszuweisung werden diese Kommunen vor Beeinträchtigungen des Wasser- und Naturhaushaltes in ihrem Gemeindegebiet aufgrund einer übermäßigen Beanspruchung der Wasserrssourcen durch Dritte geschützt.

C. Außerhalb des Umweltrechts liegende wirtschaftliche Erwägungen

Im Zuge der Thematik einer ortsnahen Wasserversorgung wurde immer wieder auch der wirtschaftliche Bezug einer solchen Regelung diskutiert[58]. Hintergrund ist die Frage, ob damit die Versorgung durch andere als die jeweiligen Kommunen unterbunden wird, so dass der »Markt« der öffentlichen Wasserversorgung betroffen ist. Hier ergeben sich unter anderem kommunalwirtschaftliche und kartellrechtliche Verquickungen.

Insgesamt darf zunächst von dem grundsätzlichen Interesse an der Beibehaltung eines kommunalen Versorgungsmonopols mit engerem örtlichem Bezug ausgegangen werden[59]. Hierzu stellen die Kommunen gesetzeskonform einen Teil ihrer Leistungen über Dritte bereit. § 100b Abs. 2 Nr. 2 GWB etwa sieht ausdrücklich vor, dass öffentliche Auftraggeber die Beschaffung von Wasser für die Trinkwasserversorgung an Dritte vergeben können. Die sog. Dienstleistungsrichtlinie[60] stellt dabei europarechtlicherseits klar, dass die Ausgestaltung der Dienstleistungen der Daseinsvorsorge den öffentlichen Trägern überlassen bleibt.

In diesem Sinne sah auch der Bundesgesetzgeber keinen Anlass, eine generelle Restriktion des Wettbewerbs im Bereich der Wasserversorgung einzuleiten. Zwar erkannte er frühzeitig, dass es durchaus Wettbewerb auf dem Wassermarkt gibt. Jener sei auch geeignet, die nachhaltige Bewirtschaftung der Gewässer zu beeinträchtigen. Indes erteilte er Liberalisierungstendenzen keine generelle Absage, sondern sah den Wettbewerb um den Markt als möglich an. Lediglich der Wettbewerb im Markt sei zu vermeiden[61]. Während letzteres insbesondere auf die Wasserherleitung auch aus entlegenen Orten durch überörtliche Wasserversorger abstellt, meint der Wettbewerb »um den Markt« die Konkurrenzsituation für den Betrieb der öffentlichen Wasserversorgung selbst innerhalb der Kommune, also sozusagen um das

---

58 Nahezu zeitgleich mit der Einführung des §1a Abs. 3 WHG a.F. erging das Umweltgutachten 2002, das für die Wasserversorgung marktrechtliche Erwägungen diskutiert. Im Mittelpunkt der Diskussion standen hier die Aspekte der Privatisierung und Liberalisierung der Wasserversorgung, BT-Drucks. 14/8792, Ziffer 3.2.3.

59 Vgl. Hünnekens in Landmann/Rohmer, Umweltrecht, § 50 WHG Rdnr. 12.

60 RL 2006/123/EG.

61 Umweltgutachten 2002, BT-Drucks. 14/8792, S. 455ff.

»Einzugsgebiet« ortsnaher Wasservorkommen. Unter dieser Voraussetzung bleibt es den Kommunen überlassen, andere mit der Trinkwasserversorgung ihres Gebiets zu betrauen.

Schließlich lässt sich auch dem Nähepostulat keine direkte Verpflichtung zur Versorgung durch die Kommune selbst entnehmen, vielmehr soll die öffentliche Wasserversorgung lediglich aus ortsnahen Wasservorkommen betrieben werden. Wie an späterer Stelle noch ausführlich darzustellen ist, rekurriert dies auf ein örtliches Näheverhältnis zwischen dem Wasservorkommen und dem Ort der Wasserversorgung[62]. Die Kommunen sind hier nur als verantwortliche Träger der öffentlichen Wasserversorgung im Rahmen der ihnen obliegenden Daseinsvorsorge angesprochen[63]. Dagegen lässt das Nähepostulat ausdrücklich offen, wer wirtschaftlich oder technisch für die Wasserversorgung verantwortlich ist. Sinngemäß schottet das Nähepostulat damit zwar die Beanspruchung der natürlichen Ressourcen voneinander ab, ihm kommt aber keine marktregulierende Funktion zu[64].

D. Rechtliche Entwicklung der Vorgabe einer ortsnahen Wasserversorgung im Wasserrecht

Die Existenz der Vorgabe einer ortsnahen Wasserversorgung im deutschen Wasserrecht wurde bereits vor ihrer Normierung in § 1a Abs. 3 WHG im Rahmen der 7. WHG-Novelle[65] bejaht. Bis zu diesem Zeitpunkt gab es keine ausdrückliche Erwähnung des Vorrangs einer ortsnahen Wasserversorgung im Wasserhaushaltsgesetz. Vielmehr wurde jener als ein ungeschriebenes Prinzip des Wasserrechts gesehen. Demgegenüber existierten zwar in zahlreichen Landeswassergesetzen bereits entsprechende Rechtssätze, die die Vorgaben einer ortsnahen Wasserversorgung aber insgesamt uneinheitlich abbildeten. Allenthalben wird angenommen, diese bereits vor

---

62 Siehe hierzu unten, 4. Teil, B. II. Erste Annäherung an den Begriff der Ortsnähe.

63 Hierzu 2. Teil, C. I. Öffentliche Wasserversorgung als Gegenstand der kommunalen Selbstverwaltung.

64 Hier meint Hünnekens in Landmann/Rohmer, Umweltrecht, § 50 WHG Rdnr. 12, dass schon aus anderen rechtlichen Erwägungen heraus eine Marktöffnung nicht möglich sei. Auf die Problematik der ortsnahen Wasserversorgung kommt es insoweit im Ergebnis ohnehin nicht an.

65 BGBl. 2002 I, S. 1914 ber. 2711.

der 7. WHG-Novelle bestehenden landesrechtlichen Regelungen dienten als Vorbild des bundesrechtlich verankerten Nähegrundsatzes[66]. Dessen Entwicklung bis hin zum dem aktuell maßgeblichen § 50 Abs. 2 WHG stellt sich folgt dar.

I. Regelungsstruktur in den Landeswassergesetzen bis zur erstmaligen Einführung des Grundsatzes der ortsnahen Wasserversorgung in das Wasserhaushaltsgesetz

Nach Maßgabe des § 43 Abs. 1 BWWG war *»der Wasserbedarf der öffentlichen Wasserversorgung [...] vorrangig aus ortsnahen Wasservorkommen zu decken. Mit Wasser aus ortsfernen Gewinnungsgebieten (Fernwasser) kann der Bedarf gedeckt werden, sofern Gründe des Wohls der Allgemeinheit die Abweichung erfordern.«*

Gemäß § 56 HessWG sollte die öffentliche Wasserversorgung *»vorrangig aus den örtlichen Wasservorkommen gesichert werden.«* Die Ersetzung durch den Bezug von Fernwasser sollte aber zulässig sein, wenn quantitative oder aufgrund natürlicher Gegebenheiten qualitative Mängel des ortsnahen Wasservorkommens einer Versorgung entgegenstehen. Ebenso wurde die Fernwasserversorgung eröffnet, wenn das Wasser verschmutzt war oder seine Nutzung den Natur- oder Wasserhaushalt nachhaltig beeinträchtigte. Gleichfalls war die Fernwasserversorgung zulässig, wenn es sich dabei um einen Verbund handelte, der im Interesse einer regional sicheren Wasserversorgung oder zum Zwecke einer regionalen ökologischen Ausgeglichenheit sinnvoll war.

§ 45 Abs. 1 MVWG bestimmte, dass die öffentliche Wasserversorgung *»vorrangig aus den örtlichen Wasservorkommen gesichert werden«* soll. Diese örtliche Wasserversorgung konnte nach Abs. 2 durch Wasserversorgung aus anderen Gewinnungsgebieten ersetzt werden, wenn an den örtlichen Wasservorkommen qualitative oder quantitative Mängel bestanden oder die Vorkommen aufgrund der natürlichen Gegebenheiten zur Versorgung nicht in Frage kamen. Das Abweichen von der Inanspruchnahme örtlicher Wasservorkommen sollte auch zulässig sein, wenn die Fernwasserversorgung Teil eines Wasserversorgungsverbundes war und hierdurch die

66 Siehe nur Kotulla, Wasserhaushaltsgesetz, 1. Auflage, § 1a Rdnr. 33.

Versorgungssicherheit gewährleistet werden sollte oder der Anschluss an die Fernwasserversorgung im Lichte einer regionalen ökologischen Ausgeglichenheit sinnvoll war.

§ 59 SächsWG formulierte, dass *»die örtliche Wassergewinnung zum Zwecke der öffentlichen Wasserversorgung [...] Vorrang genießt«*. Sie konnte jedoch *»durch Bezug von Wasser aus anderen Gewinnungsgebieten (Fernwasser) mit Zustimmung der zuständigen Wasserbehörde ersetzt oder ergänzt werden, wenn«* die in § 45 Abs. 2 MVWG benannten Gründe vorlagen ergänzt um die Modalität, dass ein Abweichen von einer örtlichen Wassergewinnung auch dann zulässig war, wenn die gegenwärtige Flächennutzung, verbindliche Bauleitpläne oder unzumutbare Kosten eine (zukünftige) Nutzung nicht mehr vertretbar erscheinen ließen oder diese den Natur- und Wasserhaushalt über das vertretbare Maß hinaus beeinträchtigen konnte.

Hiervon tendenziell abweichend bestimmte § 63 ThürWG, dass eine Abkehr von der *»örtlichen Wassergewinnung zum Zwecke der öffentlichen Wasserversorgung«* durch Fernwasserbezug auch dann zulässig sein sollte, wenn (insoweit ergänzend) die Nutzung der örtlichen Wasservorkommen mit unverhältnismäßig hohen Kosten verbunden war oder die Wasservorkommen nicht mehr genutzt werden konnten, weil sie verunreinigt waren.

Schließlich besagte § 37a Abs. 4 BerlinWG, dass *»das Wasser für die öffentliche Wasserversorgung Berlins [...] im Gebiet des Landes Berlin zu gewinnen«* sei. Ausnahmen hiervon waren nur mit der Genehmigung der zuständigen Senatsverwaltung möglich. In Anbetracht der Tatsache, dass das Land Berlin zum damaligen Zeitpunkt identisch mit der Stadt Berlin war, dürfte sich diese Regelung ebenfalls für eine ortsnahe Wasserversorgung ausgesprochen haben.

Auffällig bei der Gesamtschau der bis zur 7. WHG-Novelle bestehenden landesrechtlichen Normen ist, dass die Gesetze schon zwischen der Begrifflichkeit der *ortsnahen* und der *örtlichen* Gewinnungsgebiete uneinheitlich differenzierten. Auch die Eröffnung der Möglichkeiten des Abweichens von ortsgebundenen Versorgungsstrukturen war uneinheitlich geregelt. Ausgehend von einem gänzlichen Fehlen einer entsprechenden Regelung im BerlinWG – hier wurde die Möglichkeit des Abweichens schlicht vorausgesetzt und von einer Genehmigung abhängig gemacht – über eine Allgemeinwohlklausel bis hin zu einem ganzen Strauss an Ausnahmetatbeständen, die möglicherweise als Konkretisierung des Allgemeinwohlerfordernisses zu verstehen waren, stellten die einzelnen Wassergesetze mannigfaltige Varianten zur Regelung einer ortsnahen Wasserversorgung auf.

II. Normentwicklung im Bundesrecht

Auf bundesrechtlicher Ebene fand die Vorgabe der ortsnahen Wasserversorgung erstmals im Rahmen der siebten Novelle des Wasserhaushaltsgesetzes im Jahr 2002 Eingang in das Wasserrecht[67], dort noch in § 1a Abs. 3 WHG. Bis dahin gingen Teile des Schrifttums davon aus, dass ein entsprechendes Prinzip der ortsnahen Wasserversorgung ein ungeschriebener Grundsatz des Wasserrechts war. Die Entwicklungsschritte im Wasserhaushaltsgesetz hin zu dem heute gültigen § 50 Abs. 2 WHG lassen sich wie folgt festhalten.

1. Ungeschriebener Grundsatz der ortsnahen Wasserversorgung vor der 7. WHG – Novelle

Das Prinzip der ortsnahen Wasserversorgung wurde zunächst als eine dem Wasserhaushaltsgesetz immanente Ausprägung des Bewirtschaftungsgrundsatzes sowie der allgemeinen Sorgfaltspflicht angesehen. Dies ergab sich aus den folgenden Erwägungen:

Zum einen konkretisierten sich die Vorgaben des Bewirtschaftungsgrundsatzes in dem überkommenen § 6 Abs. 1 WHG, wonach Erlaubnisse oder Bewilligungen zur Gewässerbenutzung insbesondere dann zu untersagen waren, wenn eine Gefährdung der öffentlichen Wasserversorgung durch diese anderweitige Nutzung zu erwarten war. Hierdurch wurde die Stellung der öffentlichen Wasserversorgung im Wasserrecht besonders hervorgehoben. Zur Sicherstellung der öffentlichen Wasserversorgung gehörte unter anderem, dass sie auch zukünftig aus nahegelegenen Standorten erfolgen konnte. Insofern wurde davon ausgegangen, dass die möglichst ortsnahe Wasserversorgung *»im Interesse des Gewässerschutzes eine fundamentale*

---

67 BGBl. 2002 I, S. 1914 ber. 2711.

Bedeutung« hat[68]. Zum anderen wurde der Grundsatz einer ortsnahen Wasserversorgung den Erfordernissen einer nachhaltigen Bewirtschaftung von Gewässern entnommen[69]. Dies jedenfalls insoweit, wie gerade die aufgezeigte Charakteristik einer ortsnahen Wasserversorgung dazu geeignet ist, eine Übernutzung der Ressource Trinkwasser zu verhindern. Diesbezüglich ging man auch davon aus, dass eine grundsätzliche Versorgung aus ortsnahen Wasservorkommen die Verantwortung der versorgten Region für das insoweit »eigene«, also das der Region entstammende Wasservorkommen stärkt, was zu einem bewussteren Umgang mit der Ressource Wasser führen soll. Daher trägt eine vorrangig ortsnahe Wasserversorgung insgesamt zur Ressourcenschonung bei und ist damit Ausdruck des Vorsorgeprinzips[70], wie es seine wasserrechtliche Ausprägung in dem allgemeinen Bewirtschaftungsgrundsatz im ehemaligen § 1a Abs. 1 S. 2 WHG gefunden hatte[71].

Daneben ließ sich die immanente Existenz eines wasserrechtlichen Nähegrundsatzes aus dem allgemeinen Sorgfaltsgrundsatz herleiten, da hiernach insgesamt ein sparsamer und ressourcenschonender Umgang mit dem Wasser postuliert wird. Gerade diese Wirkung wird auch dem Grundsatz der ortsnahen Wasserversorgung zugeschrieben. Zudem geht die generelle Eigenüberwachungspflicht nach Maßgabe des Sorgfaltsgrundsatzes mit dem Ziel der gesteigerten Verantwortungszuweisung durch den Nähegrundsatz einher. Insbesondere auf die gebotene sparsame Verwendung des Wassers im Bereich der öffentlichen Wasserversorgung und der angestrebten Minimierung von Leitungsverlusten beim Wassertransport wurde

---

68 Hendler/Grewing, „Der Grundsatz der ortsnahen Wasserversorgung im Wasserrecht“, in ZUR Sh 2001, 146 (149), so ebenfalls schon Lübbe-Wolff, „Wasserschutzgebiete bei vorhandener Bebauung“ in ZUR 1994, 177 (183); zur Notwendigkeit einer ortsnahen Wasserversorgung ganz allgemein auch Salzwedel, „Ausweisung von Wasserschutzgebieten und verwaltungsgerichtliche Nachprüfung“, in ZfW 1992, 397 (402) .

69 Bulling/Finkenbeiner, BWWG, § 43 Rdnr. 7; Lehn/Steiner/Mohr, Wasser – Die elementare Ressource, S. 342, wonach die ortsnahe Wasserversorgung unter Einhaltung bestimmter Bewirtschaftungskriterien der Nachhaltigkeit entspricht.

70 Hendler/Grewing, „Der Grundsatz der ortsnahen Wasserversorgung im Wasserrecht“, in ZUR Sh 2001, 146 (149); Kibele, „Paradigmenwechsel in der Wasserwirtschaft“, in VBlBW 1997, 121 (122f); Fischer/Zwetkow, „Systematisierung der derzeitigen Privatisierungsmöglichkeiten auf dem deutschen Wassermarkt“ in NVwZ 2003, 281 (288); zustimmend Czychowski/Reinhardt zu der überkommenen Rechtslage, Wasserhaushaltsgesetz, 9. Auflage, § 1a Rdnr. 25a.

71 Vgl. nur Kotulla, Wasserhaushaltsgesetz, 1. Auflage, § 1a Rdnr. 21.

bereits hingewiesen[72]. Dementsprechend flankieren die Ausprägungen und Ziele des wasserrechtlichen Nähegrundsatzes die Anforderungen des Sorgfaltsgrundsatzes. Überdies ergab sich der Bestand eines entsprechenden ungeschriebenen Grundsatzes aus dem tragenden gesamtumweltrechtlichen Verursacherprinzip, soweit es in das Wasserhaushaltsgesetz »einfällt«. Hiernach hat der Verursacher einer Umweltbeeinträchtigung nicht nur für Ausgleich zu sorgen, bei einem sorglosen Umgang mit einem Umweltmedium soll der Verantwortliche auch die daraus resultierenden Folgen tragen. Dementsprechend war jeder Versorgungsraum im Wege der Verantwortungszuweisung auf das »eigene« Wasservorkommen in der Regel auf das für ihn ortsnahe Wasservorkommen beschränkt[73]. Damit wurde ein Vorrang der ortsnahen Wasserversorgung gegenüber der Bedarfsdeckung aus entlegenen Wasservorkommen konstruiert.

2. Der Grundsatz der ortsnahen Wasserversorgung nach Maßgabe des überkommenen § 1a Abs. 3 WHG

Durch den neu eingeführten § 1a Abs. 3 WHG hat der Bundesgesetzgeber im Jahr 2002[74] versucht, die bestehenden differenten Regelungsstrukturen in den Landeswassergesetzen zu vereinheitlichen[75]. § 1a Abs. 3 WHG besagte hierzu ohne weitere eingängige Begriffsdefinitionen in der Norm selbst oder dem übrigen Wasserhaushaltsgesetz, durch Landesrecht werde bestimmt, »*dass der Wasserbedarf der öffentlichen Wasserversorgung vorrangig aus ortsnahen Wasservorkommen zu decken ist, soweit überwiegende Belange des Wohls der Allgemeinheit nicht entgegenstehen*«. Ganz allgemein wurde diese Vorgabe als Grundsatz der ortsnahen Wasserversorgung bezeichnet[76]. Mit Einführung des überkommenen § 1a Abs. 3 WHG wurde angenommen, die Frage nach der Existenz eines (immanenten)

72 Hierzu insgesamt bereits in der Einleitung.

73 So sinngemäß Hendler/Grewing, „Der Grundsatz der ortsnahen Wasserversorgung im Wasserrecht", in ZUR Sh 2001, 146 (148f); statt vieler auch Bulling/Finkenbeiner, BWWG, § 43 Rdnr. 8.

74 BGBl. I, S. 3245.

75 BT-Drucks. 14/8668, S. 7.

76 Siehe nur Czychowski/Reinhardt zu dem überkommenen § 1a Abs. 3 WHG, Wasserhaushaltsgesetz, 9. Auflage, § 1a Rdnr. 25a.

Grundsatzes der ortsnahen Wasserversorgung innerhalb des Wasserhaushaltsgesetzes sei bundesgesetzlich entschieden[77]. Diese Aussage war indes ebenso unscharf wie die Regelung des überkommenen § 1a Abs. 3 WHG selbst. Offen blieb nämlich schon, ob hierdurch nun erstmalig ein entsprechender Grundsatz im Wasserrecht als eigenes Prinzip neu statuiert wurde oder ob die ausdrückliche Anordnung in § 1a Abs. 3 WHG lediglich darauf hinwies, dass es den tatsächlich ungeschriebenen Grundsatz als Ausfluss der übrigen wasserrechtlichen Grundsätze bereits vorher gab, also nur dessen Existenz unterstrichen wurde. Und vielmehr noch blieb unklar, wie ein solches Prinzip abschließend zu verstehen war und auf welche Weise es die wasserrechtliche Gestattung beeinflusst. § 1a Abs. 3 WHG bildete mit seiner Neueinführung zwar die maßgebliche Ausformulierung des Grundsatzes der ortsnahen Wasserversorgung. Ein ungeschriebener Grundsatz war damit richtigerweise zur Beurteilung der Ausgestaltung und der Anforderungen der Wasserversorgung nicht mehr zu bemühen. Aus der Norm selbst ließ sich aber nicht entnehmen, wie die Bewirtschaftung des Wasserhaushalts mit Blick auf eine ortsnahe öffentliche Wasserversorgung konkret erfolgen sollte. Der Gesetzgeber hatte die Regelung größtenteils inhaltlich nicht weiter ausgeformt.

Die Norm wurde zudem insgesamt erst spät mit einem Änderungsantrag der Fraktion SPD und Bündnis 90/Die Grünen[78] in das Gesetzgebungsverfahren eingebracht. Der ursprüngliche Entwurf für ein 7. Änderungsgesetz zum Wasserhaushaltsgesetz[79] enthielt eine solche Regelung nicht. Insoweit spielt für das Verständnis des Nähepostulats auch der Verweis auf Vorgängernormen keine Rolle. Nach der überkommenen Regelung des § 1a Abs. 3 WHG war vielmehr durch Landesrecht zu bestimmen, dass der Wasserbedarf der öffentlichen Wasserversorgung aus ortsnahen Wasservorkommen zu erfolgen hat, soweit überwiegende Belange des Wohls der Allge-

77 Czychowski/Reinhardt, Wasserhaushaltsgesetz, 8. Auflage, § 1a Rdnr. 25a und so auch noch in Wasserhaushaltsgesetz, 10. Auflage, § 50 Rdnr. 28; ebenso Reinhardt, „Neuere Entwicklungen im wasserhaushaltsgesetzlichen Bewirtschaftungssystem unter besonderer Berücksichtigung des Bergbaus“ in NuR 2004, 82 (87); entsprechend meint etwa auch MdB Bärbel Gryger, dass hierdurch nun „das Bekenntnis zur ortsnahen Wasserversorgung“ verankert worden sei, BT-Protokoll 14/228, Anlage 6 S. 22694.

78 BT-Drucks. 14-8668.

79 BT-Drucks. 14-7755, S. 5.

meinheit nicht entgegenstehen. Hierzu sah § 42 Abs. 1 WHG eine Umsetzungsfrist bis zum 22.12.2003 vor. Die Umsetzung des Nähegrundsatzes erfolgte in einigen Landeswassergesetzen in einer wörtlichen Wiedergabe der bundesrechtlichen Regelung, eine Anpassung der bereits bestehenden landesrechtlichen Vorgaben erfolgte zudem nur teilweise. Im Übrigen wurde der Grundsatz der ortsnahen Wasserversorgung in diversen Variationen ausgestaltet. Demnach blieb es bei einer höchst unterschiedlichen Regelung des Nähegrundsatzes in den Landesgesetzen[80] und damit bei einer uneinheitlichen Ausgestaltung der Vorgaben einer ortsnahen Wasserversorgung insgesamt.

3. Der Grundsatz der ortsnahen Wasserversorgung gemäß § 50 Abs. 2 WHG

Einen weiteren Schritt zur Vereinheitlichung der Regelung einer ortsnahen Wasserversorgung hat der Gesetzgeber daher mit der Fortentwicklung des Grundsatzes in einem mittlerweile gescheiterten Umweltgesetzbuch (UGB) unternommen. Hier sollten die umweltrechtlichen Vorgaben kumuliert werden, wovon auch das Wasserrecht erfasst war. Das UGB und damit auch die Änderung des Wasserrechts ist zwar nicht in Gesetzeskraft gewachsen. Letztlich wurden jene Vorgaben allerdings mit dem Gesetz zur Neuregelung des Wasserrechts vom 31.07.2009[81] – das in seinen wesentlichen Teilen zum 01.03.2010 in Kraft getreten ist – größtenteils in Gesetzesform gegossen. Die Vorgabe einer ortsnahen Wasserversorgung ist mit § 50 Abs. 2 WHG in das neue, bundeseinheitliche Recht transferiert worden[82]. Hierdurch wurde der Grundsatz der ortsnahen Wasserversorgung für die öffentliche Wasserversorgung bundeseinheitlich normiert und inhaltlich weiter konkretisiert. § 50 Abs. 2 WHG sollte zu einer mit dem überkommenen § 1a Abs. 3 WHG inhaltsgleichen, einheitlichen Regelung des bis dahin landesrechtlich different ausgestalteten Prinzips der ortsnahen Wasserversorgung führen[83]. Gleichzeitig wurden die allgemeinen gestattungsrechtlichen Anforderungen weiterentwickelt. Mit dem Gesetz zur Neuregelung des Wasserrechts hat der Bundesgesetzgeber einen eigenen Abschnitt für die

80 Zu dem jeweils konkreten Umsetzungsstand siehe 6. Teil, A. Ausgangslage: Landesrecht zum 28.02.2010 sowie B. Umsetzungsdivergenz.

81 BGBl. I, S. 2585.

82 BGBl. I, S. 2585.

83 BT-Drucks. 16/12275, S. 66.

öffentliche Wasserversorgung in das Wasserhaushaltsgesetz eingefügt und die Belange der öffentlichen Wasserversorgung direkt in § 50 WHG geregelt. Dort ist der bis dahin als allgemeine Bestimmung für die Gewässer dem gesamtem Wasserrecht vorangestellte Grundsatz der ortsnahen Wasserversorgung nahezu unverändert in das Dritte Kapitel des Wasserhaushaltsgesetzes als »Besondere Bestimmung« für die öffentliche Wasserversorgung eingegangen.

Der überkommene § 1a Abs. 3 WHG und der nun geltende § 50 Abs. 2 WHG sind weitestgehend inhaltsgleich, das Nähepostulat wird in der Neuregelung des Wasserrechts allerdings hinsichtlich der Abweichungsmöglichkeiten von einer ortsnahen Wasserversorgung weiter konkretisiert. Neu ist ferner, dass der noch zuvor in § 1a Abs. 3 WHG angelegte Regelungsauftrag an die Landesgesetzgeber anlässlich der Änderung der Bundesgesetzgebungskompetenzen durch die sog. Föderalismusreform weggefallen ist. War das Wasserrecht bisher lediglich der Rahmengesetzgebungskompetenz des Bundes zugeordnet, unterfällt es nach Art. 72, 74 Abs. 1 Nr. 32 GG seit der Föderalismusreform der konkurrierenden Gesetzgebungskompetenz des Bundes. Demzufolge gilt der Grundsatz der ortsnahen Wasserversorgung mit der Neuregelung des Wasserrechts unmittelbar[84], der Regelungsauftrag an die Landesgesetzgeber wurde obsolet.

Inhaltlich sieht § 50 Abs. 2 S. 2 WHG eine Konkretisierung bestimmter Voraussetzungen vor, aufgrund derer der Zugriff auf entlegene Wasservorkommen zulässig ist. Danach kann eine Fernwasserversorgung insbesondere dann erfolgen, »[...] *wenn eine Versorgung aus ortsnahen Wasservorkommen nicht in ausreichender Menge oder Güte oder nicht mit vertretbarem Aufwand sichergestellt werden kann.*« Insgesamt erfährt der Grundsatz der ortsnahen Wasserversorgung damit jedoch keine tiefergehende Veränderung durch die Neuregelung des Wasserrechts zum 01.03.2010. Jetzt wie vorher bleibt es demnach dabei, dass der gesetzlich normierte Grundsatz der ortsnahen Wasserversorgung einer dezidierten juristischen Begutachtung und Aufarbeitung bedarf.

---

84 Hierzu insgesamt 6. Teil: Vorrang der ortsnahen Wasserversorgung und Landesrecht.

2. Teil: Adressaten des Nähegrundsatzes und kommunale Selbstverwaltungsgarantie

Wie bereits dargelegt wurde, geht der Grundsatz der ortsnahen Wasserversorgung in seiner mittlerweile vorliegenden Fassung auf einen Regelungsauftrag zurück, wonach die Landeswassergesetze anzupassen waren. Grundlage der Norm selbst soll zudem ein ungeschriebener Grundsatz sein, der den Bewirtschaftungsgrundsätzen des Wasserrechts immanent war. Aufgrund der wechselnden rechtlichen Ausgangslage für den Vorrang der ortsnahen Wasserversorgung wird dementsprechend zum einen zu untersuchen sein, wer überhaupt nach dem jetzt bestehenden § 50 Abs. 2 WHG verpflichtet ist. Als Adressaten kommen dabei die Wassernutzer selbst in Betracht, wie das Wasserhaushaltsgesetz auch an anderen Stellen etwa über die allgemeine Sorgfaltspflicht direkte Ver- und Gebote gegenüber dem jeweiligen Wassernutzer statuiert. Andererseits können ausgehend von dem zunächst als Umsetzungsauftrag ausgestalteten § 1a Abs. 3 WHG weiterhin die Länder Regelungsadressaten sein. Im Übrigen kommen die Kommunen als regelmäßige Träger der Wasserversorgung als Adressaten in Betracht. Jedenfalls ist zu vermuten, dass die Kommunen von den Auswirkungen des Nähegrundsatzes in ihrer Eigenschaft als Träger der Wasserversorgung betroffen sind, so dass in diesem Zusammenhang vor dem Hintergrund der kommunalen Selbstverwaltungsgarantie untersucht werden soll, ob ein relevanter Eingriff in die Selbstverwaltung der Kommunen vorliegt und – soweit dies der Fall ist – ob das Prinzip der ortsnahen Wasserversorgung hier in verfassungskonformer Weise eine Regelung trifft.

Mit der Erarbeitung der Adressaten der Norm erfolgt eine entscheidende Weichenstellung für das weitere Verständnis, weil damit die einzelnen Regelungsmerkmale in einen bestimmten Kontext gerückt werden. Ausgehend von der aufgezeigten Konstellation der unterschiedlichen Betroffenheit kann hierzu zwischen direkten und indirekten Normadressaten, die lediglich durch den Vollzug der Norm angesprochen sind, unterschieden werden.

A. Direkte Normadressaten

Ursprünglich sah der überkommene § 1a Abs. 3 WHG vor, dass die ortsnahe Wasserversorgung durch eine entsprechende Umsetzung im Landesrecht bestimmt werden sollte. Aufgrund dieses Umsetzungsauftrags waren die Landesgesetzgeber die vordergründigen Adressaten des Nähegrundsatzes. Mit der Neuregelung des Wasserrechts wird der Grundsatz der ortsnahen Wasserversorgung bundeseinheitlich durch § 50 Abs. 2 WHG vorgegeben, damit fällt der ursprüngliche Umsetzungsauftrag an die Landesgesetzgeber weg. Dies stellt klar, dass mittlerweile in erster Linie die Wasserbehörden als Bewirtschaftungsverantwortliche für die Gewässer Adressaten des Nähegrundsatzes sind. Diese haben bei der Gestattungsprüfung die Vorgaben für die ortsnahe Bewirtschaftung der Trinkwasservorkommen zu berücksichtigen und durchzusetzen. Nur an zweiter Stelle bleiben die Länder Adressaten der Norm, soweit die Vorgaben der ortsnahen Wasserversorgung auch in die wasserrechtliche Planung einzubinden sind[85].

B. Nachgelagerte Bindung der Wassernutzer

Demgegenüber sind die Wasserverbraucher selbst nicht unmittelbar als Adressaten des Grundsatzes der ortsnahen Wasserversorgung benannt. Dies verwundert zunächst, ist doch Grundgedanke des Postulats, eine Verantwortungsverschiebung für das »eigene« Wasservorkommen hin zu den Wasserverbrauchern und zu den Trägern der öffentlichen Wasserversorgung zu erreichen, um diese zu einem sparsamen und ressourcenschonenden Umgang mit dem »eigenen« Wasser anzuhalten. Die Bürger als Wassernutzer im eigentlichen Sinne sind jedoch ausweislich des Normtextes nicht Adressaten des § 50 Abs. 2 WHG.

---

85 Der Grundsatz der ortsnahen Wasserversorgung ist als Teil der wasserrechtlichen Bewirtschaftungsplanung in die Maßnahmenprogramme und in den Bewirtschaftungsplänen aufzunehmen. Für deren Aufstellung bleiben die Länder nach Maßgabe der §§ 82, 83, 7 WHG durch eigene Landesbehörden zuständig. Vgl. hier auch 3. Teil, III. Einordnung in die planerische Umsetzung der wasserrechtlichen Bewirtschaftungsziele.

Allerdings regelt § 50 Abs. 2 WHG, wann und ob der Wasserbedarf der öffentlichen Wasserversorgung aus entlegenen oder ortsnahen Wasservorkommen gedeckt werden kann oder muss. Somit spricht die Norm insgesamt die öffentliche Wasserversorgung an. Diese ist Teil der Daseinsvorsorge, was § 50 Abs. 1 WHG klarstellt[86]. Die Kommunen als Träger der öffentlichen Daseinsvorsorge sind regelmäßig auch Träger der öffentlichen Wasserversorgung. Über die erforderliche wasserrechtliche Gestattung zur Wasserentnahme für die öffentliche Wasserversorgung werden die Kommunen damit unmittelbar von den in § 50 Abs. 2 WHG vorgezeichneten Anforderungen getroffen[87]. Zwar ergibt sich hieraus nicht ohne weiteres, dass die Kommunen selbst den Grundsatz der Ortsnähe umzusetzen hätten. Wesentliches Kriterium der staatlichen Gewässerbewirtschaftung ist aber die behördlich gesteuerte Gestattung der Gewässerbenutzung. In dieses System fügt sich die Wasserentnahme für die öffentliche Wasserversorgung ein. Insoweit wird durch die behördliche Kontrolle die Nutzung des Wassers in bestimmter Weise vorgezeichnet, weil wasserrechtlich die Nutzungsmöglichkeit an die Gestattungsfähigkeit der Benutzung gekoppelt ist. § 50 Abs. 2 WHG bildet dabei eine gesetzlich vorgezeichnete Rahmenbedingung, in die die Organisationshoheit der Kommunen hinsichtlich der zulässigen Beanspruchung konkreter Wasservorkommen eingebettet wird. Dies ergibt sich aus der Determinierung der wasserrechtlichen Gestattung durch das Postulat der ortsnahen Wasserversorgung[88]. Tatsächlich führt der Grundsatz der ortsnahen Wasserversorgung damit über die Versagung der Beanspruchung entlegener Wasservorkommen zu einer behördlich veranlassten Verhaltenssteuerung, die unabhängig von der Umsetzungsbereitschaft der Wassernutzer, insbesondere der betroffenen Kommunen als Träger der öffentlichen Wasserversorgung, die ortsnahe Wasserversorgung etabliert[89]. Der Vorrang der ortsnahen Wasserversorgung entfaltet dabei

86 Die öffentliche Wasserversorgung als Aufgabe der Daseinsvorsorge ist mittlerweile in § 50 Abs. 1 WHG normiert.

87 Vgl. insoweit auch Gößl in Siedler/Zeitler, Wasserhaushaltsgesetz, § 50 Rdnr. 28f.

88 Hierzu ausführlich im Folgenden, 3. Teil, C. Zusammenspiel mit der wasserrechtlichen Gestattung.

89 Hierzu auch oben, 1. Teil, B. V. Indirekte Verhaltenssteuerung - Verantwortungsverschiebung hin zu einer eigenverantwortlichen Gewässerbenutzung.

lenkende Wirkung für die wasserbehördliche Entscheidung bei dem Zugriff auf entlegene Wasservorkommen[90].

Letztlich sind es danach die Kommunen, die aufgrund der Festlegung in der wasserrechtlichen Planung sowie durch die abschließende wasserbehördliche Entscheidung die ortsnahe Wasserversorgung zu realisieren haben[91]. Bei der Bewirtschaftung der Wasservorkommen unter der Doktrin einer ortsnahen Wasserversorgung kommt es so auf die Bereitschaft zur Nutzung der eigenen Wasservorkommen sowie zur Durchführung der hierzu erforderlichen Maßnahmen nicht mehr an. Dementsprechend ist es auch nicht relevant, ob die öffentliche Wasserversorgung durch die öffentliche Hand oder durch private Dritte erfolgt[92], da beide über die wasserrechtlichen Gestattungsvoraussetzungen in gleicher Weise an die staatliche Bewirtschaftung der Gewässer gebunden sind[93]. Im Übrigen haben die Kommunen gemäß der grundsätzlichen Entscheidung des Gesetzgebers zu einer vorrangig ortsnahen Wasserversorgung wegen Art. 20a GG schon aus eigener Pflicht auf die Versorgung aus nahe gelegenen Wasservorkommen hinzuwirken[94], sie werden also auch insoweit über den gesetzlich angeordneten Vorrang der ortsnahen Wasserversorgung gebunden[95].

C. Vorrang der ortsnahen Wasserversorgung und kommunale Selbstverwaltungsgarantie

Nach Art. 28 Abs. 2 GG können die Gemeinden die Angelegenheiten der örtlichen Gemeinschaft im Rahmen der Gesetze in eigener Verantwortung

90 In diesem Sinne Gößl in Siedler/Zeitler, Wasserhaushaltsgesetz, § 50 Rdnr. 28. Zu der wasserrechtlichen Entscheidung auch im 5. Teil, A. Gestattungsrechtliche Umsetzung in der Praxis.

91 M.w.Nachw. auch Markopoulos, „Rechtliche Ge- und Verbote bei der Öffnung der Wasserversorgungsmärkte“, in KommJur 2012, 361 (365).

92 Vgl. auch Czychowski/Reinhardt, Wasserhaushaltsgesetz, 10. Auflage, § 50 Rdnr. 31.

93 Nach Auffassung des VG Stuttgart soll der gesetzliche Vorrang der ortsnahen Wasserversorgung aber nicht gegenüber den (privaten) Fernwasserversorgern gelten, VG Stuttgart, Urteil v. 15.08.2012, 3 K 1490/11.

94 Hierzu sogleich auch unten C. III. Grenzen und verfassungsrechtliche Unbedenklichkeit eines Eingriffs in Art. 28 Abs. 2 GG.

95 In diesem Sinne auch Gößl in Siedler/Zeitler, Wasserhaushaltsgesetz, § 50 Rdnr. 29.

regeln. Eingriffe in die kommunale Selbstverwaltungsgarantie sind rechtfertigungsbedürftig, Eingriffe in den Kernbereich der Selbstverwaltung sind grundsätzlich unzulässig. Im Zusammenhang mit der ortsnahen Wasserversorgung ist dabei allgemein anerkannt, dass die Kommunen hierdurch in ihrer Organisationshoheit beschnitten werden[96]. Der gesetzlich angelegte Zugriff auf die kommunalen Strukturen der Wasserversorgung kann daher rechtlich problematisch sein. Es stellt sich somit die Frage, ob mit der Vorgabe einer regelmäßig ortsnahen öffentlichen Wasserversorgung ein unzulässiger Eingriff in Art. 28 Abs. 2 GG vorliegt. Dazu soll der Umfang der kommunalen Selbstverwaltung hinsichtlich der öffentlichen Wasserversorgung untersucht werden. Gegebenenfalls sind die Eingriffsrelevanz des Nähegrundsatzes sowie seine mögliche verfassungsmäßige Rechtfertigung herauszuarbeiten.

I. Öffentliche Wasserversorgung als Gegenstand der kommunalen Selbstverwaltung

Seit jeher unterfällt insbesondere die Versorgung der Bürger mit Wasser den anerkannten Aufgaben der Kommunen[97]. Sie gehört traditionell zu den Bereichen des kommunalen Wirkungskreises der Gemeinden[98]. Die öffentliche Wasserversorgung ist den Kommunen mittlerweile gemäß § 50 Abs. 1 WHG als Teil der öffentlichen Daseinsvorsorge als originärer Aufgabenbereich übertragen. Die Entscheidungsgewalt für die Organisation der öffentlichen Wasserversorgung liegt damit aus verfassungsrechtlicher Sicht bei den Kommunen[99]. Insofern ist auch die Einrichtung der öffentlichen Wasserversorgung Aufgabe der Gemeinden[100], wie § 50 Abs. 1 WHG nun

96 Czychowski/Reinhardt, Wasserhaushaltsgesetz, 10. Auflage, § 50 Rdnr. 29 und so auch schon zur überkommenen Rechtslage in Wasserhaushaltsgesetz, 8. Auflage, § 1a Rdnr. 25b.

97 Vgl. BVerfG, Beschl. v. 16.05.1989, 1 BvR 705/88, NJW 1990, 1783.

98 M.w.Nachw, Hünnekens in Landmann/Rohmer, Umweltrecht, § 50 WHG Rdnr. 10.

99 Statt vieler Czychowski/Reinhardt, Wasserhaushaltsgesetz, 10. Auflage, § 50 Rdnr. 29.

100 BVerfG, Beschl. v. 23.06.1981, 2 BvL 14/79, BVerfGE 58, 45 (62); ebenso BVerwG, Urteil v. 20.01.2005, 3 C 31.03, NVwZ 2005, 958.

ebenfalls klarstellt. Die öffentliche Wasserversorgung unterfällt dementsprechend der kommunalen Selbstverwaltungsgarantie nach § 28 Abs. 2 GG[101].

II. Eingriffsrelevanz des § 50 Abs. 2 WHG

Mit dem Nähegebot strebt der Bundesgesetzgeber eine Verschiebung innerhalb der Strukturen der öffentlichen Wasserversorgung an, wodurch er auf die Organisationshoheit der Kommunen zugreift. Dabei können die gesetzlichen Vorgaben des Ortsnäheprinzips mit dem Interesse der Kommunen an einer kostengünstigen und mit geringem Aufwand zu betreibenden öffentlichen Wasserversorgung[102] ebenso in Konflikt treten wie mit den konkreten Vorstellungen der Kommune von der kommunalen Entwicklung. So ist es etwa denkbar, dass eine beabsichtigte Bebauung zu Gunsten einer ortsnahen Wasserversorgung aufgegeben werden muss, damit eine der Grundwasserneubildung abträgliche Flächenversiegelung nicht stattfindet. Ebenso steht die Beeinträchtigung finanzieller Interessen im Raum, wenn aufgrund der Verwirklichung der ortsnahen Wasserversorgung bestimmte Aufwendungen wie Unterhalts- und Betriebskosten getragen werden müssen. Ganz allgemein wird mit der Einschränkung der zur Verfügung stehenden nutzbaren Wasservorkommen auch das mögliche Entnahmevolumen beschnitten. Insofern ist eine Eingriffsrelevanz in den geschützten Bereich des Art. 28 Abs. 2 GG grundsätzlich zu bejahen.

III. Fernwasserversorgung als geschützte Aufgabe der örtlichen Gemeinschaft

Da lediglich die ortsnahe Wasserversorgung gesetzlich vorgezeichnet ist, kommt es für einen Eingriff in die kommunale Selbstverwaltungsgarantie maßgeblich darauf an, ob auch die Versorgung aus entlegenen Gebieten dem Schutz der Selbstverwaltungsgarantie der Kommunen unterfällt. Ein Eingriff in Art. 28 Abs. 2 GG ist demnach dann nicht zu beklagen, wenn der Zugriff der Kommunen auf entlegene Wasservorkommen nicht Teil der kommunalen Selbstverwaltung ist.

---

101 Siehe nur Berendes, Wasserhaushaltsgesetz, § 50 Rdnr. 3.
102 Hierzu etwa Lehn/Steiner/Mohr, Wasser – Die elementare Ressource, S. 46.

Das Bundesverwaltungsgericht hat hierzu festgestellt, dass es bei der Zuordnung der Aufgaben an die Gemeinden gerade nicht darauf ankomme, ob sich die konkreten Anlagen der Wassergewinnung im Gemeindegebiet befinden. Maßgeblich sei allein, dass ein konkreter Bezug zum Gemeindegebiet oder der Gemeindebevölkerung bestehe. Dies sei bei der Versorgung der Bevölkerung mit Trinkwasser stets der Fall. Grundsätzlich könnten die Kommunen demnach zur Erfüllung ihrer Aufgabe auf die Eigenversorgung durch ortsnahe Wasservorkommen oder auf den Anschluss an ein Fernversorgungssystem zurückgreifen[103]. Durch die Anordnung einer ortsnahen Wasserversorgung werden diese Möglichkeiten eingeschränkt, so dass ein Eingriff in den garantierten Selbstverwaltungsbereich denkbar ist.

Anders wäre dies nur zu bewerten, wenn die Fernwasserversorgung nicht mehr der gemeindlichen Organisation der Daseinsvorsorge zugewiesen wäre, weil sie aus dem Bereich der Angelegenheiten der örtlichen Gemeinschaft herausgewachsen ist[104]. Das Bundesverwaltungsgericht hat in seiner Entscheidung letztlich offen gelassen, ob die Anforderungen des wasserrechtlichen Nähepostulats bei der Bestimmung des Umfangs der Organisationshoheit der Gemeinden zu beachten sind, da der zeitliche Bezug zu § 1a Abs. 3 WHG a.F. fehlte. Ob die von dem Bundesverwaltungsgericht angesprochenen Privatisierungstendenzen in der deutschen Wasserwirtschaft mittlerweile als derart fortgeschritten betrachtet werden müssen, dass mit ihnen eine Aufspaltung der Aufgaben der örtlichen Gemeinschaft einhergeht, ist jedoch fraglich. Für diese Beurteilung kann auf vergleichbare Sachverhalte zurückgegriffen werden. Aufgrund aktueller Privatisierungstendenzen in verschiedenen Bereichen der kommunalen Daseinsvorsorge erscheint es danach zwar durchaus möglich, dass die überörtliche Wasserversorgung aus entlegenen Gebieten den Angelegenheiten der örtlichen Gemeinschaft enthoben ist. Die entsprechende Herauslösung eines Aspektes der Daseinsvorsorge aus den kommunalen Angelegenheiten wird etwa im Bereich der Energieversorgung bezüglich der überörtlichen Energieerzeugung angenommen[105]. Eine Ausgliederung hoheitlicher Aufgaben liegt beispielsweise vor, wenn die Energieversorgung nicht mehr durch kommunal

103 BVerwG, Urteil v. 20.01.2005, 3 C 31.03, NVwZ 2005, 958 (959).

104 Vgl. BVerwG, Urteil v. 20.01.2005, 3 C 31.03, NVwZ 2005, 958 (959).

105 Ossenbühl, „Rechtliche Aspekte der Elektrizitätsversorgung in den neuen Bundesländern“, in DÖV 1992 1 (8); Löwer, „Energieversorgung zwischen Staat, Gemeinde und Wirtschaft“, in DVBl 1991, 132 (141).

betriebene Stadtwerke erfolgt, sondern abschließend durch einen überörtlichen Energieversorger betrieben wird. Übertragen auf die öffentliche Wasserversorgung müsste diese also durch einen überörtlichen Versorger wahrgenommen werden. Voraussetzung ist jedoch eine tatsächliche Ausgliederung jener Aufgaben, der bloße gesetzgeberische Wille genügt hierfür nicht[106]. Dies ist für die öffentliche Wasserversorgung generell nicht gegeben. Insbesondere bleiben die Kommunen auch bei dem Bezug von Fernwasser ihren Bürgern gegenüber zur Wasserversorgung als Leistung der Daseinsvorsorge verpflichtet, wie § 50 Abs. 1 WHG verdeutlicht. Das ist nach der erfolgten Privatisierung der Energiewirtschaft gerade nicht mehr der Fall[107]. Zudem ergibt sich die erforderliche Verknüpfung zum kommunalen Aufgabenbereich daraus, dass die Wasserversorgung regelmäßig gerade von der Existenz geeigneter Wasservorkommen im Gemeindegebiet abhängt[108].

Daher ist davon auszugehen, dass die öffentliche Wasserversorgung in Form der Fernwasserversorgung auch weiterhin den Belangen der kommunalen Selbstverwaltung unterfällt. Den Kommunen kommt bei der Wahrnehmung der ihnen obliegenden Aufgaben ein eigener Gestaltungs- und Abwägungsspielraum zu[109]. Insoweit liegt mit der vornehmlichen Verweisung auf die ortsnahen Wasservorkommen ein rechtfertigungsbedürftiger Eingriff in den Schutzbereich der kommunalen Selbstverwaltung vor.

---

106 Ohnehin geht der Wille des Gesetzgebers vorliegend nicht dahin, die Privatisierung der Wasserversorgung abzubilden, sondern der Grundsatz der ortsnahen Wasserversorgung dient vornehmlich dem Schutz der für die Trinkwasserversorgung relevanten Grundwasservorkommen, vgl. BT-Drucks. 14/8668, S. 7 zu § 1a Abs. 3 WHG a.F..

107 Gemäß § 36 EnWG wird die Pflicht zur Versorgung lediglich auf den Grundversorger, typischerweise ein privatrechtliches Unternehmen, übertragen. Danach kann die Person des Grundversorgers auch wechseln. Damit ist im Energiebereich die Verantwortungsübertragung an die Kommunen nunmehr vollumfänglich aufgehoben. In diesem Sinne auch Hünnekens in Landmann/Rohmer, Umweltrecht, § 50 WHG Rdnr. 14.

108 Hünnekens in Landmann/Rohmer, Umweltrecht, § 50 WHG Rdnr. 12.

109 Breuer, „Wasserpreise und Kartellrecht“, in NVwZ 2009, 1249 (1252).

IV. Grenzen und verfassungsrechtliche Unbedenklichkeit eines Eingriffs in Art. 28 Abs. 2 GG

Der mit der öffentlichen Wasserversorgung angesprochene wesentliche Bereich der gemeindlichen Eigenverantwortung kann nur rechtmäßig beeinträchtigt werden, wenn überwiegende Gemeinwohlinteressen dies fordern. Die kommunale Selbstverwaltung ist also nicht unantastbar, lediglich der Kernbereich gemeindlicher Aufgaben unterliegt genauso wie unverhältnismäßige Anforderungen an die Kommunen nicht dem Zugriff des Bundesgesetzgebers[110]. Im Übrigen lässt sich ein Eingriff verfassungsrechtlich überwinden, soweit jene Aufgabe nicht dem Kernbereich der kommunalen Selbstverwaltung unterfällt. Insofern genießen die Kommunen über Art. 28 Abs. 2 GG nur dahingehend Schutz, dass ihnen Aufgaben der örtlichen Gemeinschaft ohne die erforderliche Rechtfertigung entzogen werden[111].

Der Gesetzgeber darf den Gemeinden ihre Aufgaben danach beispielsweise aus Gründen des Gemeinwohlinteresses entziehen[112]. Das Bundesverfassungsgericht ist hierzu der Auffassung, dass der Grundwasserschutz für die öffentliche Trinkwasserversorgung - und damit für das Wohl der Allgemeinheit – von überragender Bedeutung ist[113]. Daher ist schon wegen der grundwasserschützenden Intention des Nähegrundsatzes der Eingriff in die kommunale Selbstverwaltung verfassungskonform zu begründen. Überdies ergibt sich ein Votum zugunsten der ortsnahen Wasserversorgung aus dem mit ihr bezweckten Ressourcenschutz insgesamt[114]. Damit ist gerade das Allgemeinwohlinteresse als solches, das über das Interesse der betroffenen Gemeinde hinausgeht, angesprochen. Auch mit Blick auf die Sicherung ausreichender Trinkwasservorkommen für zukünftige Generationen verbietet sich der unbeschränkte Zugriff auf entlegene Wasserressourcen. So verstanden ist der Vorrang der ortsnahen Wasserversorgung unmittelbarer Ausdruck des Art. 20a GG und des Nachhaltigkeitsprinzips. Daher ist die

110 Vgl. BVerfG, Urteil v. 23.11.1988, 2 BvR 1619/83, 2 BvR 1628/83, BVerfGE 79, 127 (146ff).

111 Hünnekens in Landmann/Rohmer, Umweltrecht, § 50 WHG Rdnr. 11; BVerfG, Urteil v. 23.11.1988, 2 BvR 1619/83, 2 BvR 1628/83, BVerfGE 79, 127 (146ff).

112 BVerfG, Urteil v. 23.11.1988, 2 BvR 1619/83, 2 BvR 1628/83, BVerfGE 79, 127 (146ff).

113 BVerfG, Beschl. v. 15.07.1981, 1 BvL 77/78, BVerfGE 58, 300 (344).

114 Hierzu insgesamt m.w.Nachw. Czychowski/Reinhardt zu dem überkommenen § 1a Abs. 3 WHG in Wasserhaushaltsgesetz, 9. Auflage, § 1a Rdnr. 25b.

Beeinträchtigung der kommunalen Selbstverwaltungsgarantie insgesamt durch gemeinwohlorientierte Interessen gerechtfertigt. Zudem bleibt den Kommunen ein ausreichender Spielraum zur Bewältigung von Sonderbedürfnissen, weil der Zugriff auf entlegene Wasservorkommen bei dem Vorliegen überwiegender Gemeinwohlbelange eröffnet wird. Auch aufgrund anderweitiger Belange, etwa der Kostenlast einer ortsnahen Wasserversorgung, kann ein Abweichen von dem Grundsatz zulässig sein, wie § 50 Abs. 2 S. 2 WHG klarstellt[115]. Die Einschränkung des Art. 28 Abs. 2 GG ist damit im Fall der ortsnahen Wasserversorgung verfassungsrechtlich grundsätzlich unbedenklich und im Übrigen für den konkreten Einzelfall zu überprüfen.

D. Ergebnis

In erster Linie bindet § 50 Abs. 2 WHG die zuständigen Wasserbehörden, anders als noch nach dem überkommenen § 1a Abs. 3 WHG haben die Länder den Grundsatz der ortsnahen Wasserversorgung allenfalls planerisch umzusetzen. Die eigentlichen Wassernutzer werden dagegen nur nachgelagert durch die Gestattung oder Versagung der Wasserentnahme aus einem bestimmten Wasservorkommen im Wege der Verhaltenssteuerung durch das Nähepostulat angesprochen. Mit dem Verweis auf die ortsnahen Wasservorkommen liegt grundsätzlich ein Eingriff in die kommunale Selbstverwaltungsgarantie vor, der jedoch verfassungskonform gerechtfertigt werden kann.

---

115 Zu den finanziellen Aspekten der Sicherung der ortsnahen Wasserversorgung als Abwägungskriterium ausführlich unten, 4. Teil, E. V. Abwägungskonkretisierung am Beispiel finanzieller Aspekte der öffentlichen Wasserversorgung.

3. Teil: Einordnung in die staatliche Gewässerbewirtschaftung

Hieran schließt sich die generelle Einordnung des Nähegrundsatzes in das Wasserrecht als Basis für die weitere Untersuchung des § 50 Abs. 2 WHG an. Zentrale Frage der nachfolgenden Überlegungen ist, wie sich der Grundsatz der ortsnahen Wasserversorgung als nachträglich in das Wasserhaushaltsgesetz eingefügter Regelungssatz in das bestehende Normgefüge des Wasserrechts etabliert. Hier sind grundsätzliche Feststellungen für das Verständnis der Norm zu treffen, die bei ihrer weiteren Untersuchung von entscheidender Bedeutung sind. Die nachfolgende Betrachtung bildet damit die Grundlage für das Verständnis des Nähegrundsatzes und der Einordnung seiner Normmerkmale im weiteren Verlauf der Arbeit.

Dazu soll die Regelung zum einen im Licht des Wasserrechts selbst und zum anderen im Kontext der Europarechtlichen Vorgabe der Wasserrahmenrichtlinie dargestellt werden. Hier wie dort ist zunächst das Verhältnis des Nähepostulats zu den Bewirtschaftungsvorgaben und -zielen des Wasserrechts zu beleuchten. Der Gesetzgeber ging davon aus, dass der Nähegrundsatz im Einklang mit diesen wasserrechtlichen Zielen steht[116], so dass der Fokus auch auf das Verhältnis zu den für die Zielerreichung maßgeblichen Bewirtschaftungsinstrumenten zu legen ist. Mit dem Nähegrundsatz soll die ortsnahe Wasserversorgung vor derjenigen aus entlegenen Gebieten präferiert werden. Hierdurch wird die Berücksichtigung der Regelung in der für die Wasserentnahme aus einem bestimmten Wasservorkommen notwendigen wasserrechtlichen Gestattung vorgezeichnet. Abschließend erfolgt daher die Einordnung des Nähegrundsatzes in die wasserrechtliche Gestattungsstruktur

116 BT-Drucks. 14/8668, S. 7.

A. Verhältnis zu den Grundsätzen der Gewässerbewirtschaftung

Das Wasserhaushaltsgesetz formuliert neben konkreten Ge- und Verboten bei der Gewässerbewirtschaftung allgemeine Grundsätze, die bei der Anwendung der Vorschriften des Gesetzes zu beachten sind. Jene waren schon vor Einführung der Anordnung einer ortsnahen Wasserversorgung Gegenstand des Wasserhaushaltsgesetzes, der Nähegrundsatz wurde in dieses Regelungssystem eingebettet. Der ungeschriebene Grundsatz der ortsnahen Wasserversorgung stützt sich auf die Vorgaben dieser Bewirtschaftungsgrundsätze[117], wie sie bis dahin in § 1a WHG verankert waren[118]. Aufgrund der zeitlichen Reihenfolge der Einordnung des Nähegrundsatzes in das Wasserhaushaltsgesetz ist zu überlegen, wie diese Vorgaben für das Verständnis der gesetzlich vorgegebenen ortsnahen Wasserversorgung maßgebend sind.

Die verschiedenen Regelungen des überkommenen § 1a WHG gaben für das Wasserhaushaltsgesetz in der bis zum 01.03.2010 geltenden Fassung die tragenden Grundgedanken der gesamten wasserwirtschaftlichen Ordnung vor, die insoweit selbständig nebeneinander standen[119]. Mit der Neuregelung des Wasserrechts zum 01.03.2010 hat der Bundesgesetzgeber unter anderem die Vorgaben für die Gewässerbewirtschaftung neu gefasst und weiter konkretisiert. Die bestehenden Grundsätze wurden auseinander dividiert und im Wasserhaushaltsgesetz an verschiedenen Stellen eingefügt, sie finden sich nun in den §§ 1, 4 Abs. 2 und 3, 5 Abs. 1, 6 Abs. 1 WHG wieder. Diese Bewirtschaftungsgrundsätze sollen im Folgenden kurz erläutert werden. Ausgehend von dem Umstand, dass der Nähegrundsatz zunächst als

---

117 Vgl. hierzu auch oben, 1. Teil, D. II. 1. Ungeschriebener Grundsatz der ortsnahen Wasserversorgung vor der 7. WHG-Novelle.

118 Der überkommene § 1a WHG benannte nach seiner amtlichen Überschrift die Grundsätze des Wasserhaushaltsrechts. Die Norm wurde durch Art. 1 Nr. 2 des vierten Änderungsgesetzes zum WHG eingeführt und trat am 01.10.1976 in Kraft. Die Vorschrift stellte eine das ganze Wasserhaushaltsgesetz umfassende Regelung dar. Bis zum 17.06.2002 umfasste sie drei Absätze, mit dem siebten Änderungsgesetz wurde ein neuer Absatz 3 in § 1a WHG eingefügt. Der alte Absatz 3 wurde zu § 1a Abs. 4 WHG. Der bestehende Absatz 1 wurde um einen weiteren Satz Drei ergänzt. Im Übrigen blieb die Vorschrift unverändert.

119 Statt vieler: Czychowski/Reinhardt, Wasserhaushaltsgesetz, 9. Auflage, § 1a Rdnr. 1.

Ausfluss der bestehenden Bewirtschaftungsgrundsätze aufgefasst wurde[120], stellt sich daran anschließend die Frage, in welchem Verhältnis die nunmehr konkrete Anordnung der ortsnahen Wasserversorgung zu den bisherigen Bewirtschaftungsgrundsätzen steht. Hier erscheint es zum einen denkbar, dass die Ausformulierung des Nähepostulats nur deskriptiv die ohnehin bestehenden Bewirtschaftungsanforderungen wiedergibt. Dies hätte allerdings zur Folge, dass sich mit der Einführung des § 1a Abs. 3 WHG und ebenso mit der Regelung des § 50 Abs. 2 WHG die Rechtslage hinsichtlich der Bewirtschaftung der ortsnahen Wasservorkommen inhaltlich nicht geändert hätte. Der Nähegrundsatz hätte nur klarstellende Funktion. Spricht man der Anforderung der ortsnahen Wasserversorgung dagegen einen eigenständigen Regelungscharakter zu, bleibt zu erörtern, ob die Regelung als besondere Anforderung für die ortsnahen Wasservorkommen über die übrigen Regelungsanforderungen hinausgehende oder sogar andere Anforderungen trifft oder ob § 50 Abs. 2 WHG von den Bewirtschaftungsvorgaben flankiert wird.

I. Sicherung und Bewirtschaftung von Gewässern

§§ 1, 6 Abs. 1 WHG[121] ordnen an, dass die Gewässer als Bestandteil des Naturhaushaltes und als Lebensraum für Tiere und Pflanzen zu sichern sind. Nach der Diktion des Wasserhaushaltsgesetzes sind mit Gewässern oberirdische Gewässer, also stehende Gewässer und Flüsse, sowie die dort näher konkretisierten Küstengewässer und das Grundwasser angesprochen. Sinngemäß erfolgt hiermit ein umfassender Schutz der Gewässer unter Beachtung der notwendigen Nutzung durch den Menschen. Letzteres ergibt sich zwar nicht aus der Norm selbst, ist aber dem anthropozentrischen Ansatz des Art. 20a GG zu entnehmen, dessen einfachgesetzliche Ausprägung der Bewirtschaftungsgrundsatz darstellt[122].

Innerhalb dieses Rahmens haben die zuständigen Behörden nicht allein die Belange des Wasserhaushalts als solchen, sondern das gesamte ökologische

---

120 Hierzu 1. Teil, D. II. 1. Ungeschriebener Grundsatz der ortsnahen Wasserversorgung vor der 7. WHG-Novelle.

121 Die Regelungen entsprechen dem ehemaligen § 1a Abs. 1 WHG.

122 Czychowski/Reinhardt, Wasserhaushaltsgesetz, 10. Auflage, § 6 Rdnr. 12.

Potential des Wassers sowie seine Bedeutung für den gesamten Naturhaushalt zu beachten[123]. Neben der Sicherungsanforderung sind Gewässer danach unter anderem so zu bewirtschaften, dass sie dem Wohl der Allgemeinheit und im Einklang mit ihm dem Nutzen Einzelner dienen. Vermeidbare Beeinträchtigungen ihrer ökologischen Funktion und der direkt von ihnen abhängenden Landökosysteme und Feuchtgebiete im Hinblick auf deren Wasserhaushalt sollen unterbleiben. Indem das Wasserhaushaltsgesetz von einer Gewässerbewirtschaftung durch die öffentliche Hand ausgeht, ist allein diese Adressat der Bewirtschaftungsverpflichtung[124]. Die Bewirtschaftung selbst ist ein umfassender Begriff und meint jede Einflussnahme auf den Wasserhaushalt und das Wasserdargebot in qualitativer und quantitativer Hinsicht[125]. Maßgebliches Kriterium der Bewirtschaftung ist zum einen die Orientierung an den Belangen des Wohls der Allgemeinheit. Zum anderen statuiert die Vorschrift eine Bewahrungspflicht hinsichtlich der von den bewirtschafteten Gewässern abhängigen Feuchtgebiete und Ökosysteme, soweit deren Wasserhaushalt betroffen und die Beeinträchtigung vermeidbar ist. Insgesamt ist die Regelung damit Ausdruck des umweltrechtlichen Vorsorgeprinzips. Demnach sind Gewässer unabhängig von einer bestehenden Gefahrenlage stets der geringstmöglichen Beeinträchtigung auszusetzen. Somit gebietet die Vorgabe eine sparsame und der Reinhaltung verpflichtete Bewirtschaftung des Wassers[126].

Darüber hinaus soll eine nachhaltige Entwicklung in der Gewässerbewirtschaftung sichergestellt sein. Der Begriff der »Nachhaltigkeit« ist eine im Deutschen verwendete Übersetzung des englischen Begriffs »susteinable

123 Kotulla, Wasserhaushaltsgesetz, 2. Auflage, § 6 Rdnr. 10.

124 Kotulla, Wasserhaushaltsgesetz, 2. Auflage, § 6 Rdnr. 6 und so schon in Wasserhaushaltsgesetz, 1. Auflage, ausführlich zu dem überkommenen § 1a, dort Rdnr. 9; ebenso Czychowski/Reinhardt, Wasserhaushaltsgesetz, 10. Auflage, § 6 Rdnr. 14.

125 Hierzu insgesamt Czychowski/Reinhardt, Wasserhaushaltsgesetz, 10. Auflage, § 6 Rdnr. 8f..

126 Die sparsame Verwendung des Wassers ist mittlerweile in § 5 Abs. 1 Nr. 2 WHG ausdrücklich benannt; hierzu Kotulla, Wasserhaushaltsgesetz, 2. Auflage, § 5 Rdnr. 13ff sowie zu der konkreten Ausprägung des Vorsorgeprinzips bereits in der 1. Auflage, § 1a Rdnr. 21. Zu der entsprechenden Anordnung einer sparsamen Wasserverwendung nach dem überkommenen Wasserrecht auch Czychowski/Reinhardt, Wasserhaushaltsgesetz, 9. Auflage, § 1a Rdnr. 3; Pape in Landmann/Rohmer, Umweltrecht, § 1a Rdnr. 12.

development«. Eine derartige Bewirtschaftung bezweckt den langfristigen Schutz des Wassers als Lebensraum sowie seine Sicherung als Ressource und die Erschließung von Möglichkeiten einer dauerhaft naturverträglichen, wirtschaftlichen und sozialen Entwicklung der Gewässerbewirtschaftung[127]. Kurz gesagt hat danach die Bewirtschaftung dergestalt zu erfolgen, dass ein in Anspruch genommenes Gewässer dauerhaft in einem Zustand belassen wird, der seine natürliche Regeneration gewährleistet[128]. Eine einheitliche und eindeutige inhaltliche Bewertung der »Nachhaltigkeit« ist derzeit zwar ebenso wenig gegeben wie die Klärung ihrer rechtlichen Bedeutung. Es ist allerdings davon auszugehen, dass sich der Begriff nicht von der ohnehin angeordneten Bewirtschaftung der Gewässer unterscheidet. Da sich bereits aus dem bestehenden Bewirtschaftungssystem die Sicherung, Erhaltung und der ressourcenschonende Umgang mit dem Wasserdargebot ergibt, was gemeinhin als »nachhaltig« bezeichnet wird, soll die Nachhaltigkeitsformel des Bewirtschaftungsgrundsatzes keine weitergehenden Anforderungen an die gewässerrechtliche Bewirtschaftung stellen[129]. Auch der Gesetzgeber sah schon bei der Einführung des Nachhaltigkeitsgedankens lediglich eine klarstellende Funktion der Vorgabe[130].

Inwieweit sich das Erfordernis der Nachhaltigkeit auf das Postulat der vornehmlichen Versorgung aus ortsnahen Wasservorkommen auswirkt, ist im Folgenden zu klären. Jedenfalls aber ergibt sich bis hierhin, dass jedwede Nutzung des Umweltgutes Wasser, mithin auch die Entnahme für die öffentliche Wasserversorgung, dem staatlichen Bewirtschaftungsregime unterfällt und von einer daran orientierten behördlichen Entscheidung abhängig ist. Schon der ehemalige § 1a Abs. 1 WHG verlangte, dass bei der Bewirtschaftung

> »(...) insbesondere mögliche Verlagerungen von nachteiligen Auswirkungen von einem Schutzgut auf ein anderes zu berücksichtigen [sind]; ein hohes Schutzniveau

---

127 Knopp, „Die Umsetzung der Wasserrahmenrichtlinie im deutschen Wasserrecht" in ZUR 2001, 368 (370/371).

128 Kotulla, Wasserhaushaltsgesetz, 2. Auflage, § 1 Rdnr. 25.

129 Mit weiteren Verweisen Czychowski/Reinhardt, Wasserhaushaltsgesetz, 10. Auflage, § 6 Rdnr. 6; ebenso Kotulla, Wasserhaushaltsgesetz, 2. Auflage, § 1 Rdnr. 25.

130 BT-Drucks. 14/7755, S. 15.

für die Umwelt insgesamt, unter Berücksichtigung der Erfordernisse des Klimaschutzes, ist zu gewährleisten.«

Die Vorgabe ist mit dem Gesetz zur Umsetzung der UVP-Änderungsrichtlinie, der IVU-Richtlinie und weiterer EG-Richtlinien zum Umweltschutz[131] vom 27.07.2001 in das Wasserhaushaltsgesetz eingefügt worden und findet sich nun ebenfalls in § 6 Abs. 1 Satz 2 WHG wieder. Dieser sogenannte Integrationsgrundsatz spaltet sich in drei Teilvorgaben, namentlich der Vermeidung von Verlagerungen von Umweltbeeinträchtigungen auf andere Schutzgüter, der Gewährleistung eines hohen Umweltschutzstandards insgesamt sowie der Beachtung der Belange des Klimaschutzes. Dabei ist davon auszugehen, dass innerhalb der Gewässerbewirtschaftung eine medienübergreifende Betrachtung hinsichtlich der betroffenen Umweltgüter anzusetzen ist. Hierzu hat die zuständige Wasserbehörde bei ihrer Entscheidung im Rahmen der wasserrechtlichen Bewirtschaftung zunächst eine Abschätzung der potentiellen negativen Folgen für die übrigen Umweltaspekte vorzunehmen[132]. Allerdings herrscht im Schrifttum eine uneinheitliche Auffassung darüber, in welchem Maße nachteilige Auswirkungen auf die übrigen Umweltgüter für die Entscheidung bezüglich der Gewässerbewirtschaftung beachtlich sind[133]. Ausschlaggebend ist in diesem Zusammenhang das Wertigkeitsverhältnis des Umweltmediums Wasser gegenüber den übrigen Umweltgütern. Die Frage der Abwägung zwischen den einzelnen Umweltgütern und ihre Entscheidungsrelevanz aufgrund einer integrativen Betrachtung ist letztlich auch für die Bewirtschaftung der Was-

131 BGBl. I S. 1950.

132 Siehe nur Czychowski/Reinhardt, Wasserhaushaltsgesetz, 10. Auflage, § 6 Rdnr. 58.

133 So gehen Czychowski/Reinhardt, Wasserhaushaltsgesetz, 10. Auflage, § 6 Rdnr. 58 und so auch bereits in der 9. Auflage, Rdnr. 11b zu § 1a mit Verweis auf die sog. „Nassauskiesungsentscheidung“ des BVerfG, Beschl. v. 15.07.1981, 1 BvL 77/78, BVerfGE 58, 300 (341 ff.), von einer hervorgehobenen Schutzwertigkeit des Umweltgutes Wasser gegenüber anderer Umweltmedien aus. Hieraus folgert Hasche, „Das zweistufige Bewirtschaftungsermessen im Wasserrecht“ in ZfW 2004, 144 (166 f), dass somit regelmäßig eine Belastungsverlagerung auf andere Umweltgüter hinzunehmen sei. Dagegen erkennt Kotulla, Wasserhaushaltsgesetz, 2. Auflage, § 6 Rdnr. 25, dass Schutzvorkehrungen für die Gewässer nicht lediglich zu Lasten anderer umweltrechtlicher Schutzgüter gehen dürften, weswegen von einem „ökobilanzierten Gewässerschutz“ auszugehen sei.

servorkommen der ortsnahen Wasserversorgung von grundlegender Bedeutung, wie sich bereits an der Gegenüberstellung der Bedarfsdeckung aus ortsnahen Wasservorkommen zu den anderen Belangen des Wohls der Allgemeinheit in § 50 Abs. 2 Satz 1 WHG zeigt[134].

Mittlerweile werden diese allgemeinen Bewirtschaftungsanforderungen in § 6 Abs. 1 Nr. 6 WHG um den vorbeugenden Hochwasserschutz ergänzt. Für die öffentliche Wasserversorgung ist zudem maßgeblich, dass gemäß § 6 Abs.1 Nr. 4 WHG die Gewässer so zu bewirtschaften sind, dass bestehende oder künftige Nutzungsmöglichkeiten erhalten oder geschaffen werden. Dies stellt für sich genommen eine besondere Ausprägung der Nachhaltigkeitsanforderung für die Gewässerbewirtschaftung dar[135] und unterstreicht mit Blick auf die (ortsnahe) öffentliche Wasserversorgung den notwendigen Erhalt der eigenen Wasservorkommen zur Bedarfsdeckung. Aufgrund der zukünftigen Schaffung jener Nutzungsmöglichkeiten ist hierin auch ein Ansatz für die öffentliche Wasserversorgung zu sehen, die Deckung des eigenen Bedarfs aus noch nicht genutzten ortsnahen Wasservorkommen zu sichern.

II. Der allgemeine Sorgfaltsgrundsatz

Nach § 5 WHG[136] wird Jedermann verpflichtet, bei Maßnahmen, die Einwirkungen auf Gewässer haben können, eine Verunreinigung oder sonstige nachteilige Auswirkung auf die Gewässereigenschaften zu verhindern. Ebenso soll eine gebotene sparsame Verwendung des Wassers erzielt werden, die Leistungsfähigkeit des Wasserhaushalts soll erhalten bleiben und die Vergrößerung und Beschleunigung des Wasserabflusses ist zu vermeiden.

Hierbei handelt es sich um eine unmittelbar geltende und allgemeinverbindliche Sorgfaltspflicht für den Umgang mit Gewässern; die Vorschrift stellt

---

134 Hierzu ausführlich im 4. Teil, E. II. Tatbestandlicher Abwägungsvorbehalt zu Gunsten der ortsnahen Wasserversorgung.

135 BT-Drucks. 16/12275 S. 55.

136 Ehem. § 1a Abs. 2 WHG.

ein generelles Gebot zur Selbstüberwachung auf[137]. Der Maßstab der Sorgfaltspflicht ist bereits in der Norm selbst angelegt, angezeigt ist danach die nach den Umständen erforderliche Sorgfalt. Dementsprechend sind zur Feststellung des anzusetzenden Pflichtenmaßstabs objektive Kriterien des Einzelfalls heranzuziehen, das subjektive Vermögen des Einzelnen begrenzt den Pflichteninhalt regelmäßig nicht[138]. Allerdings ergibt sich hieraus kein generelles Beeinträchtigungsverbot. Die mit der legalen Benutzung von Gewässern einhergehenden Belastungen sind hinzunehmen. Lediglich, wenn der gebotene Sorgfaltspflichtmaßstab im Rahmen einer insoweit nicht durch das Wasserhaushaltsgesetz gedeckten Benutzung nicht eingehalten werden kann, ist die Maßnahme zu unterlassen[139]. Maßnahme in diesem Sinne ist jedes zweckgerichtete, nicht notwendigerweise auf ein Gewässer bezogene Verhalten. Ausschlaggebend ist dabei, dass die Tätigkeit Einwirkungen auf ein Gewässer entfalten kann.

Im Übrigen wird der Vorgabe positivrechtlich die Handlungspflicht entnommen, bei entsprechenden Tätigkeiten gerade auf die Erfüllung der vorgenannten Handlungsgebote hinzuwirken[140]. Da es sich um ein Jedermann verpflichtendes Gebot handelt, wird neben privaten Gewässerbenutzern insbesondere die öffentliche Hand im Rahmen ihres Tätigwerdens gebunden, soweit ein Einfluss auf den Wasserhaushalt gegeben ist. Beispielsweise ist die gebotene sparsame Verwendung von Wasser im Zusammenhang mit der öffentlichen Wasserversorgung zu sehen. So sollen etwa Leitungsverluste beim Wassertransport vermieden werden[141]. § 5 Abs. 1 Nr. 2 WHG ordnet hierzu eine generell sparsame Verwendung des Wassers an, was für die öffentliche Wasserversorgung in § 50 Abs. 3 WHG konkretisiert wird. Ein striktes Wasserspargebot ergibt sich aus § 5 Abs. 1 Nr. 2 WHG zwar nicht[142], allerdings ist der Norm ein Verbot der Wasserverschwendung und

---

137 Mit weiteren Verweisen Kotulla, Wasserhaushaltsgesetz, 2. Auflage, § 5 Rdnr. 7.

138 Kotulla, Wasserhaushaltsgesetz, 2. Auflage. § 5 Rdnr. 10.

139 Czychowski/Reinhardt, Wasserhaushaltsgesetz, 10. Auflage, § 5 Rdnr. 9, wonach ein relatives Beeinträchtigungsverbot vorliegt; ebenso Kotulla, Wasserhaushaltsgesetz, 2. Auflage, § 5 Rdnr. 10.

140 Mit weiteren Nachweisen und Fallbeispielen Czychowski/Reinhardt, Wasserhaushaltsgesetz, 10. Auflage, § 5 Rdnr. 12.

141 Kotulla, Wasserhaushaltsgesetz, 2. Auflage, § 5 Rdnr. 12 f.; ebenso mit weiteren Beispielen Czychowski/Reinhardt, Wasserhaushaltsgesetz, 10. Auflage, § 5 Rdnr. 24.

142 Czychowski/Reinhardt, Wasserhaushaltsgesetz, 10. Auflage, § 5 Rdnr. 23.

ein Gebot zur Anwendung möglichst wassersparender Verfahren zu entnehmen[143]. Eine entsprechende Sorgfaltspflicht für die öffentliche Wasserversorgung sieht § 50 Abs. 3 WHG ausdrücklich vor[144].

III. Einschränkung der Eigentumsgarantie

Gemäß des überkommenen § 1a Abs. 4 WHG und nun § 4 Abs. 2 und 3 WHG berechtigt das Grundeigentum nicht zu einer erlaubnis- oder bewilligungspflichtigen Gewässerbenutzung oder zum Ausbau oberirdischer Gewässer. Diese Bestimmungen stellen eine rechtmäßige Inhalts- und Schrankenbestimmung der Eigentumsgarantie des Art. 14 GG dar[145]. Hierdurch wird zwar nicht der Umgang mit dem Umweltmedium Wasser geregelt, wie es sich aus den jeweils vorgenannten Vorschriften ergibt. Allerdings wird durch die Vorgabe klargestellt, dass nach dem Regelungssystem des Wasserhaushaltsgesetzes jede Wasserbenutzung grundsätzlich einer Erlaubnis oder Bewilligung bedarf, weil eine wasserrechtliche Privilegierung durch das Eigentum nicht besteht[146]. Die Nutzung des Grundwassers ist in der Regel der eigentumsrechtlichen Position entzogen und einer vom Grundstückseigentum getrennten öffentlich-rechtlichen Benutzungsordnung unterstellt[147]. Daher besteht hinsichtlich des Inhalts des Eigentums und der Nutzungsrechte an einem Wasservorkommen ein Vorrang der Vorgaben des wasserrechtlichen Bewirtschaftungssystems. Auch wenn sich damit der Regelungsgehalt der Vorgabe weitestgehend erschöpft, lässt sich für die hier relevante ortsnahe Wasserversorgung festhalten, dass sie unabhängig von der eigentumsrechtlichen Zuordnung und den damit im Allgemeinen verbundenen Nutzungsrechten zunächst dem staatlichen Bewirtschaftungssystem unterfällt. Insofern ergibt sich auch für die privaten Wasserversorger bereits aus der Einbettung der Nutzung eines Wasservorkommens in das

---

143 Kotulla, Wasserhaushaltsgesetz, 2. Auflage, § 5 Rdnr. 13.

144 Vgl. Hünnekens in Landmann/Rohmer, Umweltrecht, § 50 WHG Rdnr. 25.

145 BVerfG, Beschl. v. 15.07.1981, 1 BvL 77/78, BVerfGE 58, 300 (337).

146 Czychowski/Reinhardt, Wasserhaushaltsgesetz, 10. Auflage, § 4 Rdnr. 22.

147 So zu dem überkommenen § 1a Abs. 3 WHG bereits BVerfG, Beschl. v. 15.07.1981, 1 BvL 77/78, BVerfGE 58, 300 (301).

wasserrechtliche Bewirtschaftungssystem eine Bindung an den Grundsatz der ortsnahen Versorgung[148].

IV. Verhältnis zum Bewirtschaftungs- und allgemeinen Sorgfaltsgrundsatz als wesentliche Elemente der Gewässerbewirtschaftung

Festzuhalten bleibt hiernach, dass die Nutzung des Umweltguts Wasser einem staatlichen Bewirtschaftungssystem unterworfen ist, welches seinerseits vor allem von den umweltrechtlichen Prinzipien der Vorsorge, des Schutzes und der Nachhaltigkeit sowie der Vorgabe einer integrativen Betrachtung determiniert wird. Der allgemeine Bewirtschaftungsgrundsatz sowie der Sorgfaltsgrundsatz stellen die maßgeblichen Vorgaben für die Bewirtschaftung der Gewässer auf. Behördlich veranlasste Entscheidungen hinsichtlich der Gewässerbewirtschaftung haben sich an diesen Vorgaben zu orientieren. Mithin ist auch die Bewirtschaftung der Wasservorkommen für die öffentliche Wasserversorgung hieran gebunden. Bereits deswegen wurde die Annahme des zunächst »ungeschriebenen« Grundsatzes der ortsnahen Wasserversorgung auf diese Bewirtschaftungsvorgaben begründet[149].

1. Parallele Regelungsanordnung

Die Forderung nach einer ortsnahen öffentlichen Wasserversorgung wurde mit der 7. WHG-Novelle neu in dieses bestehende Bewirtschaftungssystem eingefügt. Anders als jene grundlegenden Vorgaben war die Regelung zwar auf die Umsetzung durch die Landesgesetzgeber ausgelegt. Bereits im Rahmen des überkommenen Wasserhaushaltsgesetzes war die Norm aber ausweislich der Überschrift des damaligen § 1a WHG als deren Absatz drei als

---

148 Aufgrund des Regelungsauftrages des früheren § 1a Abs. 3 WHG wurde zunächst davon ausgegangen, dass nur die Landeswasserbehörden und in letzter Konsequenz die Gemeinden als Versorgungs- und Entscheidungsträger an den Grundsatz der ortsnahen Versorgung gebunden seien, vgl. etwa Czychowski/Reinhardt, Wasserhaushaltsgesetz, 9. Auflage, § 1a Rdnr. 25b.

149 Hierzu ausführlich im 1. Teil, D. II. 1. Ungeschriebener Grundsatz der ortsnahen Wasserversorgung vor der 7. WHG -Novelle.

ein Grundsatz der Gewässerbewirtschaftung zu verstehen. Es kam insoweit nicht darauf an, dass § 1a Abs. 3 WHG entgegen der übrigen Anforderungen des § 1a WHG keine unmittelbare Rechtswirkung entfaltete[150]. Vielmehr ergab sich schon aus der Rahmengesetzgebungskompetenz des Bundes, dass Rahmenregelungen grundsätzlich nicht regelungskonkret, sondern nur in Ausnahmefällen unmittelbar wirksam sein sollen. Somit stand die Umsetzungsbedürftigkeit des Nähegebots seiner Funktion als Bewirtschaftungsgrundsatz nicht entgegen. Im Übrigen war es für die Funktion als Grundsatz des Wasserrechts ausreichend, dass eine verbindliche Umsetzung in den Landeswassergesetzen erfolgte. Diese Problematik wird mittlerweile durch die unmittelbar geltende Regelung des § 50 Abs. 2 WHG aufgelöst. Insgesamt stellt der Vorrang der ortsnahen Wasserversorgung damit eine Regelungsanordnung neben den bestehenden Bewirtschaftungsvorgaben dar.

2. Allgemeine Bewirtschaftungsvorgaben als Rahmenvorgaben

Allerdings ergab sich bereits aus dem ungeschriebenen Grundsatz der ortsnahen Wasserversorgung, dass das Postulat im Wesentlichen auf den schon vorhandenen Bewirtschaftungsvorgaben des Wasserrechts basiert. Hier ist der ressourcenschonende Umgang mit dem Medium Wasser sowie die Anforderung der Nachhaltigkeit bei der Bewirtschaftung der Wasservorkommen und der mit dem Postulat bezweckte Grundwasserschutz zu nennen. Deswegen wurde der Vorrang der ortsnahen Wasserversorgung auch als wesentliche Ausprägung der genannten Aspekte für die öffentliche Wasserversorgung verstanden[151]. Dies wirft die Frage auf, ob das kodifizierte Nähepostulat einen eigenständigen Grundsatz für das Wasserrecht statuiert oder aber nur eine ausdrückliche Konkretisierung der ohnehin bestehenden Bewirtschaftungs- und Sorgfaltsanforderung mit Blick auf die öffentliche Wasserversorgung darstellt.

---

150 Vgl. hierzu auch das Verhältnis des überkommenen § 1a Abs. 3 WHG zu der damals bestehenden Landesgesetzgebung, unten Teil 6, A. Ausgangslage: Landesrecht zum 28.02.2010. Im Übrigen war von einer unmittelbaren Wirkung des Nähegrundsatzes schon deshalb nicht auszugehen, weil sonst der Regelungsauftrag an die Landesgesetzgeber obsolet wäre.

151 So bereits Hendler/Grewing, „Der Grundsatz der ortsnahen Wasserversorgung im Wasserrecht“, in ZUR Sh 2001, 146 (148 f.).

Hinter dieser Frage steht ein rechtstechnisches Problem. Während der allgemeine Bewirtschaftungsgrundsatz selbst einen umfassenden Bogen für die Bewirtschaftung des Wasserhaushalts spannt, stellt das Nähepostulat nur auf die Bewirtschaftung der Wasservorkommen im Bereich der öffentlichen Wasserversorgung ab. Wäre der Grundsatz der ortsnahen Wasserversorgung eine Konkretisierung der übrigen Bewirtschaftungsgrundsätze, müsste man ihn als lex specialis für die Bewirtschaftung der Wasservorkommen verstehen, die durch die öffentliche Wasserversorgung genutzt werden. Dies hätte einschneidende Folgen für die Bewirtschaftung dieser Wasservorkommen. Denn soweit der Nähegrundsatz als lex specialis einschlägig ist, wäre ein Rückgriff auf die allgemeinen Bewirtschaftungsanforderungen ausgeschlossen. Dies würde bedeuten, für die Gestattung der Wassernutzung zum Zwecke der öffentlichen Wasserversorgung wäre allein auf den Grundsatz der ortsnahen Wasserversorgung abzustellen. Damit wäre die Wassernutzung durch die öffentliche Wasserversorgung dem umfassenden und weitergehenden allgemeinen Bewirtschaftungsansatz des Wasserrechts enthoben.

Dieses Ergebnis ist aber nicht mit dem wasserrechtlichen Bewirtschaftungsregime vereinbar. Ein solches Verständnis der Norm würde einen Wertungswiderspruch aufwerfen, den es grundsätzlich zu vermeiden gilt[152]. Die nur rechtstechnisch als ortsnah charakterisierten Wasservorkommen können insgesamt nicht aus der Bewirtschaftung des Wasserhaushalts als Ganzes herausgelöst werden. Denn der Grundsatz der ortsnahen Wasserversorgung spricht hauptsächlich die öffentliche Wasserversorgung als Benutzer an, dagegen schweigt er zu der Bewirtschaftung der Wasservorkommen als solche. Hier muss es also zwangsläufig zu einer Überlagerung mit den übrigen Vorgaben des Wasserrechts kommen. Danach bleibt die öffentliche Wasserversorgung bei der Benutzung eines Gewässers dem wasserrechtlichen Gestattungsvorbehalt unterworfen. Das restriktive Verbot mit Erlaubnisvorbehalt ist maßgeblicher Ausdruck des staatlichen Bewirtschaftungsregimes und damit Ausprägung des allgemeinen Bewirtschaftungsgrundsatzes[153]. Der Grundsatz der ortsnahen Wasserversorgung selbst gibt für die konkrete Zulässigkeit der Benutzung eines Wasservorkommens im Sinne der ortsnahen Wasserversorgung nichts her, er verweist die öffentliche

152 Larenz/Canaris, Methodenlehre, S. 155.

153 Zu der gestattungsrechtlichen Einordnung des Grundsatzes der ortsnahen Wasserversorgung ausführlich unten, 3. Teil C. Zusammenspiel mit der wasserrechtlichen Gestattung.

Wasserversorgung lediglich auf die Benutzung bestimmter, nämlich ortsnaher Wasservorkommen. Aufgrund des wasserrechtlichen Gestattungsvorbehalts bleibt daher die Wassernutzung durch die öffentliche Wasserversorgung auch den Vorgaben des allgemeinen Bewirtschaftungsgrundsatzes unterworfen.

3. § 50 Abs. 2 WHG als zusätzliche Bewirtschaftungsvorgabe für den Bereich der öffentlichen Wasserversorgung

Zu bedenken ist ferner, dass jedenfalls der überkommene § 1a Abs. 3 WHG entgegen der übrigen Absätze der Norm nicht unmittelbar wirksam war. Wäre die Norm lediglich eine inhaltliche Konkretisierung der übrigen Absätze, wäre die eigenständige Umsetzung des Nähegrundsatzes nicht mehr erforderlich gewesen. Vielmehr wäre die Anordnung der ortsnahen öffentlichen Wasserversorgung dann bereits wegen § 1a Abs. 1 und 2 WHG unmittelbar im ganzen Bundesgebiet erfolgt. Der Regelungsauftrag an die Landesgesetzgeber wäre obsolet gewesen. Selbst wenn man annähme, § 1a Abs. 3 WHG sollte lediglich eine klarstellende Funktion haben, bliebe der wörtliche Regelungsauftrag an die Landesgesetzgeber überflüssig, weil es hier keinen neuen wasserrechtlichen Regelungsgegenstand gegeben hätte, den die Länder umsetzen mussten. Tatsächlich hätte die inhaltliche Klarstellung der insoweit bereits bestehenden und unmittelbar geltenden bundesrechtlichen Anforderung keiner weiteren Umsetzung bedurft. Im Umkehrschluss bedeutet dies, dass das Nähepostulat schon nach dem überkommenen § 1a Abs. 3 WHG eine eigenständige Bedeutung haben sollte.

Nichts anderes gilt dann für seine Nachfolgeregelung in § 50 Abs. 2 WHG. In diesem Sinne unterscheidet das Wasserrecht auch zukünftig zwischen allgemeinen Bewirtschaftungsanforderungen (Kapitel 1) und den besonderen wasserrechtlichen Bestimmungen (hier: Kapitel 3), denen auch die Vorgaben der Bewirtschaftung für die öffentliche Wasserversorgung zugeordnet sind. Dementsprechend findet sich § 50 Abs. 2 WHG in jenem 3. Kapitel wieder und ist von daher als besonderer wasserrechtlicher Grundsatz zu qualifizieren. Richtigerweise sind damit die allgemeinen Anforderungen als stets verbindlich vor die Klammer gezogen, die besonderen Bestimmungen sind dagegen nur für den jeweiligen Sachverhalt und im Zusammenspiel mit den übrigen Grundsätzen zu verstehen. Dabei begrenzen sich die Bewirtschaftungsgrundsätze untereinander, soweit die jeweiligen

Anforderungen tangiert sind. Das Postulat der ortsnahen Wasserversorgung findet daher dort seine Grenzen, wo die übrigen Bewirtschaftungsanforderungen des Wasserrechts nicht mehr erfüllt sind. § 50 Abs. 2 WHG entfaltet zudem eine zusätzliche lenkende Wirkung in den Fällen, in denen die öffentliche Wasserversorgung auf entlegene Wasservorkommen zugreifen will[154].

B. Regelungsansätze in der wasserrechtlichen Bewirtschaftungsstruktur

Ziel der weiteren Untersuchung ist es festzustellen, auf welcher Ebene der Gewässerbewirtschaftung der Grundsatz der ortsnahen Wasserversorgung zum Tragen kommt und welche Einfallstore dafür zur Verfügung stehen können. Hierbei wird eine umfassende Einordnung des Grundsatzes angestrebt, die nicht an den einzelnen Regelungsmerkmalen der Norm ansetzt, sondern die Vorschrift als Ganzes in den systematischen Zusammenhang des Wasserhaushaltsgesetzes rückt.

Zunächst soll hierfür untersucht werden, wie das Postulat der ortsnahen öffentlichen Wasserversorgung in das wasserrechtliche Bewirtschaftungssystem eingeordnet werden kann und auf welche Weise es in die wasserrechtliche Gestattung transportiert wird. Obwohl der Vorrang einer ortsnahen Wasserversorgung nicht unmittelbar zur Umsetzung der Wasserrahmenrichtlinie (WRRL)[155] in das Wasserhaushaltsgesetz eingeführt wurde[156], sollen im Folgenden aufgrund der Europarechtlichen Einbettung des Wasserrechts auch die möglichen Bezüge zu den supranationalen Vorgaben herausgearbeitet werden. Da der Nähegrundsatz nicht im Zusammenhang mit der eigentlichen Umsetzung der WRRL in das deutsche Wasserrecht steht, ergibt sich das Prinzip der ortsnahen Wasserversorgung nicht originär aus der Europarechtlichen Vorgabe. Wenn allerdings der Grundsatz der ortsnahen Wasserversorgung geeignet ist, die Umsetzung wesentlicher Vorgaben der Richtlinie im deutschen Wasserrecht zu flankieren, wäre im Rahmen

154 Zu der Lenkungswirkung des § 50 Abs. 2 WHG auch Gößl in Siedler/Zeitler, Wasserhaushaltsgesetz, § 50 Rdnr. 28 sowie unten, 4. Teil, C. XIII. Optimierungsgebot der ortsnahen Wasserversorgung.

155 RL 2000/60/EG, ABl. L 327 vom 22.12.2000, S. 1.

156 Czychowski/Reinhardt, Wasserhaushaltsgesetz, 10. Auflage, § 50 Rdnr. 28.

der jeweils erfolgten Umsetzung der supranationalen Vorgaben im nationalen Recht der Grundsatz der ortsnahen Wasserversorgung dort als ein mögliches Regelungsinstrument zu berücksichtigen und so in die Gewässerbewirtschaftung einzubringen. Bereits der Gesetzgeber ging insoweit davon aus, dass eine ortsnahe Wasserversorgung zur Erreichung der Ziele der WRRL dienlich ist[157]. Daher soll untersucht werden, ob und wo das Näheprinzip die Anforderungen dieser Europarechtlichen Vorgabe widerspiegelt und einen Beitrag zur Erreichung ihrer Ziele darstellen kann. Hierzu wird überprüft, ob die Vorgaben der ortsnahen Wasserversorgung auch ohne eine konkrete Umsetzungsvorgabe in der WRRL angelegt sind. Anschließend bleibt zu erörtern, ob sich hierüber im Wasserhaushaltsgesetz entsprechende Anknüpfungspunkte für das Nähepostulat finden.

I. Vorgaben der Wasserrahmenrichtlinie

Den Erwägungsgründen der Richtlinie ist zu entnehmen, dass nach gemeinschaftsrechtlicher Auffassung Wasser keine gewöhnliche Handelsware ist. Für ihren Schutz sind besondere Maßnahmen zu treffen. Hierzu wird unter anderem auf die Notwendigkeit einer nachhaltigen Bewirtschaftung der Ressource Trinkwasser verwiesen. Zudem wird explizit darauf abgestellt, dass vor allem eine gute Trinkwasserqualität die (dauerhafte) Versorgung der Bevölkerung mit Trinkwasser sicherstellt. Um dies zu erreichen, soll die Richtlinie Beeinträchtigungen der Umweltressource Wasser bereits an ihrem Ursprungsort entgegentreten. Insoweit wird die Bedeutung des Verursacherprinzips für den Schutz des Wassers herausgestellt. Entscheidungen über Schutzmaßnahmen sollen auf einer Ebene getroffen werden, die einen möglichst direkten Kontakt zu der Örtlichkeit eröffnet, in der das Wasser genutzt wird. Mitgliedstaatliche Maßnahmen haben sich dafür auch an den lokalen und regionalen Bedingungen der Wassernutzung zu orientieren. Es ist vorgesehen, allgemeine Prinzipien für die Wasserentnahme festzulegen, um die ökologische Nachhaltigkeit der Wasservorkommen zu sichern. Dabei werden auch Beschränkungen der mengenmäßigen Verfügung über das Wasserdargebot angesprochen. Aufgrund der zeitlichen Verzögerung einer qualitativ und quantitativ hochwertigen Wasserneubildung wird zudem davon ausgegangen, dass frühzeitige und langfristige Planungen für den

157 BT-Drucks. 14/8668, S. 7.

Grundwasserschutz unerlässlich sind[158]. In der WRRL selbst wird die Förderung der nachhaltigen Wassernutzung auf der Grundlage eines langfristigen Ressourcenschutzes als Ziel der Richtlinie deklariert, Art. 1 lit. b). Ferner soll die Richtlinie zu einer ausreichenden Versorgung mit Trinkwasser in guter Qualität beitragen, was auf eine nachhaltige, ausgewogene und gerechte Wasserversorgung hindeutet[159]. Schließlich ist die wesentliche Reduzierung der Grundwasserverschmutzung beabsichtigt (Art. 1 lit. e)). Die Mitgliedstaaten gewährleisten als besonderes Umweltziel unter anderem ein Gleichgewicht von Grundwasserentnahme und –neubildung, um dauerhaft einen guten Grundwasserzustand zu erreichen und zu sichern, Art. 4 Abs. 1 lit. b) ii). Im Rahmen der notwendigen Maßnahmenprogramme sind die Mitgliedstaaten daher gehalten, auch Maßnahmen zu erlassen, die eine effiziente und nachhaltige Wassernutzung fördern und das vorhandene Trinkwasser schützen, so dass der Umfang der notwendigen Trinkwasseraufbereitung verringert wird (Art. 11 Abs. 3 lit c) und d)). Ergänzend können die Mitgliedstaaten gemäß Art. 11 Abs. 4 i.V.m. Anhang VI Teil B der Richtlinie administrative Instrumente und Entnahmebegrenzungen für Wasser festlegen. Zuletzt sieht Art. 7 Abs. 1 der Richtlinie vor, dass die Mitgliedstaaten in den jeweiligen Flussgebietseinheiten nach Anlage 1 die Gewässer zur Nutzung von Trinkwasser ermitteln und die für eine künftige Trinkwasserversorgung zu nutzenden Wasservorkommen bestimmen.

Die Richtlinie unterscheidet zur Verwirklichung der in ihr festgelegten Ziele der wasserwirtschaftlichen Planung in grundlegende und ergänzende Maßnahmen. Grundlegende Maßnahmen definieren einen Mindeststandard. Hier sind insbesondere Maßnahmen zu nennen, die eine effiziente und nachhaltige Wassernutzung, den Schutz der Trinkwasserqualität, eine Verminderung der notwendigen Aufbereitung von Trinkwasser zum menschlichen Verzehr sowie eine Begrenzung der Entnahme von Wasser gewährleisten[160]. Nach Art. 11 Abs. 4 WRRL sind ergänzende Maßnahmen solche, die zusätzlich zu den grundlegenden Maßnahmen geplant werden. In Anhang VI Teil B der Richtlinie sind diese Maßnahmen beispielhaft aufgezählt. Unter Ziffer i) des Anhangs wird auf Rechtsinstrumente abgestellt,

---

158 Vgl. hierzu die Erwägungsgründe (1), (3), (11), (13), (19), (24), (28) sowie (41) der RL 2000/60/EG.

159 Dies sieht die Richtlinie in Art. 1 lit. e) WRRL für die Minderung der Auswirkungen von Überschwemmungen und Dürren ausdrücklich vor.

160 Art. 11 Abs. 3 lit. c - e) WRRL.

die zur Unterstützung der vorgenannten Ziele herangezogen werden können. Überdies können nach Ziffer viii) erneut Entnahmebegrenzungen festgelegt werden, um die vorgenannten Ziele zu unterstützen.

Die ortsnahe Wasserversorgung ist geeignet, diese Ziele der Richtlinie zu flankieren[161]. Die Anforderung der Effizienzsteigerung bei der Wassernutzung und die nachhaltige Bewirtschaftung der Gewässer ist bereits der Hauptansatzpunkt bei der Betrachtung der ortsnahen Wasserversorgung. Dies gilt ebenso für die Vermeidung oder Verringerung von Maßnahmen für die notwendige Wasseraufbereitung, wie sie gerade auch mit der Fernwasserversorgung einhergehen. Die Begrenzung der Wasserentnahme ergibt sich unter dem Postulat der ortsnahen Wasserversorgung schon aus der regional beschränkten Zugriffsmöglichkeit auf ein bestimmtes Wasservorkommen, indem die jeweiligen Wassernutzer in den Grenzen der Leistungsfähigkeit des Wasservorkommens auf das ihnen ortsnahe verwiesen sind[162]. Insoweit lässt sich dem Nähegrundsatz bei der konkreten Nutzung eines ortsnahen Wasservorkommens eine Beschränkung der Wasserentnahme entnehmen. Durch die Einschränkung des Benutzerkreises eines Wasservorkommens ist das Nähepostulat als relative Entnahmebegrenzung zu werten[163]. Somit kann die Anordnung der vorrangigen ortsnahen Wasserversorgung jedenfalls auch als ergänzende Maßnahme im Sinne der Wasserrahmenrichtlinie verstanden werden. Insgesamt ist daher der Grundsatz der ortsnahen Wasserversorgung in seiner Gesamtheit als kompatibles Instrument zur Erreichung der Ziele der Wasserrahmenrichtlinie geeignet. Für die Einfallstore des Grundsatzes im Wasserhaushaltsgesetz kann unter anderem an diejenigen Regelungen angeknüpft werden, die die vorgenannten Aspekte der Wasserrahmenrichtlinie im nationalen Recht aufgreifen. Dies sind namentlich die Europarechtlich vorgegebenen Ziele der Gewässerbewirtschaftung sowie ihre Aufnahme in Maßnahmenprogramme und Bewirtschaftungspläne.

---

161 Dies erkannte auch der Gesetzgeber explizit für die Vorgaben der Erreichung eines guten mengenmäßigen und chemischen Zustands des Grundwassers nach Art. 4 Abs. 1 lit. b) der Richtlinie, BT-Drucks. 14/8668, S. 7.

162 Für die Auslegung des Begriffs „Ortsnah“ vgl. unten, 3. Teil, C. Ortsnähe.

163 Zu der dem Grundsatz der ortsnahen Wasserversorgung immanenten Restriktion der Wassernutzung ausführlich unten, 4. Teil, A. II. Bestimmung des Wasserbedarfs.

II. Regelungsansätze im Wasserhaushaltsgesetz

Der Grundsatz der ortsnahen Wasserversorgung stellt eine besondere Ausprägung des Bewirtschaftungsgrundsatzes und des allgemeinen Sorgfaltsgrundsatzes mit Blick auf die öffentliche Wasserversorgung dar. Insofern darf auf die in diesem Zusammenhang gefundenen Ergebnisse verwiesen werden[164]. Darüber hinaus enthält das Wasserhaushaltsgesetz an diversen Stellen Umsetzungen der hier relevanten Richtlinienvorgaben, die im Folgenden darzustellen sind. Dabei ist herauszuarbeiten, ob und an welcher Stelle eine gemeinsame Schnittmenge mit den Zielen und Maßnahmen der ortsnahen Wasserversorgung besteht und wie sich der Ansatz einer vorrangigen Nutzung ortsnaher Wasservorkommen dort wiederfinden kann.

1. Die Ziele der Gewässerbewirtschaftung

Die wasserwirtschaftlichen Ziele der WRRL wurden ursprünglich mit den §§ 25a Abs. 1, 25b Abs. 1, 32c, 33a Abs. 1 WHG in das nationale Recht implementiert. Für die Neuregelung des Wasserrechts zum 01.03.2010 gelten die bisherigen Vorgaben entsprechend. Im Zeitpunkt der Einführung des Nähegrundsatzes verlangte das Wasserhaushaltsgesetz in § 25a Abs. 1 WHG für oberirdische Gewässer, dass bei ihrer Bewirtschaftung eine nachteilige Veränderung ihres ökologischen und chemischen Zustands vermieden und ein guter ökologischer und chemischer Zustand erhalten oder erreicht wird. Entsprechend verlangte § 25b Abs. 1 WHG, künstliche und erheblich veränderte oberirdische Gewässer so zu bewirtschaften, dass eine nachteilige Veränderung ihres ökologischen Potentials und chemischen Zustands vermieden und ein gutes ökologisches Potential und guter chemischer Zustand erhalten oder erreicht wird. Ein Übriges ergab sich nach § 32c WHG für die Bewirtschaftung der Küstengewässer. Darüber hinaus verlangte § 33a Abs. 1 WHG für die Bewirtschaftung des Grundwassers, dass eine nachteilige Veränderung seines mengenmäßigen und chemischen Zustands vermieden und alle signifikanten und anhaltenden Trends ansteigender Schadstoffkonzentrationen auf Grund der Auswirkungen menschlicher Tätigkeiten umgekehrt werden. Hier sollte ein Gleichgewicht zwischen Grundwasserentnahme und Grundwasserneubildung gewährleistet und ein

164 Teil 3, A. IV. Verhältnis zum Bewirtschaftungs- und allgemeinen Sorgfaltsgrundsatz als wesentliche Elemente der Gewässerbewirtschaftung.

guter mengenmäßiger und chemischer Zustand des Grundwassers erhalten oder erreicht werden. Dies gilt nach §§ 27, 44, 47 Abs. 1 WHG für die Neuregelung des Wasserhaushaltsgesetzes fort.

Die vorgenannten Ziele der Gewässerbewirtschaftung sind abstrakt gefasst und stellen eine Grundregel der Bewirtschaftung des Wasserhaushalts dar. Sie sind daher im Wasserhaushaltsgesetz nicht mit konkreten Maßnahmen beschrieben. Dennoch handelt es sich hierbei nicht um bloße Programmpunkte für die Gewässerbewirtschaftung. Vielmehr setzen sie als unmittelbar geltendes Recht die Anforderungen der Wasserrahmenrichtlinie um[165].

2. Zielerreichung durch die ortsnahe Wasserversorgung

Gemäß § 47 Abs. 1 WHG ist eine nachteilige mengenmäßige Veränderung des Grundwassers zu vermeiden[166]. Ergänzend stellt § 47 Abs. 1 Nr. 3 WHG klar, dass bei der Grundwasserentnahme und der Grundwasserneubildung ein quantitatives Gleichgewicht gewährleistet sein soll. Dies setzt jedenfalls voraus, dass die Grundwasserentnahme nicht höher ist als der Grundwassernachfluss, mithin trägt dieser Aspekt der nachhaltigen Grundwasserbewirtschaftung Rechnung. Grundwasser ist der Hauptlieferant von Trinkwasser, wodurch insbesondere die öffentliche Wasserversorgung von jenen Bewirtschaftungszielen angesprochen wird. Die ortsnahe öffentliche Wasserversorgung soll Ihrerseits zu einer sicheren Versorgung aus den eigenen Wasservorkommen führen. Dies erfordert eine dauerhafte Versorgungsmöglichkeit, weswegen der Grundsatz der ortsnahen Wasserversorgung gerade auch als Instrument der nachhaltigen Gewässerbewirtschaftung betrachtet wird[167]. Aufgrund der Verantwortungsverschiebung hin zu den Wassernutzern ist von einem gesteigerten Interesse an dem guten Zustand

165 M.w.Nachw. Czychowski/Reinhardt, Wasserhaushaltsgesetz, 10. Auflage, § 47 Rdnr. 3; Kotulla, Wasserhaushaltsgesetz, 2. Auflage, § 47 Rdnr. 2; BT-Drucks. 14/7755 S. 20.

166 Diese Vorgabe wurde mit der Umsetzung der Wasserrahmenrichtlinie in das deutsche Wasserrecht eingefügt, dabei setzte der ehemalige § 33a Abs. 1 WHG den Art. 4 Abs. 1 b) der Richtlinie um, Czychowski/Reinhardt, Wasserhaushaltsgesetz, 10. Auflage, § 47 Rdnr. 1, 3.

167 Bulling/Finkenbeiner, BWWG, § 43 Rdnr. 7; Lehn/Steiner/Mohr, Wasser-Die elementare Ressource, S. 342. Siehe auch 1. Teil, B. Umweltpoltische Erwägungen zu einer ortsnahen öffentlichen Wasserversorgung.

des eigenen Wassers und einem schonenden Umgang mit demselben auszugehen[168]. Der mit der ortsnahen Wasserversorgung verfolgte sparsame und ressourcenschonende Umgang mit dem zur Verfügung stehenden Trinkwasser ist geeignet, der nachteiligen Veränderung seines mengenmäßigen und chemischen Zustands vorzubeugen[169]. In diesem Sinne wird gerade durch die ortsnahe Wasserversorgung auf lange Sicht ein Gleichgewicht zwischen Wasserentnahme und Grundwasserneubildung angestrebt. Dementsprechend ging auch der Gesetzgeber von einem mit dem Grundsatz der ortsnahen Wasserversorgung einhergehenden flächendeckenden Grundwasserschutz aus[170], was den Bewirtschaftungszielen für das Grundwasser entspricht. Insofern besteht ein direkter Bezug zwischen der ortsnahen öffentlichen Wasserversorgung und den Bewirtschaftungszielen für das Grundwasser. Da der Grundsatz der ortsnahen Wasserversorgung wie auch jene Bewirtschaftungsanforderungen den flächendeckenden Grundwasserschutz zum Gegenstand hat, konkretisiert die ortsnahe Wasserversorgung ein Ziel der Grundwasserbewirtschaftung[171].

Dagegen ist diese Überlegung nicht ohne weiteres auf die Bewirtschaftungsziele für das Oberflächenwasser zu übertragen. Das Verschlechterungsverbot nach § 27 WHG[172] stellt nämlich nicht auf die quantitative, sondern allein auf die qualitative Erhaltung der Oberflächengewässer ab. Die Vorgaben des Nähepostulats sind daher nur soweit berührt, wie die Aufrechterhaltung des guten chemischen und ökologischen Zustands des jeweiligen Gewässers auch die Versorgungssicherheit tangiert. Dies spricht nur einen Teil der Vorgaben der ortsnahen Wasserversorgung an, so dass sich die Bewirtschaftungsziele für die Oberflächengewässer in dem Grundsatz nur teilweise widerspiegeln. Allerdings ist die Frage, ob der Grundsatz der ortsnahen Wasserversorgung jene Ziele stützt, nicht von dem bloßen

---

168 Hendler/Grewing, „Der Grundsatz der ortsnahen Wasserversorgung im Wasserrecht", in ZUR Sh 2001, 146 (149); Kibele, „Paradigmenwechsel in der Wasserwirtschaft", in VBlBW 1997, 121 (122f); Fischer/Zwetkow, „Systematisierung der derzeitigen Privatisierungsmöglichkeiten auf dem deutschen Wassermarkt" in NVwZ 2003, 281 (288); zustimmend Czychowski/Reinhardt, Wasserhaushaltsgesetz, 10. Auflage, § 50 Rdnr. 28.

169 So auch die Gesetzesbegründung zu dem überkommenen § 1a Abs. 3 WHG, BT-Drucks. 14/8668, S. 7.

170 BT-Drucks. 14/8668, S. 7.

171 Wie sogleich dargestellt wird, kann eine ortsnahe Wasserversorgung daher Maßnahme im Sinne des § 82 WHG (ehem. § 36 WHG) sein.

172 Entspricht § 25 a WHG in der bis zum 28.02.2010 geltenden Fassung.

Umfang der wasserwirtschaftlichen Ziele, sondern von der Wirkung der Anordnung her zu bestimmen. Tatsächlich übererfüllt das Nähepostulat jene Bewirtschaftungsanforderung, indem es übertragen auf die Oberflächengewässer ebenfalls in zweifacher Hinsicht zur Erhaltung der Gewässer beiträgt. Eine Übererfüllung der angestrebten Ziele schadet hier aber nicht, weswegen die ortsnahe Wasserversorgung auch in diesem Sinne als eine Maßnahme zur Gewässerbewirtschaftung verstanden werden kann.

Das Nähepostulat lässt sich daher mit den wasserrechtlichen Instrumenten zur Verwirklichung dieser Ziele verknüpfen. Damit finden sich dort entsprechende Einfallstore für die ortsnahe Wasserversorgung in die Gewässerbewirtschaftung.

III. Einordnung in die planerische Umsetzung der wasserrechtlichen Bewirtschaftungsziele

Die Wasserbehörden stützen ihre Entscheidung über die Gestattung einer wasserrechtlichen Nutzung insgesamt auf bestimmte rechtliche Rahmenbedingungen. Wie bereits dargelegt, bilden zunächst der Bewirtschaftungsauftrag nach § 6 Abs. 1 WHG[173] sowie die wasserwirtschaftlich definierten Ziele das Grundgerüst der staatlichen Gewässerbewirtschaftung. Mit Blick auf das Verhältnis der wasserwirtschaftlichen Ziele zum Postulat der ortsnahen Wasserversorgung ist im Weiteren darzustellen, wie dieses Grundgerüst als »Einfallstor« für den Nähegrundsatz dienen kann.

1. Der Grundsatz der ortsnahen Wasserversorgung als Teil des Maßnahmenprogramms

Die Festsetzung der wasserwirtschaftlichen Ziele erfolgt nach § 82 Abs. 1 WHG (ehem. § 36 Abs. 1 WHG) für jede Flussgebietseinheit gesondert nach Anhang 1 zum Wasserhaushaltsgesetz in einem Maßnahmenprogramm. § 82 Abs. 1 WHG dient unmittelbar der Umsetzung des Art. 11

173 Ehemals § 1a Abs. 1 WHG, hierzu bereits eingangs des 3. Teils, A. I. Sicherung und Bewirtschaftung von Gewässern.

WRRL. Das Maßnahmenprogramm selbst ist zentrales Instrument der wasserwirtschaftlichen Planung und damit auch Hauptsteuerungsinstrument des Bewirtschaftungsermessens. Die Vorgaben der Maßnahmenprogramme können dabei über die Ziele nach §§ 27, 44, 47 Abs. 1 WHG (ehem. §§ 25a Abs. 1, 25b Abs. 1, 32c, 33a Abs. 1 WHG) hinausgehende Aspekte berücksichtigen, die das Bewirtschaftungsermessen weiter einschränken[174]. Es ist somit insgesamt ein Bindeglied zwischen den abstrakten Zielen der Gewässerbewirtschaftung und der ermessensgesteuerten Einzelfallentscheidung der Wasserbehörde und determiniert deren Ermessensentscheidung im Sinne der Bewirtschaftung nach Flussgebietseinheiten[175]. Das Maßnahmenprogramm enthält hierzu Ge- und Verbote der Gewässerbewirtschaftung, um die angesprochenen wasserwirtschaftlichen Ziele zu erreichen. Es stellt insoweit ein für die Ermessenssteuerung hinreichendes wasserrechtliches Bewirtschaftungskonzept dar[176]. Die Vorgaben aus den Maßnahmenprogrammen sind für die behördliche Gestattungsprüfung verbindlich. Die Wasserbehörden haben eine Gestattung zu versagen, wenn eine bestimmte Benutzung nach dem Maßnahmenprogramm nicht zulässig ist, auch wenn nach der bisherigen Betrachtung keine zwingenden Versagungsgründe gegen die Erlaubnis oder Bewilligung vorliegen[177]. Dabei ist der Einfluss des Maßnahmenprogramms nicht allein auf die Rechtsfolgenseite der Gestattungsprüfung begrenzt. Bereits die Ziele der wasserrechtlichen Planung sind als Belange des Wohls der Allgemeinheit zu verstehen. Sind sie durch eine beabsichtigte Nutzung tangiert, ist die Gestattung tatbestandlich zu versagen[178]. Indem das Maßnahmenprogramm als solches die praktische Umsetzung jener wasserwirtschaftlichen Ziele anstrebt, ist es selbst als Belang des Wohls der Allgemeinheit beachtlich. Verstößt eine Nutzung gegen

---

174 Czychowski/Reinhardt, Wasserhaushaltsgesetz, 10. Auflage, § 12 Rdnr. 49.

175 So etwa Czychowski/Reinhardt, Wasserhaushaltsgesetz, 10. Auflage, § 82 Rdnr. 9.

176 Dies etwa fordert Kotulla für die Konkretisierung des Bewirtschaftungsermessens zu dem überkommenen § 6 WHG in Wasserhaushaltsgesetz, Auflage 1, § 6 Rdnr. 20. Die Vorgaben des Maßnahmenprogramms doktrinieren damit das Bewirtschaftungsermessen, Kotulla, Wasserhaushaltsgesetz, 2. Auflage, § 12 Rdnr. 18.

177 Siehe nur Czychowski/Reinhardt, Wasserhaushaltsgesetz, 9. Auflage, § 6 Rdnr. 39. Abweichend hingegen Breuer, Öffentliches und Privates Wasserrecht, Rdnr. 625, wonach sich eine solch finale Ermessenssteuerung nicht aus dem Maßnahmenprogramm ergeben kann. Vielmehr bleibe die abschließende Entscheidung in das behördliche Ermessen gestellt.

178 Statt vieler Czychowski/Reinhardt, Wasserrecht, 10. Auflage, § 12 Rdnr. 21.

die Festsetzungen des Maßnahmenprogramms, ist sie daher ebenfalls auf Tatbestandsebene zu untersagen[179]. Damit wird die wasserrechtliche Gestattung durch das Maßnahmenprogramm in zweifacher Hinsicht determiniert.

Nach den bisherigen Ergebnissen korrespondiert der Grundsatz der ortsnahen Wasserversorgung mit den Zielen der Gewässerbewirtschaftung. Die ortsnahe Wasserversorgung ist geeignet, jene Ziele zu erreichen und ist somit geeignete Maßnahme im Sinne des Wasserrechts. Dabei unterscheidet das Wasserrecht zwischen grundlegenden Maßnahmen und ergänzenden Maßnahmen. Wie bereits erörtert, kann die Anordnung der ortsnahen Wasserversorgung jedenfalls als ergänzende Maßnahme verstanden werden[180]. Als solche ist die ortsnahe Wasserversorgung in das Maßnahmenprogramm aufzunehmen. Angesichts einer teilweisen Übererfüllung der wasserwirtschaftlichen Ziele durch die Anforderungen des Nähepostulats kommt dabei zum Tragen, dass durch das Maßnahmenprogramm auch weitergehende Einschränkungen angeordnet werden können. In dem hier relevanten Zusammenhang kann daher beispielsweise die Verantwortungszuweisung an die Kommunen für ihr »eigenes« Wasservorkommen, wie sie das Nähepostulat vorsieht, als Bewirtschaftungsanforderung im Sinne eines Steuerungsinstruments der staatlichen Gewässerbewirtschaftung definiert werden[181].

---

179 Kotulla, Wasserhaushaltsgesetz, 2. Auflage, § 3 Rdnr. 93; ebenso Hasche, „Das zweistufige Bewirtschaftungsermessen im Wasserrecht", in ZfR 2004, 144 (149); Breuer, Öffentliches und Privates Wasserrecht, Rdnr 392. Jedenfalls missverständlich Czychowski/Reinhardt, Wasserhaushaltsgesetz, 10. Auflage, § 12 Rdnr. 49, wonach die einzelfallbezogenen Ge- und Verbote des Maßnahmenprogramms das Bewirtschaftungsermessen lenken und damit auf der Rechtsfolgenseite der Gestattungsprüfung zu beachten sind. In diesem Sinne bereits auch in Wasserhaushaltsgesetz, 8. Auflage, § 6 Rdnr. 39, wonach im Rahmen der Gestattungsprüfung eine Einwirkung der Maßnahmenprogramme allein für das Bewirtschaftungsermessen gesehen wird.

180 3. Teil, B. I. Vorgaben der Wasserrahmenrichtlinie.

181 Zu der grundsätzlichen Zulässigkeit innerhalb des Maßnahmenprogramms Czychowski/Reinhardt, Wasserhaushaltsgesetz, 10. Auflage, § 12 Rdnr. 49.

2. Der Grundsatz der ortsnahen Wasserversorgung als Teil des Bewirtschaftungsplans

Aus § 83 Abs. 1 WHG[182] ergibt sich weiter, dass für jede Flussgebietseinheit Bewirtschaftungspläne aufzustellen sind. Umfang und Inhalt des Bewirtschaftungsplans ist den Absätzen Zwei bis Vier der Vorschrift zu entnehmen. Danach enthalten die Bewirtschaftungspläne insbesondere Angaben über den Zustand der Gewässer, der für das Gewässer maßgeblichen Bewirtschaftungsziele, des bestehenden Wassergebrauchs und eine Zusammenfassung des jeweils zugehörigen Maßnahmenprogramms[183]. Letzteres wird damit in seiner wesentlichen Aussage Bestandteil des Bewirtschaftungsplans[184]. Ebenso wie bei dem Maßnahmenprogramm sind auch bei der Aufstellung des Bewirtschaftungsplans die Ziele der Raumordnung sowie ihre Grundsätze und sonstigen Erfordernisse zu berücksichtigen.

Uneinigkeit herrscht indes darüber, ob der Bewirtschaftungsplan seine Wirkung in der Gestattungsprüfung vollumfänglich auf der Tatbestands- und Rechtsfolgenseite entfaltet[185] oder aber sich auf die Rechtsfolgenseite beschränkt[186]. Ebenso ist umstritten, wie das Verhältnis von Bewirtschaftungsplan und Maßnahmenprogramm zu beurteilen ist. Zunächst herrscht insoweit Konsens, dass beide Planungsinstrumente selbstständig nebeneinander stehen. Diskutiert wird allerdings die Wertigkeit der Planungsinstrumente untereinander. Der Bewirtschaftungsplan bilde das Fundament der wasserwirtschaftlichen Planung, indem er die wasserrechtlich abstrakt festgesetzten Bewirtschaftungsziele für die jeweilige Flussgebietseinheit konkretisiert, wogegen das Maßnahmenprogramm nur die ausführende – zweite – Stufe der Planung darstelle. Insofern sei die Anordnung des Bewirtschaftungsplans erst nach dem Maßnahmenprogramm gesetzessystematisch verfehlt[187]. Allerdings wirke der Bewirtschaftungsplan nach seiner gesetzli-

---

182 Ehemals § 36b Abs. 1 WHG.
183 Zu dem Inhalt des Bewirtschaftungsplans ausführlich Kotulla, Wasserhaushaltsgesetz, 2. Auflage, § 83 Rdnr. 7ff.
184 So etwa Kotulla, Wasserhaushaltsgesetz, 2. Auflage, § 83 Rdnr. 14.
185 Vgl. Kotulla, Wasserhaushaltsgesetz, 2. Auflage, § 3 Rdnr. 93 u. § 12 Rdnr. 18.
186 So wohl Czychowski/Reinhardt, Wasserhaushaltsgesetz, 10. Auflage, § 12 Rdnr. 49.
187 Kotulla, „Das Wasserhaushaltsgesetz und dessen 7. Änderungsgesetz“ in NVwZ 2002, 1409 (1417).

chen Regelung mit Blick auf das Maßnahmenprogramm nur zusammenfassend und damit lediglich informativ[188]. Zudem entfaltet der Bewirtschaftungsplan keine unmittelbare Außenwirkung gegenüber dem Wassernutzer, sondern er hat nur verwaltungsinterne Wirkung; entgegen dem Maßnahmenprogramm kommt ihm ein Rechtsnormcharakter nicht zu[189]. Deswegen sei das normierte Maßnahmenprogramm als eigentliches Fundament der Bewirtschaftungsplanung zu betrachten. Zudem ergebe sich die vorrangige Bedeutung des Maßnahmenprogramms aus der Inkorporation seiner Teilaspekte in den Bewirtschaftungsplan[190].

Wenngleich danach vieles dafür spricht, das in Rechtsform gewachsene und für die Gesamtheit der Maßnahmen konkrete Maßnahmenprogramm als wesentlichen Aspekt der Bewirtschaftungsplanung zu verstehen, kann eine abschließende Bewertung dieser Frage hier offen bleiben. Denn das Rangverhältnis der Planungsebenen untereinander ist für den Vollzug der ortsnahen Wasserversorgung nicht entscheidend. Maßgeblich ist, dass beide Planungsinstrumente als mögliches Vehikel dienen, den Grundsatz der ortsnahen Wasserversorgung in die wasserrechtliche Gestattungsprüfung zu überführen. Unabhängig von der Einstufung der Planungsinstrumente entfaltet die Anforderung der ortsnahen Wasserversorgung dabei Regelungswirkung im Bereich des Maßnahmenprogramms und erlangt hier – und das ist entscheidend – rechtsverbindliche Wirkung. Mit Blick auf das Maßnahmenprogramm greift der Grundsatz dann sowohl tatbestandlich als auch in der Rechtsfolge in die Gestattung ein. Erkennt man dagegen den Bewirtschaftungsplan als das maßgebliche Planungsinstrument an, erfolgt die Verortung des Nähegrundsatzes auf der Tatbestandsseite der Prüfung jedenfalls aufgrund der angesprochenen wasserwirtschaftlichen Ziele sowie der bereits im Nähegrundsatz angelegten Abwägungskonkretisierung bezüglich des Gemeinwohlvorbehalts. Zudem ist es in jedem Fall so, dass die ortsnahe Wasserversorgung als Teil des Maßnahmenprogramms auch Inhalt des

---

188 Czychowski/Reinhardt, Wasserhaushaltsgesetz, 10. Auflage, § 83 Rdnr. 8; Hasche, „Das zweistufige Bewirtschaftungsermessen im Wasserrecht", in ZfR 2004, 144 (148).

189 Czychowski/Reinhardt, Wasserhaushaltsgesetz, 10. Auflage, § 83 Rdnr. 8; Kotulla, Wasserhaushaltsgesetz, 2. Auflage, § 83 Rdnr. 40; Hasche, „Das zweistufige Bewirtschaftungsermessen im Wasserrecht", in ZfR 2004, 144 (148).

190 So ausdrücklich Hasche, „Das zweistufige Bewirtschaftungsermessen im Wasserrecht", in ZfR 2004, 144 (148). Entsprechend auch Czychowski/Reinhardt, Wasserhaushaltsgesetz, 10. Auflage, § 83 Rdnr. 9.

Bewirtschaftungsplans werden kann und von daher im Ergebnis – gleich welcher Auffassung man folgen will – bereits planerisch auf die Gewässerbewirtschaftung einwirkt.

C. Zusammenspiel mit der wasserrechtlichen Gestattung

In der Regel ist die Benutzung eines Gewässers gestattungspflichtig. Die Funktion des Grundsatzes der ortsnahen Wasserversorgung ist somit nach alledem im Zusammenspiel mit der Gestattungsstruktur des Wasserrechts zu sehen, die im Wesentlichen in die tatbestandlichen Versagungsgründe des § 12 Abs. 1 WHG und dem wasserbehördlichen Bewirtschaftungsermessen nach § 12 Abs. 2 WHG aufgegliedert ist[191]. Diesbezüglich sieht das Wasserhaushaltsgesetz die wasserbehördliche Gestattung in Form der Erlaubnis oder Bewilligung (im Nachfolgenden: die Gestattung) vor. Mit der Neuregelung des Wasserrechts wurde diese Struktur um die gehobene Erlaubnis ergänzt.

Im Folgenden soll überprüft werden, ob und wie die Anforderung der ortsnahen Wasserversorgung in jene wasserrechtliche Gestattungsstruktur integriert werden kann. Dazu sind die einzelnen Möglichkeiten der Implementierung der ortsnahen Wasserversorgung zu diskutieren. Bisher besteht eine solch konkrete Eingliederung der ortsnahen Wasserversorgung nicht. Vielmehr wurden lediglich Teilbereiche der Norm beleuchtet, die eine unterschiedliche Einordnung in die wasserrechtliche Gestattungsprüfung zuließen, was im Anschluss dargelegt wird. Dabei stellt sich die Frage, wie die Forderung nach einer ortsnahen Wasserversorgung außerhalb der bloßen Planungsebene zu charakterisieren ist. Hierzu soll der Grundsatz der ortsnahen Wasserversorgung zunächst mit den klassischen Regelungsinstrumenten des Ordnungsrechts und der Tauglichkeit einer derartigen Einordnung verglichen werden. Dabei ist auch zu erörtern, ob der Grundsatz selbst bereits die Gestattung oder Versagung für die Benutzung eines Wasservorkommens bereithält. Anschließend ist die konkrete Einordnung des Regelungssatzes vorzunehmen, wobei zunächst die Gestattungsstruktur des Wasserrechts als solche dargestellt wird. Danach erfolgt die Verortung des

---

191 Ehemals § 6 Abs. 1 WHG, allerdings geht § 12 WHG nun über die inhaltlichen Anforderungen des überkommenen § 6 Abs. 1 WHG hinaus. Hierzu ausführlich im Folgenden.

Nutzungsvorrangs für ortsnahe Wasservorkommen in diese Gestattungssystematik.

I. Einordnung der Vorgaben einer ortsnahen Wasserversorgung als klassisches Regelungsinstrument des Ordnungsrechts – Eigenständige Gestattungswirkung?

Versteht man den Grundsatz der ortsnahen Wasserversorgung als klassisches Regelungsinstrument des Ordnungsrechts, kann seine Wirkung entweder als Verbots- oder als Gestattungstatbestand ausgestaltet sein. Ausgehend von der Prämisse, dass der Grundsatz der ortsnahen Wasserversorgung die Nutzbarkeit des Wassers für die öffentlichen Wasserversorgung in Fern- und ortsnahe Wasserversorgung trennt und gleichzeitig die Nutzung ortsnaher Wasservorkommen präferiert, ist die Norm in diesem Zusammenhang möglicherweise als ein Verbot mit Erlaubnisvorbehalt zu Gunsten der Fernwasserversorgung oder aber umgekehrt eine Erlaubnis mit Verbotsvorbehalt hinsichtlich einer Versorgung aus entlegenen Wasservorkommen zu charakterisieren[192]. Diese Konstellationen sollen im Folgenden auf Ihre Eignung für die Bewertung des Nähegrundsatzes hin überprüft werden.

1. Erlaubnis mit Verbotsvorbehalt zugunsten der ortsnahen Wasserversorgung

Einer Erlaubnis mit Verbotsvorbehalt ist zueigen, dass das betreffende Verhalten grundsätzlich erlaubt und nur in Ausnahmefällen durch die Behörde zu untersagen ist oder untersagt werden kann. Auf den vorliegenden Sachverhalt übertragen sind demnach zwei Varianten denkbar: einmal wäre die öffentliche Wasserversorgung aus ortsnahen Wasservorkommen regelmäßig zulässig, nur in Ausnahmefällen ist sie zu untersagen. Alternativ könnte das Konstrukt so verstanden werden, dass die Versorgung aus entlegenen Wasservorkommen grundsätzlich erlaubt ist, aber einem Verbotsvorbehalt unterliegt. Sie wäre danach zu Gunsten einer ortsnahen Wasserversorgung regelmäßig zu untersagen. Dabei erscheint letztere Lösung bereits mit Blick

192 Der Übersichtlichkeit halber wird hier auf die wasserrechtliche Unterscheidung in Erlaubnis und Bewilligung einer Benutzung verzichtet und der Begriff der Erlaubnis insoweit untechnisch benutzt.

auf die angestrebte Regelungsrichtung der Norm hin zu einer ortsnahen Versorgung widersinnig. Der Zugriff auf entlegene Wasservorkommen soll dem Regelungsgedanken des Nähegrundsatzes entsprechend gerade nur ausnahmsweise zulässig sein, wogegen die Versorgung aus den ortsnahen Wasservorkommen den Regelfall darstellt[193].

Systematisch kann diese wie auch die erste Lösung zudem nicht überzeugen. Denn die generelle Gestattung einer Benutzung ist dem Wasserrecht unbekannt. Die Nutzung eines Gewässers ist gemäß § 8 Abs. 1 WHG vielmehr grundsätzlich gestattungspflichtig[194]. Daher ist abgesehen von dem hier nicht relevanten Gemeingebrauch jegliche Benutzung ohne die entsprechende Gestattung rechtswidrig. Wegen des wasserbehördlichen Bewirtschaftungsermessens besteht kein Anspruch auf die Erteilung dieser Gestattung. Dementsprechend kennt das Wasserhaushaltsgesetz auch keine (generelle) Erlaubnis mit Verbotsvorbehalt, weil die Erlaubnis eines wasserrechtlich relevanten Verhaltens selbst behördlicherseits vorbehalten ist. Somit ist eine Regelungsstruktur von genereller Erlaubnis mit nachrangigem Verbotsvorbehalt im Wasserrecht bereits systemfremd. Im Zusammenhang mit dem Vorrang der ortsnahen Wasserversorgung wäre die Systematik der Erlaubnis mit Verbotsvorbehalt auch deshalb nicht sinnvoll, weil der Vorrang der ortsnahen Wasserversorgung den Rückgriff auf die entlegenen Wasservorkommen gerade unterbinden und nicht etwa für bestimmte Fälle generell eröffnen soll. Dementsprechend wird die Norm eine grundsätzliche Beschränkung hinsichtlich der Wasserentnahme aus ortsfernen Wasservorkommen aussprechen.

2. Verbot mit Erlaubnisvorbehalt

Insofern bleibt zu diskutieren, ob das Verhältnis von ortsnaher Wasserversorgung und Fernwasserversorgung vergleichbar einem Verbot mit Erlaubnisvorbehalt ist, wie es auch die wasserrechtliche Gestattung im Übrigen darstellt[195]. Hiernach wäre der Rückgriff auf eine Fernwasserversorgung re-

193 Zu dem Regel-Ausnahme-Verhältnis von ortsnaher Wasserversorgung und der Versorgung aus entlegenen Wasservorkommen ausführlich unten, 4. Teil, D. „Vorrang" der ortsnahen Wasserversorgung.

194 Und so auch schon zuvor nach den überkommenen §§ 2, 7 WHG.

195 Hierzu sogleich unter II. Einordnung in die Gestattungsstruktur des Wasserrechts.

gelmäßig untersagt, der Erlaubnisvorbehalt würde nur bei Vorliegen entsprechender Gründe des Allgemeinwohls greifen. Die Fernversorgung wird danach nur zulässig, wenn und soweit eine ortsnahe Versorgung aus Gründen des Allgemeinwohls nicht möglich ist. Ansonsten ist sie bei bestehender Möglichkeit der ortsnahen Versorgung stets zu untersagen. Es bestünde also ein echtes Ausschlussverhältnis zugunsten der ortsnahen Wasserversorgung. Das Abweichen von einer ortsnahen Wasserversorgung bliebe nur möglich, wenn aufgrund entgegenstehender Gemeinwohlbelange eine Fernwasserversorgung erforderlich ist[196]. Das legitime Bedürfnis einer Kommune zur Versorgung aus entlegenen Wasservorkommen wäre demnach nur noch ganz ausnahmsweise gegeben.

Für diese Sichtweise spricht schon die mit dem Nähepostulat angestrebte Verhaltenssteuerung der Wassernutzer und die damit einhergehende Schutzwirkung für die Trinkwasservorkommen. Gerade die generelle Versagung der Nutzung entlegener Wasservorkommen kommt dort voll zum Tragen. Trotzdem deckt sich die hier in Rede stehende Konstellation nicht mit dem klassischen Verbot mit Erlaubnisvorbehalt. Ein Verbot mit Erlaubnisvorbehalt hat bei Vorliegen der einschlägigen Voraussetzungen regelmäßig die Gestattung des begehrten Verhaltens zur Folge. Ein Gestattungsanspruch ist dem Wasserrecht aber fremd. Die abschließende Entscheidung über die Gestattung der Nutzung steht im Bewirtschaftungsermessen der Wasserbehörden, dabei muss eine positive Entscheidung zu Gunsten des Nutzungspetenten auch bei Vorliegen einer Gestattungsmöglichkeit nicht zwingend erfolgen[197]. Ohnehin kann § 50 Abs. 2 WHG die Rechtsfolge einer Gestattung nicht entnommen werden. Das Nähepostulat ist danach nur

---

196 In diesem Sinne etwa auch Kotulla, Wasserhaushaltsgesetz, 2. Auflage, § 50 Rdnr. 9f.. Anders aber Czychowski/Reinhardt, Wasserhaushaltsgesetz, 10. Auflage, § 50 Rdnr. 29, und so bereits auch in Wasserhaushaltsgesetz, 8. Auflage, § 1a Rdnr. 25c, wonach eine Fernwasserversorgung schon dann möglich sein soll, wenn Belange des Gemeinwohls nur nicht entgegenstehen. Diese Auffassung stellt allerdings innerhalb des § 50 Abs. 2 WHG einen unzutreffenden Bezug zu der Fernwasserversorgung her – tatsächlich ist diese Ausnahmekonstellation danach auf das Abweichen von der ortsnahen Versorgung beschränkt.

197 Denkbar ist allenfalls, dass jenes Ermessen wegen anderweitiger Faktoren bereits auf eine einzig rechtmäßige Entscheidung reduziert wäre, so dass die Entscheidung wie eine gebundene wirkt. In jedem Fall hat der Anspruchssteller aber nur Anspruch auf eine ermessensfehlerfreie Entscheidung, nicht auf die Gestattung als

so zu verstehen, dass bei Vorliegen einer bestimmten Konstellation die Nutzung entlegener Wasservorkommen eröffnet ist. Ein Anspruch auf Nutzung eines bestimmten Wasservorkommens ergibt sich dagegen nicht, dieser bleibt einer gesonderten Prüfung vorbehalten.

3. Zwischenergebnis: Fehlende Gestattungswirkung

§ 50 Abs. 2 WHG führt nicht per se zu einer Gestattung oder Versagung der Benutzung eines bestimmten Wasservorkommens oder steht ihr entgegen. Dem Ortsnäheerfordernis selbst kann ein Gestattungstatbestand nicht entnommen werden, hierzu fehlt es bereits an der entsprechenden Rechtsfolge innerhalb der Norm. Der Grundsatz der ortsnahen Wasserversorgung beinhaltet insoweit weder ein striktes Verbot für eine bestimmte Gewässerbenutzung, noch erfolgt bei Vorliegen der einschlägigen Voraussetzungen die Gestattung der beanspruchten Wasserentnahme. Vielmehr muss sich das Postulat als Teil der maßgeblichen Gestattungsprüfung in diese eingliedern, weswegen die Entscheidung über die Gestattung oder Versagung der Nutzung eines bestimmten Wasservorkommens dort zu treffen ist[198]. § 50 Abs. 2 WHG stellt demnach nur klar, welche Anforderungen an die Auswahl eines Wasservorkommens durch die öffentliche Wasserversorgung zur Deckung ihres Wasserbedarfs gestellt werden und unter welchen Voraussetzungen der Zugriff auf entlegene Wasservorkommen möglich ist.

---

solche. Zwar mag es zutreffend sein, dass in der Regel die Ablehnung der Gestattung ermessensfehlerhaft und damit rechtswidrig ist, wenn eine Gemeinwohlbeeinträchtigung von der geplanten Nutzung nicht zu erwarten ist und auch andere Versagungsgründe nicht vorliegen. Zu weitgehend dann aber Franz, „Die Normstruktur von Erlaubnis und Bewilligung“, in VerwArch 2003, 192 (220), der in diesen Fällen einen echten Anspruch auf Gestattungserteilung annimmt.

198 Weswegen im Zusammenhang mit der ortsnahen Wasserversorgung teilweise auch von einem wasserwirtschaftlichen Optimierungsgebot gesprochen wird, so etwa Czychowski/Reinhardt, Wasserhaushaltsgesetz, 10. Auflage, § 50 Rdnr. 29; ebenso Reinhardt, „Neuere Entwicklungen im wasserhaushaltsgesetzlichen Bewirtschaftungssystem“, in NuR 2004, 82, (88); Breuer, „Wasserpreise und Kartellrecht“, in NVwZ 2009, 1249 (1251).

II. Einordnung in die Gestattungsstruktur des Wasserrechts

Die Benutzung eines Gewässers ist generell gestattungspflichtig[199]. Die Entnahme von Wasser u.a. zum Zwecke der Wasserversorgung stellt eine gestattungspflichtige Wassernutzung nach § 9 Abs. 1 Nrn. 1 und 5 WHG[200] dar, mithin steht die Entnahme von Wasser für die öffentliche Wasserversorgung unter dem wasserrechtlichen Gestattungsvorbehalt. Dabei gibt das Wasserhaushaltsgesetz grundsätzlich keinen Rechtsanspruch auf die Benutzung eines Gewässers[201]. Stattdessen besagt das wasserrechtliche repressive Verbot mit Erlaubnisvorbehalt, dass die Gestattung zwingend zu versagen ist, soweit Belange des Wohls der Allgemeinheit, insbesondere die öffentliche Wasserversorgung, beeinträchtigt werden[202]. Jenseits dieser Vorgabe darf die Wasserbehörde die begehrte Nutzung gestatten, sie ist hierzu jedoch nicht verpflichtet. Die Entscheidung steht vielmehr im Bewirtschaftungsermessen der Behörde, dies ordnet nunmehr § 12 Abs. 2 WHG ausdrücklich an. Im Ergebnis ist die wasserrechtliche Gestattungsprüfung danach zweistufig aufgebaut, woran sich die Verortung des Nähegrundsatzes orientieren muss:

---

199 Ausgenommen von dieser grundsätzlichen Gestattungspflicht sind solche Handlungen, die keine Benutzungen im Sinne des Wasserhaushaltsgesetzes darstellen sowie Benutzungen aufgrund alter Rechte und Befugnisse, Benutzungen bei Übungen und Erprobungen, der Gemeingebrauch, der Eigentümer- und Anliegergebrauch, die Benutzung zum Zwecke der Fischerei sowie bestimmte Grundwassernutzungen, vgl. §§ 3, 15, 17a, 23, 24, 25, 33 WHG a.F. beziehungsweise nun in §§ 8 Abs. 2 und 3, 25, 26, 43, 46 WHG.

200 §§ 3 Abs. 1 Nrn. 1 und 6 WHG a.F..

201 Statt vieler Czychowski/Reinhardt, Wasserhaushaltsgesetz, 10. Auflage, § 12 Rdnr. 10. Ausnahmsweise soll sich aber ein Rechtsanspruch auf Gestattung ergeben, soweit dies aus verfassungsrechtlichen Aspekten zwingend geboten ist. Gleiches soll gelten, wenn sich die Behörde nach den allgemeinen verwaltungsrechtlichen Grundsätzen an eine positive Entscheidung gebunden hat. Hierzu ausführlich Czychowski/Reinhardt, a.a.O., § 12 Rdnr. 35.

202 Dies ordnete der überkommene § 6 Abs. 1 WHG wörtlich an. Nun wird das repressive Verbot mit Erlaubnisvorbehalt in § 12 WHG i.V.m. § 3 Nr. 10 WHG geregelt. Dabei tritt neben den wasserrechtlichen Gemeinwohlvorbehalt in § 12 Abs. 1 Nr. 2 WHG ein weiterer Versagungstatbestand, wonach die Gestattung auch dann zu versagen ist, wenn durch die Benutzung andere Anforderungen nach öffentlich-rechtlichen Vorschriften nicht erfüllt werden. Hierzu auch ausführlich im 4. Teil, D. V. Konsequenzen der Neuregelung des § 12 Abs. 1 Nr. 2 WHG für den Vorrang der ortsnahen Wasserversorgung.

1. Die wasserrechtliche Gestattungsstruktur

Die materiellen Voraussetzungen für die Erteilung einer wasserrechtlichen Gestattung werden maßgeblich in § 12 WHG geregelt[203]. § 12 Abs. 1 WHG sieht für die Gestattungsprüfung tatbestandliche Versagungsgründe vor, nur im Falle deren Nichtvorliegens ist eine Gestattung möglich. Die Erteilung der Gestattung ist allerdings nach § 12 Abs. 2 WHG durch eine weitere Versagungsprüfung im Rahmen der Ausübung des wasserwirtschaftlichen Ermessens auf der Rechtsfolgenseite reglementiert.

Auf der tatbestandlichen Ebene ist zunächst zu prüfen, ob durch die begehrte Benutzung eine Beeinträchtigung des Wohls der Allgemeinheit vorliegt. Dieses Tatbestandsmerkmal wurde in dem überkommenen § 6 Abs. 1 WHG noch explizit aufgeführt. In der Neuregelung des § 12 Abs. 1 WHG findet sich das Merkmal des Wohls der Allgemeinheit so zwar nicht wieder. § 12 Abs. 1 Nr. 1 WHG gibt lediglich vor, dass die Gestattung zu versagen ist, wenn von ihr schädliche und auch durch Nebenbestimmungen nicht vermeidbare oder nicht ausgleichbare Gewässerveränderungen zu erwarten sind. Allerdings definiert § 3 Nr. 10 WHG als schädliche Gewässerveränderungen insbesondere solche Veränderungen, die das Wohl der Allgemeinheit beeinträchtigen. Insoweit ergibt sich hier kein wesentlicher Unterschied[204]. Beachtenswert ist jedoch, dass zukünftig nach Maßgabe des § 12 Abs. 1 Nr. 2 WHG eine Versagung alternativ auch bereits dann tatbestandlich angezeigt ist, wenn andere Anforderungen nach öffentlich-rechtlichen Vorschriften nicht erfüllt sind[205]. Nur wenn dies insgesamt nicht der Fall ist, wird der Wasserbehörde auf der Rechtsfolgenseite ein Ermessensspielraum zur Erteilung der Gestattung aufgegeben, andernfalls ist die begehrte Nutzung ohnehin zu untersagen.

---

203 Die materiellen Gestattungsvoraussetzungen wurden zuvor in dem überkommenen § 6 Abs. 1 WHG geregelt, der inhaltlich hinter dem neu gefassten § 12 WHG zurückbleibt.

204 Vgl. nur Czychowski/Reinhardt, Wasserhaushaltsgesetz, 10. Auflage, § 12 Rdnr. 12.

205 Hierzu ausführlich unten, 4. Teil, D. V. Konsequenzen der Neuregelung des § 12 Abs. 1 Nr. 2 WHG für den Vorrang der ortsnahen Wasserversorgung und 4. Teil, E. I. 2. (c) (cc) Auflösung durch die Neuregelung des Wasserrechts seit dem 01.03.2010.

Insbesondere ist die Behörde nicht aus Gründen der Gemeinwohlverträglichkeit oder aus sonstigen wirtschaftlichen oder sozialen Gründen gehalten, eine Erlaubnis oder Bewilligung zu erteilen. Vielmehr ist das ihr zukommende Bewirtschaftungsermessen generell weit zu verstehen. Es orientiert sich vornehmlich an dem staatlichen Bewirtschaftungsauftrag der §§ 1, 6 Abs. 1 WHG und seiner konkreten gesetzlichen Ausgestaltung in den Bewirtschaftungszielen der §§ 27, 44, 47 Abs. 1 WHG[206]. Das wasserbehördliche Bewirtschaftungsermessen dient der Ressourcenökonomie. Es ist das staatliche Instrument, um die Verteilung des knappen Umweltguts Wasser zu steuern. Hiernach ist eine Optimierung des Gewässerschutzes für den Einzelfall möglich, indem die Behörde weitergehende Ziele der wasserwirtschaftlichen Vorsorge und Ressourcenpflege verfolgt. Dabei hat die Behörde insgesamt über die allgemeinwohlintendierte Versagungsentscheidung hinaus für einen sachgerechten Ausgleich zwischen dem wasserwirtschaftlichen Ressourcenschutz zum einen und den übrigen Aspekten zum anderen zu sorgen[207]. Die Gestattung einer wasserrechtlichen Benutzung ist damit abschließend in das Ermessen der Wasserbehörden gestellt. Liegt kein tatbestandlicher Versagungsgrund vor, entscheidet die zuständige Wasserbehörde nach pflichtgemäßem Ermessen über die begehrte Nutzung, § 12 Abs. 2 WHG. Besonderes Augenmerk ist darauf zu legen, dass hierbei kein Rechtsanspruch auf die Erteilung einer Gestattung besteht, selbst wenn keine Versagungsgründe entgegenstehen[208]. Mit der Neuregelung des Wasserrechts ist die Bedeutung des Bewirtschaftungsermessens allerdings in den Hintergrund getreten, weil eine Vorsteuerung bereits zunehmend auf

---

206 M.w.Nachw. Czychowski/Reinhardt, Wasserhaushaltsgesetz, 10. Auflage, § 12 Rdnr. 33.

207 Breuer, Öffentliches und Privates Wasserrecht, Rdnr. 388 und 393; m.w.Nachw. und konkreten Fallbeispielen Czychowski/Reinhardt, Wasserhaushaltsgesetz, 10. Auflage, § 12 Rdnr. 38 f.. Ebenso Kotulla, Wasserhaushaltsgesetz, 1. Auflage, § 6 Rdnr. 20, mittlerweile aber mit dem Hinweis, dass das Bewirtschaftungsermessen aufgrund der planerischen Vorgaben des Wasserrechts eingeschränkt ist, Wasserhaushaltsgesetz, 2. Auflage, § 12 Rdnr. 17.

208 H.M.: M.w.Nachw. etwa Breuer, Öffentliches und Privates Wasserrecht, Rdnr. 417; Kotulla, Wasserhaushaltsgesetz, 2. Auflage, § 12 Rdnr. 15; Czychowski/Reinhardt, Wasserhaushaltsgesetz, § 12 Rdnr. 33; a.A. Franz, „Die Normstruktur von Erlaubnis und Bewilligung“, in VerwA 2003, 192 (220), wonach jedenfalls in Fällen der Ermessensreduzierung auf Null ein Gestattungsanspruch bestehen soll.

der Planungsebene erfolgt[209] und Teilbereiche der früher relevanten Ermessensfälle durch § 12 Abs. 1 Nr. 2 WHG abgedeckt werden[210]. Bei der Ausübung ihres Bewirtschaftungsermessens ist die Wasserbehörde zudem nicht gänzlich frei, die Entscheidung orientiert sich vornehmlich an den Grenzen des § 40 VwVfG und damit letztlich an den Grenzen der Verhältnismäßigkeit[211].

Für den hier vorliegenden Sachverhalt lässt sich festhalten, dass die wasserrechtliche Gestattung einmal auf der Tatbestandsseite und ein weiteres Mal auf der Rechtsfolgenseite reglementiert wird. Soweit der Grundsatz der ortsnahen Wasserversorgung in die wasserrechtliche Gestattung eingegliedert ist, entfaltet er eine entsprechende Wirkung innerhalb dieser Prüfungspunkte. Dies vorausgeschickt, sind erneut alternative Betrachtungen der Vorgaben des Nähegrundsatzes möglich. Es stellt sich nämlich die Frage, ob das Nähepostulat als solches bereits tatbestandlich auf die Versagung einwirkt oder erst auf der Rechtsfolgenseite der Gestattungsprüfung zum Tragen kommt oder schließlich auf allen Ebenen der Gestattungsprüfung zu berücksichtigen ist.

2. Verortung auf der Tatbestandsseite

Fraglich ist demnach zunächst, ob der Grundsatz selbst als tatbestandlicher Versagungsgrund für die Benutzung entlegener Wasservorkommen angesehen werden kann. Dies setzt voraus, dass sich der Nähegrundsatz auf der Tatbestandsseite der Gestattungsprüfung dogmatisch etablieren lässt. Das Wasserrecht stellt die Erteilung einer wasserrechtlichen Erlaubnis maßgeblich unter den Vorbehalt, dass mit der Nutzung keine Beeinträchtigung des Wohls der Allgemeinheit einhergeht. Wenn also die ortsnahe Wasserversorgung außerhalb ihrer Planungsrelevanz auf der Tatbestandsseite der Prüfung zu verorten ist, ergibt sich als erster Ansatzpunkt das wasserrechtliche Gemeinwohl.

---

209 Kotulla, Wasserhaushaltsgesetz, 2. Auflage, § 12 Rdnr. 17.

210 Vgl. 4. Teil, D. V. 3. Teilweise Verschiebung der Prüfung innerhalb der wasserbehördlichen Entscheidung.

211 Kotulla, Wasserhaushaltsgesetz, 2. Auflage, § 12 Rdnr. 19.

Hier wird teilweise angenommen, der Grundsatz sei schlechthin auf der Tatbestandsseite der Norm zu verorten, da insoweit der überkommene § 1a Abs. 3 WHG wörtlich auf den Gemeinwohlbegriff des ehemaligen § 6 Abs. 1 WHG rekurriere. Dort käme auch seine Funktion als Unterstützung des grundwasserschützenden Bewirtschaftungsansatzes zum Tragen. Er konkretisiere das wasserrechtliche Gemeinwohl, indem er eine gesetzliche Wertung zugunsten der Ortsnähe vorzeichnet[212]. Mit der angesprochenen Neuregelung des Wasserrechts ließe sich diese Auffassung zwar insoweit fortsetzen, als dass man die Wertung des § 3 Abs. 10 WHG für die Konkretisierung des tatbestandlichen Gestattungsvorbehalts mit einbezieht. Jene Ansicht ist jedoch insgesamt zu hinterfragen und bedarf einer genaueren Untersuchung.

a) Abwägungskonkretisierung des Gemeinwohlvorbehalts

Zentraler Anknüpfungspunkt ist hiernach das Verhältnis des Nähegrundsatzes zu den in dem Postulat selbst angesprochenen Allgemeinwohlbelangen. Dazu lässt sich festhalten, dass die ortsnahe Wasserversorgung schon per definitionem jedenfalls nicht als konkreter Belang des Gemeinwohls beschrieben werden kann. Grundsätzlich kann hier nur ein Aspekt angesprochen sein, der eine Vielzahl von Wassernutzern, also die Allgemeinheit betrifft. Bereits der Bewirtschaftungsgrundsatz nach § 6 Abs. 1 Nr. 3 WHG stellt das Wohl der Allgemeinheit dem Wohl Einzelner gegenüber. Danach sind etwa die Belange der öffentlichen Versorgung mit Trinkwasser für eine Vielzahl von Menschen stets als Belange des Allgemeinwohls zu beachten, wie es das Wasserhaushaltsgesetz auch hinlänglich klarstellt. Entsprechendes gilt selbstverständlich für den mit der ortsnahen Wasserversorgung bezweckten Grundwasserschutz als wichtigen Teil des Wasserhaushalts und Hauptlieferant von Trinkwasser. Demgegenüber ist die örtliche Nähe der Wasservorkommen nur Mittel zur Erreichung eines umfassenden Grundwasserschutzes, der hier als maßgeblicher Belang des Gemeinwohls anzusehen ist. Die ortsnahe Wasserversorgung bezweckt lediglich eine Verantwortungsverschiebung hin zu den Wassernutzern, woraus sich überhaupt erst ein gesteigertes Schutzniveau für das Grundwasser ergeben soll[213]. Ob

212 So Reinhardt, „Neuere Entwicklungen im wasserhaushaltsgesetzlichen Bewirtschaftungssystem“, in NuR 2004, 82, (88).

213 Vgl. hierzu ausführlich oben, 1. Teil, B. V. Indirekte Verhaltenssteuerung – Verantwortungsverschiebung hin zu einer eigenverantwortlichen Gewässernutzung.

ein solcher Erfolg zu verzeichnen ist, richtet sich aber nach dem Verhalten der Wassernutzer und ergibt sich nicht aus der rechtlichen Vorgabe des Nähegrundsatzes. Der Zusammenhang zwischen der Ortsnähe und dem Grundwasserschutz ist insoweit allenfalls ein mittelbarer. Die hier relevante Frage, ob auch die schlichte örtliche Nähe eines beanspruchten Wasservorkommens das Interesse der Allgemeinheit betrifft, muss daher verneint werden.

Somit verschließt sich auch die unmittelbare wasserschützende Relevanz der Näheanforderung, die sie unter Umständen zu einem gemeinwohlintendierten Belang qualifizieren könnte[214]. Insgesamt ist deshalb das Näheerfordernis selbst nicht als wasserrechtlicher Gemeinwohlbelang, sondern vielmehr als maßgebliches Steuerungsinstrument für ein bestimmtes, grundwasserschützendes Verhalten zu verstehen[215]. Die Anforderung einer ortsnahen Versorgung kommt aus diesem Grund für sich genommen nicht als Gemeinwohlbelang im Rahmen der wasserrechtlichen Gestattungsprüfung in Betracht. Obwohl anerkannt ist, dass innerhalb der Gestattungsprüfung widerstreitende Gemeinwohlbelange ebenfalls beachtlich sind, spricht für dieses Verständnis auch die Systematik des Nähegrundsatzes. Danach sind wörtlich die Anforderung der ortsnahen Wasserversorgung den Belangen des Wohls der Allgemeinheit gegenübergestellt. Wäre die ortsnahe Wasserversorgung selbst Gemeinwohlbelang, hätte es jener Gegenüberstellung für die tatbestandliche Abwägung nicht bedurft, da diese – ausgehend von dem überkommenen § 1a Abs. 3 WHG – bereits im Rahmen des damaligen § 6 Abs. 1 WHG angelegt gewesen wäre.

---

214 In ähnlicher Weise kommt Reinhardt bei der Frage der Ortsnähe zu einer unzulässigen Verquickung des Ziels „Grundwasserschutz“ und dem hierfür herangezogenen Instrument der ortsnahen Wasserversorgung. Insoweit zutreffend geht Reinhardt, „Neuere Entwicklungen im wasserhaushaltsgesetzlichen Bewirtschaftungssystem“, in NuR 2004, 82, (87) dabei aber nur von einer den Grundwasserschutz „flankierenden Unterstützung“ durch den Grundsatz der ortsnahen Wasserversorgung aus, was gerade die allenfalls mittelbare Verknüpfung mit dem angestrebten Grundwasserschutz verdeutlicht.

215 Vgl. hierzu auch oben, 1. Teil, B. Indirekte Verhaltenssteuerung – Verantwortungsverschiebung hin zu einer eigenverantwortlichen Gewässernutzung, wonach gemäß Hendler/Grewing, „Der Grundsatz der ortsnahen Versorgung im Wasserrecht“ in ZUR Sh 2001, 146 (148), eine Selbstdisziplinierung durch Eigeninteresse an einem intakten Wasserhaushalt in der unmittelbaren Umgebung der Wassernutzer erfolgen soll.

Die anfängliche These kann daher nur so verstanden werden, dass dem Nähepostulat bei der tatbestandlich geforderten Abwägung der beanspruchten Benutzung eines Wasservorkommens gegenüber den Belangen des Wohls der Allgemeinheit eine besondere Bedeutung zukommt. In diesem Sinne ist es zutreffend, dass der Nähegrundsatz an die Tatbestandsseite der Gestattungsprüfung anknüpft, indem die angestrebte Wasserentnahme aus einem bestimmten Wasservorkommen ebenso wie dort mit dem Wohl der Allgemeinheit konfrontiert wird. Diese Brücke ist mittlerweile über § 3 Nr. 10 WHG zu schlagen, der den in § 12 Abs. 1 Nr. 1 WHG verwendeten Begriff der schädlichen Gewässerveränderung definiert. Darunter verstehen sich solche Veränderungen, die insbesondere nicht dem Wohl der Allgemeinheit entsprechen, womit letztlich auch weiterhin die von einer beabsichtigten Benutzung ausgehenden Beeinträchtigungen des Wasserhaushalts mit dem Gemeinwohl konfrontiert werden. Dies vorausgesetzt trifft es zu, dass nach dem Grundsatz der ortsnahen Wasserversorgung ebenso wie in § 12 Abs. 1 Nr. 1 WHG der angestrebten Gewässerbenutzung die Belange des Gemeinwohls entgegen gehalten werden und damit eine vergleichbare Konstellation vorliegt. Soweit der Grundsatz der ortsnahen Wasserversorgung die generelle Bindung an die ortsnahen Wasservorkommen nur bei einem bestimmten Verhältnis zu den betroffenen Gemeinwohlbelangen – nämlich bei deren Überwiegen – zurücktreten lässt, ist dieses Verhältnis von ortsnaher Wasserversorgung und Beeinträchtigung des Gemeinwohls auf die Gestattungsprüfung zu übertragen. Es kann jedenfalls nicht angenommen werden, dass hierfür in § 12 Abs. 1 Nr. 1 WHG ein anderer Wertungsmaßstab anzulegen ist. Somit zeichnet der Grundsatz der ortsnahen Wasserversorgung für die Tatbestandsseite der Prüfung ein bestimmtes Abwägungsverhältnis zu Gunsten der Versorgung aus ortsnahen Wasservorkommen vor[216] und darf damit zu Recht als Optimierungsgebot hin zu einer ortsnahen Wasserversorgung verstanden werden[217].

Insoweit wird mit der kongruenten Prüfungsvorgabe ein Einfallstor für den Vorrang der ortsnahen Wasserversorgung auf der Tatbestandsseite der Gestattungsprüfung geschaffen. Während der überkommene § 6 Abs. 1 WHG

---

216 Hierzu ausführlich unten, Teil 4, E.II. Tatbestandlicher Abwägungsvorbehalt zu Gunsten der ortsnahen Wasserversorgung.

217 In diesem Sinne etwa Reinhardt, „Neuere Entwicklungen im wasserhaushaltsgesetzlichen Bewirtschaftungssystem", in NuR 2004, 82 (87) ; Breuer, „Wasserpreise und Kartellrecht" in NVwZ 2009, 1249 (1251); Hasche in BeckOK Umweltrecht,§ 1a a.F. Rdnr. 25.

es hierzu für die Versagung einer beabsichtigten Benutzung ausreichen ließ, dass Belange des Wohls der Allgemeinheit jener nicht entgegenstehen, wird das Abwägungsverhältnis vorliegend für den Zugriff der öffentlichen Wasserversorgung verschärft. Entsprechend der Regelung des Nähepostulats ist danach die Nutzung eines ortsnahen Wasservorkommens für die öffentliche Wasserversorgung nur zu untersagen, wenn entgegenstehende Gemeinwohlbelange auch überwiegen. Es ist daher nicht ausreichend, dass solche Interessen lediglich tangiert sind. In diesem Sinne wird allerdings nur die ohnehin bestehende wasserrechtliche Praxis für die öffentliche Wasserversorgung ausdrücklich klargestellt[218].

b) Konkretisierung des wasserrechtlichen Gemeinwohlbegriffs?

Dagegen es ist nicht zutreffend, dass durch diese Konkretisierung des Abwägungsmaßstabs zugleich eine Konkretisierung des wasserrechtlichen Gemeinwohls erfolgt. Sicherlich muss man der vorgenannten Auffassung insoweit zustimmen, dass mit dem Hinweis auf die ortsnahe Wassernutzung dann vor allem auch die *ortsnahe* öffentliche Wasserversorgung stets einen zu beachtenden Gemeinwohlbelang bei der Gestattung einer wasserrechtlichen Benutzung darstellt[219]. Indem die öffentliche Wasserversorgung nach der Entscheidung des Gesetzgebers regelmäßig ortsnah zu erfolgen hat, wird sich der durch die öffentliche Wasserversorgung beschriebene Gemeinwohlbelang zukünftig vor allem auf die ortsnahe öffentliche Wasserversorgung konzentrieren. Insofern erfolgt aber lediglich eine tatsächliche und keine rechtliche Konkretisierung des wasserrechtlichen Gemeinwohls.

Zutreffend ist ferner, dass die Anforderung der ortsnahen Wasserversorgung als Aspekt der wasserrechtlichen Planung über die Festsetzung im

---

218 Zu der maßstabsgleichen Abwägung m.w.Nachw. Kotulla, Wasserhaushaltsgesetz, 2. Auflage, § 3 Rdnr. 92. Zu der aufgezeigten Abwägung ausführlich auch unten, Teil 4, E.II. Tatbestandlicher Abwägungsvorbehalt zu Gunsten der ortsnahen Wasserversorgung.

219 So wohl schon Salzwedel „Ausweisung von Wasserschutzgebieten und verwaltungsgerichtliche Nachprüfung“, in ZfW 1992, 397 (402) und Lübbe-Wolff, „Wasserschutzgebiete bei vorhandener Bebauung“ in ZUR 1994, 177 (183), die diesen Bewirtschaftungsansatz jedoch nicht aus den limitierenden Vorgaben eines gesetzlich angeordneten Nähegrundsatzes, sondern aus einer allgemeinen wasserwirtschaftlichen Notwendigkeit einer ortsnahen Versorgung ziehen.

Maßnahmenprogramm in die tatbestandlichen Versagungsgründe transportiert wird und von daher im Rahmen des Wohls der Allgemeinheit zu beachten ist. Danach ist eine Benutzung zu untersagen, die der planerischen Festsetzung der ortsnahen Wasserversorgung widerspricht[220]. Darüber hinaus besteht aber keine Notwendigkeit der Charakterisierung der ortsnahen Wasserversorgung als Belang des Gemeinwohls. Die ortsnahe Wasserversorgung als Gemeinwohlbelang stünde grundsätzlich jeder beanspruchten Nutzung durch Dritte entgegen. Durch solche Nutzungen zu besorgende Einwirkungen auf die öffentliche Wasserversorgung sind schon hinlänglich durch den gesetzlich vorgezeichneten Gemeinwohlbelang in Gestalt der öffentlichen Wasserversorgung abzuwenden. Wie sich eine Nutzung durch Dritte darüber hinaus in Widerspruch zur ortsnahen Wasserversorgung setzen soll, ist nicht denkbar. Der so beschriebene Gemeinwohlbelang hätte daher ohnehin nur den Zweck, die öffentliche Wasserversorgung zu reglementieren. Entscheidend für das Postulat ist, dass die öffentliche Wasserversorgung hieran gebunden wird. Allein ihre Nutzungsabsichten müssen sich an den Vorgaben der Ortsnähe orientieren[221]. Dies ist aber schon durch die tatbestandliche Berücksichtigung der wasserrechtlichen Planung ausreichend sichergestellt, so dass es einer Ausweitung des Gemeinwohlbegriffs nicht bedarf.

Im Ergebnis birgt der Nähegrundsatz jedoch eine andere, weitaus praxisrelevantere Konsequenz für den Gemeinwohlbelang »öffentliche Wasserversorgung«. Der gesetzlich vorgezeichnete Nutzungsvorrang der öffentlichen Wasserversorgung kann sich nämlich nur dort ergeben, wo die Nutzung des Wasservorkommens durch die öffentliche Wasserversorgung auch zulässig ist. Aus der gesetzlichen Wertung zu Gunsten einer ortsnahen Wasserversorgung ergibt sich hierfür, dass entlegene Wasservorkommen dem Zugriff der öffentlichen Wasserversorgung weitestgehend entzogen sind. Indem das Postulat einen Vorrang zu Gunsten der ortsnahen Wasserversorgung etabliert, konkretisiert es gleichzeitig die wasserrechtlich angezeigte Privilegierung der öffentlichen Wasserversorgung auf die ortsnahen Wasservorkommen.

---

220 Hierzu Teil 3. B. III. 2. Der Grundsatz der ortsnahen Wasserversorgung als Teil des Bewirtschaftungsplans.

221 Eine Ausweitung des Regelungsgehalts der ortsnahen Wasserversorgung ist nicht angezeigt, vgl. 4. Teil, B. II. Erwägung der Einbeziehung sonstiger Nutzungen.

Da somit ein genereller Nutzungsanspruch der öffentlichen Wasserversorgung an den entlegenen Wasservorkommen nicht besteht, ist auch eine privilegierte Nutzung gegenüber Dritten in diesen Fällen nicht anzunehmen. Richtigerweise wird damit durch die Anordnung der ortsnahen Versorgung der Nutzungsvorrang der öffentlichen Wasserversorgung regelmäßig auf die ortsnahen Wasservorkommen beschränkt[222]. Dies wird bei dem zukünftigen Verständnis der Privilegierung der öffentlichen Wasserversorgung zu beachten sein.

3. Ortsnahe Wasserversorgung als wasserwirtschaftliche Determinierung des Bewirtschaftungsermessens auf der Rechtsfolgenseite

Weiter bleibt festzustellen, dass der Grundsatz der ortsnahen Wasserversorgung eine Bewirtschaftungsvorgabe enthält, deren Durchsetzung die Wasserbehörden im Rahmen der ihnen aufgegebenen Optimierungsfunktion für die Verteilung des Wassers wahrzunehmen haben[223]. Die Forderung nach einer ortsnahen Wasserversorgung ist demnach auch auf der Rechtsfolgenseite der wasserrechtlichen Gestattungsprüfung zu beachten, wo die zuständige Wasserbehörde innerhalb des ihr nach § 12 Abs. 2 WHG eingeräumten Bewirtschaftungsermessens über die beantragte Benutzung eines Wasservorkommens entscheidet. Die Berücksichtigung des Grundsatzes der ortsnahen Wasserversorgung lässt sich hier ohne weiteres aufgrund der unmittelbaren Beziehung zwischen dem Bewirtschaftungsgrundsatz nach §§ 1, 6 Abs. 1 WHG und dem Grundsatz der ortsnahen Wasserversorgung vornehmen[224]. Damit kann die gesetzlich angeordnete Bindung an die ortsnahen Wasservorkommen auch auf der Rechtsfolgenseite der wasserbehördlichen Prüfung verortet werden, wo sie das Bewirtschaftungsermessen der Wasserbehörden steuert.

---

222 Vgl. hierzu auch unten, 4. Teil, D. II. 4. Konkretisierung der Privilegierung der öffentlichen Wasserversorgung durch den Grundsatz der ortsnahen Wasserversorgung.

223 Hierzu bereits oben, 3. Teil, C. II. 1. Die wasserrechtliche Gestattungsstruktur.

224 Hierzu bereits 3. Teil, A. IV. Verhältnis zum Bewirtschaftungs- und allgemeinen Sorgfaltsgrundsatz als wesentliche Elemente der Gewässerbewirtschaftung.

4. Kriterium der Zweckbestimmung der angestrebten Wassernutzung

Der Antragsteller hat ferner den beabsichtigten Nutzungszweck für das durch ihn entnommene Wasser zu benennen. Im Rahmen der Zweckbestimmung sind nur wasserwirtschaftliche, nicht jedoch andere Aspekte zu berücksichtigen. Grundsätzlich beschränkt sich die behördliche Kontrolle auf den unmittelbaren wasserwirtschaftlichen Benutzungszweck[225]. Dabei ist es für die Versagung einer Benutzung jedenfalls erforderlich, dass der beabsichtigte Benutzungszweck wenigstens mittelbar zu einer Beeinträchtigung des wasserrechtlichen Gemeinwohls führen kann[226]. Dementsprechend sieht das Wasserhaushaltsgesetz für die jeweilige Gestattungsart vor, dass diese für einen bestimmten Nutzungszweck zu erteilen ist[227]. Sinn der Zweckbindung ist es sicherzustellen, dass nach erfolgter Gestattungserteilung das Wasser nicht zu einem anderen als dem anfänglich angestrebten Zweck verwendet wird[228]. Demnach handelt es sich hier um eine Selbstbindung des Wassernutzers, die sich in der wasserrechtlichen Gestattung niederschlägt.

Im Zusammenhang mit dem Nähepostulat wird angenommen, dass bei dem Zugriff auf das jeweilige Wasservorkommen auch die Frage der Ortsnähe als Zweckbestimmung der beantragten Nutzung angeführt werden muss. Insoweit könne davon ausgegangen werden, die Anforderung der Ortsnähe sei innerhalb des Bewilligungs-/ Erlaubnisverfahrens im Rahmen der Zweckbestimmung der Wassernutzung anzusetzen und unterliege dort der behördlichen Kontrolle. Die Wasserbehörde müsse in der Gestattung neben dem Zweck der Wasserförderung (hier: Trinkwasserversorgung) auch angeben, wo und in welchem Umfang die Versorgung aus dem beanspruchten Wasservorkommen stattfindet darf, um dem Grundsatz der ortsnahen Was-

225 Statt vieler Breuer, Öffentliches und Privates Wasserrecht, Rdnr. 386.
226 So etwa Czychowski/Reinhardt, Wasserhaushaltsgesetz, 10. Auflage, § 12 Rdnr. 22f..
227 §§ 7 Abs. 1, 8 Abs. 1 WHG a.F. und nun §§ 10 Abs. 1, 14 Abs. 1 Nr. 2 WHG.
228 So etwa Czychowski/Reinhardt, Wasserhaushaltsgesetz, 10. Auflage, § 10 Rdnr. 14.

serversorgung gerecht zu werden. Somit sei die Gestattung der Wasserentnahme an die Versorgung einer oder mehrerer bestimmter Kommunen gekoppelt[229].

Ob eine solche Koppelung an ein bestimmtes Versorgungsgebiet zulässig ist, wird zwar kontrovers beurteilt[230]. Mit der Einführung des Vorrangs der ortsnahen Wasserversorgung ist die Frage der Zulässigkeit einer Bindung der öffentlichen Wasservorkommen an ein bestimmtes Versorgungsgebiet indes gesetzlich entschieden. Aufgrund der generellen Bindung an die ortsnahen Wasservorkommen darf sich die zulässige Nutzung eines Wasservorkommens zum Zwecke der öffentlichen Wasserversorgung regelmäßig nur noch auf die Versorgung der nahegelegenen Kommune beziehen. Diese Einschränkung ist nach dem Nähegrundsatz gestattungsrelevant für die Wasserentnahme der öffentlichen Wasserversorgung. Der Gesetzgeber hat damit die örtliche Bindung der Wasserentnahme für die öffentliche Wasserversorgung ausdrücklich vorgezeichnet. Dementsprechend ist es für die Wahrung der Grundsätze einer ortsnahen Wasserversorgung nicht nur angezeigt, die Gestattung entsprechend zu beschränken. Der andersartige Zugriff auf ein Wasservorkommen ist der öffentlichen Wasserversorgung wegen § 50 Abs. 2 WHG generell verwehrt. Jedenfalls soweit es die öffentliche Wasserversorgung betrifft, kann daher eine solche Zweckbestimmung nicht unzulässig sein, wenn die Zuweisung eines bestimmten Wasservorkommens an die öffentliche Wasserversorgung nach dem Grundsatz der ortsnahen Wasserversorgung wasserrechtlich bereits angeordnet wird.

Im Übrigen ist an die Bestimmung des Zwecks für die Gestattungsprüfung regelmäßig kein allzu hoher Anspruch zu stellen[231]. Bei der Zweckbestimmung handelt es sich lediglich um eine inhaltliche Konkretisierung der zugestandenen beziehungsweise beanspruchten Benutzung. Die damit verbundene Beschränkung der Gestattung ist letztlich Ausdruck des

229 In diesem Sinne Hasche, „Das zweistufige Bewirtschaftungsermessen im Wasserrecht", in ZfR 2004, 144 (171).

230 Hierzu ganz allgemein Czychowski/Reinhardt, Wasserhaushaltsgesetz, 10. Auflage, § 10 Rdnr. 15 und § 14 Rdnr. 25. Gegen eine solche Bindung etwa Hofmann, in v.Lersner/Berendes/Reinhardt, HdBWR, § 24 Rdnr. 4.

231 Czychowski/Reinhardt, Wasserhaushaltsgesetz, 10. Auflage, § 10 Rdnr. 15.

Bewirtschaftungsermessens der Wasserbehörde, das vorliegend von einem Regel-Ausnahme-Verhältnis zu Gunsten der ortsnahen Wasserversorgung[232] geprägt ist. Die Gestattung hat sich also gerade wegen des Nähegrundsatzes stets auf die Versorgung eines oder mehrerer bestimmter, nahegelegener Gebiete zu beschränken. Vor diesem Hintergrund stellt die mit der Gestattung verbundene Zweckbestimmung hinsichtlich des Versorgungsgebiets nur klar, was wasserwirtschaftlich bereits angezeigt ist. Die Prüfung wird sich darauf beschränken, dass als Versorgungsgebiet ein ortsnahes angegeben wird. Ist dies nicht der Fall, ist die Benutzung regelmäßig zu versagen[233].

Die angesprochene Zweckbestimmung durch den Wassernutzer wird der Behörde daher einen notwendigen Anhaltspunkt für die Gestattungsprüfung geben. Insoweit ist das Merkmal in der Gestattungsprüfung aber lediglich deskriptiv und eröffnet der Gestattungsbehörde keine tiefergehende Prüfungskompetenz, wie sie für die Umsetzung des Nähegrundsatzes notwendig ist. Die Konkretisierung des Benutzungszwecks allein gibt auch noch keinen Anknüpfungspunkt für die Frage, wo und vor allem wie die Prüfung der Anforderungen einer ortsnahen Wasserversorgung in der staatlichen Gewässerbewirtschaftung anzusiedeln ist. Sie ist von daher für die Verortung des Vorrangs der ortsnahen Wasserversorgung ungeeignet. Allerdings wird mit der Entscheidung der Gestattung der Wasserentnahme für ein bestimmtes Versorgungsgebiet jener Vorrang der ortsnahen Wasserversorgung sowie die Beurteilung des Tatbestandsmerkmals Ortsnähe selbst für den konkreten Einzelfall nach außen transportiert und damit der gerichtlichen Überprüfbarkeit zugänglich gemacht.

D. Ergebnis

§ 50 Abs. 2 WHG ist Bewirtschaftungsgrundsatz für die Gewässer, die für die öffentlichen Wasserversorgung zur Versorgung der Bevölkerung mit Trinkwasser heranzuziehen sind. Als solcher schränkt das Postulat das wasserbehördliche Bewirtschaftungsermessen ein. Gleichzeitig wird die Anfor-

232 Hierzu ausführlich unten, 4. Teil, D. I. Regel-Ausnahme-Verhältnis zu Gunsten der ortsnahen Wasserversorgung.

233 Hierzu auch 5. Teil, A. I. Gestattungsrechtliche Umsetzung in der Praxis.

derung der ortsnahen Wasserversorgung selbst durch die übrigen Bewirtschaftungsgrundsätze des Wasserrechts begrenzt und ist daher nur soweit zu realisieren, wie sie nicht gegen diese übrigen Vorgaben des Wasserrechts verstößt.

Neben der direkten Einwirkung auf die wasserbehördliche Entscheidung stellt die ortsnahe Wasserversorgung mit Blick auf den flächendeckenden Grundwasserschutz auch eine planerische Vorgabe dar, sie ist als Maßnahme im Maßnahmenprogramm festzulegen sowie im Bewirtschaftungsplan aufzunehmen und determiniert von dort aus die wasserrechtliche Gestattung. Danach ist eine Wasserentnahme aus entlegenen Gebieten zum Zwecke der öffentlichen Wasserversorgung regelmäßig bereits dann zu untersagen, wenn sie gegen die Festsetzung im Maßnahmenprogramm verstößt. Insoweit begrenzt die ortsnahe Wasserversorgung schon tatbestandlich die wasserrechtliche Gestattungsentscheidung. Obwohl die ortsnahe öffentliche Wasserversorgung selbst keinen Belang des Wohls der Allgemeinheit darstellt, konkretisiert der regelmäßige Verweis auf die ortsnahen Wasservorkommen damit den wasserrechtlich angezeigten Nutzungsvorrang der öffentlichen Wasserversorgung auf die ortsnahen Wasservorkommen. Darüber hinaus determiniert die ortsnahe Wasserversorgung das wasserbehördliche Bewirtschaftungsermessen auf der Rechtsfolgenseite der Norm. So verstanden nimmt der Grundsatz der ortsnahen Wasserversorgung auf jeder entscheidungsrelevanten Stufe der wasserrechtlichen Gestattungsprüfung Einfluss auf die behördliche Entscheidung über die Zulässigkeit der Versorgung aus entlegenen Wasservorkommen und stellt sich als vollumfängliches Instrument der Ermessensvorsteuerung dar.

4. Teil: Die einzelnen Vorgaben der ortsnahen öffentlichen Wasserversorgung

In diesem Teil soll der konkrete Normgehalt des Nähegrundsatzes bestimmt werden. Hierzu wird die Vorschrift in ihre regelungsrelevanten Bestandteile aufgeteilt, um jedes Merkmal für sich und im Kontext mit den anderen Bestandteilen des § 50 Abs. 2 WHG sowie den übrigen Normen des Wasserrechts zu untersuchen. Aufbauend auf den bisherigen Ergebnissen werden die einzelnen Regelungskomponenten der Norm durch juristische Auslegung derselben ermittelt und ihre konkrete Einordnung in die wasserbehördliche Prüfung einer Entscheidung über die beabsichtigte Entnahme von Wasser für die öffentliche Wasserversorgung vorgenommen. Dabei sollen die Grenzen und Möglichkeiten der hiernach vorliegenden Regelungskriterien mit Blick auf die Ziele und Maßstäbe der ortsnahen öffentlichen Wasserversorgung aufgezeigt werden.

Die Gliederung der Untersuchung richtet sich im Grunde nach der textlichen Reihenfolge des § 50 Abs. 2 WHG. Davon abweichend erfolgt die Untersuchung des Normmerkmals der »Ortsnähe« vor dem Merkmal des wörtlichen »Vorrangs«. Dies bietet sich an, weil das Merkmal der »Ortsnähe« auf die Wasservorkommen abstellt, für die eine vorrangige Bindung erfolgen soll und damit hinsichtlich des Wasserbedarfs der öffentlichen Wasserversorgung ein inhaltlicher Bruch in der Auslegung der Norm vermieden wird. In diesem Sinne erfolgt zunächst die Begriffsbestimmung des »Wasserbedarfs«, anschließend die der »öffentlichen Wasserversorgung« und dann der »Ortsnähe« als charakteristisches Merkmal des Nähegrundsatzes. Danach erfolgt die Untersuchung des sprichwörtlichen »Vorrangs« der ortsnahen Wasserversorgung und anschließend die des Gemeinwohlvorbehalts nach § 50 Abs. 2, 2. HS WHG. Der Gesetzgeber stellt dort auf das Wohl der Allgemeinheit ab, dessen Umfang im Wasserrecht seit je her umstritten ist. Hierbei handelt es sich um ein maßgebliches Kriterium der Anordnung für und gegen eine ortsnahe Wasserversorgung, weswegen im Zusammenhang mit der Auslegung der Norm zu dem bisherigen Meinungsstand Stellung bezogen und eine mit Blick auf die ortsnahe Wasserversorgung tragfähige Lösung herausgearbeitet wird. Abschließend soll die mögliche Entscheidungsfindung der Wasserbehörde für und wider einer ortsnahen Wasserversorgung am Beispiel widerstreitender finanzieller Interessen der Kommunen dargestellt werden, wofür ein praxisrelevanter Abwägungsmaßstab zu entwickeln ist.

A. Der »Wasserbedarf« im Sinne der ortsnahen Wasserversorgung

Durch den Nähegrundsatz wird die öffentliche Wasserversorgung angehalten, ihren Wasserbedarf vorrangig aus ortsnahen Wasservorkommen zu decken. Unklar ist dabei, was unter dem Begriff »Wasserbedarf« zu verstehen ist. Dies soll im Folgenden untersucht werden. Unabhängig von einer noch zu fassenden Begriffsbestimmung des Wasserbedarfs wird hierdurch jedenfalls die konkrete und auch zukünftige Entnahmemenge von Wasser zum Zweck der Trinkwasserversorgung angesprochen. Der Wasserbedarf ist also Ansatzpunkt für die mengenmäßige Bewirtschaftung der ortsnahen Wasservorkommen. Soweit die Bedarfsdeckung aus den ortsnahen Wasservorkommen möglich ist, kann die Versorgung aus jenen Wasservorkommen erfolgen. Kann der Bedarf nicht aus den ortsnahen Wasservorkommen gedeckt werden, wird die Fernwasserversorgung eröffnet. Der »Wasserbedarf« konkretisiert damit die Entnahmekapazität als Grundlage für die Versorgung aus ortsnahen Wasservorkommen. In diesem Sinne bildet das Merkmal des Wasserbedarfs den Maßstab der Regelung[234] und ist demnach von grundlegender Bedeutung für die Durchsetzbarkeit der gesetzlich intendierten ortsnahen Wasserversorgung.

Zur Klärung dieses Maßstabs erfolgt zunächst eine Begriffsbestimmung des bisher nicht definierten Regelungsmerkmals, um die beabsichtigte Reichweite des für die Festlegung der Wasserversorgung zugrunde gelegten Bedarfs zu begreifen. Dazu wird der »Wasserbedarf« im Rahmen der vorgezeichneten Einordnung des Nähegrundsatzes in das wasserrechtliche Bewirtschaftungssystem etabliert. Hierbei ergibt sich die Frage, ob jegliche Inanspruchnahme der ortsnahen Wasservorkommen als Wasserbedarf der öffentlichen Wasserversorgung zu verstehen ist. Denn für die Bindung der öffentlichen Wasserversorgung an die eigenen Wasservorkommen ist der an den zulässigen Umfang der Wassernutzung anzulegende Maßstab von größter Bedeutung. Letztlich kann die Bindung der öffentlichen Wasserver-

---

234 In diesem Sinne auch Czychowski/Reinhardt, Wasserhaushaltsgesetz, 10. Auflage, § 50 Rdnr. 29; Bulling/Finkenbeiner, BWWG, § 43 Rdnr. 20.

sorgung verständigerweise nur so weit reichen, wie der Bedarf aus den ortsnahen Wasservorkommen tatsächlich gedeckt werden kann. Das vorgefundene Wasser wird jedoch abhängig von den zu berücksichtigenden Nutzungsarten mehr oder weniger umfangreich beansprucht, so dass die zur originären Bedarfsdeckung der öffentlichen Wasserversorgung zur Verfügung stehende Wassermenge variiert. Die unterschiedlichen Nutzungsarten sind daher bei der Zuweisung an die ortsnahen Wasservorkommen für die Bedarfsbestimmung auszuklammern oder zu berücksichtigen, was wiederum den Anwendungsbereich der Norm begrenzt. Daran schließt sich die Frage an, ob im Falle eines zur Bedarfsdeckung unzureichenden ortsnahen Wasservorkommens die Entnahmekapazität der öffentlichen Wasserversorgung zur Verwirklichung der ortsnahen Wasserversorgung behördlicherseits eingeschränkt werden kann und welche Grenzen einer solchen Entnahmebeschränkung bestehen. Die möglichen Grenzen sollen bestimmt werden, wodurch der durch den »Wasserbedarf« vorgezeichnete Maßstab des Nähegrundsatzes konkretisiert wird. Hier soll auch die Einordnung des Merkmals in die wasserrechtliche Gestattungsprüfung erfolgen.

Zum Verständnis der Begrifflichkeit und der bestehenden Nutzungssituation innerhalb der öffentlichen Wasserversorgung soll zunächst ein Überblick über die durchschnittliche Wassernutzung in der Bundesrepublik gegeben werden.

I. Durchschnittliche Wassernutzung in der BRD und Trinkwasserentnahme aus der öffentlichen Wasserversorgung

Regelfall der öffentlichen Wasserversorgung ist die Versorgung von Siedlungen. Dem steht die meist industrielle Wasserversorgung gegenüber. Darunter versteht man einmal die gewerbliche Wasserentnahme zur weiteren Verarbeitung, zum anderen die Wassernutzung zur Kühlung etwa bei dem Betrieb von Kraftwerken. Schließlich ist noch die Wasserentnahme im Rahmen bergbaulicher Tätigkeiten sowie zur landwirtschaftlichen Bewässerung anzuführen[235]. Von dem Gesamtwasserdargebot in Höhe von ca. 180 Mrd. m^3 entfällt auf die öffentliche (Trink-) Wasserversorgung jährlich eine

235 Vgl. Umweltdaten Deutschland 2002, S. 42 und die UBA – Broschüre „Der Wassersektor in Deutschland – Methoden und Erfahrungen", Kapitel 3.3, S. 24.

Wasserentnahme von ca. 5,5 – 5,8 Mrd. m^3, der aus den übrigen angesprochenen Nutzungsbereichen eine Entnahmekapazität von insgesamt ca. 33 - 35 Mrd. m^3 gegenübersteht[236]. Dies bedeutet für die öffentliche Wasserversorgung einen Anteil von etwa 1/6 der Gesamtwasserentnahme, wobei der Hauptanteil aus Grundwasservorkommen entnommen wird.

Aus dem Wasseraufkommen der öffentlichen Wasserversorgung wird lediglich 80% für die Versorgung von Haushalten und Kleingewerben verwendet. Dies entspricht etwa 4,4 Mrd. m^3 Trinkwasser pro Jahr. Demgegenüber unterfallen 1,1 – 1,4 Mrd. m^3 Trinkwasser pro Jahr dem industriellen Wasserverbrauch. Ca. 14% des hierfür aus dem öffentlichen Netz entnommenen Wassers wird für die ausschließliche Versorgung der Industrie verbraucht. Die restlichen 6% werden sonstigen Nutzungen zugeführt[237]. Dies bedeutet einen tatsächlichen Prokopfverbrauch jedes Bürgers aus dem Wasseraufkommen der öffentlichen Wasserversorgung von ca. 130 l/ Tag[238], der sich wie folgt aufteilt:

Duschen und Baden	46 Liter
Toilettenspülung	34 Liter
Wäsche waschen	15 Liter
Geschirr spülen	8 Liter
Blumen/Garten bewässern	8 Liter
Kochen und Trinken	5 Liter
Sonstiges	17 Liter

Quelle : BdEW, »Die öffentliche Wasserversorgung in Deutschland«, S. 10, Stand 20.08.2008

Hieraus ergibt sich, dass nur ca. 60% des »Haushaltswassers« für den originären Bedarf zum menschlichen Gebrauch als Lebensmittel und für Körperhygiene (Duschen und Baden, Wäsche waschen, Geschirr spülen, Kochen und Trinken) verwendet werden. Dies macht ca. 2,6 Mrd. m^3 Trinkwasser aus, das tatsächlich als solches genutzt wird. 1,8 Mrd. m^3 werden

236 Statistisches Bundesamt, „Wassergewinnung und Abwassereinleitung 2001 nach Wirtschaftsbereichen", Stand August 2003.

237 BdEW Wasserstatistik, „Öffentliche Wasserversorgung in Deutschland – Wasserabgabe nach Kundengruppen 1990 und 2006", in BdEW „Die öffentliche Wasserversorgung in Deutschland", S. 7 mit Stand 20.08.2008.

238 M.w.Nachw. Binder/Sparwasser/Engel, Umweltrecht, Kapitel VI Rdnr. 6.

dagegen zu anderen Zwecken verbraucht. Soweit es die hier relevante Entnahme aus dem Netz der öffentlichen Versorgung betrifft, steht damit jener originären Nutzung als Trinkwasser immerhin ein Wasseraufkommen von insgesamt 2,9 – 3,2 Mrd. m³ für sonstige Nutzungen entgegen. Diese Nutzungen sind typischerweise dem Bereich des Brauchwassers zuzuordnen. Damit deckt die öffentliche Wasserversorgung durchschnittlich weit über die Hälfte des im Versorgungsgebiet bestehenden Brauchwasserbedarfs.

II. Bestimmung des Wasserbedarfs

Vor diesem Hintergrund soll die Bedeutung des Wasserbedarfs der öffentlichen Wasserversorgung rechtlich beleuchtet werden. Nach der bestehenden Nutzungssituation nimmt die Trinkwasserversorgung innerhalb der öffentlichen Wasserversorgung als maßgeblicher Aspekt der Daseinsvorsorge[239] gegenüber der bloßen Brauchwasserversorgung mengenmäßig tatsächlich nur eine zweitrangige Rolle ein. Lediglich ein Teil der Wasserentnahme zu Gunsten der öffentlichen Wasserversorgung erfolgt für die lebensnotwendige Versorgung der Bevölkerung mit Trinkwasser. Es stellt sich daher die Frage, ob diese Konstellation eine »bedarfsgerechte« Wassernutzung im Sinne der Trinkwasserversorgung beziehungsweise der hierdurch bedingten Wasserentnahme aus den (ortsnahen) Wasservorkommen durch die öffentliche Wasserversorgung darstellt, also ob mit dem »Wasserbedarf« im Sinne des § 50 Abs. 2 WHG diese Versorgungssituation gemeint ist.

Als erstes ist dabei auf den Wortlaut der Norm abzustellen. Dieser ist jedoch nicht allzu ergiebig, kann der Bedarf an einer Sache doch ebenso wie die vollumfängliche und gewünschte Nutzung auch nur die notwendigste Nutzung im Sinne einer »Bedürftigkeit« meinen. Das Wasserhaushaltsgesetz selbst setzt den Begriff des »Wasserbedarfs« ohne weiteres als gegeben voraus. Im allgemeinen Sprachgebrauch wird der Wasserbedarf als das für die Wasserversorgung eines Gebietes benötigte Trink- und Brauchwasservolumen in einer bestimmten Zeit, etwa innerhalb von 24 Stunden, verstanden[240]. Damit können beispielsweise die vorgenannten statistischen Werte

---

239 Zu dem Wertigkeitsverhältnis von Trink- und Brauchwasserversorgung innerhalb der öffentlichen Wasserversorgung ausführlich unter 4. Teil, D. II. Vereinbarkeit mit der regelmäßigen Privilegierung der öffentlichen Wasserversorgung.

240 Vgl. GrBL Bd. 15, S. 166 f.

den Wasserbedarf im Sinne des Nähegrundsatzes beschreiben. Einen entsprechenden Ansatz ergibt die technische Definition des Wasserbedarfs. Jener ist nach der Deutschen Industrienorm (DIN) 4046 ein Planungswert, den Wasserversorgungsunternehmen bei der Bemessung von Wasserversorgungsanlagen zugrunde legen. Er stellt das in einem Versorgungsgebiet voraussichtlich in einer bestimmten Zeitspanne benötigte Wasservolumen dar. Zudem kann der Bedarf zur Ermittlung des Gesamtbedarfs weiter nach Trinkwasser-, Betriebswasser- und Bewässerungsbedarf der Landwirtschaft sowie dem Löschwasserbedarf differenziert werden[241]. Insofern ist der Bezug auf den gesamten Bedarf an Wasser einer Region nicht zwingend. Allerdings erscheint eine umfassende Betrachtung nach den dort zugrunde gelegten Kriterien bei der Ermittlung des Wasserbedarfs regelmäßig geboten[242].

Andererseits erfolgt die Bestimmung der Begrifflichkeit nach DIN 4046 gerade vom prognostizierten anfallenden Verbrauch her und nicht vom erreichbaren (möglichen) Verbrauch. Ebenso summiert der allgemeine Sprachgebrauch mit dem Begriff vor allem die zum Verbrauch bestimmte Wassermenge, nicht aber die dauerhaft verbrauchbare Wassermenge. Jene richtet sich jedoch nach dem Wasserdargebot und trägt den Charakter als Bewirtschaftungsfaktor des vorhandenen Wassers maßgeblich. Von daher ist es unzureichend, die Bewirtschaftung lediglich an den bestehenden Verbrauchstrukturen zu orientieren. Aus planungsrelevanter Sicht ist es unumgänglich, auch zukünftige Benutzungen zu berücksichtigen und wegen der Planungssicherheit in die Planung einzubinden[243]. Die Wasserentnahme muss also der dauerhaften Nutzung gegenüber gestellt werden. Insoweit bleibt zu erörtern, ob der anzusetzende Wasserbedarf auch regulierende Wirkung haben kann, um die dauerhaft verbrauchbare Wassermenge am Entnahmeort zu sichern.

---

241 Hiessl in UBA Studie „Der Wassersektor in Deutschland – Methoden und Erfahrungen“, S. 45.

242 Hiessl in UBA Studie „Der Wassersektor in Deutschland – Methoden und Erfahrungen“, S. 46, der einen Katalog von Kriterien erstellt, die zur Bestimmung des Wasserbedarfs üblicherweise herangezogen werden. Ebenso Czychowski/Reinhardt, Wasserhaushaltsgesetz, 10. Auflage § 50 Rdnr. 29, die auf den tatsächlichen Bedarf als Maßstab abstellen.

243 Hierzu grundsätzlich etwa Czychowski/Reinhardt, Wasserhaushaltsgesetz, 10. Auflage, § 14 Rdnr. 26, die beispielhaft auf die absehbare Bevölkerungsentwicklung und den zu erwartenden Pro-Kopf-Verbrauch abstellen.

1. Der Wasserbedarf als Maß der zulässigen Inanspruchnahme durch die öffentliche Wasserversorgung

Die Entstehung der Norm ist zur Klärung dieser Frage zunächst ebenfalls nicht weiter hilfreich, da eine Vorgängernorm nicht besteht. Der Gesetzgeber selbst setzt den Begriff des Wasserbedarfs als bekannt voraus, eine weitere Auseinandersetzung mit den Anforderungen an eine Definition lässt sich aus dem Gesetzgebungsverfahren nicht erkennen. In diesem Zusammenhang bleibt lediglich festzuhalten, dass die Einführung des Nähegrundsatzes insbesondere mit einem angestrebten Schutz des Grundwassers begründet wird. Entsprechend dem Gedanken einer nachhaltigen Grundwasserbewirtschaftung ist demnach wenigstens der Ausgleich des Wassernachflusses im Verhältnis zur Wasserentnahme zu wahren[244]. Ein mengenmäßiger Schutz der Ressource Trinkwasser lässt sich dabei am ehesten durch eine möglichst geringe Nutzung des Wasserdargebots erreichen. Damit ließe sich die nur eingeschränkte Betrachtung der in Frage stehenden Begrifflichkeit im Sinne des allein vernünftigen Bedarfsaufkommens zwar rechtfertigen, einen wirklichen Anhaltspunkt hierfür gibt es jedoch nicht. Insgesamt sind für die weitere Begriffsauslegung daher die übrigen wasserwirtschaftlichen Erwägungen heranzuziehen.

a) Kein Rechtsanspruch auf Nutzung einer bestimmten Menge Wasser

Das Wasserrecht kennt keinen generellen Anspruch auf Nutzung einer bestimmten Menge Wasser. Auch im Rahmen der wasserrechtlichen Gestattung der Benutzung eines Gewässers ergibt sich kein Recht auf die Nutzung einer bestimmten Menge von Wasser, wie § 10 Abs. 2 WHG ausdrücklich vorgibt[245]. Soweit einschlägige gesetzliche Regelungen vorliegen, sehen sie

---

244 Hierzu oben, 3. Teil, A. I. Sicherung und Bewirtschaftung von Gewässern.

245 Entspricht dem überkommenen § 2 Abs. 2 Satz 1 WHG. Vgl. hierzu nur Czychowski/Reinhardt, Wasserhaushaltsgesetz, 10. Auflage, § 10 Rdnr. 69. Hiervon ausgenommen sind jedoch Benutzungen nach alten Rechten und Befugnisse nach Maßgabe des § 15 WHG a.F., für die § 2 Abs. 2 S. 1 WHG a.F. nicht anwendbar war. Allerdings werden jene Benutzungen aufgrund landesrechtlicher Regelungen weitläufig eingeschränkt und waren auch nach dem WHG a.F. beschränkbar, so dass auch hier regelmäßig kein Rechtsanspruch auf Nutzung einer bestimmten Wassermenge zu erkennen ist. Hierzu insgesamt m.w.Nachw. Breuer, Öffentliches und Privates Wasserrecht, Rdnr. 669.

lediglich ein Mindestmaß an erlaubnisfreier Wasserentnahme vor. Entsprechende Ansätze lassen sich im Wasserhaushaltsgesetz selbst, den Landeswassergesetzen sowie den kommunalen Vorschriften über die Wasserversorgung entnehmen. Allerdings bleibt auch hier das zulässige Maß dieser Benutzungen offen, wie die folgende Betrachtung zeigt.

(aa) Kein Nutzungsanspruch aus dem Wasserhaushaltsgesetz

Nach dem Wasserhaushaltsgesetz steht die Entnahme von Wasser – auch zum Zwecke der Trinkwasserversorgung – regelmäßig unter dem repressiven Verbot mit Erlaubnisvorbehalt. Damit gibt es keinen Anspruch auf Gestattungserteilung für die Nutzung des Wassers, auch nicht in einem gewissen Umfang. Auch außerhalb des gestattungsrelevanten Bereichs sieht das Wasserrecht einen Nutzungsanspruch nur sehr eingeschränkt vor. Nach § 25 WHG[246] etwa ist der Gemeingebrauch an Oberflächenwasser unter Beachtung entgegenstehender Rechte Anderer gestattet. Streitig ist indes bereits, ob es sich hierbei um ein subjektiv-öffentliches Recht handelt, aus dem sich ein Anspruch überhaupt herleiten ließe. Die wohl herrschende Auffassung verneint dies[247]. Ein Anspruch könnte sich ausweislich des Wortlauts des § 25 WHG zwar möglicherweise aus einer landesgesetzlichen Regelung ergeben, jedenfalls im Wasserhaushaltsgesetz besteht ein genereller Nutzungsanspruch aber nicht. Darüber hinaus beschränkt sich der Gemeingebrauch auf solche Tätigkeiten, die traditionell auf die wesentliche Verwendung des Wassers wie etwa zum Baden, Trinken und Waschen begrenzt sind[248].

Eine vergleichbare Regelung für das durch die öffentliche Wasserversorgung vornehmlich angesprochene Grundwasser hält das Wasserhaushaltsgesetz zudem nicht bereit. § 46 WHG besagt lediglich, dass bestimmte Nutzungen des Grundwassers erlaubnisfrei sind. Dies gilt beispielsweise für Wasserentnahmen zu Haushaltszwecken oder für die Vieh- und Bodenbewässerung. Allerdings orientiert sich die erlaubnisfreie Nutzung an der Be-

246 Ehemals § 23 WHG.
247 M.w.Nachw. Czychowski/Reinhardt, Wasserhaushaltsgesetz, 10. Auflage, § 25 Rdnr. 14.
248 Czychowski/Reinhardt, Wasserhaushaltsgesetz, 10. Auflage, § 25 Rdnr. 20 ff..

schaffenheit des jeweiligen Grundwasservorkommens. § 46 WHG gibt dagegen kein Recht auf Nutzung einer bestimmten Menge und Güte von Grundwasser[249]. Eine erlaubnisfreie Benutzung des Grundwassers steht ferner ebenfalls unter dem Vorbehalt einer landesrechtlichen Regelung, so dass das eben gesagte entsprechend gilt. Selbiges lässt sich auch für die hier zu vernachlässigende Benutzung der Küstengewässer feststellen[250].

Insgesamt ergibt sich daher aus dem Wasserhaushaltsgesetz kein Anspruch auf Nutzung einer bestimmten Wassermenge. Und wo es die Nutzung der Wasservorkommen freistellt, ist regelmäßig nur die Entnahme von Kleinstmengen angesprochen. Dabei lässt das Wasserhaushaltsgesetz die quantitative Grenze dieser Nutzungen gerade offen.

(bb) Kommunalrechtlicher Anschluss- und Benutzungszwang

Ein Rechtsanspruch auf die Nutzung einer bestimmten Menge Wasser lässt sich auch nicht auf kommunalrechtlicher Ebene gegen die jeweiligen Kommunen als Träger der öffentlichen Wasserversorgung herleiten. Aus dem kommunalrechtlichen Anschluss- und Benutzungszwang ergibt sich zwar umgekehrt das Recht der Bürger auf (ausreichende) Wasserversorgung. Indes ergibt sich hieraus keine Konkretisierung für den Begriff »Wasserbedarf«.

b) Ermittlung des Umfangs des Wasserbedarfs

Da es wasserrechtlich keinen Anspruch auf Nutzung einer bestimmten Menge von Wasser gibt und das Wasserhaushaltsgesetz selbst auch keinen Schwellenwert zwischen der erlaubnisfreien Kleinstmengenentnahme einerseits und der erlaubnispflichtigen Entnahme von Grund- und Oberflächenwasser andererseits als Anhaltspunkt für die Begriffsbestimmung vorgibt, ist die zulässige Entnahmekapazität im Sinne des Wasserbedarfs für die ortsnahe Wasserversorgung durch weitere Auslegung zu bestimmen. Hierzu ist insbesondere eine systematische Einordnung des Grundsatzes der

---

249 Czychowski/Reinhardt, Wasserhaushaltsgesetz, 10. Auflage, § 46 Rdnr. 8.
250 Vergleiche § 43 WHG.

ortsnahen Wasserversorgung angezeigt sowie eine Auslegung der Norm nach ihrem Sinn und Zweck.

(aa) Eigentümerbedarf

Der Begriffsbestimmung lässt sich zunächst anhand des Eigentümerbedarfs[251] als kleinste vorstellbare Nutzungsmöglichkeit annähern. Dort wird der Begriff des Wasserbedarfs sinngemäß aufgenommen. In der überkommenen Gesetzeslage hieß es hierzu, eine Erlaubnis oder Bewilligung sei nicht erforderlich »[...] *zur Benutzung eines oberirdischen Gewässers durch den Eigentümer oder den durch ihn Berechtigten für den eigenen Bedarf* [...]«. Entsprechend formuliert auch die Neuregelung des Wasserhaushaltsgesetzes. Wenngleich hier lediglich von dem Bedarf als solchem die Rede ist, ist davon auszugehen, dass es dabei um den Wasserbedarf des Eigentümers als Benutzung im Sinne einer Wasserentnahme geht. Insofern darf angenommen werden, dass das Verständnis hinsichtlich dieser Begrifflichkeit als Indiz für die Auslegung des Nähegrundsatzes herangezogen werden kann, soweit es dort den Wasserbedarf betrifft. Innerhalb des einschlägigen Schrifttums ist allerdings ein eindeutiges Begriffsverständnis für den Eigentümergebrauch nicht nachzuweisen. Es besteht vornehmlich Uneinigkeit darüber, ob der Bedarf des Eigentümers einer Einschränkung unterworfen ist. So wird teilweise vertreten, jener Bedarf umfasse nur den persönlichen häuslichen Bedarf, insofern wird von einem engen Bedarfsbegriff ausgegangen[252]. Demgegenüber geht die vorherrschende Ansicht im Schrifttum von einem weiten Begriff des Bedarfs aus, eine Beschränkung auf den reinen häuslichen Bedarf sei der Norm nicht zu entnehmen und im Übrigen wegen der weiteren gesetzlichen Einschränkungen des Eigentümergebrauchs auch nicht erforderlich[253]. Das Wasserhaushaltsgesetz stellt den Eigentümergebrauch nämlich unter die Prämisse, dass durch die Nutzung keine nachteilige oder wesentliche Veränderung des Wassers in qualitativer wie quantitativer Hinsicht zu beklagen ist und auch keine anderen Beein-

---

251 § 26 WHG, ehemals § 24 Abs. 1 WHG.

252 Honert/Rüttgers, Landeswassergesetz NRW, § 35 Ziffer 6.

253 So etwa Kotulla, Wasserhaushaltsgesetz, 2. Auflage, § 26 Rdnr. 11; ebenso Czychowski/Reinhardt, Wasserhaushaltsgesetz, 10. Auflage, § 26 Rdnr. 9, m.w.Nachw. zu dem Meinungsstand.

trächtigungen des Wasserhaushalts bestehen. Insofern steht der Eigentümergebrauch maßgeblich unter den Anforderungen, die in entsprechender Form bereits in den allgemeinen Bewirtschaftungsgrundsätzen angelegt sind. Soweit also auf den Wasserbedarf des Eigentümers abgestellt wird, wird dieser den allgemeinen wasserrechtlichen Bewirtschaftungsanforderungen unterstellt und ist von daher zu begrenzen[254]. Dies umfasst auch das Gebot zum sparsamen Umgang mit Wasser. Übertragen auf den Wasserbedarf der öffentlichen Wasserversorgung wird damit eine mögliche Beschränkung der Wasserentnahme bestätigt.

(bb) Anforderungen des allgemeinen Bewirtschaftungsgrundsatzes

Nach Maßgabe des allgemeinen Bewirtschaftungsgrundsatzes sind Wasservorkommen unabhängig von einer bestehenden Gefahrenlage stets der geringst möglichen Beeinträchtigung auszusetzen. Damit ist die sparsame Bewirtschaftung des Umweltmediums Wasser geboten[255]. Ohne Zweifel liegt eine solche vor, wenn nur die geringst mögliche Wassermenge entnommen wird. Insgesamt ergibt sich aus der Bewirtschaftungsverantwortung die Verpflichtung zur allgemeinwohldienlichen Bewirtschaftung allen nutzbaren Wassers. Vermeidbare Beeinträchtigungen des Wasserhaushalts sind dementsprechend zu unterlassen, lediglich unvermeidbare Beeinträchtigungen der Gewässer sind hinzunehmen[256]. Vermeidbar in diesem Sinne sind jegliche (verschwenderischen) Wasserentnahmen, die das vorhandene Wasserdargebot unnötig belasten. Ergänzt wird diese Prämisse durch die Vorgabe, dass insgesamt eine nachhaltige Entwicklung in der Gewässerbewirtschaftung sichergestellt sein muss. Danach sind Gewässer so in Anspruch zu nehmen, dass sie dauerhaft in einem Zustand belassen werden, der ihre natürliche Regenerierung gewährleistet[257]. Auf ein Gleichgewicht von Wasserentnahme und Wasserneubildung ist zu achten[258]. Ein solcher Zustand kann regelmäßig am einfachsten erreicht werden, wenn der Zugriff

254 Kotulla, Wasserhaushaltsgesetz, 2. Auflage, § 26 Rdnr. 13 ff.

255 Etwa Gößl in Siedler/Zeitler, BeckOK Wasserhaushaltsgesetz, Rdnr. 25 zu § 50.

256 Statt vieler Kotulla, Wasserhaushaltsgesetz, 2. Auflage, § 6 Rdnr. 13; vergleiche hierzu zudem oben, 3. Teil, A. I. Sicherung und Bewirtschaftung von Gewässern.

257 Siehe nur Kotulla, Wasserhaushaltsgesetz, 2. Auflage, § 1 Rdnr. 25.

258 Speziell für das Grundwasser als wichtigsten Träger der Trinkwasserversorgung bestimmt dies § 47 Abs. 1 Nr. 3 WHG ausdrücklich.

auf die Gewässer gering gehalten und jedenfalls das Maß der Regenerationsfähigkeit nicht überschritten wird.

Für die ortsnahe Wasserversorgung ist daher zu folgern, dass der Grad der zulässigen Wassernutzung mit Blick auf das ortsnahe Wasservorkommen durch dessen Regenerationsfähigkeit begrenzt ist. Ausgehend von einer möglichst schonenden Inanspruchnahme der Gewässer muss sich der Wasserbedarf als Maßstab der zulässigen Beanspruchung der ortsnahen Wasservorkommen neben dem tatsächlichen Nutzungsanspruch daher insbesondere am jeweils vorhandenen Wasserdargebot orientieren. Eine entsprechende Anforderung an den anzulegenden Wasserbedarf ist mit Blick auf besagte edukatorische Funktion des Ortsnähegrundsatzes sowie wegen des zu berücksichtigenden Verursacherprinzips nur konsequent. Danach sollen die Kommunen gerade mit ihrem »eigenen« Wasservorkommen haushalten und grundsätzlich selbst die Folgen einer übermäßigen Gewässerbeanspruchung tragen[259]. Folgerichtig fließen die örtlichen Gegebenheiten bezüglich des Wasserdargebots mehr oder weniger einschränkend im Rahmen der potentiellen Wassernutzung ein[260]. Schließlich kann für eine ortsnahe Wasserversorgung, die naturgemäß regionalen Unterschieden unterworfen ist, nicht angenommen werden, dass überall stets gleich viel Wasser vorhanden ist. Indes darf dies nicht dazu führen, dass wasserarme Regionen oder solche mit einem überdurchschnittlich hohen Wasserbedarf gegenüber denen, die sich in die Bewirtschaftungsvorgabe der ortsnahen Wasserversorgung einfügen, mit Blick auf eine mögliche Fernwasserversorgung bevorteilt sind. Dies wäre aber der Fall, wenn solche Regionen bei einem vergleichbaren Maß der Wassernutzung bereits auf entlegene Wasservorkommen zugreifen könnten, wogegen die übrigen Regionen mit allen Konsequenzen auf das eigene Wasservorkommen verwiesen bleiben. Vielmehr muss gerade dort, wo ein nachhaltiger Umgang mit der eigenen Ressource nicht erfolgt, der Grundsatz der ortsnahen Wasserversorgung mit besonderem

259 Vgl. hierzu bereits 1. Teil, B. V. Indirekte Verhaltenssteuerung – Verantwortungsverschiebung hin zu einer eigenverantwortlichen Gewässernutzung.

260 Eine entsprechende Tendenz zur raumordnungsrechtlichen Orientierung an dem vor Ort verfügbaren Wasserdargebot lässt sich mittlerweile europarechtlich erkennen, vgl. Mitteilung der Kommission vom 18.07.2007, KOM (2007) 414 und ebenso Bericht der Kommission vom 19.12.2008, KOM (2008) 875.

Nachdruck zum Tragen kommen. Demnach sind Einschnitte in das zulässige Maß der Wassernutzung regelmäßig hinzunehmen[261]. Insgesamt geht daher die Verpflichtung zur Nutzung der ortsnahen Wasservorkommen mit der Verpflichtung zum sparsamen Umgang mit dem vorhandenen Wasserdargebot einher.

Hiernach sind vermeidbare Wassernutzungen zu unterlassen, soweit eine dauerhafte Deckung des Wasserbedarfs aus den ortsnahen Wasservorkommen ansonsten nicht sichergestellt wäre. Vermeidbare Benutzungen stellen somit keine bedarfsgerechte Wasserentnahme dar. Unterste Grenze dieser Messlatte sind dagegen die unvermeidbaren Wassernutzungen, die zur Aufrechterhaltung der Daseinsvorsorge unerlässlich sind. Andernfalls könnte mit dem zur Verfügung stehende Wasserdargebot die öffentliche Wasserversorgung als Aufgabe der Daseinsvorsorge nicht ausreichend erfüllt werden. Der Rückgriff auf eine Fernwasserversorgung aufgrund der Anforderungen des Wasserbedarfs ist danach erst dann denkbar, wenn nicht einmal mehr die unvermeidbaren Wassernutzungen dauerhaft aus den ortsnahen Wasservorkommen gedeckt werden können. Umgekehrt ist damit bei einem ausreichenden Wasservorkommen die darüber hinausgehende Nutzung im Rahmen der wasserwirtschaftlichen Vorgaben grundsätzlich möglich.

(cc) Allgemeine Sorgfaltspflicht der Wassernutzer

In der allgemeinen Sorgfaltspflicht bei der Gewässerbenutzung ist bereits ein prinzipielles Gebot zum Wassersparen angelegt. Insoweit gibt das Wasserhaushaltsgesetz ohnehin die sparsame Verwendung des vorhandenen (ortsnahen) Wassers über § 5 Abs. 1 Nr. 2 WHG vor. Wegen der dauerhaften Sicherstellung der Versorgung aus diesem mengenmäßig nur beschränkten ortsnahen Wasservorkommen ergibt sich ein Übriges aus tatsächlichen Erwägungen. Den jeweiligen Kommunen als Wassernutzern obliegt grundsätzlich die Aufgabe, solche Maßnahmen, die nachteilige Veränderungen der Eigenschaft des Wasservorkommens mit sich bringen, zu unterlassen. In diesem Sinne ist unter Beachtung der durch den Nähegrundsatz vorgezeichneten Verantwortungszuweisung an die Kommunen der verschwenderische Umgang mit Wasser zu vermeiden. Dies mag im Rahmen

---

261 Vgl. zu dem generellen Gedanken der erforderlichen Anpassung von Wasserentnahmen auch den Bericht der Kommission vom 19.12.2008, KOM (2008) 875.

eines angestrebten haushälterischen Umgangs mit dem dargebotenen Wasser auch zu einer Einschränkung des zulässigen Gebrauchs, mithin zu einer Regulierung anhand des zulässigen Wasserbedarfs führen.

Daran angelehnt sieht § 50 Abs. 3 WHG ausdrücklich vor, dass die Kommunen auf den sparsamen Umgang mit Wasser hinwirken. Hierdurch wird die grundsätzliche Vorgabe des § 5 Abs. 1 Nr. 2 WHG für die öffentliche Wasserversorgung ergänzt[262]. Der Auffassung, wonach die ohnehin geforderte sparsame Verwendung des Wassers durch die Anforderungen der Ortsnähe aus Gleichheitsgesichtspunkten nicht noch weiter vorangetrieben werden dürfe[263], ist entgegenzuhalten, dass der Gleichheitsgedanke hier im Ergebnis nicht entgegensteht. Nach der Diktion des Bundesverfassungsgerichts setzt Art. 3 GG nur voraus, dass im Wesentlichen Gleiches nicht ohne sachlichen Grund ungleich behandelt wird und umgekehrt. Allerdings ist davon auszugehen, dass der Verweis auf das jeweils eigene Wasservorkommen sachlich eine Gleichbehandlung darstellt. Denn – rechtlich – trifft der Grundsatz der ortsnahen Wasserversorgung zunächst jede Kommune gleich. Die Verweisung auf das jeweils eigene Wasservorkommen schafft gerade eine einheitliche Ausgangslage hinsichtlich der zu beanspruchenden Wasservorkommen für die öffentliche Wasserversorgung. Dass damit nicht auch ein stets gleicher Umfang des zur Verfügung stehenden Wasserdargebots vorgezeichnet ist, ist rein tatsächlicher Natur. Ein bestimmter mengenmäßiger Nutzungsanspruch ergibt sich aus dem Wasserrecht ohnehin nicht[264]. Nach der hier verstandenen Begrenzung der zulässigen Entnahmekapazität schlagen sich die insoweit ungleichen Benutzungsvoraussetzungen zwar letztlich in einer unterschiedlichen Restriktion der zulässigen Wasserentnahme nieder. Dies ist aber gerade den sachlichen Zwängen der natürlichen Gegebenheiten unterworfen und im Übrigen durch die angesprochene Verantwortungszuweisung für das »eigene« Wasservorkommen gerechtfertigt. Wäre dagegen jeder Kommune ohne Abstriche und unter Missachtung der tatsächlichen Gegebenheiten der Zugriff auf eine bestimmte einheitliche Menge von Wasser gestattet, liefe das Postulat letztlich ins Leere. Denn zur Vermeidung einer vermeintlichen Ungleichbehandlung müsste sich das zulässige Maß der Wassernutzung an den jeweils höchsten zu beanspruchenden Entnahmemengen orientieren, was den Anspruch der

262 Hünnekens in Landmann/Rohmer, Umweltrecht, § 50 WHG Rdnr. 25.
263 Czychowski/Reinhardt, Wasserhaushaltsgesetz, 10. Auflage, § 50 Rdnr. 29.
264 Hierzu bereits eingangs 4. Teil, A. II. 1. (a) Kein Rechtsanspruch auf Nutzung einer bestimmten Menge Wasser.

wasserschonenden Bewirtschaftung schon im Ansatz konterkariert. Eine entsprechend hohe Entnahmekapazität würde aus den mengenmäßig begrenzten ortsnahen Wasservorkommen regelmäßig nicht gedeckt werden können, so dass zu befürchten wäre, dass entgegen der gesetzlichen Intention die Versorgung aus den eigenen Wasservorkommen zur Ausnahme und der Zugriff auf ergiebigere entlegene Wasservorkommen zur Regel würde. Insoweit besteht ein sachlich rechtfertigender Grund für die unterschiedliche Behandlung der Wassernutzer.

In jedem Falle aber wäre eine Ungleichbehandlung auch nicht unverhältnismäßig, wenn das Maß des Wasserbedarfs auf denjenigen Rahmen beschränkt ist, der einem haushälterischen Umgang mit der Ressource Wasser entspricht. Darüber hinausgehende Defizite können im Sinne einer Härtefallregelung durch den Zugriff auf entlegene Wasservorkommen ausgeglichen werden, wie § 50 Abs. 2 Satz 2 WHG dies vorsieht. Schließlich rechtfertigt die überragende Bedeutung der Trinkwasserversorgung für die Bevölkerung[265] Einschränkungen bei dem Verbrauch von Wasser.

(dd) Bewirtschaftungsziele für das Grund- und Oberflächenwasser

Die dargestellten Anforderungen aus dem Nähepostulat konkretisieren sich auch in den Anforderungen der Bewirtschaftungsziele für die Oberflächengewässer und das Grundwasser. Danach ist vor allem die nachteilige Veränderung des mengenmäßigen Grundwasserdargebots bei der Bewirtschaftung der Gewässer zu vermeiden. Erneut ist darauf abzustellen, dass die nachteilige Veränderung des Grundwasserdargebots insbesondere durch möglichst geringe Beeinträchtigungen, also möglichst wenig Wasserentnahmen, vermieden werden kann. Diese Anforderung gilt für die gesamte öffentliche Wasserversorgung und kann in die wasserrechtliche Gestattung über die Begrenzung der zulässigen Entnahmemenge eingeführt werden.

265 Vgl. hierzu BVerfG, Beschl. v. 15.07.1981, 1 BvL 77/78, BVerfGE 58, 300.

(ee) Art. 20a als verfassungsrechtliches Gebot zur Sicherung der Wasserressourcen

Eine entsprechende Sicherungsverantwortung ergibt sich aus Art. 20a GG. Nach Maßgabe dieser Staatszielbestimmung schützt der Staat auch in Verantwortung für die zukünftigen Generationen die natürlichen Lebensgrundlagen durch die Gesetzgebung. Die hierdurch statuierte Achtung der Umweltbelange durch den Verfassungsgeber ist bei der Auslegung der einfachen Gesetze zu berücksichtigen. Danach verlangt das Grundgesetz auch den Schutz des Umweltgutes Wasser jetzt und für die Zukunft[266]. Art. 20a GG stützt die umweltrechtlichen Prinzipien, namentlich das Prinzip der Vorsorge, das Verursacherprinzip und das Nachhaltigkeitsprinzip; zudem ist der Norm ein allgemeines Verschlechterungsverbot für die Umwelt zu entnehmen[267]. Somit ergibt sich aus Art. 20a GG das Gebot, sparsam mit den nur teilweise erneuerbaren Ressourcen umzugehen. Mit Blick auf die dauerhafte Sicherung der Wasserversorgung aus ortsnahen Wasservorkommen ist es daher unter Beachtung jener grundgesetzlichen Wertung angebracht, den Wasserbedarf im Zusammenhang mit der ortsnahen Wasserversorgung als Anforderung einer sparsamen Wassernutzung zu beurteilen.

(ff) Anlehnung an supranationales Recht

Ganz allgemein sieht bereits Art. 191 Abs. 1 AEUV vor, dass die Umweltpolitik der Gemeinschaft die umsichtige und rationelle Verwendung der natürlichen Ressourcen fördern soll. Hieran schließen sich die Vorgaben der Wasserrahmenrichtlinie an, der die Notwendigkeit zur Begrenzung des nutzbaren Maßes der Wasservorkommen ebenfalls zu entnehmen ist[268]. In Erwägung (19) wird ausdrücklich die mengenmäßige Überwachung der Gewässer angesprochen. Ebenso erklärt Erwägung (41), dass im Hinblick auf die Wassermenge allgemeine Prinzipien für die Wasserentnahme festgelegt werden sollen, um die ökologische Nachhaltigkeit der betroffenen Wassersysteme zu sichern. In diesem Sinne hebt die Richtlinie das Trinkwasser

---

266 Vgl. m.w.Nachw. Jarass/Pieroth, Grundgesetz für die Bundesrepublik Deutschland, Art. 20a Rdnr. 4.

267 Jarras/Pieroth, Grundgesetz für die Bundesrepublik Deutschland, Art. 20a Rdnr. 5ff.

268 Zu den einzelnen hier maßgeblichen Vorgaben der Richtlinie bereits ausführlich oben, 3. Teil, B. I. Vorgaben der Wasserrahmenrichtlinie.

auch gegenüber den sonstigen Wassernutzungen in Art. 7 besonders hervor, indem solche Wasservorkommen gesondert zu bestimmen sind. Die beabsichtigte »ausgewogene« Wassernutzung nach Art. 1 lit. e) deutet ebenfalls auf eine Regulierung der Entnahmemenge des Wassers hin. Hierzu können die Mitgliedstaaten Maßnahmen erlassen, die die effiziente Nutzung des Wassers fördern (Art. 11 Abs. 3 lit. c)). Darunter lassen sich ohne weiteres Wassersparmaßnahmen subsumieren, wie sie mit der Reglementierung des zulässigen Maßes der Wassernutzung einhergehen. Dementsprechend sieht Art. 11 Abs. 3 lit. e) vor, dass in den Maßnahmenprogrammen auch Maßnahmen zur Begrenzung der Entnahme von Grund- und Oberflächenwasser festzulegen sind. Eine solche Begrenzung findet sich in der Steuerung der Entnahmekapazität – hier abgebildet durch den Wasserbedarf als Maßstab der beanspruchten Wassernutzung – wieder.

(gg) Aspekte der effizienten Umsetzung

Letztlich führt auch die Betrachtung der Zielrichtung des Ortsnähegrundsatzes insgesamt dazu, das Maß des zugestandenen Wasserbedarfs im Zusammenspiel mit der Leistungsfähigkeit der ortsnahen Wasservorkommen zu sehen. Wie bereits mehrfach angesprochen, verlangt der Nähegrundsatz von den Kommunen regelmäßig, mit dem ihnen zur Verfügung stehenden Wasservorkommen auszukommen. In diesem Sinne sollen die Kommunen unter Berücksichtigung des vorhandenen Wasserdargebots etwa entscheiden, ob die Ansiedlung wassernutzungsintensiver Industrie möglich und gewünscht ist[269]. Ganz allgemein ist anerkannt, dass der Grundsatz der ortsnahen Wasserversorgung wegen des Verweises auf die vorhandenen Wasservorkommen generell einschneidend wirkt[270]. Diese Einschränkung erfolgt nicht um ihrer selbst willen, sondern wegen des angestrebten sparsamen Umgangs mit der Ressource Wasser und ist von daher Voraussetzung für eine dauerhafte Versorgung aus ortsnahen Wasservorkommen. Deswegen ist die Begrenzung der zulässigen Inanspruchnahme der ortsnahen Wasservorkommen letztlich auch Ausdruck der Bindung an dieselben.

---

269 So bereits Hendler/Grewing, „Der Grundsatz der ortsnahen Wasserversorgung im Wasserrecht", in ZUR Sh 2001, 146 (148); im Ansatz ebenso Kibele, „Paradigmenwechsel in der Wasserwirtschaft", in VBlBW 1997, 121 (125).

270 So etwa Czychowski/Reinhardt, Wasserhaushaltsgesetz, 9. Auflage, § 1a Rdnr. 25b.

Ein anders lautendes Ergebnis würde schließlich seltsam anmuten: danach würde sich der Wasserbedarf uneingeschränkt an den bestehenden Nutzungsbedingungen orientieren. In diesem Sinne könnten - ein vergleichbares Wasserangebot vorausgesetzt - diejenigen Kommunen, die einen höheren Wasserbedarf wegen entsprechender »Luxusnutzungen« aufweisen, weitaus leichter und eher auf entlegene Wasservorkommen zugreifen als diejenigen, die sparsam mit dem ihnen zur Verfügung stehenden Wasservorkommen umgehen. Denn während die einen quantitative Mängel des Wasserdargebots zu ihren Gunsten anführen würden, sind die anderen gerade bemüht, diesen Grund für den Rückgriff auf ein entlegenes Wasservorkommen zu vermeiden. Jene könnten sich aufgrund eines fehlenden »aktuellen« Bedarfs also darauf nicht berufen und wären auch weiterhin mit allen Konsequenzen auf »ihr« Wasservorkommen zu verweisen. Letztlich würde damit der verschwenderische oder jedenfalls ungezwungene Umgang mit Wasser privilegiert; der Grundsatz der ortsnahen Wasserversorgung wäre ad absurdum geführt. Überdies wäre insoweit tatsächlich zu besorgen, dass die verfassungsmäßig gebotene Gleichbehandlung der öffentlichen Wasserversorgung verletzt ist[271].

Überhaupt kann es hier auf die Vorstellung der Wassernutzer nur zweitrangig ankommen. Bei dem Grundsatz der ortsnahen Wasserversorgung handelt es sich um eine Bewirtschaftungsvorgabe für die ortsnahen Wasservorkommen, deren Durchsetzung die Wasserbehörden wahrnehmen. Ihnen kommt eine durch die Maßstäbe der ortsnahen Wasserversorgung determinierte Verteilfunktion für das Wasser zu. Entscheidender Ansatzpunkt für die Verteilung des Wassers ist neben dem Vorhandensein ortsnaher Wasservorkommen der anzulegende Maßstab an den Umfang der zulässigen Nutzung – danach hat eine bedarfsgerechte Verteilung des vorhandenen, nutzbaren Wassers zu erfolgen. Diese Beurteilung muss zur Durchsetzung des Vorrangs der ortsnahen Wasserversorgung bei der Wasserbehörde bleiben[272]. Käme es für die Beurteilung dagegen maßgeblich auf den Wasserbedarf an, wie ihn die öffentliche Wasserversorgung für gegeben hält, wäre

---

271 Zu den Zweifeln an der Vereinbarkeit der aufgrund des Nähegrundsatz angezeigten sparsamen Verwendung des Wassers mit dem grundgesetzlichen Gleichbehandlungsgebot bereits oben, 4. Teil, A. II. 1. (b) (cc) Allgemeine Sorgfaltspflicht der Wassernutzer.

272 In diesem Sinne auch Gößl in Siedler/Zeitler, BeckOK Wasserhaushaltsgesetz, § 50 Rdnr. 25, wonach die Vorstellungen der Wassernutzer nur neben den Bewirtschaftungsvorgaben für das Wasserrecht zu berücksichtigen sind.

die gesetzlich zugewiesene Verteilungsaufgabe der Wasserbehörde auf eine reine Kontrollfunktion beschränkt. Bereits mit der Angabe des erforderlichen Bedarfs könnte die öffentliche Wasserversorgung die Weichen für eine Fernwasserversorgung stellen, auch wenn anhand einer im eigentlichen Sinne bedarfsgerechten Zuteilung die ortsnahen Wasservorkommen zur Sicherung der Wasserversorgung ausreichend wären. Um dies zu vermeiden, wird zwar die Verpflichtung des Wasserversorgers angenommen, alle Möglichkeiten zur Sicherung einer geordneten Wasserversorgung mit ortsnahen Wasser zu prüfen und auszuschöpfen[273]. Diese Verpflichtung bezieht sich jedoch vornehmlich auf die Auslotung der tatsächlichen Inanspruchnahme des Wasserdargebots und weniger auf die gegebenenfalls notwendige Reduzierung der Wassernutzung. Dagegen setzt der Wasserbedarf in der hier verstanden Bedeutung bereits auf der Nachfrageseite der Wasserversorgung an. Danach obliegt es der Wasserbehörde schon bei der Ermittlung des Wasserbedarfs als Maßstab einer zulässigen Wasserentnahme durch die ortsnahe Wasserversorgung, der Verwirklichung des Nähepostulats Geltung zu verschaffen. Dies kann nur durch eine behördlicherseits vorgenommene, bedarfsgerechte Prognose beziehungsweise Korrektur der beanspruchten Wassermenge erfolgen, deren konkreten Bemessungskriterien im Folgenden darzustellen sind.

c) Zwischenergebnis

Insgesamt ist der zulässige Wasserbedarf als entscheidende Schranke zwischen Fernwasserversorgung und ortsnaher Wasserversorgung als repressives Mittel zur Steuerung des Wasserverbrauchs anzusehen. Im Sinne der Daseinsvorsorge sind zunächst nur die notwendigen Wassernutzungen aus den ortsnahen Wasservorkommen zu befriedigen. Nur wenn das nutzbare Wasservorkommen ausreichend ist, können weitere Wassernutzungen in den zu berücksichtigenden Wasserbedarf einfließen. Äußerste Grenze ist neben der Kapazität und Regenerationsfähigkeit des Wasservorkommens aus grundsätzlichen Erwägungen der verschwenderische Umgang mit dem

273 Breuer, Öffentliches und Privates Wasserrecht, Rdnr. 168; Bulling/Finkenbeiner, BWWG, § 43 Rdnr. 23; Kibele, „Paradigmenwechsel in der Wasserwirtschaft“, in VBlBW 1997, 121 (125).

vorhandenen Wasser. Spiegelbildlich kann dagegen der so zulässige Wasserbedarf bei dem Überschreiten der Kapazitäten der ortsnahen Wasservorkommen aus entlegenen Gebieten gedeckt werden.

2. Planungsmaßstab der öffentlichen Wasserversorgung als ex-ante Prognose des zukünftigen Wasserbedarfs

§ 10 Abs. 1 WHG[274] bestimmt, dass die Erlaubnis beziehungsweise Bewilligung für eine nach Art und Maß bestimmte Gewässernutzung erteilt wird. Soweit der Wasserbedarf als Maßstab der zulässigen Inanspruchnahme eines Wasservorkommens durch die öffentliche Wasserversorgung das entscheidende Kriterium für und wider einer ortsnahen Wasserversorgung darstellt, beschreibt er das Maß der Nutzung eines Wasservorkommens entsprechend der zu erteilenden Gestattung im Sinne des begehrten Entnahmevolumens. Jener Maßstab der zulässigen Inanspruchnahme des Wasservorkommens ist demnach als Teil der wasserrechtlichen Gestattung beachtlich. Der eine Nutzung begehrende Wasserversorger hat hierfür darzutun, dass er das Wasser zum Zweck der Versorgung einer bestimmten Kommune fördern will und welcher Wassermenge dies entspricht[275].

Notwendige Voraussetzung der wasserrechtlichen Gestattung ist also die vorherige Bedarfsermittlung der öffentlichen Wasserversorgung. Diese erfolgt nach DIN 4046[276], wobei es sich bei dem Wasserbedarf der öffentlichen Wasserversorgung um jenen Planungswert handelt, der der Entscheidung bezüglich der ortsnahen Wasserversorgung zu Grunde zu legen ist. Für die Beurteilung des Wasserbedarfs sind die Vorstellungen des Nutzungspetenten aber lediglich neben den allgemeinen Bewirtschaftungsvorgaben, insbesondere der stets angezeigten sparsamen Wasserverwendung nach § 5 Abs. 1 Nr. 2 WHG, zu berücksichtigen[277]. Die Angaben des Nutzungspetenten hat die Behörde daher zu überprüfen und ihrerseits ex-ante

274 Ehem. §§ 7 Abs. 1 Satz 1; 8 Abs. 1 Satz 1 WHG.

275 Zu den Anforderungen über die Angaben von Zweck, Art und Maß der Nutzung ganz allgemein Czychowski/Reinhardt, Wasserhaushaltsgesetz, 10. Auflage, § 10 Rdnr. 13 ff.

276 Zu der Bedeutung für die Bedarfsermittlung bereits oben, 4. Teil, A.II. Bestimmung des Wasserbedarfs.

277 Gößl in Siedler/Zeitler, BeckOK Wasserhaushaltsgesetz, § 50 Rdnr. 25.

zu ermitteln, welches Maß der Nutzung durch die öffentliche Wasserversorgung zu erwarten ist und ob dieser Bedarf aus den ortsnahen Wasservorkommen gedeckt werden kann. Zur Verwirklichung der vorrangigen Versorgung aus ortsnahen Wasservorkommen hat sie entsprechend ihres Bewirtschaftungsauftrags die Bedarfskalkulation der öffentlichen Wasserversorgung kritisch zu hinterfragen und gegebenenfalls bedarfsgerecht zu korrigieren. Dies stellt sich zugleich als spiegelbildliche behördliche Kontrollfunktion zu der im Nähegrundsatz angelegten Verpflichtung des Wasserversorgers dar, die Möglichkeit der öffentlichen Trinkwasserversorgung aus ortsnahen Wasservorkommen zu prüfen und auszuschöpfen[278]. Insofern kommt der Wasserbehörde ein planerisches Ermessen zu.

Im Wesentlichen bestimmt sich die Bedarfsberechnung anhand der zu erwartenden Bevölkerungsentwicklung im Versorgungsgebiet sowie am zu erwartenden Pro-Kopf-Verbrauch der Wassernutzer[279]. Kann die Nutzung – gegebenenfalls auch unter wasserwirtschaftlich notwendigen Einschränkungen – aus dem ortsnahen Wasservorkommen gedeckt werden, ist jene Entnahmemenge als zulässiges Höchstmaß der Inanspruchnahme festzusetzen. Hierbei hat die Wasserbehörde auch mögliche Effizienzsteigerungen der bestehenden Wassernutzung in Betracht zu ziehen. Nur wenn der so ermittelte Wasserbedarf das Wasseraufkommen des ortsnahen Wasserdargebots überschreitet – demnach eine dauerhafte Versorgung aus ortsnahen Wasservorkommen nicht möglich ist – ist der Zugriff auf entlegene Wasservorkommen eröffnet[280]. Eine über dieses Maß der Nutzung hinausgehende Inanspruchnahme der Gewässer wäre dagegen von der Gestattung nicht mehr gedeckt und als rechtswidrig zu untersagen.

---

278 Vgl. auch 5. Teil, A. Gestattungsrechtliche Umsetzung in der Praxis.

279 Vgl. etwa Czychowski/Reinhardt, Wasserhaushaltsgesetz, 9. Auflage, § 8 Rdnr. 38.

280 In diesem Sinne Kibele, „Paradigmenwechsel in der Wasserwirtschaft", in VBlBW 1997, 121 (124); ebenso Czychowski/Reinhardt, Wasserhaushaltsgesetz, 10. Auflage, § 50 Rdnr, 29; Gößl in Siedler/Zeitler, BeckOK Wasserhaushaltsgesetz, § 50 Rdnr. 25.

3. Konkretisierung der berücksichtungsfähigen Wassernutzung

Es stellt sich damit die Frage, welcher konkrete Maßstab an eine bedarfsgerechte und von daher zulässige Wassernutzung im Rahmen der vorrangig zu verwirklichenden ortsnahen Wasserversorgung praxistauglich anzulegen ist. Diese Betrachtung ist in hohem Maße praxisrelevant, denn soweit der (zulässige) Umfang der Nutzung nicht aus den ortsnahen Wasservorkommen gedeckt werden kann, ist ein quantitatives Defizit des Wasservorkommens zu beklagen. Dann ist der Rückgriff auf die Versorgung aus entlegenen Gebieten im Sinne des Gemeinwohlvorbehalts möglich[281]. Insofern ist zu ergründen, welches das bedarfsgerechte Maß der Nutzung ist. Dies kann allerdings mit Blick auf das jeweils unterschiedliche Wasserdargebot insgesamt nicht einheitlich betrachtet werden, sondern ist für den Einzelfall zu bestimmen[282]. Im Folgenden sollen daher Eckpunkte für die Konkretisierung des berücksichtigungsfähigen Wasserbedarfs aufgezeigt werden.

a) Notwendige Wassernutzungen als Minimalanforderung

Maßgebliches Ziel des Wasserhaushaltsgesetzes ist es, unter Beachtung der Anforderungen der Wirtschaftlichkeit und Hygiene unnötigen Wasserverbrauch zu verhindern und damit die Ressource Trinkwasser u.a. vor einem übermäßigen Zugriff zu schützen[283], wobei die ausreichende Versorgung der Bevölkerung sicherzustellen bleibt. Als Minimum des Wasserbedarfs der öffentlichen Wasserversorgung und gleichsam als unterste Grenze der beschränkbaren Wassernutzung ist daher diejenige Nutzung anzusetzen, die dem Menschen unmittelbar zur Versorgung mit Trinkwasser dienlich ist. Erfasst sind hier also jegliche Wasserentnahmen zum Zwecke der Körperhygiene, zum Kochen, Waschen und selbstverständlich Trinken. Darüber hinaus wird man auch solche Verwendungen, die der hygienischen Nutzung des Wassers nahe stehen, wie etwa Wasser für die Toilettenspülung, hierunter verorten müssen. Insgesamt erscheint eine Einschränkung über diese Benutzung des Wassers hinaus unverhältnismäßig und kann daher nicht gefordert werden. Bis auf wenige Ausnahmen wird man damit im

281 Hierzu 4. Teil, E. III. Abwägungsrelevante Gemeinwohlbelange.
282 Hierzu eingangs, 4. Teil, A. II. 1. (b) Ermittlung des Umfangs des Wasserbedarfs.
283 Vgl. BT-Drucks. 16/12275, S. 66. Ebenso 3. Teil, A. I. und II.

Ergebnis die Eingangs angesprochene Nutzungsstruktur[284] als notwendige und damit unterste Schranke des zu berücksichtigenden Wasserbedarfs ansehen können.

Hierbei handelt es sich zunächst um eine rein faktische Betrachtung des bestehenden Wasserverbrauchs. Zu seiner jeweiligen Ermittlung ist im Gebiet der Wasserversorgung der anzusetzende Prokopfverbrauch der Wassernutzer zu bestimmen und sodann mit dem Wasserdargebot ins Verhältnis zu setzen. Soweit dieser Grundbedarf aus den ortsnahen Wasservorkommen nicht gedeckt werden kann, ist der Zugriff auf entlegene Wasservorkommen innerhalb der gemeinwohlorientierten Abwägung zu gestatten.

Zu diskutieren ist, ob und wie im Falle einer nicht bedarfsgerechten Übernutzung auf das grundlegende Nutzungsverhalten eingewirkt werden kann, damit eine Reduktion des Wasserbedarfs im Einklang mit der Leistungsfähigkeit der vorhandenen ortsnahen Wasservorkommen erreichbar ist, also eine ortsnahe Versorgung auch bei einem zunächst bestehenden Mengendefizit möglich wird. Ziel einer solchen Nutzungseinschränkung kann es allerdings nur sein, dass die Wasserversorgung trotz zunächst bestehender planerischer Defizite aus dem ortsnahen Wasserdargebot bedient werden kann. Es geht demgegenüber nicht darum herauszufinden, ob die Wassernutzer aus dem Nähegrundsatz verpflichtet sind, innerhalb dieser dann zulässigen Benutzung möglichst sparsam mit dem verbrauchbaren Wasser umzugehen. Hierbei ist etwa an die Substitution von Brauchwasser durch aufgefangenes Regenwasser zu denken. Oder die Verwendung möglichst wassersparender Geräte und Spülarmaturen, um den Wasserverbrauch mechanisch zu vermindern. Solche Maßnahmen sind unter dem Aspekt einer möglichst wassersparenden und nachhaltigen Bewirtschaftung des Trinkwassers, wie auch der Grundsatz der ortsnahen Wasserversorgung sie vorzeichnet, zwar äußerst wünschenswert. Dementsprechend verpflichtet § 50 Abs. 3 WHG die Träger der Wasserversorgung, die Wasserverbraucher über solche Maßnahmen zu informieren. Allerdings bindet die bloße Informationspflicht nicht den jeweils Einzelnen, so dass sich die Vorgaben zu einem solchen Verhalten der Wasserverbraucher aus dem Grundsatz der

284 Siehe Tabelle unter 4. Teil, A. I. Durchschnittliche Wassernutzung in der BRD und Trinkwasserentnahme aus der öffentlichen Wasserversorgung.

ortsnahen Wasserversorgung selbst nicht herleiten lassen. Auch wenn bereits § 5 Abs. 1 Nr. 2 WHG das Gebot zur Anwendung möglichst wassersparender Verfahren bei dem Umgang mit Trinkwasser zu entnehmen ist[285], wodurch die schonende Verwendung des Wassers gesetzlich vorgegeben wird, dürfte dessen tatsächliche Umsetzung in dem hier geforderten Maß fraglich sein. Im Übrigen gilt die Pflicht zur schonenden Inanspruchnahme des Wasserhaushalts für die Reglementierung der zulässigen mengenmäßigen Wassernutzung überhaupt. Deren Ausgestaltung bleibt jedoch dem kommunalen Satzungsrecht vorbehalten.

Die Frage der möglichen Reduzierung des Wasserverbrauchs im obigen Sinne kann dagegen für die Berechnung des (möglichen) Prokopfverbrauchs als Planungsmaßstab ausschlaggebend sein. Danach könnte dem für die Entscheidung einer Wasserentnahme aus entlegenen Gebieten angesetzten Wasserbedarf planerisch mit einer bedarfsangemessenen Kalkulation begegnet werden, die idealerweise auch durch die ortsnahen Wasservorkommen gedeckt werden kann. Dementsprechend wäre der Mehrbedarf wegen der Verwendung nicht wassersparender Gerätschaften oder Techniken sowie sonstiger das Trinkwasserdargebot beeinträchtigender Maßnahmen bei der Berechnung des Wasserbedarfs nicht zu berücksichtigen. Stattdessen wäre bei der Entscheidung über die beabsichtigte Wassernutzung ein Wasserbedarf anzusetzen, der die gebotene Verwendung wassersparender Geräte oder Techniken und/oder das Unterlassen sonstiger, nicht notwendiger Wassernutzungen vorsieht. Damit wäre die Kommune bereits auf der Planungsebene gezwungen, einen wassersparenden Umgang mit dem ihr zur Verfügung stehenden Trinkwasser im Blick zu haben, um die Sicherung der Versorgung aus ortsnahen Wasservorkommen dauerhaft zu realisieren. Insofern ist auf einen wassersparenden Umgang mit dem vorhandenen Wasser bei den Bürgern hinzuwirken, was § 50 Abs. 3 WHG anordnet.

Obwohl dies die Verantwortungszuweisung und Eigenversorgung nach Maßgabe des Ortsnäheprinzips stringent widerspiegelt, ginge eine derartige Minimierung des insoweit rein planerischen Wasserbedarfs aber zu weit und zeigt auch deutlich die Grenzen einer wassersparenden Bewirtschaftung unter der Doktrin der ortsnahen Wasserversorgung auf. Es kann nämlich nicht erwartet werden, dass sämtliche Wassernutzer derart sparsam mit dem ihnen zur Verfügung gestellten Trinkwasser umgehen, dass ein rein

285 Hierzu allgemein Kotulla, Wasserhaushaltsgesetz, 2. Auflage, § 5 Rdnr. 13.

rechnerischer Minimalwert erreichbar wird. Zwar stellt dies den Idealzustand einer zeitgemäßen Wassernutzung dar. Eine entsprechende Verpflichtung wäre jedoch unverhältnismäßig. Sie hätte zudem zum Ergebnis, dass wegen der im Verhältnis zur tatsächlichen Nutzung zu knappen Berechnung ein Versorgungsdefizit künstlich erzeugt würde. Eine überidealisiert knappe Berechnung verbietet sich daher schon wegen des Gemeinwohlvorbehalts im Rahmen des Nähepostulats, da andernfalls quantitative Belange der Wasserversorgung der Durchsetzung des Ortsnäheprinzips regelmäßig entgegen stünden[286]. Ein verantwortungsvoller Umgang mit dem »eigenen« Wasser im Sinne eines Haushaltens mit dem Wasservorkommen wäre bei einer solchen künstlichen Verknappung der zur Verfügung stehenden Ressource vernünftigerweise auch nicht möglich. Es fehlt an einem entsprechenden Bewirtschaftungsspielraum für die betroffenen Kommunen als Träger der öffentlichen Wasserversorgung. Zudem gäbe es keinen Anreiz zum Wassersparen, da die erforderlichen Maßnahmen realiter ohnehin nicht zu dem gewünschten Ergebnis – der ausreichenden Deckung des eigenen Bedarfs aus den ortsnahen Wasservorkommen – führen können. Mit unverhältnismäßig hohen Anforderungen würde der Grundsatz der ortsnahen Wasserversorgung daher konterkariert, weil er schlicht im Sande verliefe.

Somit ist es im Ergebnis unabdingbar, dass den Kommunen als Trägern der öffentlichen Wasserversorgung ebenso wie den Wasserbehörden ein gewisser Spielraum bei der Bestimmung des zu erwartenden Wasserbedarfs in Form eines planerischen Ermessens verbleibt. Denn nur eine vernünftige Bedarfskalkulation kann auch zu einer dauerhaften Sicherung der Versorgung aus ortsnahen Wasservorkommen führen[287]. Die Anforderungen an diese Kalkulation sind jedoch durch die folgenden Erwägungen einzugrenzen.

---

286 Andererseits können mengenmäßige Defizite durch die Planung des Wasserbedarfs mit einer entsprechenden Begrenzung des Zugriffs auf entlegene Wasservorkommen aufgefangen werden, vgl. hierzu auch 4. Teil, E. III. 1. Belange der öffentlichen Wasserversorgung.

287 In diesem Sinne auch Bulling/Finkenbeiner, BWWG, § 43 Rdnr. 20; zustimmend Czychowski/Reinhardt, Wasserhaushaltsgesetz, 10. Auflage, § 50 Rdnr. 29.

b) Sonstige Nutzungen als stets zulässige Überschussnutzung im Rahmen des vorhandenen Wasserdargebots

Aus dem eben Gesagten folgt, dass eine andere als die grundlegende Nutzung des Trinkwassers für den häuslichen Gebrauch eine zunächst vermeidbare Nutzung im Kontext des Grundsatzes der ortsnahen Wasserversorgung darstellt. Diese wird jedoch nicht generell als eine unzulässige Nutzung zu bezeichnen sein. Zwischen der Verschwendung als unzulässige Beanspruchung des Wassers und dem Minimum der erforderlichen Wasserentnahme gibt es einen Bereich von solchen Nutzungen, die regelmäßig mit einem vernünftigen Umgang mit der Ressource Trinkwasser einhergehen. Hierhin gehören auch gewerbliche Wasserabgaben, sofern sie notwendigerweise aus dem Netz der öffentlichen Wasserversorgung erfolgen. Unter dem Postulat der ortsnahen Wasserversorgung ist jedoch Voraussetzung, dass diese Nutzungen sich aus dem vorhandenen (ortsnahen) Wasserdargebot decken lassen. Der gesteigerte Wasserbedarf – etwa aufgrund der Ansiedlung wasserintensiver Industrie – darf also nicht zu einem gestattungsrechtlich berücksichtigungsfähigen Versorgungsdefizit führen[288]. Somit sind solche Nutzungen am jeweiligen Wasserdargebot zu messen und damit ihre Berücksichtigungsfähigkeit für den anzusetzenden Wasserbedarf örtlich unterschiedlich zu beurteilen.

Maßstab ihrer Zulässigkeit muss vor dem Hintergrund einer nachhaltigen Gewässerbewirtschaftung sein, dass bei der Beanspruchung der Wasservorkommen ein Gleichgewicht zwischen der Grundwasserentnahme und seiner Neubildung erhalten bleibt. Zudem ist auch unterhalb einer gestattungsrechtlich zugestandenen Entnahmemenge das Wasser grundsätzlich sparsam zu verwenden[289]. Im Ergebnis dürfen über das notwendige Maß hinausgehende Nutzungen demnach keine qualitative oder quantitative Beeinträchtigung des Wasserdargebots mit sich bringen, um letztlich die angezeigte ortsnahe Wasserversorgung nicht zu gefährden. Andernfalls stünde das Wohl der Allgemeinheit in Form der Sicherung der öffentlichen Wasserversorgung der begehrten Wasserentnahme entgegen. Damit lässt sich

---

288 Mit einem ähnlichen Ansatz auch Mitteilung der Kommission vom 18.07.2007, KOM (2007) 414.

289 Gößl in Siedler/Zeitler, BeckOK Wasserhaushaltsgesetz, § 50 Rdnr. 25.

formulieren, dass in Anbetracht der ortsnahen Wasservorkommen auch solche Nutzungen stets zulässig sind, die einer dauerhaften Bedarfsdeckung aus jenen Wasservorkommen nicht entgegenstehen und die nicht schlechterdings aufgrund sonstiger wasserrechtlicher Vorgaben zu untersagen sind. Andernfalls sind sie zu unterlassen[290]. Dieser an dem bestehenden Wasserdargebot orientierte Bedarfsmaßstab entspricht vollumfänglich dem edukatorischen Verständnis des Nähepostulats und stellt die Verantwortungszuweisung an das »eigene« Wasservorkommen im Rahmen der beanspruchten Wassernutzung heraus.

c) »Luxusnutzungen« und Wasserverluste als nicht zu berücksichtigende Aspekte der Bedarfsbestimmung

Demgegenüber sind die noch über dieses Maß hinausgehenden Nutzungen stets unbeachtlich für die Errechnung des Wasserbedarfs. Hier sind solche Nutzungen angesprochen, die entweder bereits aus wasserwirtschaftlichen Erwägungen heraus unzulässig sind oder aber jedenfalls ohne Not zu einem Defizit bei der Versorgung aus den ortsnahen Wasservorkommen führen würden. Dasselbe gilt für (vermeidbare) Wasserverluste der öffentlichen Wasserversorgung, die schon per definitionem nicht bei der Bedarfsberechnung zu berücksichtigen sind[291].

Gleichwohl sind weitergehende Nutzungen nicht grundsätzlich auszuschließen. Entscheidend ist aber, dass diese Aspekte der Wassernutzung nicht bei der Ermittlung des Wasserbedarfs der öffentlichen Wasserversorgung zugrunde zu legen sind. Sie rechtfertigen daher auch nicht das Abweichen von dem regelmäßigen Verweis auf die ortsnahen Wasservorkommen,

---

290 Entsprechend war nach der überkommenen Rechtslage eine Nutzung zu versagen, wenn hierdurch der ohnehin knappe Wasserschatz gefährdet wurde, Czychowski/Reinhardt, Wasserhaushaltsgesetz, 9. Auflage, § 6 Rdnr. 46. Eine entbehrliche Gewässernutzung stehe danach im Widerspruch zu den Belangen des wasserrechtlichen Gemeinwohls und ist zu unterlassen. Diese Wertung besteht fort. Ebenso schon zu der überkommenen Rechtslage Knopp in Siedler/Zeitler/Dahme, Umweltrecht, § 6 WHG Rdnr. 12.

291 Dies wäre auch entgegen der Gesetzesintention, da § 50 Abs. 3 WHG eine Sanierungspflicht für die Anlagen der öffentlichen Wasserversorgung vorsieht, weswegen ein erkennbar regelungswidriger Zustand nicht das Abweichen von der ortsnahen Wasserversorgung rechtfertigen kann.

wenn das vorhandene Wasserdargebot diese Ansprüche nicht bedienen kann[292]. Folge hiervon ist, dass solche Nutzungen nicht geeignet sind, die Entscheidung zu Gunsten einer Bedarfsdeckung aus entlegenen Wasservorkommen zu beeinflussen. In diesem Fall geht mit der ortsnahen Wasserversorgung eine abschließende Nichtberücksichtigung solcher Belange im Bereich der öffentlichen Wasserversorgung einher. Damit ist auch der Zugriff auf entlegene Wasservorkommen zur Deckung des Bedarfs nicht zulässig. Die betreffende Kommune hat im Interesse der ausreichenden Versorgung der Bevölkerung mit Trinkwasser im Rahmen der ortsnahen öffentlichen Wasserversorgung auf diese Wassernutzungen zu verzichten[293]. Wasserverluste in den Anlagen der öffentlichen Wasserversorgung sind abzustellen.

Dieses Verständnis ist ebenfalls in § 50 Abs. 3 WHG angelegt. Danach soll ein sorgsamer Umgang mit Wasser durch Wasserversorgungsunternehmen und Endverbraucher sichergestellt werden. Hierbei geht es vor allem darum, unnötigen Wasserverbrauch unter Beachtung der Anforderungen von Wirtschaftlichkeit und Hygiene in der öffentlichen Wasserversorgung zu vermeiden[294]. Vor dem Hintergrund der überragenden Bedeutung der Ressource Trinkwasser für die Versorgung der Bevölkerung ist die damit einhergehende Einschränkung der kommunalen Selbstverwaltungsgarantie grundsätzlich gerechtfertigt[295]. Dabei ist auch zu bedenken, dass jenseits der öffentlichen Wasserversorgung solche Nutzungen, etwa einer wasserintensiven Industrie, durchaus bedient werden können, wenn die Wasserentnahme keine Beeinträchtigung des öffentlichen Wohls – insbesondere der öffentlichen Wasserversorgung – mit sich bringt. Nur aus der öffentlichen Wasserversorgung selbst ist die Versorgung dann nicht möglich. Allerdings wird in Konstellationen wie den hier beschriebenen eine entsprechende Gestattung aufgrund des Nutzungsvorrangs der öffentlichen Wasserversorgung regelmäßig zu versagen sein.

---

292 Auch im Rahmen des Gemeinwohlvorbehalts kann sich aus denselben Gründen hieraus in der Abwägung kein berücksichtigungsfähiges quantitatives Defizit der ortsnahen Wasservorkommen ergeben, vgl. hierzu ausführlich unten 4. Teil, E III. 1. Belange der öffentlichen Wasserversorgung.

293 So schon Hendler/Grewing, „Der Grundsatz der ortsnahen Wasserversorgung im Wasserrecht“, in ZUR Sh 2001, 146 (148); Kibele, „Paradigmenwechsel in der Wasserwirtschaft“, in VBlBW 1997, 121 (124 f).

294 BT-Drucks. 16/12275, S. 66.

295 Zur Vermeidung von Wiederholungen wird auf die Ausführungen im 2. Teil, C. Vorrang der ortsnahen Wasserversorgung und kommunale Selbstverwaltungsgarantie, verwiesen.

d) Ansatz der Bedarfsoptimierung

Als Fazit aus den vorstehenden Überlegungen lässt sich festhalten, dass die Wasserbehörden bei der Bestimmung des zu berücksichtigenden Wasserbedarfs restriktiv vorzugehen haben. Stellt sich der potentielle Bedarf mit der Leistungsfähigkeit der ortsnahen Wasservorkommen als unvereinbar dar, hat die Wasserbehörde zu überprüfen, ob bestimmte Nutzungen nach Art und Maß verzichtbar sind. Jene sind dann für die Bedarfsermittlung nicht zu berücksichtigen. Maßgebliche Stellschraube ist hier einmal der Ansatz eines realistischen Prokopfverbrauchs der angesprochenen Wassernutzer auch unter Berücksichtigung der demographischen und technischen Entwicklung. Darüber hinaus kann die Wasserbehörde den so prognostizierten Bedarf mit der beabsichtigten Regionalentwicklung konfrontieren und – soweit erforderlich – bestimmte Nutzungen von der Bedarfskalkulation ausnehmen. Die Festlegung erfolgt dann allerdings nicht etwa in einer Untersagung der beabsichtigten Entwicklung oder Nutzung, sondern schlicht durch die Nichtgestattung der beanspruchten Benutzung eines (entlegenen) Wasservorkommens[296]. Dementsprechend sind die Kommunen gezwungen, mit dem eigenen Wasservorkommen auszukommen und selbst die notwendigen Konsequenzen für die Nutzung des vorhandenen Wasserdargebots zu ziehen.

4. Beachtlichkeit entgegenstehender Grundrechtspositionen

Eine solche Auslegung des Wasserbedarfs bringt offensichtlich grundrechtsrelevante Beeinträchtigungen der Wassernutzer und der verpflichteten Kommunen mit sich. Allerdings wird man regelmäßig davon ausgehen müssen, dass jene Beeinträchtigungen hinzunehmen sind. Zu bedenken ist einmal, dass es ohnehin keinen rechtlichen Anspruch auf die Nutzung eines bestimmten Wasservorkommens und einer bestimmten Wassermenge gibt[297]. Der Versorgungsanspruch innerhalb der öffentlichen Wasserversorgung beschränkt sich lediglich auf die Versorgung mit einer ausreichenden Menge Wasser in ausreichender Qualität. Insofern kann der einschränkende

296 Siehe auch 5. Teil, A. Gestattungsrechtliche Umsetzung in der Praxis.

297 Hierzu auch 4. Teil, A. II. 1. (a) Kein Rechtsanspruch auf Nutzung einer bestimmten Menge Wasser.

Maßstab des zulässigerweise zu berücksichtigenden Wasserbedarfs keine garantierten Rechtspositionen berühren, wenn die verbleibende Wassermenge ausreichend ist. Der Einwand, hierdurch werde gleichheitswidrig ein Gebot zur sparsamen Wassernutzung forciert[298], verkennt, dass durch das Gebot der ortsnahen Wasserversorgung gerade die Gleichbehandlung aller Wassernutzer in den Vordergrund gerückt wird[299]. Daneben wird sich die hierdurch angelegte Beschränkung der Wassernutzung auch nicht generell bestimmen lassen, sondern sie ist anhand der jeweiligen Bedarfssituation zu bemessen.

Die Versorgung der Öffentlichkeit mit Wasser kann stets durch Satzungen geregelt werden. Die Anordnung zu einem sparsamen Umgang mit dem Wasser und gegebenenfalls die Untersagung bestimmter bedarfsintensiver Nutzungen durch kommunales Satzungsrecht ist daher regelmäßig möglich. Auch der Gesetzgeber hatte bei der Neufassung des § 50 Abs. 3 WHG ein Gebot zum Wassersparen im Blick. § 50 Abs. 3 WHG soll einen sorgsamen Umgang mit Wasser durch Wasserversorgungsunternehmen und Endverbraucher sicherstellen. Hierbei geht es vor allem darum, unnötigen Wasserverbrauch unter Beachtung der Anforderungen von Wirtschaftlichkeit und Hygiene in der öffentlichen Wasserversorgung zu vermeiden[300]. Ob damit die nicht zu rechtfertigende Verletzung individueller Rechtspositionen einhergeht, bleibt für den Einzelfall zu prüfen. Als schützenswerte Rechtsposition ist vornehmlich der Anspruch auf Versorgung mit Wasser in ausreichender Menge und Qualität im Rahmen der Daseinsvorsorge zu nennen – allerdings entspricht dieser Bereich ohnehin den zuvor aufgezeigten notwendigen Wassernutzungen, deren Bedarfsdeckung durch die öffentliche Wasserversorgung stets sicherzustellen ist. Soweit eine solche Versorgung nicht mehr möglich ist, ist das Wohl der Allgemeinheit angesprochen und ein Zugriff auf entlegene Wasservorkommen eröffnet[301].

Gegenüber den Kommunen als Träger der öffentlichen Wasserversorgung ergeben sich ebenfalls keine Bedenken, da Art. 20a GG jene insoweit direkt

---

298 Czychowski/Reinhardt, Wasserhaushaltsgesetz, 10. Auflage, § 50 Rdnr. 29 und so auch schon in der 9. Auflage, § 1a Rdnr. 25c.

299 Zu diesem Punkt bereits ausführlich oben, 4. Teil, A. II. 1. (b) (cc) Allgemeine Sorgfaltspflicht der Wassernutzer.

300 BT-Drucks. 16/12275, S. 66.

301 Siehe 4. Teil, D. III. Abwägungsrelevante Gemeinwohlbelange.

verpflichtet und geradezu dazu auffordert, ressourcenschonend zu wirtschaften. Eine unverhältnismäßige Beschränkung der kommunalen Selbstverwaltungsgarantie kann damit nicht angenommen werden, zumal ein Abweichen von der ortsnahen Wasserversorgung zur Aufrechterhaltung der Daseinsvorsorge im eigentlichen Sinne vorgegeben ist und anderweitige Wasserentnahmen außerhalb der öffentlichen Wasserversorgung zulässig bleiben. Insofern ergibt sich auf der Ebene der Verhältnismäßigkeit im Falle einer untragbaren Beeinträchtigung die Möglichkeit, von dem Grundsatz der ortsnahen Wasserversorgung abzuweichen[302].

III. Durchsetzung durch kommunales Satzungsrecht

Es stellt sich die Frage, wie die vorgenannten strikten Vorgaben in der wasserrechtlichen Bewirtschaftung zu verwirklichen sind. Das Gebot der ortsnahen Wasserversorgung betrifft unmittelbar nur die öffentliche Wasserversorgung. Dagegen richtet es sich weder direkt noch indirekt an den Einzelnen als Wassernutzer[303]. Daher kann aus dem Grundsatz der ortsnahen Wasserversorgung auch nur eine Verhaltenspflicht der Wasserversorger, nicht aber der Bürger als Wassernutzer hergeleitet werden. Allerdings setzen die angesprochenen Maßnahmen über die bloße Berechnungsgrundlage für den Wasserbedarf ein entsprechendes Nutzungsverhalten der Wassernutzer voraus. Die wassersparende Intention der Norm kann unter anderem nur durch ein wassersparendes Verhalten der Wasserverbraucher verwirklicht werden. Hierzu sieht bereits § 5 Abs. 1 WHG vor, dass Jedermann die gebotene sparsame Verwendung des Wassers sicherstellt. § 50 Abs. 3 WHG gibt zudem vor, dass die Kommunen als Träger der öffentlichen Wasserversorgung auf einen sparsamen Umgang mit Trinkwasser bei den Wassernutzern hinwirken. Dadurch wird die Zielsetzung des § 1 WHG für die Träger der öffentlichen Wasserversorgung konkretisiert[304]. Gleichwohl sich

---

302 In diesem Sinne auch schon Kibele, „Paradigmenwechsel in der Wasserwirtschaft", in VBlBW 1997, 121 (125). Zu der ausführlichen Auseinandersetzung mit der Frage, ob durch die Vorgaben des Grundsatzes der ortsnahen Wasserversorgung die Selbstverwaltungsgarantie der Kommunen unzulässig beschränkt wird, 2. Teil C. III. Vorrang der ortsnahen Wasserversorgung und kommunale Selbstverwaltungsgarantie.

303 Vgl. hierzu oben, 2. Teil, B. Nachgelagerte Bindung der Wassernutzer.

304 Hünnekens in Landmann/Rohmer, Umweltrecht, § 50 WHG Rdnr. 25.

daraus weder eine echte Verpflichtung noch eine Ermächtigungsgrundlage ergibt, impliziert dies einen Regelungsauftrag an die Kommunen, entsprechende Wassernutzungssatzungen zu erlassen. Auch wenn sie keinen direkten Einfluss auf das Verbrauchsverhalten nehmen können, haben die Kommunen danach mittelbar die Nachfrage zu beeinflussen. Jedenfalls müssen die kommunalen Wasserversorger durch ausreichende Information der Wassernutzer jeder Wasserverschwendung entgegentreten[305]. Im Übrigen kann sich diese Verpflichtung inzident aus der wasserrechtlichen Gestattung selbst ergeben, wenn die zulässige Entnahmemenge dort festgelegt wird und von daher die Wasserentnahme aus dem öffentlichen Netz zu begrenzen ist.

IV. Integration in die wasserbehördliche Entscheidung

Zuletzt bleibt zu klären, wie sich das so festgelegte Maß der Wassernutzung in die wasserrechtliche Gestattungsprüfung etabliert. Dabei sind zwei Ansatzpunkte für die Betrachtung ins Auge zu fassen. Zunächst ist der Wasserbedarf im Rahmen der quantitativen Anforderungen an die öffentliche Wasserversorgung relevant, indem solche Aspekte das Abweichen von einer ortsnahen Wasserversorgung rechtfertigen können. Der Wasserbedarf ist hier als Instrument der Steuerung bei der Abwägung der widerstreitenden Gemeinwohlgüter zu Gunsten der ortsnahen Wasserversorgung zu verstehen. Zum anderen kann die Behörde über Inhalts- und Nebenbestimmungen gemäß § 13 Abs. 2 Nr. 2 lit. b) WHG ihre diesbezüglichen Erwägungen direkt mit der wasserrechtlichen Gestattung verbinden.

1. Abwägungsmaßstab im Rahmen des Gemeinwohlvorbehalts

Der Wasserbedarf der öffentlichen Wasserversorgung stellt maßgeblich auf die quantitative Leistungsfähigkeit des jeweiligen zur Nutzung herangezogenen Wasservorkommens ab. Diese Leistungsfähigkeit ist unter anderem

305 Gößl in Siedler/Zeitler, BeckOK Wasserhaushaltsgesetz, § 50 Rdnr. 25, wogegen etwa Hünnekens in Landmann/Rohmer, Umweltrecht, Rdnr. 26 zu § 50 WHG es genügen lässt, dass die Träger der Wasserversorgung durch anleitendes Verhalten die Wassernutzer zu einem wassersparenden Umgang mit Trinkwasser bewegen sollen.

Beurteilungsgegenstand im Rahmen des Gemeinwohlvorbehalts, wie er innerhalb des Nähegrundsatzes zu beachten ist. Danach ist im Rahmen einer gemeinwohlintendierten Abwägung der regelmäßige Verweis auf die ortsnahen Wasservorkommen aufgehoben, soweit das Wasserdargebot zur Deckung des Wasserbedarfs der ortsnahen Wasserversorgung nicht genügt[306]. Hier kommt die ex-ante Prognose des Wasserbedarfs zum Tragen, indem die Wasserbehörde einem gemeinwohlrelevanten planerischen Defizit mit einer Einschränkung der zu berücksichtigenden Benutzung begegnet, soweit dies zur Sicherung der Versorgung aus ortsnahen Wasservorkommen geboten und möglich ist. Die eingeschränkte Betrachtung der zulässigen Nutzung des Wasserdargebots steuert dabei der erleichterten Loslösung vom Grundsatz der ortsnahen Wasserversorgung aufgrund einer überhöhten Nutzungsanforderung durch die zu versorgende Kommune entgegen. Anders herum stellt hiernach ein erkennbares Versorgungsdefizit klar, dass dann die Belange der öffentlichen Wasserversorgung gegenüber der Ortsnähe überwiegen und damit der Zugriff auf entlegene Wasservorkommen zulässig ist. Somit wird bereits bei der Beurteilung der angestrebten Wassernutzung ein Regel-Ausnahme-Verhältnis zu Gunsten der ortsnahen Wasserversorgung vorgezeichnet[307].

2. Inhalts- und Nebenbestimmung zur wasserrechtlichen Gestattung

§ 13 Abs. 2 Nr. 2 lit. b) WHG ermächtigt die Wasserbehörde, die begehrte Gestattung durch Inhalts- und Nebenbestimmungen mit Maßnahmen zu verbinden oder entsprechend im Nachhinein zu begrenzen, die geboten sind, damit das Wasser mit Rücksicht auf den Wasserhaushalt sparsam verwendet wird[308]. Eine entsprechende Regelung sah bereits der überkommene § 5 Abs. 1 Nr. 3 WHG vor. Danach stand die erteilte Gestattung unter dem gesetzlichen Vorbehalt, dass Maßnahmen für eine mit Rücksicht auf den Wasserhaushalt gebotene sparsame Verwendung des Wassers angeordnet werden können. Mittlerweile stellt sich die Handhabe der Wasserbehörde wie folgt dar.

---

306 4. Teil, E. III. 1. Belange der öffentlichen Wasserversorgung.

307 Vgl. auch 4. Teil, D. I. Regel-Ausnahme-Verhältnis zu Gunsten der ortsnahen Wasserversorgung.

308 Hierzu auch 5. Teil, C. III. Nachträgliche Anordnung.

a) Gestattungsrechtliche Hervorhebung wassersparender Maßnahmen

Auffällig ist zunächst, dass sich der Wortlaut in § 13 Abs. 2 Nr. 2 lit. b) WHG mit der Neuregelung des Wasserrechts verändert hat. Konnte nach früherem Recht die Behörde weitergehende Anordnungen nur treffen, wenn sie erstens mit Rücksicht auf den Wasserhaushalt ergingen und zweitens der »gebotenen« sparsamen Wasserverwendung entsprachen, heißt es jetzt, dass die Maßnahmen geboten sein müssen, damit das Wasser mit Rücksicht auf den Wasserhaushalt sparsam verwendet wird. Damit hat sich entgegen der bisherigen Regelung das Merkmal der Gebotenheit verschoben. Ganz allgemein weist das Merkmal der Gebotenheit auf die Wahrung des Verhältnismäßigkeitsgrundsatzes in der wasserbehördlichen Entscheidung hin[309]. Nach der überkommenen Diktion stand demnach das Maß der Sparsamkeit in einem Abwägungsverhältnis zu den betroffenen Interessen der Wassernutzer und war von daher zu überprüfen[310]. Mit der Neuformulierung wird die sparsame Verwendung des Wassers als feststehendes Ziel der Maßnahme definiert, das es zu erreichen gilt[311]. Dieses Ziel korrespondiert mit der Bewirtschaftungsvorgabe nach § 5 Abs. 1 Nr. 2 WHG. Außerdem wird die Aussage durch die gesetzliche Prämisse des § 13 Abs. 2 Nr. 2 lit. b) WHG gestützt, dass das Wasser sparsam verwendet »wird« und nicht etwa im Sinne einer bloßen Idealisierung verwendet werden »soll«. Dies hebt den grundlegenden ressourcenschonenden Ansatz des Wasserrechts hervor, so dass sich hieraus eine klare Vorgabe zum wassersparenden Verhalten ableiten lässt. Eine Einschränkung des erforderlichen Wassersparens erfolgt nur noch unter Beachtung der Belange des Wasserhaushalts im Übrigen. Lediglich die hierzu erforderlichen Maßnahmen sind im Lichte der Verhältnismäßigkeit zu betrachten. Insoweit ist die sparsame Verwendung des Wassers an sich nicht mehr abwägbar, nur die Mittel stehen zur Disposition.

---

309 Siehe nur Czychowski/Reinhardt, Wasserhaushaltsgesetz, 10. Auflage, § 13 Rdnr. 108 und zu der überkommenen Rechtslage ebenfalls in der 9. Auflage, § 5 Rdnr. 6.

310 Czychowski/Reinhardt, Wasserhaushaltsgesetz, 9. Auflage, § 5 Rdnr. 6.

311 Soweit erkennbar, hält die wasserrechtliche Literatur aber an dem Zuordnungsverständnis der überkommenen Rechtslage fest, vgl. Czychowski/Reinhardt, Wasserhaushaltsgesetz, 9. Auflage, § 5 Rdnr. 6 und Kotulla, Wasserhaushaltsgesetz, 2. Auflage § 13 Rdnr. 26, ohne dass hier allerdings insgesamt auf den veränderten Wortlaut eingegangen wird.

Offen bleibt indes, ob diese Konsequenz vom Gesetzgeber gewollt war oder es sich hier lediglich um ein Redaktionsversehen handelt. Schließlich ging der Gesetzgeber davon aus, dass § 13 Abs. 2 Nr. 2 lit. b) WHG dem überkommenen § 5 Abs. 1 Nr. 3 WHG a.F. entspräche[312], was in letzter Konsequenz aber offensichtlich nicht der Fall ist. Der insoweit nicht zu Tage getretene Wille des Gesetzgebers steht dem wörtlichen Normverständnis aber nicht entgegen.

b) Konkrete Ausgestaltung der Gestattung und nachträgliche Anordnung

In jedem Fall lassen sich unter § 13 Abs. 2 Nr. 2 lit. b) WHG damit behördlicherseits veranlasste Einschränkungen der Wasserentnahme verorten. Nach bisheriger Auffassung waren dabei aber lediglich zeitlich begrenzte Maßnahmen angesprochen, was insbesondere der Vorgabe der Gebotenheit hinsichtlich der sparsamen Verwendung geschuldet war[313]. Mit der neuen Formulierung wird die sparsame Wassernutzung vorausgesetzt. Indem sich die Gebotenheit des behördlichen Handels auf die angeordneten Maßnahmen beschränkt, ist nach dem Wortlaut hinsichtlich der sparsamen Verwendung auch eine dauerhafte Beschränkung der Nutzung denkbar. Diese Sichtweise steht im Einklang mit der allgemeinen Sorgfaltspflicht nach § 5 Abs. 1 Nr. 2 WHG, wonach eine sparsame Verwendung des Wassers sicherzustellen *ist*, was bereits sprachlich eine dauerhafte Sicherstellung des sparsamen Umgangs mit Wasser vorzeichnet.

Dies erfolgt im ersten Schritt gerade durch die restriktive Prognose der zugestandenen Wassernutzung im Sinne des Wasserbedarfs in Verbindung mit den hierzu von der Behörde angesetzten beschränkenden Faktoren. Der Umfang der so zugestandenen Wassernutzung wird als Art und Maß der Nutzung mit der wasserrechtlichen Gestattung festgesetzt, so dass sich der zugrunde gelegte Wasserbedarf in der Gestattung manifestiert. Insofern ist die Bedarfsprognose der Wasserbehörde selbst als Inhaltsbestimmung der zugestandenen Nutzung im Sinne einer »modifizierenden Auflage« zu verstehen[314].

---

312 BT-Drucks. 16/12275, S. 56.

313 M.w.Nachw. zu der überkommenen Rechtslage Czychowski/Reinhardt, Wasserhaushaltsgesetz, 9. Auflage, § 5 Rdnr. 6.

314 Zu dem Begriff etwa Kotulla, Wasserhaushaltsgesetz, 2. Auflage, § 13 Rdnr. 7, 16.

In einem nächsten Schritt kann die Behörde die Wassernutzer aber auch zur Verwirklichung des angedachten sparsamen Wassergebrauchs durch nachträgliche Anordnungen anhalten, soweit dies etwa mit Rücksicht auf den Wasserhaushalt angezeigt ist. Hier ist unter anderem auf das Wasserangebot der ortsnahen Wasservorkommen abzustellen. Allerdings darf die nachträgliche Anordnung solcher Maßnahmen nicht zu einer dauerhaften Beschränkung einer bereits zugestandenen Nutzung führen. Rechtstechnisch kann eine solch einschneidende Maßnahme allein auf den Widerruf der Gestattung gestützt werden[315]. Im Umkehrschluss bedeutet dies, dass die Behörde zwar zeitlich beschränkt auch entgegen dem tatsächlichen Bedarfsaufkommen die Wasserentnahme aus den ortsnahen Wasservorkommen regulieren kann. Einem dauerhaften Versorgungsdefizit lässt sich hiermit aber nicht begegnen. Da der Widerruf der Gestattung unter dem Aspekt der Versorgungssicherheit der öffentlichen Wasserversorgung sicherlich kein probates Mittel ist, um wassersparende Maßnahmen voranzutreiben, endet hier der Handlungsspielraum der Wasserbehörden mit Blick auf die ortsnahe Wasserversorgung. Andererseits können durch nachträgliche Anordnungen temporäre Versorgungsdefizite aufgefangen werden, so dass solche Defizite für sich genommen gerade kein Abweichen von dem Grundsatz der ortsnahen Wasserversorgung rechtfertigen[316].

c) Einschränkung durch wirtschaftliche Rechtfertigung wassersparender Maßnahmen

Nach bisherigem Recht war der Handlungsspielraum der Wasserbehörde darüber hinaus zusätzlich eingeschränkt, indem die angeordneten Maßnahmen zu einem sparsamen Umgang mit dem Wasser wirtschaftlich gerechtfertigt sein mussten[317]. Dies setzte eine Abwägung zwischen der rein wirtschaftlichen Belastung für den Wassernutzer und dem durch die Maßnahme abzuwendenden Nachteil für das Wohl der Allgemeinheit voraus. Im Er-

---

315 Czychowski/Reinhardt, Wasserhaushaltsgesetz, 10 Auflage, § 13 Rdnr. 109; zu den Voraussetzungen der Widerruflichkeit der wasserrechtlichen Gestattung siehe auch unten, 5. Teil, C. II. Rücknahme und Widerruf der Gestattung.

316 Zu der Frage temporärer Defizite bereits Kibele, „Paradigmenwechsel in der Wasserwirtschaft“, in VBlBW 1997, 121 (126).

317 § 5 Abs. 1 S. 4 WHG in der Fassung bis zum 28.02.2010.

gebnis durften jene Belastungen nicht dazu führen, dass die Wirtschaftlichkeit etwa des wassernutzenden Unternehmens in Frage gestellt war[318]. Für den hier vorliegenden Fall bedeutete dies, die finanzielle Belastung durfte für die Kommunen und schließlich für die Bürger als eigentliche Wassernutzer nicht erdrückend sein, was letztlich Ausdruck des Verhältnismäßigkeitsgrundsatzes ist. De lege lata ist § 13 Abs. 2 Ziffer 2 lit. b) WHG eine solche Anforderung zwar nicht mehr zu entnehmen. Allerdings ergibt sich nun aus § 50 Abs. 2 Satz 2 WHG, dass eine Abkehr von der ortsnahen Wasserversorgung zulässig ist, wenn diese nicht mit einem vertretbaren Aufwand zu Lasten der Träger der Wasserversorgung sicherzustellen ist. Daher findet die Anordnung wassersparender Maßnahmen zur Erreichung der Versorgungssicherheit gegenüber den Kommunen als Träger der öffentlichen Wasserversorgung auch dort ihre Grenzen, wo jene finanziell erdrückend wirken[319].

V. Ergebnis

Zur Durchsetzung des Grundsatzes der ortsnahen Wasserversorgung ist die Reglementierung des zulässigen Wasserbedarfs im Rahmen einer behördlichen ex-ante Prognose erforderlich. Hierbei ist zwischen den notwendigen und daher stets beachtlichen Wassernutzungen und den sonstigen Nutzungen im Rahmen einer funktionstüchtigen ortsnahen Wasserversorgung zu unterscheiden. Darüber hinausgehende Nutzungen sind für die Bedarfsermittlung unbeachtlich und soweit erforderlich zur Sicherung der ortsnahen Wasserversorgung zu unterlassen. Der Behörde steht dabei ein planerisches Ermessen zu. Der durch die Wasserbehörde prognostizierte Bedarf ist zugleich auch Abwägungsmaßstab im Rahmen des dem Nähepostulats immanenten Gemeinwohlvorbehalts. Als verwaltungsrechtliches Instrument zur Durchsetzung der behördlichen Erwägungen kommen Inhaltsbestimmungen für die Gestattung in Betracht, temporären Defiziten der öffentlichen Wasserversorgung kann die Behörde zudem mit nachträglichen Anordnungen wassersparender Maßnahmen begegnen.

---

318 M.w.Nachw. zu der überkommenen Rechtslage Czychowski/Reinhardt, Wasserhaushaltsgesetz, 9. Auflage, § 5 Rdnr. 7.

319 Hierzu ausführlich unter 4. Teil, E. V. Abwägungskonkretisierung am Beispiel finanzieller Aspekte der öffentlichen Wasserversorgung.

B. Öffentliche Wasserversorgung

Der Grundsatz der ortsnahen Wasserversorgung stellt originär auf die Belange der öffentlichen Wasserversorgung ab. Nur hinsichtlich der öffentlichen Wasserversorgung besteht ein Vorrang der Versorgung aus ortsnahen Wasservorkommen, insoweit wird die Reichweite der Norm auf jene beschränkt. Neben den Anforderungen an die Ortsnähe und der Reichweite eines Vorrangs der ortsnahen Wasserversorgung stellt dieses Merkmal daher die maßgebliche Vorgabe für das wasserrechtliche Näheprinzip auf, weil die Unterscheidung der möglichen Versorgungsstrukturen lediglich hier bedeutsam sein soll. Für den Anwendungsbereich der Regelung ist es somit erforderlich zu klären, was unter dem Begriff der öffentlichen Wasserversorgung zu verstehen ist. Hierzu ist folgende Vorüberlegung anzustrengen:

»Öffentlich« kann sowohl die Versorgung der Öffentlichkeit, also der Allgemeinheit, als auch die Versorgung durch öffentliche Versorgungsträger bezeichnen. Während die Versorgung der Allgemeinheit eine breite Gruppe der Bevölkerung trifft, reduziert die andere Lesart des Begriffs die Anwendung auf solche Versorgungsstrukturen, die durch die öffentliche Hand oder von ihr zur Wahrnehmung ihrer Aufgaben Betrauter betrieben werden. Insofern wäre bei entsprechender Lesart der Vorschrift jegliche Wasserversorgung durch Private, die nicht öffentliche Aufgaben wahrnehmen, aus dem Anwendungsbereich der Vorschrift ausgenommen. Ebenso verhält es sich mit dem Begriff »Wasserversorgung«. Wasserversorgung kann die bloße Versorgung mit Trinkwasser oder mit Brauchwasser sowie die kombinierte Versorgung mit Trink- und Brauchwasser bedeuten. Welches Verständnis das Nähepostulat zugrunde legt, ist dabei in höchstem Maße relevant für den Verweis auf die ortsnahen Wasservorkommen, da hiernach die Menge des zur Versorgung beanspruchten Wassers durch die Versorgungsart und damit der zuvor beschriebene Wasserbedarf[320] der Wasserversorgung variiert.

320 Vgl. zu den mengenmäßigen Unterschieden die Ausführungen im 4. Teil, A. 1. Durchschnittliche Wassernutzung in der BRD und Trinkwasserentnahme aus der öffentlichen Wasserversorgung.

I. Begriffsbestimmung

Der Normlaut als solcher scheint zur Lösung der Frage nach der Bedeutung der öffentlichen Wasserversorgung wenig geeignet. Denn § 50 Abs. 2 WHG stellt die Anforderung zwar auf, trifft jedoch keine weitere Konkretisierung der Begrifflichkeit[321]. Es darf aber grundsätzlich davon ausgegangen werden, dass der Begriff »öffentliche Wasserversorgung« im Wasserhaushaltsgesetz insgesamt eine einheitliche Bedeutung hat, wie dies regelmäßig zu vermuten ist, wenn das Gesetz nicht bewusst an verschiedenen Stellen ein differenziertes Verständnis anordnet. Vorliegend ist auch kein Anhaltspunkt dafür zu erkennen, dass § 50 Abs. 2 WHG von dem einheitlichen Begriffsverständnis des Wasserrechts abweichen soll. Das Wasserhaushaltsgesetz nennt die öffentliche Wasserversorgung insgesamt an mehreren Stellen, außer in § 50 Abs. 2 WHG auch in den §§ 3 Nr. 10, 6 Abs. 1 Nr. 4, 50 Abs. 1, 2, 3 und 5, 51 WHG[322], allerdings ebenfalls ohne sie dort zu definieren. Lediglich § 50 Abs. 1 WHG konkretisiert ohne weitergehende Begriffsklärung, dass hierunter die der Allgemeinheit dienende Wasserversorgung zu verstehen ist. Ebenso enthält § 3 WHG, der einige Begriffsbestimmungen des Wasserhaushaltsgesetzes vornimmt, keine Definition der öffentlichen Wasserversorgung.

Die juristische Beurteilung des Begriffs erfolgt dagegen eindeutig. Die Wasserversorgung als solche ist danach das Sammeln, Fördern, Reinigen, Aufbereiten, Bereitstellen, Speichern, Weiterleiten, Zuleiten, Verteilen von und das Beliefern mit Trink- und Brauchwasser. Öffentlich ist diese, wenn sie nicht nur vorübergehend auf Grundlage vertraglicher Pflichten oder öffentlicher Satzungen zur Versorgung anderer vorgenommen wird[323]. Damit erfasst die Begriffsdefinition auch die Versorgung durch Private, soweit sie anstelle der Kommunen diesen Aspekt der öffentlichen Daseinsvorsorge wahrnehmen. Maßgeblich ist dabei insgesamt, dass die Wasserversorgung der Versorgung von Mensch und Tier dient. Ausgenommen sind daher etwa

---

321 Dies gilt entsprechend für den überkommenen § 1a Abs. 3 WHG, so dass sich auch aus der Historie des Nähepostulats nichts weiter herleiten lässt.

322 Und so bereits in den ehem. §§1a Abs. 3, 6 Abs. 1, 12 Abs. 1, 18, 19 Abs. 1, 19d WHG.

323 Zur Begriffsdefinition siehe nur Czychowski/Reinhardt, Wasserhaushaltsgesetz, 10. Auflage, § 50 Rdnr. 4 sowie zu § 6, Rdnr. 39 ff.; entsprechend auch BVerwG Urteil v. 20.01.2005, 3 C 31.03, NVwZ 2005, 958 (958).

solche Versorgungsmodalitäten, die lediglich im industriellen Bereich oder zur Feldbewässerung durchgeführt werden[324]. Insgesamt wird die öffentliche Wasserversorgung als Teil der öffentlichen Daseinsvorsorge verstanden, was § 50 Abs. 1 WHG mittlerweile bundesrechtlich klarstellt.

II. Erwägung der Einbeziehung sonstiger Nutzungen

Nach der vorstehenden Begriffsdefinition wird nur ein Teil der örtlich anfallenden Wasserentnahmen von dem Grundsatz der ortsnahen Wasserversorgung erfasst. Vor allem die wasserintensive industrielle Wassernutzung bleibt außen vor. Fraglich ist somit, ob über den Wortlaut der Regelung hinaus eine Ausweitung des Adressatenkreises angezeigt ist, um den Anwendungsbereich der Verpflichtung zur Nutzung ortsnaher Wasservorkommen zu erweitern. Dies geht einher mit der Frage, ob ein weites Verständnis der Verwirklichung der ökologischen Zielrichtung des Nähepostulats zuträglicher ist. Mit Blick auf die angestrebte, höchstmögliche ressourcenschützende Wirkung der Vorschrift wäre demnach zu überlegen, ob andere private oder gewerbliche Nutzungen in den Tatbestand einzubeziehen sind, um ein entsprechend hohes Schutzniveau insgesamt zu erreichen. Im Ergebnis würde eine solche Sichtweise dazu führen, dass der Grundsatz der ortsnahen Wasserversorgung jegliche Versorgung mit Wasser anspricht.

Da der Wortlaut des Nähegrundsatzes auf die öffentliche Wasserversorgung beschränkt ist, müsste sich diese Verpflichtung aus dem Wasserhaushaltsgesetz im Übrigen ergeben. Dies wäre nur möglich, wenn das geschriebene Nähepostulat für die öffentliche Wasserversorgung als ausdrücklicher Ausnahmetatbestand zu Gunsten der öffentlichen Wasserversorgung zu werten ist. Mit anderen Worten, es müsste sich aus dem Gesetz ergeben, dass neben der öffentlichen Wasserversorgung im Besonderen die übrigen Nutzungen erst recht verpflichtet sind, ihren Wasserbedarf ortsnah zu decken. In Anbetracht der allein an die öffentliche Wasserversorgung gerichteten und mittlerweile auch separierten Vorgabe des § 50 Abs. 2 WHG müsste sich diese Anordnung den allgemeinen Bewirtschaftungsanforderungen entneh-

324 Insoweit einhellig anerkannt, vgl. etwa Czychowski/Reinhardt, Wasserhaushaltsgesetz, 10. Auflage, § 6 Rdnr. 41; Kotulla, Wasserhaushaltsgesetz, 2. Auflage, § 50 Rdnr. 4 m.w.Nachw..

men lassen, aufgrund derer lange Zeit die ungeschriebene Existenz des Nähegrundsatzes begründet wurde. Gegenüber den sonstigen Nutzungen wäre die öffentliche Wasserversorgung dann durch das Postulat insoweit privilegiert, als dass für sie ein Abweichen von der ortsnahen Wasserversorgung unter bestimmten Voraussetzungen eröffnet ist. Dagegen hielte das Wasserrecht eine entsprechende Möglichkeit für die sonstigen Nutzungen nicht bereit, so dass jene immer aus ortsnahen Wasservorkommen zu versorgen wären. Soweit diese zur Versorgung Dritter nicht zur Verfügung stehen, wäre eine Nutzung zu untersagen und eine anderweitige Versorgung aus entlegenen Wasservorkommen in diesem Bereich nicht möglich.

Für eine solche Sichtweise spricht, dass durch das vorgenannte Konstrukt die wasserrechtlich regelmäßig angezeigte Privilegierung der öffentlichen Wasserversorgung[325] gegenüber den sonstigen Nutzungen abgebildet wird. Für eine mögliche Regelungsreichweite der Norm lässt sich zudem anführen, dass je weiter der Anwendungsbereich der Vorschrift zu verstehen ist, desto mehr Adressaten sind zu einem entsprechend ressourcenschonenden Verhalten angehalten beziehungsweise ein desto größeres Verbrauchsaufkommen ist dem Postulat unterworfen. Bei einem weiten Spektrum der zu betrachtenden Wassernutzungen sind entsprechend höhere Anforderungen an die Bewirtschaftung der Wasservorkommen zu stellen, weil hierfür dann mehr Faktoren zu beachten sind. Dabei ist davon auszugehen, dass je umfangreicher der zu betrachtende Wasserbedarf wird, desto umsichtiger ist mit dem vorhandenen Wasser umzugehen, so dass jedenfalls die intendierte Eigenverantwortlichkeit für das Wasser auf ein Höchstmaß emporgehoben würde. Dies ist offensichtlich dann der Fall, wenn jegliche Versorgung mit Trink- und Brauchwasser erfasst ist. Hier gilt es auch zu bedenken, dass die Bindung an die ortsnahen Wasservorkommen maßgeblichen Einfluss auf den betroffenen Wasserkreislauf hat. Das entnommene Wasser wird dem Wasserhaushalt im Rahmen einer ortsgebundenen Versorgung letztlich am Ort der Gewinnung wieder zugeführt – insoweit wird dem Grundgedanken der Nachhaltigkeit Folge geleistet. Die Beschränkung allein auf die Belange der Trink- und Brauchwasserversorgung aus dem öffentlichen Netz bliebe dagegen insofern unzureichend, als dass das rückzuführende Abwasser aus

325 Zu der verfassungskonformen Privilegierung der öffentlichen Wasserversorgung ausführlich unter 4. Teil D. II. Vereinbarkeit mit der regelmäßigen Privilegierung der öffentlichen Wasserversorgung.

den übrigen Wassernutzungen der Bewirtschaftung am Entnahmeort möglicherweise entzogen wäre. Dies gilt jedenfalls dann, wenn diese Nutzungen nicht bereits aus der öffentlichen Wasserversorgung gedeckt werden oder sonst wie ortsnah erfolgen.

Eine andere Beurteilung ist jedoch angezeigt, wenn die übrigen Wassernutzungen außerhalb der öffentlichen Wasserversorgung berechtigterweise nicht von dem Nähepostulat erfasst werden. Warum bisher eine Beschränkung allein auf die Belange der Versorgung für die Allgemeinheit erfolgt, lässt sich weder aus der wasserrechtlichen Literatur noch aus anderen Quellen ersehen. Eine Bindung der sonstigen Nutzungen ginge jedenfalls nicht mit einer Gefährdung der öffentlichen Wasserversorgung einher, da die Wasserbehörden im Rahmen der wasserrechtlichen Gestattungen ohnehin besondere Rücksicht auf die notwendige Bedarfsdeckung der öffentlichen Wasserversorgung als Belang des Wohls der Allgemeinheit nehmen müssen[326]. Es stellt sich aber die Frage, ob andere Wassernutzer überhaupt ohne weiteres auf entlegene Wasservorkommen oder Fernwasserversorgungssysteme zugreifen können. In der Regel wird sich wasserintensive Industrie auch an wasserreichen Standorten niederlassen. Teilweise betreiben jene sogar eigene Brunnen, ansonsten erfolgt ihre Versorgung aus dem öffentlichen Wassernetz. Die Notwendigkeit eines Rückgriffs auf entlegene Wasservorkommen stellt sich damit regelmäßig nicht. Hierfür sprechen auch tatsächliche Aspekte. Der Aufwand zur Versorgung einzelner oder weniger Nutzungspetenten aus entlegenen Wasservorkommen dürfte regelmäßig zu hoch sein. Der Bau umfangreicher Leitungswege wird sich hierfür nur selten lohnen. Deswegen muss man davon ausgehen, dass industrielle Wassernutzer ohnehin auf die ortsnahen Wasservorkommen, jedenfalls aber die öffentliche Wasserversorgung angewiesen sind. Eine Ausweitung des Nähegrundsatzes auf sonstige Nutzungen ist daher nicht erforderlich.

Stellt man auf die Quantität der ortsnahen Wasservorkommen ab, gibt es zudem gute Gründe, warum der Ausschluss der sonstigen Nutzungen von dem Nähepostulat sogar erforderlich ist. Brauchwasser unterliegt nicht denselben hohen Qualitätsanforderungen wie Trinkwasser. Es ist daher nicht angezeigt, sonstige Nutzungen an die nur eingeschränkt vorhandenen und qualitativ hochwertigen ortsnahen Trinkwasservorkommen zu binden, wie

326 Dies ergibt sich ohne weiteres aus § 12 Abs. 1 Nr. 1i.V.m. § 3 Nr. 10 WHG.

es ein solch umfassender Ansatz täte. Ganz im Gegenteil kann es erforderlich sein, die sonstigen Nutzungen zum Schutze der ortsnahen Wasservorkommen – wie zur Sicherung der Trinkwasserversorgung generell – auf entlegenere Wasservorkommen zu verweisen. Zudem ist zu erwarten, dass in bestimmten Konstellationen die Kommunen zur Sicherung der ortsnahen öffentlichen Wasserversorgung die Ansiedlung weiterer, wasserintensiver Nutzer zu verhindern haben[327]. Zur Sicherung der ortsnahen (Trink-) Wasservorkommen kann daher gerade der Ausschluss sonstiger Nutzungen angezeigt sein, eine Ausweitung des Nähepostulats ist somit nicht geboten.

C. Ortsnähe

§ 50 Abs. 2 WHG statuiert weiter, dass der Wasserbedarf der öffentlichen Wasserversorgung aus ortsnahen Wasservorkommen zu decken ist. Bei dem Merkmal der Ortsnähe handelt es sich offenkundig um das charakteristische Merkmal des Nähegrundsatzes. Für dessen Verständnis ist der Inhalt des Begriffs »Ortsnähe« maßgeblich. Das Wasserhaushaltsrecht kannte den Ausdruck bis zur Einführung des Nähepostulats allerdings nicht. Der Gesetzgeber ging bei der Wahl der Formulierung lediglich davon aus, dass die Grundwasservorkommen nicht an Verwaltungsgrenzen Halt machen, weswegen eine ortsnahe Versorgungsstruktur angezeigt sei[328]. Damit ist zu dem Regelungsmerkmal selbst und dem räumlichen Geltungsbereich der Ortsnähe jedoch wenig gesagt. Auch der Meinungsstand in der juristischen Literatur zum Begriff der Ortsnähe im Sinne des Wasserrechts ist derzeit zwar einheitlich – es wird dargelegt, dass ortsnah nicht örtlich bedeute. Insofern sei hier nicht auf den kommunalrechtlichen Begriff der Örtlichkeit abzustellen. Daher könne eine ortsnahe Wasserversorgung auch außerhalb der Gemeindegrenzen begründet werden, außerdem sei der Zusammenschluss mehrerer Gemeinden zur gemeinsamen Wasserversorgung möglich[329]. Üblicherweise wird die ortsnahe Wasserversorgung aber durch eine

---

327 Hierzu im Ansatz bereits Kibele, „Paradigmenwechsel in der Wasserwirtschaft“, in VBlBW 1997, 121 (125).

328 BT-Drucks. 14/8668, S. 7.

329 Statt vieler Czychowski/Reinhardt, Wasserhaushaltsgesetz, 10. Auflage, § 50 Rdnr. 28, in Übereinstimmung mit den grundsätzlichen Erwägungen des Gesetzesgebers, BT-Drucks. 14/8668, S. 7.

Negativabgrenzung zur Fernwasserversorgung definiert[330]. Das Wasser aus ortsnahen Wasservorkommen stehe im Gegensatz zu jenem aus entfernten Gewinnungsgebieten, weswegen der Begriff der Ortsnähe von daher zu bestimmen sei[331]. Danach liegt eine ortsnahe Wasserversorgung immer dann nicht vor, wenn eine Fernwasserversorgung gegeben ist[332]. Insgesamt ist damit aber festzustellen, dass die Auseinandersetzung mit dem Begriff der Ortsnähe bisher nicht weiter geht als die formelhafte Begründung des Gesetzgebers[333]. Dies ist unzureichend, weil schon nicht hinreichend definiert wird, nach welchen Kriterien eine Fernwasserversorgung vorliegt. Im Umkehrschluss lässt sich somit auch die »Ortsnähe« der Wasserversorgung nicht deutlich bestimmen, weshalb nachfolgend eine rechtliche Konkretisierung des Terminus »ortsnah« vorzunehmen ist.

Hierzu erfolgt zunächst eine erste Annäherung an die Begrifflichkeit anhand der bekannten Auffassungen in der wasserrechtlichen Literatur und der Gegenüberstellung der Begriffe »ortsnahe Wasserversorgung« und »Fernwasserversorgung«. Daran schließt sich die Gegenüberstellung der bisherigen landesrechtlichen Regelungen und ähnlicher bekannter Regelung im Abfallrecht sowie im Wasserrecht selbst an, namentlich dem sogenannten abfallrechtlichen Näheprinzip und der Anordnung der ortsnahen Niederschlagsversickerung nach § 55 Abs. 2 WHG. Ausgehend von diesen Grundlagen soll versucht werden, den Maßstab einer ortsnahen Wasserversorgung anhand diverser möglicher Eingrenzungskriterien zu beschreiben und durch Abwägung der so herausgestellten Aspekte eine sachgerechte Definition der Ortsnähe zu finden. Für die praxisgerechte Verwendung der Begrifflichkeit erfolgt anschließend eine Einordnung der Vorgaben der Ortsnähe in die wasserbehördliche Gestattungsstruktur.

---

330 Vgl. nur Hasche in Giesbert/Reinhardt, BeckOK Umweltrecht, § 50 Rdnr. 9.

331 Statt vieler Kibele, „Paradigmenwechsel in der Wasserwirtschaft", in VBlBW 1997, 121 (124).

332 M.w.Nachw. Czychowski/Reinhardt, Wasserhaushaltsgesetz, 10. Auflage, § 50 Rdnr. 29; Kibele, „Paradigmenwechsel in der Wasserwirtschaft", in VBlBW 1997, 121 (124).

333 BT-Drucks. 14/8668, S. 7.

I. Unbestimmter Rechtsbegriff

Bei dem Begriff der »Ortsnähe« handelt es sich um einen unbestimmten Rechtsbegriff. Eine Definition dafür ergibt sich aus dem Wasserrecht nicht. Teilweise wird angenommen, der Begriff der »Ortsnähe« sei ohnehin nicht präzise zu fassen[334]. Andererseits hat die Begriffskonkretisierung in der gebotenen Eindeutigkeit zu erfolgen, die einer rechtssicheren Anwendung der Norm gegenüber allen Wassernutzern geschuldet ist. Neben der bloßen geographischen Fassbarkeit des Ortsnähepostulats ist damit eine Ausrichtung desselben an den Maßstäben den Rechts und der praktischen Erreichbarkeit geboten. Letztere ergibt sich schon aus dem Gemeinwohlvorbehalt des Nähegrundsatzes sowie den Bewirtschaftungsanforderungen im Übrigen. Daher ist die geographische Eingrenzung der ortsnahen Wasservorkommen als äußerer Maßstab, also als Rahmenbedingung des Grundsatzes der ortsnahen Wasserversorgung, festzuhalten. Dieser Maßstab ist im Folgenden zu bestimmen. Zum besseren Verständnis soll dafür zunächst eine generelle Gegenüberstellung der räumlichen Anforderungen der unterschiedlichen Versorgungsmodalitäten erfolgen.

II. Erste Annäherung an den Begriff der Ortsnähe: Gegenüberstellung von Fernwasser- und ortsnaher Wasserversorgung

Anhand der angesprochenen Gegenüberstellung der Versorgungsarten lässt sich die Anforderung an eine ortsnahe Wasserversorgung zunächst grob umreißen. In diesem ersten Schritt liegt das Augenmerk auf den zur Versorgung aus ortsnahen Wasservorkommen abweichenden Maßstäben der Fernwasserversorgung, um von daher im Rückschluss eine Unterscheidung der Begrifflichkeiten als Arbeitsgrundlage vorzustellen.

334 Czychowski/Reinhardt, Wasserhaushaltsgesetz, 10. Auflage, § 50 Rdnr. 29; entsprechend auch Hasche, „Das zweistufige Bewirtschaftungsermessen im Wasserrecht“, in ZfR 2004, 144 (172).

Fernwasserversorgung meint nach einhelliger Auffassung ganz allgemein die Versorgung mit Wasser aus Wasservorkommen aus einem dem Versorgungsgebiet entlegenen Gebiet[335], wozu dieses Wasser über größere Entfernungen transportiert wird[336]. Richtigerweise kann sich der relevante Wassertransport dabei nicht auf den geschlossenen Leitungstransport beschränken. Grundsätzlich ist jedwede Wasserab- oder -umleitung zum Zweck der Wasserversorgung als Wassertransport zu verstehen. Für die Eigenschaft der Fernwasserversorgung ist also hauptsächlich auf den Ort der Herkunft des zur Versorgung herangezogenen Wassers abzustellen. Im Folgenden ist daher mit Fernwasserversorgung jene Wasserversorgung gemeint, bei der eine gewisse räumliche Distanz zwischen dem Versorgungsort und dem Ort des Wasservorkommens besteht. Nicht entscheidend kann dagegen die räumliche Distanz zwischen dem Wasservorkommen und dem Standort des Wasserversorgers sein, ebenso wenig die Distanz zwischen dem Wasserversorger und der versorgten Gemeinde[337]. Es spielt insofern auch keine Rolle, ob die öffentliche Wasserversorgung auf ein entlegenes Wasservorkommen zugreift oder aber ob ein Wasserversorger aus dem ihm ortsnahen Wasservorkommen entlegene Gebiete versorgt.

Anders als die Fernwasserversorgung wird der Begriff der ortsnahen Wasserversorgung bisher nicht konkretisiert. Regelmäßig wird er zu seiner Beschreibung in Gegensatz zur Fernwasserversorgung gestellt und von daher im Umkehrschluss bestimmt[338]. Deswegen soll eine ortsnahe Wasserversorgung vorliegen, wenn das zur Versorgung herangezogene Wasser nicht

---

335 Vgl. etwa Laskowski, „Die deutsche Wasserwirtschaft im Kontext von Privatisierung und Liberalisierung“ in ZUR 2003, 1 (7); Hendler/Grewing, „Der Grundsatz der ortsnahen Wasserversorgung im Wasserrecht“, in ZUR Sh 2001, 146 (148).

336 Treuner, HdWB der Raumordnung, Wasserver- und -entsorgung, III.

337 So im Ergebnis wohl auch Kibele, „Paradigmenwechsel in der Wasserwirtschaft“, in VBlBW 1997, 121 (124). Dies wäre mit den voranschreitenden Privatisierungstendenzen auch kaum vereinbar, der Wasserversorger muss daher nicht zwingend innerhalb des Gemeindegebiets ansässig sein. Auf ihn ist daher auch nicht abzustellen.

338 Czychowski/Reinhardt, Wasserhaushaltsgesetz, 10. Auflage, § 50 Rdnr. 29, mit Verweis auf landesrechtliche Vorschriften, in denen ein Vorrang der ortsnahen Wasserversorgung bereits vor der Neufassung des § 1a Abs. 3 WHG a.F. bestand; vgl. etwa § 43 Abs.1 BadWttbg WG; § 56 HessWG; § 63 Thür WG. Neuerdings versucht § 88 Abs.1 NdsWG (ehem. § 90 NdsWG) eine positive Konkretisierung der Ortsnähe.

aus einem dem Versorgungsgebiet entlegenen Gebiet stammt[339], also die Versorgung keine Fernwasserversorgung im eigentlichen Sinne darstellt. Ansatzpunkt für eine ortsnahe Wasserversorgung ist danach, dass die zu überbrückende räumliche Distanz zwischen Wasservorkommen und Wasserverbraucher möglichst gering ist[340]. Freilich setzt auch die ortsnahe Wasserversorgung einen Transport des Wassers voraus, so dass obige Ausführungen hier entsprechend gelten. Allerdings sind im Rahmen einer ortsnahen Wasserversorgung gemäß der zu überbrückenden Entfernung die erforderlichen Transportwege gerade kurz gehalten. Als entscheidendes Abgrenzungsmerkmal zwischen Fernwasserversorgung und ortsnaher Versorgung ergibt sich damit das räumliche Kriterium zwischen dem Ort der Wassernutzung und dem Ort der Wasserentnahme[341].

339 Vgl. insoweit Kibele, „Paradigmenwechsel in der Wasserwirtschaft", in VBlBW 1997, 121 (124); ebenso wohl Reinhardt, „Neuere Entwicklungen im wasserhaushaltsgesetzlichen Bewirtschaftungssystem", in NuR 2004, 82, (88).

340 Hendler/Grewing, „Der Grundsatz der ortsnahen Wasserversorgung im Wasserrecht", in ZUR Sh 2001, 146 (148); ebenso Kibele, „Paradigmenwechsel in der Wasserwirtschaft", in VBlBW 1997, 121 (123); zum Ziel einer möglichst ortsnahen Wasserversorgung auch Lübbe-Wolff, „Wasserschutzgebiete bei vorhandener Bebauung" in ZUR 1994, 177 (183); Salzwedel, „Ausweisung von Wasserschutzgebieten und verwaltungsgerichtliche Nachprüfung", in ZfW 1992, 397 (402). Als dritte, hier allerdings zu vernachlässigende Möglichkeit der Wasserversorgung ist die sog. Gruppenwasserversorgung zu erwähnen. Hierunter ist der Zusammenschluss mehrerer Wasserversorger zur Versorgung einer ganzen Region zu verstehen. Die Gruppenwasserversorgung kann sowohl aus ortsnahen als auch (für einzelne Kommunen innerhalb des Versorgungsverbundes) aus entlegenen Wasservorkommen erfolgen, so schon sinngemäß Kibele, „Paradigmenwechsel in der Wasserwirtschaft", in VBlBW 1997, 121 (124). Damit ist sie einer weiteren Einstufung der in diesem Zusammenhang maßgeblichen Versorgungsarten nicht zuträglich.

341 So schon zu dem überkommenen § 1a Abs. 3 WHG Knopp in Siedler/Zeitler/Dahme, Umweltrecht, § 1a WHG Rdnr. 22A; ebenso Bulling/Finkenbeiner, BWWG, § 43 Rdnr. 15; Kibele, „Paradigmenwechsel in der Wasserwirtschaft", in VBlBW 1997, 121 (124); Hasche in Giesbert/Reinhardt, BeckOK WHG 2002, § 1a Rdnr. 25.

III. Bereits existente landesrechtliche Regelungen

Die so verstandene Zuweisung der ortsnahen Wasservorkommen an die öffentliche Wasserversorgung ist insgesamt nicht neu. Im Zeitpunkt der Normierung des Nähegrundsatzes waren entsprechende Regelungen bereits landesrechtlich in §§ 43 Abs. 1 BWWG, 56 HessWG, 45 MVWG, 59 Abs. 1 SächsWG, 63 ThürWG bekannt, die allenthalben als Vorbild für die bundesgesetzliche Regelung angesehen werden[342]. Dort wurde allerdings das Merkmal der ortsgebundenen Wasserversorgung nicht einheitlich verwendet. Allein die Regelung des BWWG stellte begrifflich auf die Versorgung aus ortsnahen Wasservorkommen ab, ohne jedoch selbst eine weitergehende Definition der Ortsnähe vorzunehmen. In den übrigen Wassergesetzen wurde demgegenüber auf den Begriff der örtlichen Wasservorkommen Bezug genommen[343]. Allerdings gaben diese Landeswassergesetze auch keinen Aufschluss darüber, wie der Begriff »örtlich« zu verstehen ist und ob hier gegebenenfalls eine Entsprechung zu dem Begriff der Ortsnähe bestehen sollte[344]. Allenthalben wurden diese Bezeichnungen jedenfalls im Gegensatz zu ortsfernen Wasservorkommen verstanden[345] und von daher beschrieben. Aufgrund der divergenten Regelungen auf Landesebene lässt sich damit für die ohnehin vorrangige bundesrechtliche Regelung kein Rückschluss auf das Verständnis der ortsnahen Wasserversorgung ziehen.

IV. Vergleich mit dem abfallrechtlichen Näheprinzip

Der Gedanke einer Näheanforderung bei einem umweltrelevanten Verhalten ist für sich genommen ebenfalls nicht neu. Entsprechende umweltrechtliche Tendenzen waren schon im Zeitpunkt der Einführung des wasserrechtlichen Nähegrundsatzes im Abfallrecht angesiedelt. Bei der Neueinführung des Kreislaufwirtschafts- und Abfallgesetzes im Jahr 1996 hatte der Bun-

---

342 Vgl. zu den landesrechtlichen Regelungen auch im 1. Teil, D. I. Regelungsstruktur in den Landeswassergesetzen bis zur erstmaligen Einführung des Grundsatzes der ortsnahen Wasserversorgung in das Wasserhaushaltsgesetz.

343 § 37a Abs. 4 BerlinWG etwa benannte sinngemäß jegliches Wasser in dem Gebiet des Landes Berlin als solches der ortsnahen Wasserversorgung.

344 Allerdings wird von einer Entsprechung auszugehen sein, so etwa Feustel/Plaßky, zu § 63 ThürWG.

345 So etwa § 43 Abs. 1 BWWG.

desgesetzgeber aufgrund Europarechtlicher Anforderungen die Vorgabe einer möglichst nahegelegenen Abfallentsorgung umzusetzen, die wie nachfolgend dargestellt ausgestaltet war und die ebenfalls Rückschlüsse auf die wasserrechtliche Situation gewährt.

1. Grundlage des abfallrechtlichen Näheprinzips

Primärrechtlich ergibt sich eine Grundlage für diese Anforderungen aus Art. 191 Abs. 2 AEUV (ex-Art. 174 Abs. 2 EGV). Dort definiert der AEUV die unionsrechtlichen umweltpolitischen Grundsätze u.a. des Verursacher-, Vorsorge-, und Ursprungsprinzips. Neben dem Vorsorgeprinzip, das allenthalben der Vorbeugung vor Umweltbeeinträchtigungen dient und dem Verursacherprinzip, das die Verantwortung für den Abfall an den Verursacher verweist, ist für die abfallrechtliche Näheanforderung auf Gemeinschaftsebene insbesondere das Ursprungsprinzip maßgeblich. Nach Auffassung des Europäischen Gerichtshofs bedeute jenes mit Blick auf die Verbringung von Abfall, dass es Sache der Region, Gemeinde oder sonstigen Gebietskörperschaft sei, die geeigneten Maßnahmen zu treffen, um die Aufnahme, Behandlung und Beseitigung ihrer eigenen Abfälle sicherzustellen. Diese seien dabei möglichst ortsnah zu beseitigen[346]. Daraus ergibt sich ein Prinzip der Entsorgungsautarkie und Entsorgungsnähe[347]. Die Vorgabe der Entsorgungsnähe lässt sich in Art. 4 Abs. 3, lit. a Nr. i EG-AbfVerbrVO[348] wiederfinden, wonach die grenzüberschreitende Abfallbeseitigung beschränkbar ist, um ein Prinzip der Nähe zur Anwendung zu bringen. Dieses Näheerfordernis wird in Art. 5 EG-AbfallRL[349] legaldefiniert. Abfälle sollen danach

---

346 Scherer-Leydecker, „Europäisches Abfallrecht – Seine Umsetzung und Anwendung in Deutschland“ in NVwZ 1999, 590 (591), dort m.w.Nachw. auf einschlägige EuGH – Entscheidungen.

347 Scherer-Leydecker, „Europäisches Abfallrecht – Seine Umsetzung und Anwendung in Deutschland“ in NVwZ 1999, 590 (591), unter Berücksichtigung VGH Mannheim, Beschl. v. 24.11.1997, 10 S 3287/96, NVwZ-RR 1998, 744.

348 VO (EWG) Nr. 259/93.

349 RL 2006/12/EG.

»[...] in einer der am nächsten gelegenen geeigneten Entsorgungsanlagen unter Einsatz von Methoden und Technologien beseitigt werden [können], die am geeignetsten sind, um ein hohes Niveau des Gesundheits- und Umweltschutzes zu gewährleisten«.

Die Anforderung spaltet sich demnach in die geographische Komponente der Näheanforderung und in eine Eignungskomponente, wonach die zu wählende Anlage zur Beseitigung eine bestimmte Qualität aufweisen muss[350]. Insgesamt ergibt sich aus diesem Ansatz eine Optimierung der Abfallverbringung: die Entsorgung muss in der nächstgelegenen Anlage des am besten geeigneten Typs erfolgen[351].

Die beiden Anforderungen stehen in einem Abwägungsverhältnis, woraus sich letztlich der Optimierungsgedanke herleitet. Dabei ist ein Ausgleich zwischen der möglichst nahen Verbringung der Abfälle und den ökologischen Anforderungen an eine möglichst umweltschonende Beseitigung zu finden[352]. Mit Blick auf die Näheanforderung steht insgesamt die Vermeidung von unnötigen Transportwegen im Vordergrund, die weitere Umweltbelastungen mit sich bringen können. Daher ist in der Regel die eigene Beseitigungsanlage auch als »nächste« Anlage in diesem Sinne zu verstehen. Zusammenfassend bedeutet das abfallrechtliche Näheprinzip danach idealerweise, dass Abfälle möglichst dort zu entsorgen sind, wo sie anfallen[353]. Wegen der Konkurrenzsituation der Näheanforderung im Zusammenspiel mit der bestmöglichen Geeignetheit der Anlage ist indes zu erwarten, dass die ortsnächste Anlage des Öfteren nicht zur Entsorgung herangezogen wird[354]. Die angesprochene Entsorgungsautarkie flankiert diese Vorgaben

---

350 Wilmowsky, „Das Nähe- oder Optimierungsprinzip des Europäischen Abfallrechts“ in NVwZ 1999, 597 (597).

351 Wilmowsky, „Das Nähe- oder Optimierungsprinzip des Europäischen Abfallrechts“ in NVwZ 1999, 597 (598); ebenso Scherer-Leydecker, „Europäisches Abfallrecht – Seine Umsetzung und Anwendung in Deutschland“ in NVwZ 1999, 590 (592), der darauf abstellt, die Beseitigungsanlage muss möglichst nahe am Erzeugungsort des Abfalls liegen.

352 M.w.Nachw. Wilmowsky, „Das Nähe- oder Optimierungsprinzip des Europäischen Abfallrechts“ in NVwZ 1999, 597 (598).

353 Hendler/Grewing, „Der Grundsatz der ortsnahen Wasserversorgung im Wasserrecht“, in ZUR Sh 2001, 146 (147).

354 Hoppe/Beckmann, „Rechtliche Möglichkeiten des internationalen Austausches von Abfällen und Recycling-Produkten“ in DVBl 1995, 817 (823).

dahingehend, dass die Entsorgungspflichtigen auf den Aufbau einer entsprechenden Entsorgungsstruktur hinwirken[355]. Das Näheprinzip wird sich daher in der Praxis nicht generell auf die jeweils räumlich nächste Anlage konkretisieren, sondern auf solche, die ein hohes Umweltschutzniveau bei der Entsorgung garantieren. Hierbei sind unter Umständen auch weite Transportwege hinzunehmen, weswegen die Entscheidung zwischen der Näheanforderung und der Erfüllung der ökologischen Zielsetzung zu treffen ist[356].

2. Übertragbarkeit des Regelungsansatzes auf das Wasserrecht?

Wie die öffentliche Wasserversorgung stellt auch die Abfallentsorgung eine Aufgabe der öffentlichen Daseinsvorsorge dar, so dass eine grundsätzliche Vergleichbarkeit besteht. Das angesprochene Näheprinzip des Abfallrechts ergibt sich jedoch nicht dem Wasserrecht entsprechend wörtlich aus dem Gesetz. Vielmehr handelt es sich um ein dem Abfallrecht immanentes Prinzip, das an verschiedenen Stellen des Abfallrechts zum Ausdruck kommt. § 17 Abs.1 KrWG[357] verpflichtet die privaten Verursacher von Abfall, jenen den öffentlichen Entsorgungsträgern zu überlassen. Diese wiederum haben maßgeblich § 20 Abs. 1 KrWG[358] die in ihrem Gebiet anfallenden Abfälle zu verwerten oder zu beseitigen. Entsprechendes gilt für Abfälle aus dem nicht-privaten Bereich, soweit dort für eine Entsorgung nicht gesorgt werden kann. Vornehmlich wird danach unter Beachtung der einschlägigen landesrechtlichen Regelungen die Zuständigkeit der Kreise und kreisfreien Städte begründet, wobei eine Kooperation möglich bleibt[359].

Während allerdings das Wasserrecht ausdrücklich auf ortsnahe Wasservorkommen abstellt, verweisen die Europarechtlichen Vorgaben lediglich auf

---

355 Scherer-Leydecker, „Europäisches Abfallrecht – Seine Umsetzung und Anwendung in Deutschland" in NVwZ 1999, 590 (592).

356 Wilmowsky, „Das Nähe- oder Optimierungsprinzip des Europäischen Abfallrechts" in NVwZ 1999, 597 (597); Hoppe/Beckmann, „Rechtliche Möglichkeiten des internationalen Austausches von Abfällen und Recycling-Produkten" in DVBl 1995, 817 (823).

357 Ehem. § 13 Abs. 1 KrW-/AbfG.

358 Ehem. § 15 Abs. 1 KrW-/AbfG.

359 So etwa Schink in Brandt/Ruchay/Weidemann, Kreislaufwirtschaft- und Abfallgesetz, Band 1, Rdnr. 22 und 23 zu dem überkommenen § 15 KrW-/AbfG.

eine am nächsten gelegene Entsorgungsanlage. Jene Formulierung ist vergleichsweise unscharf gegenüber der Ortsnähe, sie lässt die Reichweite des Näheerfordernisses offen. Unklar ist damit schon, ob hier überhaupt das Gleiche gemeint ist. Jedenfalls die Anforderungen an den Regelungszweck sind dabei nicht vergleichbar. Zwar kann man annehmen, dass auch der wasserrechtliche Begriff der Ortsnähe eine Optimierung vorgibt – als Pendant zu dem kommunalrechtlichen Begriff der Örtlichkeit etwa mag darin der Versuch gesehen werden, die ortsnahen Wasservorkommen als möglichst örtlich, also möglichst nah bei der betroffenen Gemeinde zu suchen. Eine solche Einordnung spiegelt aber nicht das Rangsystem zwischen den Versorgungsarten, wie das Wasserhaushaltsgesetz es vorsieht, wider. Denn entgegen dem Abfallrecht wird für das Wasserrecht zwischen einer ortsnahen und einer entlegenen Wasserversorgung unterschieden. Anders als bei dem Optimierungsgebot des Abfallrechts wird damit bereits eine ortsferne Alternative neben die Näheanforderung gestellt, was den Grundgedanken der Regelung ausmacht. An die Zulässigkeit der Versorgung aus entlegenen Gebieten knüpft der Grundsatz der ortsnahen Wasserversorgung im Weiteren besondere Anforderungen. Es ist also zu bedenken, dass das wasserrechtliche Nähepostulat die Fernwasserversorgung nicht schlechthin ausschließen will. Das Wasserrecht knüpft hieran nur besondere Voraussetzungen. Sind in einem Versorgungsgebiet keine geeigneten ortsnahen Wasservorkommen vorhanden, steht das Näheprinzip der Versorgung aus entlegenen Gebieten nicht entgegen. Deswegen ist es nicht notwendig, den Begriff der Ortsnähe nur schemenhaft zu beschreiben. Für die gebotene Unterscheidung der jeweiligen Versorgungsart ist es vielmehr unerlässlich, eine nachvollziehbare Trennung zu bestimmen. Die Anforderungen des Abfallrechts sind daher im Ergebnis nur bedingt auf die Vorgaben des wasserrechtlichen Nähegrundsatzes zu übertragen.

Die geforderte Trennung der Versorgungsarten orientiert sich an dem Maßstab, der an die Ortsnähe anzulegen ist. Wäre im Rahmen der Bestimmung des ortsnahen Wasservorkommens entsprechend dem Abfallrecht allein der Optimierungsgedanke zu beachten, kann eine rechtssichere Unterscheidung zwischen ortsnaher und Fernwasserversorgung nicht vorgenommen werden. Die Fernwasserversorgung im eigentlichen Sinne bestünde danach gar nicht, denn es wäre stets auf das nächstliegende Wasservorkommen zuzugreifen. Begrifflich wäre damit in einer entsprechenden Konstellation auch die Versorgung aus entlegenen Wasservorkommen als ortsnah zu bezeichnen, nämlich wenn zwischen dem Ort des Wasservorkommens und dem Versorgungsgebiet kein weiteres geeignetes Wasservorkommen vorhanden wäre. Dieses Verständnis der Ortsnähe ginge vor dem Hintergrund der vorgesehenen Unterscheidung der Versorgungsarten aber eindeutig zu weit.

Zu bedenken ist auch, dass sich das abfallrechtliche Näheprinzip, soweit es auf der Entsorgungsautarkie fußt, gegen den Mitgliedsstaat richtet. Einer der Bewirtschaftung der Gewässer vergleichbare Struktur der überwiegend zur Verfügung stehenden natürlichen Ressource Wasser steht dort der Aufbau eines nationalen Entsorgungssystems gegenüber. Für letzteres kann nicht erwartet werden, dass jede betroffene Kommune eine eigene, ausreichend geeignete Entsorgungsanlage vorhält, wie es bei der Verfügbarkeit von Wasser aber regelmäßig der Fall ist. Eine solche Vorgabe wäre sowohl ökologisch als auch ökonomisch nicht nachvollziehbar. Die Entsorgungsautarkie – die gerade die Vorhaltung solcher Anlagen beabsichtigt – stellt deswegen zunächst allein auf den Bereich der Bundesrepublik ab. Das abfallrechtliche Näheprinzip verpflichtet also nicht jede Kommune als Träger der Entsorgungslast zum Bau einer geeigneten Anlage. Auch § 20 Abs. 1 KrWG verpflichtet lediglich die Kreise und kreisfreien Städte als Entsorgungsträger, nicht jedoch die einzelnen Kommunen[360]. In diesem Sinne sind die Gemeinden nur dort auf die eigene Anlage verwiesen, wo eine solche auch existiert. Andernfalls haben sie nur die nächste, am besten geeignete Entsorgungsanlage in Anspruch zu nehmen. Obwohl das Näheprinzip des Abfallrechts ebenfalls die Komponenten der Ortsgebundenheit und der Beachtung ökologischer Aspekte berücksichtigt, kommt ihm damit in der Regel gerade keine dem Wasserrecht vergleichbare edukatorische Wirkung zu[361]. Das abfallrechtliche Näheprinzip trägt vielmehr dem Gedanken der umweltgerechten Abfallverbringung Rechnung. Bestrebungen die Entsorgungsautarkie betreffend dürften insgesamt eher der Abschottung gegenüber Fremdabfällen[362] als der Vermeidung unnötiger Abfälle dienen.

Dagegen geht der wasserrechtliche Nähegrundsatz von einer direkten Verantwortungszuweisung an die Kommunen als Träger der Wasserversorgung aus - er ist also wesentlich enger gefasst. Versorgungsautarkie meint dort

360 Schink in Brandt/Ruchay/Weidemann, Kreislaufwirtschaft- und Abfallgesetz, Rdnr. 22 zu dem ehem. § 15 KrW-/AbfG mit Hinweis auf die jeweiligen Landesgesetze, die eine entsprechende Zuordnung der Entsorgungspflicht vornehmen.

361 Zutreffend Hendler/Grewing, „Der Grundsatz der ortsnahen Wasserversorgung im Wasserrecht", in ZUR Sh 2001, 146 (151).

362 So vermutet Jarras, „Festlegung von Einzugsbereichen für Abfallentsorgungsanlagen" in DVBl 1991, 7 (10).

grundsätzlich die Eigenversorgung der jeweiligen Kommune, wodurch die Wassernutzer in besonderem Maße auf das eigene Wasservorkommen verwiesen sind. Im Rahmen eines haushälterischen Umgangs sind sie angehalten, mit diesem eigenen Wasservorkommen auszukommen. Danach soll die ortsnahe Wasserversorgung die Wassernutzer zum sparsamen Umgang mit der Ressource anregen. Eine spiegelbildliche Betrachtung im Sinne der Abfallvermeidung geht mit dem Näheprinzip des Abfallrechts nicht einher.

3. Fazit

Insgesamt findet sich der Begriff Ortsnähe damit nicht in einem abfallrechtlichen Näheprinzip wieder. Zwangsläufig ist das geographische Ausmaß der angesprochenen Nähe im Wasserrecht enger zu beschreiben als im Abfallrecht. Allerdings ist der Gedanke der Näheoptimierung als solcher auch für das Wasserrecht interessant. Dies ergibt sich bereits aus der vergleichbaren ökologischen Zielrichtung und in diesem Zusammenhang insbesondere für die Zulässigkeit der Fernwasserversorgung. Es kann nämlich nicht angenommen werden, dass bei einer Ausnahme von der ortsnahen Wasserversorgung ein uneingeschränkter Zugriff auf jedes in Frage kommende Wasservorkommen besteht. Vielmehr ist dann auch die Fernwasserversorgung auf möglichst naheliegende Wasservorkommen zu verweisen. Hierauf ist in der weiteren Untersuchung zurückzukommen.

V. Bildung einer untersten Schranke – Ortsnähe im Sinne der kommunalrechtlichen Örtlichkeit?

Für die konkrete Bestimmung des Begriffs »Ortsnähe« bleibt die Frage, in welcher Entfernung ein ortsnahes Wasservorkommen zu finden ist und wann nicht mehr. Hier soll zunächst die unterste entfernungsmäßige Grenze der Ortsnähe bestimmt werden. Allenthalben wird angenommen, der Begriff der Ortsnahe sei nicht entsprechend dem kommunalrechtlichen Begriff der Örtlichkeit zu verstehen, weswegen die Ortsnähe gebietsmäßig darüber hinausgehe. Im Rahmen des Nähegrundsatzes sei danach auch der Rückgriff auf außerhalb der Gemeindegrenzen liegende Wasservorkommen regelmäßig zulässig[363].

---

363 Statt vieler Kotulla, Wasserhaushaltsgesetz, 2. Auflage, § 50 Rdnr. 7.

Stellt man auf den Wortlaut der Norm ab, überzeugt die Argumentation. Andernfalls hätte der Gesetzgeber die in einigen landesrechtlichen Regelungen bereits bestehende Formulierung der Versorgung aus örtlichen Wasservorkommen einfach übernehmen können. Diese Folgerung steht zudem im wortgetreuen Einklang mit der Gesetzesbegründung, wonach »ortsnah« in einem weiteren Sinne als »örtlich« zu verstehen sei[364], und ist für das Verständnis des Begriffs sinnvoll. Denn auch wenn die mit der ortsnahen Wasserversorgung verbundene Verantwortungszuweisung hin zu den eigenen Wasservorkommen auf eine mögliche Beschränkung auf jenes örtliche Wasserdargebot hindeutet, ist ein zu enges räumliches Verständnis der Ortsnähe dem System der ortsnahen Wasserversorgung abträglich. Ein bewusster, eigenverantwortlicher Umgang mit der Ressource Wasser kann nur dort ansetzen, wo die Bedarfsdeckung aus vorhandenen Wasservorkommen überhaupt möglich erscheint. Folge einer zu engen Zuweisung der in Frage kommenden Wasservorkommen wäre dagegen wie auch bei der zu engen Bestimmung des daraus zu deckenden Wasserbedarfs, dass allzu oft ein Abweichen von den Vorgaben des Nähegrundsatzes notwendig würde, wenn in diesen engen Grenzen die erforderlichen Wasservorkommen nicht bestünden[365]. Dies würde bedeuteten, dass die rechtstechnisch nur ausnahmsweise zulässige Versorgung aus entlegenen Gebieten[366] tatsächlich zur Regel würde, die Versorgung aus ortsnahen Wasservorkommen bliebe ein idealisierter Ausnahmefall. Ein solcher Effekt kann nicht beabsichtigt sein und würde die vorgezeichnete Trennung von ortsnaher Wasserversorgung und Fernwasserversorgung egalisieren. Die angestrebte Sensibilisierung der Wassernutzer für das eigene Wasservorkommen träte nicht ein, weil der Begriff »Fernwasserversorgung« sich nicht auf einige wenige Versorgungsnetze beschränken, sondern für eine Vielzahl auch kleiner Versorgungseinheiten etabliert würde. Danach bestünde die Gefahr, dass der Grundsatz der ortsnahen Wasserversorgung zur idealisierten Programmatik verkümmert. Dies mag auch der Gesetzgeber im Blick gehabt haben, indem er gerade nicht den kommunalrechtlichen Begriff der Örtlichkeit verwendet hat.

Gleichwohl impliziert die gesetzlich angesprochene Nähe zu dem Ort der Versorgung, dass der aufzuspannende Rahmen der möglichen Einzugsgebiete relativ dicht an der betreffenden Kommune gelegen sein soll. Der

364 BT-Drucks. 14/8668, S.7.

365 Vgl. hierzu auch die Erwägungen im 4. Teil, A. II. 3. (a) Notwendige Wassernutzungen als Minimalanforderung.

366 Hierzu ausführlich unten, 4. Teil, D. Vorrang der ortsnahen Wasserversorgung.

kommunalrechtliche Begriff der Örtlichkeit bestimmt sich nach dem Gebiet der Gemeinde. Hierbei ist also als Ort selbst die Kommune zu verstehen. Übertragen auf die öffentliche Wasserversorgung sind örtliche Wasservorkommen solche am Ort des Wasserverbrauchs, also innerhalb der Gemeinde. Diese Sichtweise korrespondiert mit der gesetzlichen Aufgabenzuweisung der öffentlichen Wasserversorgung als Aufgabe der Daseinsvorsorge nach § 50 Abs. 1 WHG[367]. Indem § 50 Abs. 2 WHG die Wasserversorgung in Anlehnung an diesen Ortsbegriff nur »ortsnah« anordnet, ergibt sich denknotwendig, dass solche Wasservorkommen jenseits des Gemeindegebiets zu suchen sind. Im Sinne einer ortsnahen Wasserversorgung sind danach örtliche Wasservorkommen zwar stets auch als ortsnah zu definieren[368], § 50 Abs. 2 WHG schließt aber den Zugriff auf außerhalb des Gemeindegebiets liegende Wasservorkommen nicht aus.

Damit stellt der Begriff der Örtlichkeit das engste Verständnis der Ortsnähe dar. Zugleich bleibt es definitionsgemäß möglich, dass die Wahl der ortsnahen Wasservorkommen über dieses Maß hinaus erfolgen kann[369]. Im Folgenden ist damit weiter zu bestimmen, welche obere Grenze im Sinne der Ortsnähe anzusetzen ist.

VI. Anlehnung an die ortsnahe Niederschlagswasserversickerung nach § 55 Abs. 2 WHG

Mit der Neuregelung des Wasserrechts findet der Begriff der Ortsnähe zudem in der Abwasserentsorgung, namentlich der Niederschlagswasserversickerung, Anwendung. Zwar wird hier der Begriff ebenfalls nicht weiter konkretisiert. Es ist allerdings davon auszugehen, dass die Formulierung entsprechend § 50 Abs. 2 WHG verwendet wird. Es kann jedenfalls nicht angenommen werden, dass derselbe Begriff im Wasserrecht unterschiedliche Bedeutung erfahren hat.

---

367 Kotulla, Wasserhaushaltsgesetz, 2. Auflage, § 50 Rdnr. 7.

368 Entsprechend etwa auch Hasche, „Das zweistufige Bewirtschaftungsermessen im Wasserrecht“, in ZfR 2004, 144 (172).

369 In diesem Sinne stellt Kotulla in Wasserhaushaltsgesetz, 2. Auflage, § 50 Rdnr. 7, fest, dass das Abstellen auf die bloße Örtlichkeit des Wasservorkommens eindeutig zu eng ist.

Auch in tatsächlicher Hinsicht korrespondiert die ortsnahe Niederschlagswasserversickerung mit dem Grundsatz der ortsnahen Wasserversorgung. Indem das Grundwasser zu einem Großteil durch den Niederschlag gespeist wird, dient die ortsnahe Versickerung der Grundwasserneubildung und damit der mengenmäßigen Erhaltung der ortsnahen Wasservorkommen. Die Versickerung soll danach am Anfallsort erfolgen. Dem entspricht die gesetzliche Vorgabe, dass die Vermischung mit Schmutzwasser bei dem Abtransport von Niederschlagswasser vermieden werden soll. Im Übrigen gilt hier dasselbe wie für die Wasserversorgung – es ist bereits aus tatsächlichen Erwägungen heraus nicht davon auszugehen, dass zum Abtransport des Niederschlagswassers lange Leitungswege vorgesehen sind. Damit unterstreicht die Verwendung des Begriffs der Ortsnähe in diesem Zusammenhang, dass auch im Rahmen der ortsnahen Wasserversorgung möglichst kurze Leitungswege vorliegen sollen und hier wie dort eine nahegelegene Ver- beziehungsweise Entsorgung gesetzlich vorgezeichnet wird. Übertragen auf die ortsnahe Wasserversorgung bedeutet dies, dass nur die Versorgung mit Wasser aus mit dem Ort der Versorgung in Zusammenhang stehenden Grundwasservorkommen erfolgen soll.

VII. Das unmittelbar angrenzende Gemeindegebiet als äußerste Grenze der Ortsnähe?

Diese Betrachtung lässt sich mit der Übertragung auf Gemeindegrenzen fortführen. Da das örtliche Wasservorkommen als unterste Grenze der Ortsnähe definiert wird, muss ein Wasservorkommen einer an das Versorgungsgebiet angrenzenden Gemeinde jedenfalls noch zulässig in Anspruch genommen werden können. Die wörtliche Anforderung der »Ortsnähe« steht daher dem Zugriff auf Wasservorkommen jenseits des eigenen Gemeindegebiets nicht entgegen. Dieses Ergebnis ist die konsequente Folgerung aus der vorherigen Betrachtung. Fraglich ist dagegen, ob jedenfalls die Grenze dieses angrenzenden Gemeindegebiets den äußersten Maßstab der Ortsnähe beschreibt, demnach außerhalb des angrenzenden Gemeindegebiets befindliche Wasservorkommen solche der Fernwasserversorgung sind.

Hierzu wird angenommen, Wasservorkommen jenseits unmittelbar angrenzender Nachbargemeinden sind nicht mehr ortsnah im eigentlichen Sinne. Dies ergebe sich aus dem nahen Gemeindebezug, den der wasserrechtliche Nähegrundsatz anstrebe. Jener sei bei einer extensiven gemeindeübergreifenden Wassernutzung nicht mehr gegeben. Entsprechend läge dann eine nur ausnahmsweise zulässige Fernwasserversorgung vor[370]. Diese Auffassung ist allerdings kritisch zu betrachten. Es ist zwar richtig, dass hier regelmäßig der Gemeindebezug aufgeweicht würde. Das Kriterium der Verantwortungszuweisung an die jeweilige Kommune und damit letztlich auch die Belastung durch die Wasserentnahme wird durch die Überbrückung vieler Gemeindegrenzen immer weiter auf eine Drittgemeinde verlagert. Letztlich fallen damit bei der voranschreitenden Entfernung des Entnahme- vom Versorgungsgebiet die Lasten und Nutzen der Wasserversorgung auseinander. Andererseits kann diese Eingrenzung kein allgemeingültiges Kriterium darstellen. Das Überspringen mehrerer Gemeindegrenzen – wie auch der zulässige Zugriff auf ein Wasservorkommen im unmittelbar angrenzenden Gemeindegebiet – kann für die tatsächlich zu überwindende Entfernung, also für das räumliche Kriterium, im Einzelfall sehr unterschiedliche Auswirkungen haben[371]. So kann der Zugriff auf ein im angrenzenden Gemeindegebiet entlegenes Wasservorkommen bei einer relativ großen Nachbargemeinde einen wesentlich weiteren Transportweg erfordern als die notwendige Überbrückung mehrerer kleiner Gemeindegebiete. Unklar ist auch, inwieweit zu berücksichtigen wäre, dass bei dem Zugriff auf entlegene Wasservorkommen verschiedene Gemeindegrenzen nur geschnitten werden, die Überbrückung des gesamten Gebietes aber nicht notwendig ist. Eine solche Festlegung bringt im Zweifel eine Vielzahl von möglichen Ausnahmen bei dem Zugriff auf Wasservorkommen, die nicht in der unmittelbar angrenzenden Nachbargemeinde liegen, mit sich. Vorliegend geht es aber darum, eine rechtssichere und scharfe Kontur des Ortsnähebegriffs zu finden. Hält man an dem für die Abgrenzung zur Fernwasserversorgung maßgeblichen Grundgedanken fest, dass die Entfernung entscheidend ist,

---

370 So etwa: Kotulla, Wasserhaushaltsgesetz, 2. Auflage, § 50 Rdnr. 7 ; mit Einschränkungen wohl auch Reinhardt, „Neuere Entwicklungen im wasserhaushaltsgesetzlichen Bewirtschaftungssystem“, in NuR 2004, 82 (88), der aber einen solchen Übergriff als zulässig erachtet, wenn der Grundwasserschutz im Übrigen gewährleistet ist. Dieser Aspekt dürfte hingegen im Rahmen der Gemeinwohlverträglichkeit der angestrebten Nutzung beachtlich sein. Damit stellt dieser Aspekt kein taugliches Kriterium der Ortsnähe als isoliertes Tatbestandsmerkmal dar. A.A. auch Hasche in Giesbert/Reinhardt, BeckOK Umweltrecht, § 50 Rdnr. 9, wonach diese Auslegung des Begriffs „Ortsnähe“ zu eng sei. Ebenso Gößl in Siedler/Zeitler, Wasserhaushaltsgesetz, § 50 Rdnr. 27.

371 In diesem Sinne auch kritisch Gößl in Siedler/Zeitler, Wasserhaushaltsgesetz, § 50 Rdnr. 27, der allerdings insoweit ebenfalls wenig tauglich auf die „räumliche Nähe oder Ferne zum Versorgungsgebiet“ abstellt.

die bei dem Transport des Wassers überwunden werden muss, kann der Verweis auf die jenseitigen Gemeindegrenzen deswegen nur als Indiz für einen möglicherweise zu weiten Transportweg dienen.

VIII. Entfernungsmäßige Bestimmung

Es liegt daher nahe, idealerweise eine bestimmte Entfernung des Wasservorkommens zum Versorgungsgebiet als oberste Grenze der Ortsnähe zu definieren. Innerhalb dieser Grenze wäre das zur Versorgung zulässige Wasservorkommen zu suchen. Über diese Grenze hinausgehende Wasservorkommen wären dagegen als entlegene Wasservorkommen der Ausnahme der Fernwasserversorgung vorbehalten. Allerdings wird eine entfernungsscharfe Festlegung des Merkmals »Ortsnähe« in der Regel nicht mit den realen Gegebenheiten vereinbar sein. Anzahl, Lage und Leistungsfähigkeit der einzelnen Wasservorkommen in den Regionen sind ebenso wie die Anforderungen an das Wasserdargebot regelmäßig unterschiedlich. Schon der Wasserbedarf einer Gemeinde unterscheidet sich insbesondere durch Bevölkerungsmenge und -dichte. Insofern kann eine konkrete zahlenmäßige Festlegung der zulässigen Entfernung zu einem Wasservorkommen ebenfalls kein allgemeines Kriterium darstellen[372]. Es ist auch nicht einzusehen, warum eine nur äußerst geringfügige Überschreitung eines vorgegebenen Wertes regelmäßig die Wasserversorgung als nur ausnahmsweise zulässige Fernwasserversorgung erscheinen lassen soll, während ein nur wenige hundert Meter vorgelagertes Wasservorkommen noch als ortsnah anzusehen ist. Selbst dann könnte sich aber der Rückgriff auf ein Wasservorkommen innerhalb einer vorher festgelegten Entfernung verbieten, wenn sich ein anderes, gleich geeignetes Wasservorkommen schlicht näher am Versorgungsgebiet befände, sofern dieses Vorkommen im Sinne einer Näheoptimierung zu bevorzugen wäre.

Zusätzlich ist zu bedenken, dass die jeweiligen kommunalen Voraussetzungen unterschiedlich sind. Die räumlichen Dimensionen der Kommunen sind äußerst different. Entscheidend bei einer rein entfernungsmäßigen Bestimmung der Ortsnähe bleibt die Länge der Strecke, die das Wasser von dem

372 So auch Hasche, „Das zweistufige Bewirtschaftungsermessen im Wasserrecht“, in ZfR 2004, 144 (172), ebenso Reinhardt, „Neuere Entwicklungen im wasserhaushaltsgesetzlichen Bewirtschaftungssystem“, in NuR 2004, 82 (88).

Entnahmeort zu den Wassernutzern zurückzulegen hat. Selbst wenn man annähme, die zahlenmäßige Begrenzung der Ortsnähe bezieht sich stets auf die Entfernung des zur Versorgung heranzuziehenden Wasservorkommens von der Gemeindegrenze, sind deswegen sachgerechte Ergebnisse kaum zu erwarten. Letztlich wäre danach die Größe der Gemeinde entscheidend für die Frage der ortsnahen Wasserversorgung, nicht jedoch die edukatorische und vor allem wasserschützende Zielrichtung des Postulats. Eine solche zahlenmäßige Festlegung wäre ohnehin nur willkürlich zu treffen. So stellt sich bereits die Frage, ob beispielsweise ein zehn Kilometer von der Gemeindegrenze entferntes Wasservorkommen noch ortsnah im eigentlichen Sinne sein kann und warum dies für ein fünfzehn Kilometer entferntes Wasservorkommen nicht mehr gelten soll. Eine nachvollziehbare Bestimmung der zulässigen Entfernung ist hier nicht möglich.

IX. Orientierung an bestehenden Maßstäben

Eine äußere Grenze könnte sich aus bereits bestehenden Einordnungen ergeben. Hierbei können geographische Grenzen herangezogen werden, darüber hinaus hält das Wasserrecht bereits Eingruppierungen parat.

1. Die Region als Maßstab der Ortsnähe

Teilweise wird angenommen, die Beschränkung auf die Gemeindegrenze oder deren angrenzenden Gebiete beschreibe den Begriff der Ortsnähe zu eng. Deswegen sollen auch regionale Wasservorkommen den Belangen einer ortsnahen Wasserversorgung gerecht werden[373]. Problematisch bei dieser Auffassung ist allerdings nicht nur, dass der Begriff des regionalen Wasservorkommens selbst nicht eingrenzbar beschrieben wird und daher zur Bestimmung der ortsnahen Wasservorkommen ungeeignet bleibt[374]. Der

373 Vgl. im Ansatz Hasche, „Das zweistufige Bewirtschaftungsermessen im Wasserrecht", in ZfR 2004, 144 (172). Hierbei ist aber zu berücksichtigen, dass Hasche zwar den Begriff der Region für die Beschreibung der noch ortsnahen Wasservorkommen verwendet, insgesamt aber auf die Beschaffenheit des angesprochenen Wasservorkommens abstellt, so etwa in Giesbert/Reinhardt, BeckOK Umweltrecht zum WHG 2002, § 1a Rdnr. 25.

374 So auch Kotulla, Wasserhaushaltsgesetz, 2. Auflage, § 50 Rdnr. 7.

Verweis auf die Region wird insgesamt auch die angestrebte Verantwortungszuweisung an die jeweils zu versorgende Kommune nicht erreichen. Zwangsläufig erstreckt sich die Region über mehrere Gemeindegebiete. Der Maßstab »Region« wird daher von Fall zu Fall eine unterschiedliche Anzahl von Gemeinden erfassen, was einer einheitlichen Beschreibung der Ortsnähe abträglich ist. Gleichwohl der Zusammenschluss mehrerer Gemeinden zum Zwecke der Wasserversorgung auch im Rahmen des Nähepostulats zulässig sein kann[375], wird damit der angesprochene Regelfall der Eigenwasserversorgung nicht ausreichend berücksichtigt. Vielmehr ist bereits im Rahmen der Gruppenwasserversorgung ohne weiteres eine Versorgung mit fremdem, insoweit also entlegenem Wasser möglich[376]. Eine zentrale Organisation der Wasserversorgung jedenfalls würde auch innerhalb der Region zu einer Abhängigkeit einiger Gemeinden von einem überörtlichen Wasservorkommen führen – wovon aber das Modell der ortsnahen Wasserversorgung gerade abkehren will. Insgesamt wird daher der Verweis auf die Region nicht dem räumlichen Anspruch der ortsnahen Wasserversorgung gerecht.

2. Hoheitliche Strukturen der Landesverwaltung – Regierungsbezirke und Landkreise als Einzugsgebiet

Ein weiterer gangbarer Weg könnte es sein, auf die hoheitlichen Strukturen der Bundesländer abzustellen. Problematisch ist jedoch schon, dass in den einzelnen Bundesländern keine deckungsgleichen Strukturen vorherrschen. So ordnet etwa Nordrhein-Westfalen den Kommunen die Bezirksregierungen über, die jedoch in Niedersachsen mittlerweile unbekannt sind. Damit sind Regierungsbezirke per se zur Eingrenzung der ortsnahen Wasservorkommen ungeeignet. Und selbst wenn eine übereinstimmende Struktur bestünde, ist nicht anzunehmen, dass ihr Ausmaß dem Gedanken der Ortsnähe entspricht. Legt man etwa die Struktur des Landkreises zugrunde, so wäre ein festgelegter Zusammenschluss mehrerer Gemeinden auf die Nutzung

---

375 So auch Hasche, „Das zweistufige Bewirtschaftungsermessen im Wasserrecht", in ZfR 2004, 144 (172).

376 Dies sieht wohl auch Hasche, „Das zweistufige Bewirtschaftungsermessen im Wasserrecht", in ZfR 2004, 144 (172) so, wenn er seinen Ansatz dahingehend einschränkt, dass nur die dezentrale Wasserversorgung im Gemeindezusammenschluss dem Prinzip der Ortsnähe nicht entgegenstehe.

der dort vorhandenen Wasservorkommen verwiesen. Innerhalb des gesamten Gebietes, so müsste man weiter annehmen, ist damit für jede Gemeinde jedes Wasservorkommen ein ortsnahes. Nur exemplarisch bleibt hier die Anforderung der Verantwortungszuweisung anzuführen, die mit diesem Gedanken nicht vereinbar ist. Selbst wenn ein wasserrechtliches Näheprinzip dazu führen würde, dass grundsätzlich in dem Landkreis das ortsnächste Wasservorkommen zu wählen wäre, macht dies die vorliegende Einstufung nicht plausibler. Eine relativ weite Fassung der Ortsnähe ist nämlich überflüssig, wenn die Inanspruchnahme eines Wasservorkommens ohnehin so nah wie möglich am Ort des Wasserverbrauchs erfolgen soll. Andersherum würde ein derart weites Verständnis der Ortsnähe nur dazu führen, dass eine Vielzahl entfernt liegender Wasservorkommen als »ortsnah« im Sinne des Gesetzes zu behandeln wäre. Ein solches Verständnis ist aus denselben Gründen wie zuvor abzulehnen.

3. Verwaltungszuständigkeit

In Anlehnung an die gerade angesprochene Problematik hält auch das (wasserwirtschaftliche) Verwaltungsrecht selbst Strukturen parat, an denen sich die Bestimmung der ortsnahen Wasservorkommen orientieren könnte. Danach wären die Wasservorkommen der Zuständigkeit der jeweiligen Gestattungsbehörde zuzuordnen. Ortsnah wäre dasjenige Wasservorkommen, das im Zuständigkeitsbereich derjenigen Gestattungsbehörde liegt, in dessen Zuständigkeitsbereich die jeweilige Kommune fällt. Die Anlehnung an die uneinheitlichen landesrechtlichen Strukturen führt aber auch hier zu einem unterschiedlichen Schutzniveau. Aus grundwasserschützender Sicht hat eine differente Betrachtung im Ergebnis ein Schutzdefizit zur Folge in den Fällen, in denen die Verwaltungszuständigkeiten überörtlich sind. Eine bundeseinheitliche Ausgestaltung der Anforderungen an die ortsnahe Wasserversorgung findet so nicht statt. Letztlich spiegelt sich die Verwaltungsstruktur in der hoheitlichen Struktur der Länder wieder, so dass hier die entsprechenden Probleme zu beklagen wären.

4. Supranationale Vorgaben

Wie bereits dargelegt, ist der Grundsatz der ortsnahen Wasserversorgung geeignet, die Erreichung der wasserwirtschaftlichen Ziele der Wasserrahmenrichtlinie zu unterstützen. Für die Bewirtschaftung unter den Anforderungen der Wasserrahmenrichtlinie wurden nach Anhang 1 des Wasserhaushaltsgesetzes Flussgebietseinheiten festgesetzt. Dort ist auch das Grundwasser als Hauptlieferant für das Trinkwasser mit einzubeziehen[377]. Daher ist die Frage der Versorgung aus ortsnahen Wasservorkommen auch in der Bewirtschaftung der Flussgebietseinheiten aufzunehmen, wonach das Wasserrecht für diese Gebiete generell ein Bewirtschaftungskonzept aufspannt. Zwar gibt die Wasserrahmenrichtlinie für den Begriff der Ortsnähe nichts her, weil sie diese Art der Versorgung nicht konkret benennt. Als Anhaltspunkt für eine mögliche Übertragung der in der Richtlinie angelegten Ansatzpunkte einer ortsnahen Wasserversorgung lässt sich aber etwa Erwägung 13 heranziehen, wonach aufgrund der unterschiedlichen Gegebenheiten und des unterschiedlichen Bedarfs innerhalb der Gemeinschaft spezifische Lösungen erforderlich seien. Bei der Planung und Durchführung von Maßnahmen zum Schutz und nachhaltigen Gebrauch von Wasser im Rahmen eines Einzugsgebiets ist diese Diversität zu berücksichtigen. Entscheidungen sollen auf einer Ebene getroffen werden, die einen möglichst direkten Kontakt zu der Örtlichkeit ermöglicht, in der Wasser genutzt oder durch bestimmte Tätigkeiten in Mitleidenschaft gezogen wird. Deshalb seien Maßnahmenprogramme, die sich an den regionalen und lokalen Bedingungen orientieren, vorgesehen und besonders zu berücksichtigen.

Hieraus ergibt sich, dass innerhalb der Bewirtschaftung der Flussgebietseinheiten durchaus eine ortsbezogene Bewirtschaftung vorgesehen ist, was auf eine ortsnahe Versorgung hinweisen kann. Solche Maßnahmen haben nach Vorstellung des Richtliniengebers regionalen oder lokalen Bezug. Da der Begriff der Region allerdings wie gezeigt nicht zielführend ist, richtet sich die Betrachtung auf den lokalen Bezug einer Maßnahme. Nun ist »lokal« aber keine andere Beschreibung für »ortsnah« und im Übrigen selbst ausfüllungsbedürftig. Insofern kann auch hier eine Gleichsetzung nicht erfolgen. Die Verwendung des Begriffs »lokal« deutet jedoch auf eine eher enge Ortsbezogenheit der Maßnahme hin, dies kommt ebenfalls in dem geforderten direkten Kontakt zu der betroffenen Örtlichkeit zum Ausdruck.

---

377 So bereits nach § 1b Abs. 3 WHG a.F. und nun § 7 Abs. 5 WHG. Art. 2 Ziffer 15 WRRL bestimmt zudem, dass eine Flussgebietseinheit aus einem oder mehreren benachbarten Einzugsgebieten und den ihnen zugeordneten Grundwässern und Küstengewässern besteht.

Für die Auslegung der Ortsnähe ist danach festzuhalten, dass sich auch insoweit die Betrachtung auf eine enge Bindung zum Versorgungsgebiet beschränkt.

X. Grenzen des Grundwasserkörpers als Definition der Ortsnähe?

Eine weitere Perspektive der Begriffsbestimmung lässt sich mittlerweile in § 88 Abs. 1 NdsWG finden. Danach definiert sich die Ortsnähe zunächst über die Gemeindegrenze. So soll nach § 88 Abs. 1 Nr. 1 NdsWG dasjenige Grundwasservorkommen ortsnah sein, in dessen auf die Erdoberfläche übertragenen Grenzen sich das mit dem entnommenen Wasser versorgte Gebiet wenigstens teilweise befindet. Dies entspricht einer restriktiven Auslegung des Ortsnähebegriffs im Sinne der kommunalrechtlichen Örtlichkeit. Darüber hinaus soll nach § 88 Abs. 1 Nr. 2 NdsWG aber auch dasjenige Wasservorkommen noch als ortsnah gelten, das an ein solches Wasservorkommen im Sinne des § 88 Abs. 1 Nr. 1 NdsWG angrenzt. Im Ergebnis wird damit die Unterscheidung von ortsnahen und entlegenen Wasservorkommen von den Gemeindegrenzen losgelöst und auf die (auf die Erdoberfläche übertragenen) Grenzen der Wasservorkommen übergeleitet.

Diese Lösung erscheint insoweit attraktiv, als danach hauptsächlich die natürlichen Gegebenheiten der Wasserversorgung maßgeblich sind und von daher keine rechtliche, sondern vielmehr eine tatsächliche Abgrenzung erfolgt. Hier wird der Umstand berücksichtigt, dass Grundwasserkörper sich nicht an bestehenden Gemeindegrenzen orientieren[378]. Allerdings ergibt sich hieraus auch das Problem dieser Betrachtung. Die Übertragung der »Ortsnähe« auf die natürlichen Grenzen auch des angrenzenden Grundwasservorkommens kann dem Gedanken der Verantwortungszuweisung an die Grundwassernutzer zuwiderlaufen. Intention des Bundesgesetzgebers war es, eine räumliche Verantwortungsverschiebung hin zu den Nutzern des in Anspruch genommenen Wasservorkommens zu erreichen. Dies setzt voraus, dass die Belastungen aus der Beanspruchung eines Wasservorkommens und ebenso die Verantwortung, die mit dessen Nutzung einhergehen, unmittelbar den jeweiligen Wassernutzer treffen. Idealerweise beschränkt

378 Vgl. Hasche in Giesbert/Reinhardt, BeckOK Umweltrecht, § 50 Rdnr. 9, zustimmend Gößl in Siedler/Zeitler, Wasserhaushaltsgesetz, § 50 Rdnr. 27.

sich danach die zulässige Wassernutzung auf das »eigene« Wasservorkommen, wie es so auch in § 88 Abs. 1 Nr. 1 NdsWG zum Ausdruck kommt. Die Erweiterung des zulässigen Einzugsgebiets auch auf das dem eigenen Wasservorkommen angrenzende Wasservorkommen verlagert dann aber sinnwidrig die möglichen Belastungen der Wasserentnahme auf dieses benachbarte Wasservorkommen[379].

Dabei ist auch zu beachten, dass Art und Lage eines Grundwasservorkommens nicht genau zu bestimmen ist, zudem kann sich ein solches über einen weiten Bereich erstrecken. Dies hat zur Folge, dass das zulässige Einzugsgebiet unverhältnismäßig weit ausgedehnt wird. Der Verweis auf das auch angrenzende Grundwasservorkommen ist daher schon für sich genommen unscharf, eine Erstreckung des möglichen Einzugsgebiets über mehrere Gemeindegrenzen hinaus ist hiernach möglich. Das Abstellen auf die Grenzen des Wasservorkommens kann somit im Ergebnis dem Ansatz der Ortsnähe zuwiderlaufen, eine möglichst kurze räumliche Distanz zu dem beanspruchten Wasservorkommen zu schaffen. Darüber hinaus könnten die spiegelbildlichen Belastungen der notwendigen Wasserentnahme aus dem eigenen Wasservorkommen für den Wassernutzer wegfallen, weil die Beeinträchtigung der eigenen Wasserqualität und Wassermenge durch Bodenversiegelung, Abwasserentsorgung oder sonstiger Boden- und daraus resultierender Grundwasserverunreinigung unbeachtlich bleibt, wenn das unter dem Aspekt der Ortsnähe zu nutzende Wasservorkommen bereits körperlich von dem kontaminierten Wasservorkommen getrennt ist und durch dieses ohne weiteres ersetzt werden kann. Die mit der ortsnahen Wasserversorgung gewünschte Selbstdisziplinierung aus Selbstinteresse[380] findet so nicht statt. Andererseits bleiben die Kommunen, die sich am Ort der eigentlichen Entnahme befinden, danach auch für die Wasserqualität der entlegenen Kommune verantwortlich, was dem Gedanken der ortsnahen Wasserversorgung ebenfalls nicht entspricht. Im Ergebnis führt diese Betrachtung unter Umständen zu einem unerwünschten Auseinanderfallen von Nutzen und Belastungen der ortsnahen Wasserversorgung. Dementsprechend ist dieser Ansatz nicht geeignet, die Anforderungen an die Ortsnähe abschließend befriedigend zu beschreiben.

---

379 Diese Problematik hat der Landesgesetzgeber jedoch in Kauf genommen, 13. NdsLT-Drucks. 15/3758, S. 12.

380 Hierzu Hendler/Grewing, „Der Grundsatz der ortsnahen Wasserversorgung im Wasserrecht“, in ZUR Sh 2001, 146 (148).

XI. Alternatives Normverständnis: Maßgabe des Grundwasserschutzes

Aufgrund der vorstehenden Auslegungsschwierigkeiten wird alternativ versucht, den Maßstab der »Ortsnähe« über das jeweils zur Nutzung beabsichtigte Grundwasservorkommen und das dafür einzuhaltende Schutzniveau zu bestimmen. Die hierzu vertretenen Auffassungen sollen zunächst dargestellt und anschließend kritisch bewertet werden.

1. Grundlage und Meinungsstand

Ausgangspunkt der diese Auslegungsvariante tragenden Auffassungen ist die zutreffende Erkenntnis, dass das Ausmaß der Ortsnähe sich weder mit allgemeinen Entfernungs- oder Flächenmaßen noch mit der Bezugnahme auf administrative Grenzen konkretisieren lässt[381]. Es komme bei dem Grundsatz der ortsnahen Wasserversorgung vielmehr auf den angestrebten Grundwasserschutz an, die Festlegung auf bestehende Gemeindegrenzen sei dagegen zu eng[382]. Hiernach stehe der bezweckte Grundwasserschutz im Vordergrund, jener müsse bei der Versorgung aus einem bestimmten Wasservorkommen gewährleistet werden[383]. Danach sei auf die jeweilige Lage, Größe und Schutzwürdigkeit des zu beanspruchenden Grundwasservorkommens abzustellen[384]. Die Entfernung des Wasservorkommens zum Ort der Versorgung bleibe dagegen zunächst unbeachtlich. Solange der Grundwasserschutz gewährleistet ist, wäre damit die Versorgung auch aus entfernten Wasservorkommen zulässig. Anders sei dies nur, wenn sich ein an-

---

381 Reinhardt, „Neuere Entwicklungen im wasserhaushaltsgesetzlichen Bewirtschaftungssystem“, in NuR 2004, 82 (88), in Grundzügen wohl auch Hasche, „Das zweistufige Bewirtschaftungsermessen im Wasserrecht“, in ZfR 2004, 144 (172).

382 Hasche in Giesbert/Reinhardt, BeckOK Umweltrecht, § 50 Rdnr. 9. Ebenso Gößl in Siedler/Zeitler, Wasserhaushaltsgesetz, § 50 Rdnr. 27.

383 Hasche, „Das zweistufige Bewirtschaftungsermessen im Wasserrecht“, in ZfR 2004, 144 (172). Derselbe in Giesbert/Reinhardt, BeckOK Umweltrecht, § 50 Rdnr. 9, wobei er allerdings zu weit gehend meint, die Anknüpfung an den räumlichen Aspekt sei nicht Sinn und Zweck des Nähegrundsatzes.

384 Reinhardt, „Neuere Entwicklungen im wasserhaushaltsgesetzlichen Bewirtschaftungssystem“, in NuR 2004, 82 (88).

deres geeignetes Wasservorkommen näher am Versorgungsgebiet befände[385]. In diesem Sinne genüge es, dass ein räumlicher Zusammenhang mit dem Versorgungsgebiet besteht[386], was freilich für die Auffüllung des Begriffs Ortsnähe keine weitere Erkenntnis bringt.

Daher wird teilweise der Begriff der Ortsnähe mit dem Begriff des regionalen Gewinnungs- und Versorgungsraums, welcher allerdings ebenfalls zur Beschreibung der ortsnahen Wasservorkommen ungeeignet ist, synonym verstanden[387]. Demgegenüber soll nach einer engeren Auffassung bereits der Zugriff auf Wasser aus den unmittelbar angrenzenden Gemeindegebieten nur ausnahmsweise möglich sein, wobei jedoch die Beschränkung der Ortsnähe auf das originäre Gemeindegebiet ausdrücklich nicht angenommen wird[388]. Gemeinsamer Ausgangspunkt bleibt aber, dass maßgeblich darauf abgestellt wird, mit der Versorgung aus dem Wasservorkommen müsse vor allem die Beachtung des Grundwasserschutzes einhergehen; dieser müsse vorrangig ausreichend gewährleistet sein[389]. Die Anknüpfung an den Begriff der Örtlichkeit sei dagegen nicht wesentlich für den Nähegrundsatz[390].

In einer weiteren Variante wird insoweit auf die zu erwartende Wasserbilanz einer Region abgestellt. Die Auslegung des Begriffs »Ortsnähe« orien-

---

385 Hasche, „Das zweistufige Bewirtschaftungsermessen im Wasserrecht", in ZfR 2004, 144 (172).

386 Hasche in Giesbert/Reinhardt, BeckOK Umweltrecht zum WHG 2002, § 1a Rdnr. 25.

387 Hasche in Giesbert/Reinhardt, BeckOK Umweltrecht zum WHG 2002, § 1a Rdnr. 25.

388 Reinhardt, „Neuere Entwicklungen im wasserhaushaltsgesetzlichen Bewirtschaftungssystem", in NuR 2004, 82 (88).

389 Hasche, „Das zweistufige Bewirtschaftungsermessen im Wasserrecht", in ZfR 2004, 144 (172), ebenso Reinhardt, „Neuere Entwicklungen im wasserhaushaltsgesetzlichen Bewirtschaftungssystem", in NuR 2004, 82 (88).

390 Hasche, „Das zweistufige Bewirtschaftungsermessen im Wasserrecht", in ZfR 2004, 144 (172), und ebenso in Giesbert/Reinhardt, BeckOK Umweltrecht zum WHG 2002, § 1a Rdnr. 25, wobei es auch nach Hasche für die Ortsnähe ohnehin nicht auf den Sitz des Wasserversorgers ankommt. Maßgeblich für die ortsnahe Wasserversorgung sei allein die räumliche Distanz zwischen dem Wasservorkommen und dem Versorgungsgebiet, nicht die Distanz zwischen dem Entsorger und dem Wasservorkommen oder dem Versorgungsgebiet.

tiere sich stark an wasserwirtschaftlichen Kriterien. Hier sei eine ganzheitliche Sichtweise angezeigt, bei der Betrachtung der öffentlichen Wasserversorgung müsse daher die hierdurch beeinflusste Wasserbilanz berücksichtigt werden. Tragender Gedanke ist dabei, dass durch die Entnahme von Wasser aus entlegenen Orten dort in die Wasserbilanz eingegriffen werde, ohne dass verbrauchtes Wasser dem Ort der Entnahme wieder zugeführt wird. Insofern fände ein »tatsächlicher« Ressourcenverbrauch statt, weil die Wasserbilanz am Entnahmeort nicht ausgeglichen ist. Dies soll verhindert werden, weswegen das Erfordernis der Ortsnähe – unter Berücksichtigung der Vorgaben der Wasserrahmenrichtlinie – an der *»Abgrenzung eines flussgebietsbezogenen Wasserkörpers, u.U. auch kleinräumiger Teileinzugsgebiete, und dessen Bilanzen«* festzumachen sei. Ist die Bilanz ausgeglichen, soll eine Wasserentnahme zulässig sein, andernfalls nicht. Letzteres soll bei dem Wassertransport über Flussgebietsgrenzen hinaus stets problematisch sein[391].

2. Stellungnahme

Dieser lediglich im Ansatz richtigen Auffassung kann nicht gefolgt werden, dies aus mehreren Gründen.

a) Abkehr von dem örtlichen Bezug der Wasservorkommen

Beizupflichten ist zwar, dass der Grundwasserschutz wesentliches Ziel des wasserrechtlichen Nähepostulats ist. Seine Instrumentarien sind aber gerade die Verantwortungszuweisung an die jeweiligen Kommunen – Mittel der Verantwortungszuweisung ist der Verweis auf die den Kommunen ortsnahen Wasservorkommen zur Deckung des eigenen Wasserbedarfs. Demgegenüber schlägt sich der hier angesprochene Grundwasserschutz schon in der gemeinwohlintendierten Abwägung innerhalb der Gestattungsprüfung nieder und war dort bereits vor Einführung einer gesetzlich angeordneten ortsnahen Wasserversorgung stets zu beachten. Insoweit müsste man annehmen, dass der Nähegrundsatz keine weitere Anforderung in das Wasserhaushaltsgesetz eingebracht hat. Hiervon ist aber nicht auszugehen, schon

---

391 Hierzu insgesamt Hünnekens in Landmann/Rohmer, Umweltrecht, § 50 WHG Rdnr. 20.

weil der Grundsatz der ortsnahen Wasserversorgung sich gerade nicht in einer bloßen Programmatik erschöpft. Daher kann zwar noch der Ansicht entsprochen werden, nach der unter der Doktrin der Ortsnähe bereits der Zugriff auf entlegene Wasservorkommen nur ausnahmsweise zulässig sein soll. Die weite Auffassung, welche anstelle des Gemeindebezugs den Begriff Gewinnungs- oder Versorgungsraum zugrunde legt, hebt die Idee der ortsnahen Wasserversorgung indes auf[392].

Die hiernach vorzunehmende Bestimmung der ortsnahen Wasservorkommen wendet sich im Ergebnis von dem Merkmal der Ortsnähe ab. Bezeichnenderweise stellt deswegen auch Hünnekens für die Unterscheidung anhand der Wasserbilanz selbst fest, dass hierdurch eine räumliche Umgrenzung der zulässigen Einzugsgebiete nicht erfolgt. Vielmehr bleibt die Frage nach der zulässigen Inanspruchnahme unbeantwortet[393].

Gegen die Ausführungen ist weiter gemeinsam zu richten, dass die Frage der Vereinbarkeit der beabsichtigten Wassernutzung mit den hierdurch angestrebten Aspekten des Grundwasserschutzes unzulässig vermengt wird und sie von daher bereits systematisch ungenau sind. Zudem stehen sie im Widerspruch zu dem klaren Wortlaut des § 50 Abs. 2 WHG: der Gesetzgeber hat in § 50 Abs. 2 WHG expressis verbis den geographischen Bezug der Ortsnähe vorgegeben. Wenngleich er dabei die Konkretisierung des Begriffs versäumt, wird doch deutlich, dass er für die Entscheidung für und wider einer Wasserentnahme der öffentlichen Wasserversorgung auf ein relatives Näheverhältnis zwischen dem Ort der Wasserentnahme und seines Verbrauchs abstellt. Hierfür ist wegen der nachfolgenden wasserwirtschaftlichen Restriktionen noch nicht auf die Belange des Grundwasserschutzes zurückzugreifen. Tatsächlich können diese erst als zweite, regulierende

---

392 Gleichwohl relativiert Hasche seine Auffassung im Folgenden, wenn er weiterhin zwischen Fernwasserversorgung und ortsnaher Wasserversorgung unterscheidet, wobei er insbesondere die Verlagerung auf das ortsnächste Wasservorkommen präferiert. Insgesamt bleibt es dann aber dabei, dass der Grundsatz der ortsnahen Wasserversorgung nicht konkret dargestellt ist.

393 Siehe Hünnekens in Landmann/Rohmer, Umweltrecht, § 50 WHG Rdnr, 20. Hinzu kommt gegen diese Begriffsauslegung, dass die möglicherweise ebenso negativen Folgen der Wasserbilanz auch bei der Entnahme innerhalb von Flussgebietsgrenzen nicht berücksichtigt werden und ebenso wenig der bilanzausgleichende Wasserzufluss am Entnahmeort. Das Abstellen auf den bloßen Eingriff in die Wasserbilanz ist insoweit aus wasserwirtschaftlicher Sicht nicht aussagekräftig.

Stufe bei der Entscheidung über die Nutzung eines ortsnahen Wasservorkommens zur Sprache kommen, das es aber zunächst zu bestimmen gilt. Hierzu zeichnet § 50 Abs. 2 WHG ein Regel-Ausnahme-Verhältnis für die zulässigerweise nutzbaren Wasservorkommen vor. Richtigerweise ist danach zunächst festzulegen, welche Wasservorkommen konkret ortsnah im eigentlichen Sinne sind. Die Unterscheidung zwischen ortsnahen und ortsfernen Wasservorkommen ist für den Nähegrundsatz maßgeblich und direkter Ausdruck des Regel-Ausnahme-Verhältnisses von ortsnaher Wasserversorgung und Fernwasserversorgung[394].

b) Rechtlicher Zirkelschluss

Stellt man zur Erfüllung des Näheerfordernisses auf den Grundwasserschutz ab, kommt dies einem Zirkelschluss gleich. Denn das wasserrechtliche Näheprinzip ist nur ein Instrument zur Erreichung eines flächendeckenden Grundwasserschutzes, dieser ist also das Ziel des Regelungsansatzes. Zur Erreichung dieses Ziels hat der Gesetzgeber unter anderem den Grundsatz der ortsnahen Wasserversorgung im Wasserhaushaltsgesetz aufgenommen, der gerade das räumliche Kriterium der öffentlichen Wasserversorgung in den Vordergrund rückt. Insgesamt unterliegt der Grundsatz damit zwar den Anforderungen des Grundwasserschutzes. Er ist aber nicht von daher zu bestimmen, sondern will diesen erst erreichen.

Überhaupt ist der zentrale Hinweis auf die wasserschützende Intention des Nähegrundsatzes hier verfehlt. Denn ob die Beanspruchung eines ortsnahen Wasservorkommens mit diesem wasserschützenden Anspruch vereinbar ist, ist eine Frage der Gestattungsfähigkeit. Diese beantwortet sich im Rahmen der Prüfung der Gemeinwohlverträglichkeit der beabsichtigten Nutzung. Erst zu diesem Zeitpunkt ist also festzustellen, »ob« durch die Nutzung eines bestimmten Wasservorkommens u.a. eine Beeinträchtigung des qualitativen und quantitativen Zustandes des Grundwassers erkennbar ist. Entsprechendes gilt für die Frage, ob Qualität und Quantität des Wasservorkommens dem Wasserbedarf der öffentlichen Wasserversorgung genügen oder ob die Wasserbilanz am Entnahmeort ausreichend ausgeglichen ist. Zu dieser bereits in dem Nähegrundsatz angelegten Abwägung gelangt man

---

394 Vgl. hierzu unten, 4. Teil, D. I. Regel-Ausnahme-Verhältnis zu Gunsten der ortsnahen Wasserversorgung.

aber erst, wenn ein ortsnahes Wasservorkommen für die öffentliche Wasserversorgung in Betracht kommt. Auf die Größe und Schutzwürdigkeit des jeweiligen Wasservorkommens ist demnach erst nachrangig abzustellen. Zuvor ist rein tatsächlich festzulegen, welches Wasservorkommen überhaupt zur Nutzung herangezogen werden soll. Würde man dagegen die ortsnahen Wasservorkommen über die Leistungsfähigkeit der zur Verfügung stehenden Grundwasservorkommen her bestimmen, hieße dies den zweiten Schritt vor dem ersten zu machen – soweit das Grundwasser nicht beeinträchtigt wäre, könnte nämlich jedes (auch entlegene) Wasservorkommen genutzt werden. Ersichtlich hatte auch der Normgeber diese Interpretation des Nähebegriffs nicht im Blick. Zudem würde das gesetzlich vorgezeichnete Regel-Ausnahme-System zu Gunsten der ortsnahen Wasserversorgung verwischt.

c) Edukatorische Funktion der ortsnahen Wasserversorgung

Insgesamt berücksichtigt dieser Ansatz auch die durch den Grundsatz einer ortsnahen Wasserversorgung beabsichtigte Nutzungsverschiebung hin zu den Wassernutzern als maßgeblichen Ausdruck des umweltrechtlichen Verursacherprinzips nicht ausreichend. Dem Nähegrundsatz liegt eine stark edukatorische Funktion zugrunde, tragendes Element des mit dem Nähepostulat beabsichtigten Grundwasserschutzes ist die möglichst geringe Beanspruchung desselben. Im Vordergrund steht insoweit eine »Selbstdisziplinierung aus Selbstinteresse«[395]. Hiervon bleibt aber wenig übrig, wenn man anstelle des Nähebezugs zu den Wassernutzern die Leistungsfähigkeit des jeweils beanspruchten Wasservorkommens in den Vordergrund rückt und gerade solche Wasservorkommen für die öffentliche Wasserversorgung freigibt, die aufgrund ihrer Leistungsfähigkeit offenkundig keine Selbstdisziplinierung von den Wassernutzern fordern.

d) Fehlende Stringenz bei der Auswahl geeigneter Wasservorkommen

Schließlich wird übersehen, dass es anders als im Bereich der ortsnahen Wasserversorgung gerade Wesen der Fernwasserversorgung ist, aus relativ

395 So ausdrücklich Hendler/Grewing, „Der Grundsatz der ortsnahen Wasserversorgung im Wasserrecht", in ZUR Sh 2001, 146 (148).

großen Wasservorkommen eine Vielzahl von Gemeinden zu versorgen. Diese Charakteristik wird hier unzulässig auf den Maßstab der ortsnahen Wasserversorgung übertragen. Folge jener Sichtweise ist es, dass der Nähegrundsatz ins Leere läuft. Wohl auch deswegen wird darauf abgestellt, wenn aber ein ortsnahes Wasservorkommen vorhanden sei, müsse dies vorrangig genutzt werden – ohne freilich eine Annäherung an den Begriff der Ortsnähe vorzugeben[396]. Eine rechtssichere Ausfüllung des Begriffs »ortsnah« erfolgt damit insgesamt nicht. Aus systematischer Sicht trägt hier auch die Andeutung eines wasserrechtlichen Näheprinzips – offenbar anstelle einer festen Größe der Ortsnähe – nicht weiter[397]. Insgesamt bleibt es also dabei, dass eine fassbare Grenze für das Merkmal Ortsnähe zu bestimmen ist, von wo aus rechtssicher für und gegen eine bestimmte Art der Wasserversorgung entschieden werden kann. Dies vermögen die hier diskutierten Auffassungen nicht zu konkretisieren.

XII. Auflösung: Zweckmäßige Orientierung an den Grenzen der unmittelbar angrenzenden Gemeinde

Insgesamt ist festzustellen, dass jede denkbare Variante einer möglichen obersten Grenze des Ortsnähebegriffs nicht in vollem Umfang als Maßstab an die Wirklichkeit angelegt werden kann. Regelmäßig scheitert eine eindeutige Zuordnung, weil bestimmte Aspekte bei dem Zugriff auf ein Wasservorkommen nicht berücksichtigt werden können. Die Orientierung an einem äußersten, zulässigen Maß der Ortsnähe ist für die Umsetzung des Nähegrundsatzes aber unerlässlich. Es ist eine scharfe Grenze zwischen den regelmäßig zulässig nutzbaren ortsnahen Wasservorkommen und den nur eingeschränkt zu beanspruchenden entlegenen Wasservorkommen zu zie-

---

396 So jedenfalls Hasche, „Das zweistufige Bewirtschaftungsermessen im Wasserrecht“, in ZfR 2004, 144 (172), der allerdings wenigstens andeutet, dass diese Wasservorkommen dann örtlich oder regional sein müssten, obgleich der Anknüpfung an den Begriff der Örtlichkeit widersprochen wird. Insgesamt bleibt Hasche aber die Aufklärung des Begriffs der Ortsnähe schuldig.

397 So weist Hasche, „Das zweistufige Bewirtschaftungsermessen im Wasserrecht“, in ZfR 2004, 144 (172) auf die zumutbar in Anspruch zu nehmenden näheren Wasservorkommen hin. Zu der Inkompatibilität des entsprechenden abfallrechtlichen Näheprinzips als alleinigen Ausdruck des wasserrechtlichen Näheansatzes jedoch bereits ausführlich oben, 4. Teil, C. IV. Vergleich mit dem abfallrechtlichen Näheprinzip.

hen. Wenn keine solche Grenze besteht, also der Übergang zwischen ortsnaher Wasserversorgung und Fernwasserversorgung gleichsam fließend ist, können die besonderen Anforderungen der ortsnahen Versorgung gegenüber der Zulässigkeit der Fernwasserversorgung nur in Fällen unbestreitbar langer Transportwege ohne weiteres Anwendung finden. In den Bereichen, wo eine solch deutliche Trennung nicht besteht, wird die Anwendung des Nähegrundsatzes dagegen immer kontrovers zu diskutieren sein.

Aus diesem Grund ist aus den bisher aufgezeigten Alternativen diejenige Lösung zu wählen, die einem funktionsfähigen Nähegrundsatz am nächsten kommt. Ausgangspunkt des (ungeschriebenen) Grundsatzes der ortsnahen Wasserversorgung war seine grundwasserschützende Intention. In Anlehnung an das umweltrechtliche Verursacherprinzip sowie aus vorbeugenden Erwägungen heraus soll ein möglichst hohes Schutzniveau des beanspruchten Grundwassers dadurch erreicht werden, dass grundsätzlich die jeweiligen Wassernutzer ihr »eigenes« Wasservorkommen in Anspruch nehmen. Besinnt man sich auf diese Kernaussage des Prinzips der ortsnahen Wasserversorgung – nämlich die Verantwortungszuweisung an die jeweiligen Wassernutzer – kann die räumliche Umsetzung der Ortsnähe denknotwendig nur in unmittelbarer Nähe des Versorgungsgebiets angesiedelt sein[398]. Dabei mag es zwar noch angehen, dass auch der Zugriff auf Wasser der übernächsten Gemeinde eine gewisse Verantwortungszuweisung an die Wassernutzer mit sich bringt. So kann etwa jenes entlegene Gemeindegebiet der wassernutzenden Gemeinde zur Naherholung dienen. Diese nur mittelbare Verantwortungszuweisung an die versorgte Kommune ist jedoch nicht ausreichend für die Verantwortungszuweisung im Sinne des umweltrechtlichen Verursacherprinzips, auf das der Grundsatz der ortsnahen Wasserversorgung rekurriert[399]. Zweckmäßig, wenn auch nicht abschließend befriedigend, erscheint daher insgesamt der Rückgriff auf die Grenze der unmittelbar angrenzenden Gemeinde als äußerte zulässige Entfernung des ortsnahen Wasservorkommens. Konsequenterweise ist damit der Zugriff

398 So stellt wohl auch Reinhardt, „Neuere Entwicklungen im wasserhaushaltsgesetzlichen Bewirtschaftungssystem", in NuR 2004, 82 (88), im Ergebnis auf diesen Kerngedanken des Nähegrundsatzes ab, wenn er bereits die Zulässigkeit des Zugriffs auf Wasser der angrenzenden Gemeinden in Frage stellt. Zu der räumlich engen Verzahnung der Wasservorkommen mit dem Ort der Versorgung Kotulla, Wasserhaushaltsgesetz, 2. Auflage, § 50 Rdnr. 7.

399 Hierzu bereits Hendler/Grewing, „Der Grundsatz der ortsnahen Wasserversorgung im Wasserrecht", in ZUR Sh 2001, 146 (148); Kibele, „Paradigmenwechsel in der Wasserwirtschaft", in VBlBW 1997, 121 (122).

auf außerhalb jener Grenzen des eigenen und angrenzenden Gemeindegebiets liegende Wasservorkommen als Nutzung entlegener Wasservorkommen zu werten. Die hieraus resultierenden praktischen Schwierigkeiten dürften eher gering sein. Der Zugriff auf entlegene Wasservorkommen ist ohnehin eröffnet, wenn ein geeignetes ortsnahes Wasservorkommen nicht vorhanden ist.

XIII. Optimierungsgebot der ortsnahen Wasserversorgung

Nachdem so eine klare Abgrenzung der regelmäßig zulässigen ortsnahen Wasserversorgung nachvollziehbar ist, ist auf den Optimierungsgedanken der (ortsnahen) Wasserversorgung zurückzukommen. Durch die Vorgabe der Ortsnähe werden die zulässigerweise nutzbaren Wasservorkommen zwar zahlenmäßig eingegrenzt. Trotzdem kann in vielen Gebieten eine Vielzahl möglicher Wasservorkommen zur Bedarfsdeckung in Betracht kommen. Es stellt sich damit die Frage, ob aus dem Gedanken der ortsnahen Wasserversorgung ein dem Abfallrecht entsprechendes Optimierungsgebot herzuleiten ist[400], wonach die Auswahl der zur Verfügung stehenden Wasservorkommen weiter eingegrenzt wird. Dies kann sowohl innerhalb der bereits als ortsnah gekennzeichneten Wasservorkommen erfolgen als auch bei dem Zugriff auf entlegene Wasservorkommen zum Tragen kommen. Sofern ein Optimierungsgebot besteht, stellt sich dann auch die Frage nach dessen konkreter Wirkung im Zusammenhang mit der Auswahl der Wasservorkommen.

1. Herleitung und Grenzen

Ansatzpunkt einer ortsnahen Wasserversorgung ist neben einer edukatorischen Zuweisung des eigenen Wasservorkommens an die Wassernutzer eine insgesamt umweltschützende Grundhaltung. Der angestrebte Schutz der für die Trinkwasserversorgung wichtigen Grundwasservorkommen bildet hier nur einen Aspekt. Dabei ist es für die Verantwortungszuweisung an die Kommunen zwar eher unbeachtlich, ob bei verschiedenen zur Auswahl stehenden Wasservorkommen das nächstliegendste gewählt werden muss,

---

400 Zu dem Näheprinzip des (europäischen) Abfallrechts bereits oben, 4. Teil, C. IV. Vergleich mit dem abfallrechtlichen Näheprinzip.

solange die Anforderungen der ortsnahen Versorgung insgesamt gewahrt bleiben. In Anbetracht der für den Wassertransport notwendigen Leitungswege und des hierfür erforderlichen Energieaufwands bleibt aber der kürzeste Transportweg die ideale Lösung. Dies gilt entsprechend für die mit dem Leitungsbau und deren Unterhaltung einhergehenden Eingriffe in Natur und Landschaft. Hierdurch konkretisiert sich der Gedanke, dass die räumliche Distanz zwischen dem Ort des Wasservorkommens und dem Versorgungsgebiet möglichst gering zu halten ist. Die möglichst nahe Verbindung von Wasservorkommen und Wassernutzern ist zudem dazu geeignet, Spannungen zwischen mehreren Kommunen bei dem Zugriff auf ein bestimmtes Wasservorkommen zu verhindern[401]. Idealerweise ist daher dasjenige Wasservorkommen für die Versorgung zu wählen, das im Versorgungsgebiet, jedenfalls aber dem Versorgungsgebiet am nächsten liegt. In diesem Sinne darf von einem wasserrechtlichen Näheprinzip gesprochen werden[402].

Allerdings stellt § 50 Abs. 2 WHG über die Verpflichtung zur Bedarfsdeckung aus ortsnahen Wasservorkommen hinaus keine weitergehende Anforderung. Die Vorgabe der Ortsnähe selbst zeichnet also keine weitere Optimierung bei der Wahl der Wasservorkommen vor[403]. Dies ist mit der gesetzlichen Wertung auch nicht erforderlich, weil mit der Nutzung der nah angegliederten Wasservorkommen für die Zielvorstellung der »Selbstdisziplinierung durch Selbstinteresse« und dem damit einhergehenden Trinkwasserschutz alles Erforderliche getan ist. Eine weitergehende Optimierungsanforderung kann diesen angestrebten Zweck der ortsnahen Wasserversorgung nicht besser erreichen, weswegen die daraus resultierenden Belastungen für die öffentliche Wasserversorgung unverhältnismäßig wären. Damit scheidet hier eine weitergehende Optimierung des Näheprinzips aus.

---

401 Hierzu insgesamt auch 1. Teil, B. VI. Abgrenzung der nutzbaren Wasservorkommen.

402 Kotulla, Wasserhaushaltsgesetz, 2. Auflage, § 50 Rdnr. 6. Zu dem Begriff derselbe bereits in „Die staatliche Verantwortung für den Gewässerschutz und die Wasserversorgung“ anlässlich der Umweltrechtstage 2001, Tagungsband des MUNLV NRW „Staatlicher und Europäischer Umweltschutz im Widerstreit“, 149 (166).

403 Hasche in Giesbert/Reinhardt, BeckOK Umweltrecht zum WHG 2002, § 1a Rdnr. 25.

2. Relativer Nähevorrang innerhalb der Fernwasserversorgung

Allerdings ist auch die Versorgung aus entlegenen Gebieten mit den Aspekten, die für die Nutzung möglichst nahegelegener Wasservorkommen sprechen, zu konfrontieren. Es kann jedenfalls nicht angenommen werden, dass die Verpflichtung zur möglichst ressourcenschonenden und nahegelegenen Wasserversorgung generell aufgehoben ist, wenn die gesetzlich vorgezeichnete Versorgung aus ortsnahen Gebieten überwunden wurde. Die zwingende Fortführung der vorgenannten Überlegungen zu den umweltschützenden Grundlagen der ortsnahen Wasserversorgung gebietet die Übertragung des Näheprinzips auf jegliche öffentliche Wasserversorgung. Konsequenterweise darf der Ansatz der ortsnahen Wasserversorgung danach nicht übergangen werden, wenn in unmittelbarer Nähe des Versorgungsgebiets kein geeignetes Wasservorkommen zu finden ist. Insbesondere wenn das Wasser zwangsläufig über weite Entfernungen transportiert werden soll, ist darauf hinzuwirken, die Leitungswege möglichst kurz zu halten. Es ist demgegenüber nicht vorstellbar, dass ein Wasserversorger zur Deckung seines Bedarfs auf jedes noch so entfernte Wasservorkommen zugreifen kann, wenn erst die Hürde des § 50 Abs. 2 WHG überwunden wurde. Vielmehr muss ein Nähevorrang erst recht auch für die nur unter bestimmten Voraussetzungen zulässige Fernwasserversorgung gelten. Das wasserrechtliche Näheprinzip beschränkt sich demnach vernünftigerweise nicht allein auf die Inanspruchnahme der ortsnahen Wasservorkommen, sondern trägt im Rahmen der Fernwasserversorgung fort.

Aber nicht nur die lediglich ausnahmsweise Zulässigkeit des Zugriffs auf entlegene Wasservorkommen lässt diesen Schluss zu. Auch die ratio des § 50 Abs. 2 WHG gebietet eine entsprechende Sichtweise. Hauptinteresse einer Fernwasserversorgung ist die Bedarfsdeckung aus qualitativ und quantitativ ansprechenden Wasservorkommen, wie sie in jenen Fällen ortsnah nicht möglich ist. Insoweit stellt die Fernwasserversorgung einen notwendigen Kompromiss zwischen den Anforderungen einer nachhaltigen, grundwasserschützenden öffentlichen Wasserversorgung und dem Bedürfnis der Allgemeinheit nach der Versorgung mit qualitativ hochwertigem Wasser in ausreichender Menge dar. Zwar sind die strengen Anforderungen der ortsnahen Wasserversorgung im Fall der Zulässigkeit der Fernwasserversorgung bereits überwunden und darum so nicht mehr heranzuziehen. Deswegen wird man den Nutzungsaspiranten auch nicht ohne weiteres auf ein bestimmtes (nahes) Wasservorkommen verweisen können, wenn er die strengere Vorgabe des wasserrechtlichen Nähegrundsatzes bereits hinter sich gelassen hat. Aus dem Gesetz ergibt sich insoweit nicht, dass der Wassernutzer bei dem Zugriff auf entlegene Wasservorkommen besondere Beeinträchtigungen hinzunehmen hat. Eine entsprechende Anforderung ergibt sich aber aus den allgemeinen Vorgaben der Gewässerbewirtschaftung, die im Rahmen des § 50 Abs. 2 WHG beachtlich sind. Danach ist stets eine Orientierung hin zu möglichst kurzen Transportwegen für das Wasser geboten[404].

Andernfalls wäre die Idee der Verantwortungszuweisung an die öffentliche Wasserversorgung als Wassernutzer, wie § 50 Abs. 2 WHG sie vorzeichnet, gänzlich preisgegeben. In diesem Zusammenhang darf auch nicht vergessen werden, dass die Fernwasserversorgung trotz der Entfernung zum Versorgungsort öffentliche Wasserversorgung bleibt, für die § 50 Abs. 2 WHG eine besondere Regelung trifft. Freilich ergibt sich hier aber eine Verantwortungszuweisung nicht mehr aus der unmittelbaren Nähe des beanspruchten Wasservorkommens. Insoweit macht es kaum einen Unterschied, ob das beanspruchte Wasservorkommen mehr oder weniger entlegen ist. Wesen der Fernwasserversorgung ist es ohnehin, dass grundsätzlich Wasser aus einer anderen Region beansprucht wird. Die hieraus resultierenden Lasten der Nutzung und die Folgen für Natur und Landschaft am Entnahmeort betreffen daher die Wassernutzer regelmäßig nicht. Dennoch bleiben die Vorgaben des Verursacherprinzips im Übrigen zu beachten. Die Nutzer eines entlegenen Wasservorkommens tragen die Verantwortung für dessen ordnungsgemäße und sinnvolle Bewirtschaftung. Die Versorgung aus einem bestimmten, nun entlegenen Wasservorkommen ist aus diesen Gründen nicht ohne weiteres hinnehmbar, wenn ein anderes, gleich geeignetes Wasservorkommen näher am Versorgungsgebiet gelegen ist[405]. Insofern

404 Insoweit ist richtigerweise schon früh von einer möglichst ortsnahen Wasserversorgung gesprochen worden, Kibele, „Paradigmenwechsel in der Wasserwirtschaft", in VBlBW 1997, 121 (123) unter Bezugnahme auf Lübbe-Wolff, „Wasserschutzgebiete bei vorhandener Bebauung" in ZUR 1994, 177 (183) und Salzwedel, „Ausweisung von Wasserschutzgebieten und verwaltungsgerichtliche Nachprüfung", in ZfW 1992, 397 (402).

405 So im Ansatz wohl auch Hasche, „Das zweistufige Bewirtschaftungsermessen im Wasserrecht", in ZfR 2004, 144 (172), der aber die notwendige Unterscheidung von Fernwasserversorgung und der Versorgung aus ortsnahen Wasservorkommen aufgibt, soweit ein ausreichender Grundwasserschutz erkennbar sei. Deutlicher dann in Giesbert/Reinhardt, BeckOK Umweltrecht zum WHG 2002, § 1a Rdnr.

kann von einem relativen Nähevorrang gesprochen werden, weswegen auch die Fernwasserversorgung dem wasserrechtlichen Näheprinzip unterworfen bleibt.

3. Subsidiarität der Fernwasserversorgung

Abschließend bleibt zu klären, wie zu verfahren ist, wenn das ortsnahe Wasservorkommen allein zur Bedarfsdeckung der öffentlichen Wasserversorgung nicht ausreicht, also der Zugriff auf ortsferne Wasservorkommen dem Grunde nach indiziert ist. Aufgrund der prinzipiellen Bindung an die ortsnahen Wasservorkommen wird aus dem Optimierungsgebot zu fordern sein, dass hier die ortsnahe Wasserversorgung soweit wie möglich erfolgt und lediglich durch eine solche aus entlegenen Gebieten ergänzt wird[406]. Dies trägt dem Gedanken der örtlichen Verbundenheit mit dem Wasservorkommen am ehesten Rechnung. Eine entsprechende Regelungsstruktur ist bereits wörtlich in dem Nähegrundsatz angelegt: danach ist das Abweichen von einer ortsnahen Versorgung nur zulässig, »soweit« Belange des Wohls der Allgemeinheit entgegenstehen. Soweit demgegenüber die Belange des Gemeinwohls nicht betroffen sind, bleibt es also bei der Vorgabe einer ortsnahen Wasserversorgung. Hieraus folgt, dass auf entlegene Wasservorkommen regelmäßig nur zur teilweisen Bedarfsdeckung zugegriffen werden kann, wenn im Übrigen ein ausreichendes eigenes Wasserdargebot besteht. Die Fernwasserversorgung ist damit grundsätzlich subsidiär zu einer ortsnahen Wasserversorgung.

4. Sonderfall: Zusammenschluss angrenzender Gemeinden

Anstelle einer reinen Fernwasserversorgung kann aus wasserwirtschaftlichen Gründen der Anschluss an beziehungsweise die Gründung einer gemeinsamen Wasserversorgung angezeigt sein. In diesem Sinne steht der

---

25, wobei Hasche jedoch ein so verstandenes Optimierungsgebot lediglich als Ausdruck des Regel-Ausnahme-Verhältnisses der ortsnahen Wasserversorgung zur Fernwasserversorgung erkennt.

406 So schon Kibele, „Paradigmenwechsel in der Wasserwirtschaft", in VBlBW 1997, 121 (124); ebenso Gößl in Siedler/Zeitler, Wasserhaushaltsgesetz, § 50 Rdnr. 30.

Grundsatz der ortsnahen Wasserversorgung dem Zusammenschluss mehrerer Gemeinden zur Wasserversorgung grundsätzlich nicht entgegen[407], der eine vorzugswürdige Alternative zu einer Fernwasserversorgung sein kann. In Betracht kommt hier die Gruppenwasserversorgung als Bindeglied zwischen der ortsnahen Wasserversorgung und der Fernwasserversorgung. Voraussetzung der Vereinbarkeit mit dem Näheprinzip ist allerdings, dass eine (ausschließliche) ortsnahe Wasserversorgung nicht möglich ist und die Versorgung dezentral erfolgt. Der Zusammenschluss mehrerer Kommunen eines Gebiets zur gemeinsamen Versorgung trägt dann der Verantwortungszuweisung Rechnung, indem alle beteiligten Kommunen an der Versorgung aus den Wasservorkommen in ihrem Gebiet teilhaben. Sie tragen daher auch gemeinsam die Lasten der Wassernutzung in diesem Gebiet, so dass die angesprochene »Selbstdisziplinierung aus Selbstinteresse« hier forträgt. Insgesamt kann daher erwartet werden, dass die dezentrale Gruppenwasserversorgung einem ressourcenschonenden Umgang mit den eigenen Wasservorkommen zuträglich ist. Gegenüber der Fernwasserversorgung ist die Gruppenwasserversorgung in der Lage, die Leitungswege zu den einzelnen Wassernutzern möglichst gering zu halten und vorhandene regionale Ressourcen effektiv zu nutzen. Sie trägt damit dort, wo eine ortsnahe Wasserversorgung nicht möglich ist, dem räumlichen Kriterium am ehesten Rechnung. Insoweit ist sie auch Ausdruck des wasserrechtlichen Optimierungsgebots. Aufgrund der dezentralen Struktur wird darüber hinaus das Wasser möglichst am Versorgungsort entnommen. Dies entspricht schließlich weitestgehend dem Prinzip der Eigenverantwortung der Kommunen bei der Wasserversorgung[408].

Dementsprechend kann ein solches System auch dort regelungskonform sein, wo eine ausreichende Menge eigenen Trinkwassers nicht vorhandenen ist und die Versorgung lediglich auf Ergänzung aus angrenzenden Gebieten abzielt oder – spiegelbildlich – die ergänzende Versorgung angrenzender Kommunen stattfindet. In diesem Sinne ist davon auszugehen, dass die

407 Kibele, „Paradigmenwechsel in der Wasserwirtschaft", in VBlBW 1997, 121 (123); Hasche, „Das zweistufige Bewirtschaftungsermessen im Wasserrecht", in ZfR 2004, 144 (172); derselbe in Giesbert/Reinhardt, BeckOK zum WHG 2002, § 1a Rdnr. 25; so auch schon in der Gesetzesbegründung zu § 1a Abs. 3 WHG a.F., BT-Drucks. 14/8668, S. 7.

408 Vgl. hierzu auch Hendler/Grewing, „Der Grundsatz der ortsnahen Wasserversorgung im Wasserrecht", in ZUR Sh 2001, 146 (148); Hasche, „Das zweistufige Bewirtschaftungsermessen im Wasserrecht", in ZfR 2004, 144 (172).

Gruppenwasserversorgung in den einschlägigen Fällen den Grundsatz der ortsnahen Wasserversorgung auf eine Gruppe von Wassernutzern konkretisiert.

Diese gleichsam proportionale Ausweitung des Näheprinzips innerhalb einer dezentralen Versorgungsstruktur stößt demgegenüber dort an ihre Grenzen, wo mehrere Gemeinden aus dem Wasservorkommen einer einzigen Gemeinde versorgt werden. Eine solche zentrale Versorgungsstruktur steht dem beabsichtigten Zusammenspiel von Nutzen- und Lastentragung entgegen[409]. Wenn nur ein oder wenige Wasservorkommen eine Gruppe von Wassernutzern versorgen sollen, dürfte sich dies für die meisten Wassernutzer als Versorgung aus entlegenen Gebieten darstellen. Das Konzept der Verantwortungszuweisung kommt damit nicht mehr zum Tragen. Insgesamt ließe sich der Ansatz der ortsnahen Wasserversorgung darum in einem solchen Konzept regelmäßig nicht mehr wiederfinden.

XIV. Fazit

Nach alledem lässt sich als Ergebnis der Untersuchung des Begriffs »Ortsnähe« formulieren, dass hierunter nur Wasservorkommen des eigenen oder des unmittelbar angrenzenden Gemeindegebiets zu fassen sind. Auf Art und Größe des Wasservorkommens kommt es dabei nicht an. Ebenso wenig auf das zu verwirklichende Schutzniveau. Letzteres ist bereits aus den allgemeinen Vorgaben vorgezeichnet. Im Übrigen ist unter einer Vielzahl zur Verfügung stehender Wasservorkommen im Rahmen der Optimierung des Gewässerschutzes das nächstgelegene zur Versorgung zu wählen, soweit der Grundsatz der ortsnahen Wasserversorgung durchbrochen ist.

409 Daher im Ansatz richtig Hasche, „Das zweistufige Bewirtschaftungsermessen im Wasserrecht“, in ZfR 2004, 144 (172). Allerdings dürfte die Ausweitung dieser Überlegung auch auf den überregionalen Zusammenschluss mehrerer Kommunen zu weit gehen, da hier der unmittelbare Zusammenhang zu den beanspruchten Wasservorkommen nicht mehr besteht.

XV. Ortsnähe als Planungsmaßstab und Ermessensdirektive

Schließlich stellt sich die Frage, wie der Maßstab »Ortsnähe« in die wasserrechtliche Gestattung einzubeziehen ist. Nach hier vertretener Auffassung ist die Ortsnähe des Wasservorkommens selbst nicht als Konkretisierung des Wohls der Allgemeinheit zu verstehen[410] und darum nicht per se als tatbestandlicher Versagungsgrund der beabsichtigten Wassernutzung beachtlich. Allerdings kann die ortsnahe Wasserversorgung in einem Maßnahmenprogramm aufgenommen werden und ist somit bereits planerisch zu erfassen[411]. Schon von daher findet die Anforderung der Ortsnähe auch Eingang auf die Tatbestandsseite der Gestattungsprüfung[412]. Danach ist die beabsichtigte Nutzung eines bestimmten Wasservorkommens zu untersagen, soweit es sich nicht um ein ortsnahes Wasservorkommen handelt und dementsprechend die Wasserentnahme im Gegensatz zu den Festlegungen des Maßnahmenprogramms steht[413]. § 12 Abs. 1 Nr. 1 WHG sieht vor, dass eine Erlaubnis oder Bewilligung zu versagen ist, wenn hierdurch schädliche Gewässerveränderungen zu erwarten sind. § 3 Nr. 10 WHG definiert schädliche Gewässerveränderungen unter anderem als Veränderung von Gewässereigenschaften, die das Wohl der Allgemeinheit, insbesondere die öffentliche Wasserversorgung, beeinträchtigen oder nicht den Anforderungen entsprechen, die sich aus dem Wasserhaushaltsgesetz ergeben. Hierdurch wird der Begriff des wasserrechtlichen Gemeinwohls auf die Tatbestandsseite der wasserrechtlichen Gestattungsprüfung transportiert mit der Folge, dass die Lage des Wasservorkommens auch aus diesem Grund auf der Tatbestandsebene durch die Wasserbehörde zu prüfen und die beabsichtigte Nutzung dort zu untersagen ist[414].

410 Hierzu ausführlich oben, 3. Teil, C. II. 2. (b) Konkretisierung des wasserrechtlichen Gemeinwohlbegriffs?

411 Hierzu bereits oben, 3. Teil, B. I. Vorgaben der Wasserrahmenrichtlinie.

412 Vgl. 2. Teil, B. III. Einordnung in die planerische Umsetzung der wasserrechtlichen Bewirtschaftungsziele.

413 Statt vieler Czychowski/Reinhardt, Wasserrecht, 10. Auflage, § 12 Rdnr. 21.

414 Hierzu insgesamt ausführlich unten, 4. Teil, E. Entgegenstehende überwiegende Belange des Gemeinwohls.

XVI. Von der ortsnahen Versorgung erfasste Wasservorkommen

Zu klären bleibt, auf welche Wasservorkommen die ortsnahe Wasserversorgung Bezug nimmt. Ausgehend von dem angestrebten flächendeckenden Grundwasserschutz wurde bei der landesrechtlichen Umsetzung des überkommenen § 1a Abs. 3 WHG teilweise allein hierauf abgestellt. Nach dem ursprünglichen Umsetzungsentwurf im nordrhein-westfälischen Wasserrecht sollte dementsprechend die öffentliche Wasserversorgung ihren Wasserbedarf vorrangig aus ortsnahen Grundwasservorkommen decken. Die Beanspruchung ortsnahen Oberflächenwassers für die öffentliche Wasserversorgung war damit ausgeschlossen[415]. Es ist jedoch davon auszugehen, dass die besondere Bezugnahme auf den Grundwasserschutz[416] lediglich aus dem Umstand folgt, dass hier der wichtigste und größte Trinkwasserspeicher angesprochenen wird. Der Grundsatz der ortsnahen Wasserversorgung strebt aber unabhängig davon den Schutz der lebenswichtigen Ressource Trinkwasser insgesamt an. Dementsprechend sind alle zur Trinkwassergewinnung herangezogenen Wasservorkommen von dem Grundsatz der Ortsnähe erfasst. Dies gilt bereits deshalb, weil der Wortlaut der Norm gerade keine Unterscheidung für die Herkunft des Wassers trifft, sondern ganz allgemein auf Wasservorkommen abstellt. Eine andere Sichtweise ließe sich aufgrund der wasserschützenden Intention insgesamt auch schwerlich halten. So kann es nicht sein, dass eine Kommune auf das Wasser entlegener Gebiete zugreifen darf, weil kein ausreichendes ortsnahes Grundwasservorkommen vorhanden ist, wenn die Deckung des eigenen Bedarfs ohne weiteres aus ortsnahen Talsperren oder Uferfiltrat möglich ist. Daher sind die Anforderungen an die ortsnahe Wasserversorgung für alle in Anspruch zu nehmenden Wasservorkommen maßgeblich

---

415 Weswegen kurzzeitig von der „Diskriminierung des Oberflächenwassers“ die Rede war, da jenes als Grundlage der Versorgung der Öffentlichkeit mit Wasser entzogen war, vgl. etwa die Stellungnahme des BDEW vom 17.01.2005 unter http://www.bdew.de/bdew.nsf/id/DE_id100106311_bgw-gegen-neue-kostenbelastungen-fuer-die-buerger-durch-das-nr?open&l=DE&ccm=420050010.

416 So bereits BT-Drucks. 14/8668 S. 7.

D. »Vorrang« der ortsnahen Wasserversorgung

§ 50 Abs. 2 WHG[417] bestimmt, *»dass der Wasserbedarf der öffentlichen Wasserversorgung vorrangig aus ortsnahen Wasservorkommen zu decken ist«*. Die damit angesprochene Bindung der öffentlichen Wasserversorgung an die ortsnahen Wasservorkommen ist für die Vergabe von Erlaubnissen und Bewilligungen für die Wasserentnahme unter dem Nähegrundsatz ebenfalls charakteristisch, weil sich hiernach das Verhältnis zwischen der Entnahme von Wasser aus ortsnahen Wasservorkommen und der Entnahme aus entlegenen Wasservorkommen abbildet. Das so beschriebene Verhältnis zwischen der Möglichkeit der Versorgung aus ortsnahen bzw. entlegenen Wasservorkommen ist zunächst herauszustellen. In diesem Zusammenhang sind auch die übrigen wasserrechtlichen Wertungen die öffentliche Wasserversorgung betreffend zu beachten, namentlich die regelmäßige Privilegierung der öffentlichen Wasserversorgung und wie sich eine vorrangige Bindung an ortsnahe Wasservorkommen hierzu verhält. Dafür ist die Privilegierung der öffentlichen Wasserversorgung ins Verhältnis mit den Auswirkungen des Nähegrundsatzes zu setzen. Erkennbare Konflikte sollen einer rechtskonformen Auflösung zugeführt werden.

Soweit es das Merkmal des »Vorrangs« selbst betrifft, findet anschließend eine Gesamtbetrachtung im Kontext des § 50 Abs. 2 WHG statt, wobei die konkrete Bedeutung des Regelungsmerkmals herausgearbeitet wird. Daraufhin erfolgt die Einordnung der Vorgabe in den Prozess der Entscheidungsfindung der Wasserbehörde. In diesem Zusammenhang wird die Funktion des sprichwörtlichen Vorrangs der ortsnahen Wasserversorgung vor dem Hintergrund der Neuregelung des wasserrechtlichen Gestattungssystems diskutiert. Mit § 12 Abs. 1 Nr. 2 WHG ist hier nach der erstmaligen Einführung des Nähepostulats in des Wasserrecht eine weitere Komponente innerhalb der Gestattungsprüfung aufgenommen worden – es stellt sich die Frage, ob und wie der Vorrang der ortsnahen Wasserversorgung dort Geltung findet. Die Konsequenzen der geänderten Rechtslage sollen am Beispiel der Berücksichtigung naturschutzrechtlicher Belange verdeutlicht werden.

---

417 Ebenso bereits der überkommene § 1a Abs. 3 WHG.

I. Regel-Ausnahme-Verhältnis zu Gunsten der ortsnahen Wasserversorgung

Zunächst ist festzustellen, dass § 50 Abs. 2 WHG ebenso wie seine Vorgängernorm die Frage nach dem Merkmal des Vorrangs unbeantwortet lässt, so dass selbiges nicht schon aus der Norm zu erschließen ist. Der Wortlaut des Nähegrundsatzes ist insoweit offen und lässt eine Interpretation dahingehend zu, dass bei einem vorhandenen ortsnahen Wasservorkommen dieses vorrangig durch die öffentliche Wasserversorgung in Anspruch genommen werden *darf*. Eine Nutzung durch (private) Dritte oder zur Versorgung außerhalb der öffentlichen Wasserversorgung wäre dann regelmäßig nachrangig und nur soweit möglich, wie die öffentliche Wasserversorgung zur Deckung ihres Wasserbedarfs nicht auf die ortsnahen Wasservorkommen zugreift. Damit käme dem Begriff die Bedeutung von »bevorzugt« im Sinne eines besonderen Nutzungsrechtes an den ortsnahen Wasservorkommen zu. So verstanden könnte die öffentliche Wasserversorgung »im Range vorgehend« gegenüber den übrigen Nutzungen auf die ortsnahen Wasservorkommen zugreifen[418]. Andererseits ist vorstellbar, dass *»vorrangig«* im Sinne von »hauptsächlich« gebraucht wird. Insofern würde darauf abgestellt werden, aus welchen Wasservorkommen – nämlich den ortsnahen – der Wasserbedarf wenn schon nicht ausschließlich dann doch jedenfalls hauptanteilig gedeckt werden *soll*. Danach bestünde eine echte örtliche Bindung an das ortsnahe Wasservorkommen, auf das der öffentliche Wasserversorger sich zur Deckung seines Bedarfs verweisen lassen müsste.

Dieses letztere Verständnis der Norm lässt sich schon aus den vor Einführung der bundesrechtlichen Regelung existenten landesrechtlichen Regelungen herleiten, die als genetische Wurzeln des bundesrechtlichen Grundsatzes der ortsnahen Wasserversorgung heranzuziehen sind[419]. Dort wurde

418 Entsprechend würde etwa Salzwedel, „Ausweisung von Wasserschutzgebieten und verwaltungsgerichtliche Nachprüfung", in ZfW 1992, 397 (402), den Vorrang verstehen, der davon ausgeht, dass durch die Ausweisung von Schutzgebieten die öffentliche Wasserversorgung aus nahegelegenen Standorten sicherzustellen sei, also ein Zugriffsvorrang zugunsten der öffentlichen Wasserversorgung an diesen Wasservorkommen bestehen müsse. Ebenso Lübbe-Wolff, „Wasserschutzgebiete bei vorhandener Bebauung" in ZUR 1994, 177 (183).

419 Etwa Kotulla zu dem überkommenen § 1a Abs. 3 in Wasserhaushaltsgesetz, 1. Auflage, § 1a Rdnr. 33.

ebenfalls davon ausgegangen, dass eine ortsnahe öffentliche Wasserversorgung eine entsprechende Bindung an die ortsnahen Wasservorkommen als Hauptbezugsquelle des Wassers bezweckt[420]. Eine Trendwende hin zu dieser Auffassung leitete sich mit der Novellierung des Baden-Württembergischen Wasserrechts im Jahr 1995 durch Neueinführung des § 43 Abs. 1 BWWG ein[421]. Sofern die bundesgesetzliche Vorschrift eine Normierung des bis dahin ungeschriebenen Grundsatzes im Wasserhaushaltsgesetz darstellt, der vordringlich eine Bindung der öffentlichen Wasserversorgung an das ihr ortsnahe Wasservorkommen beinhalten sollte[422], ergibt sich hieraus ein Übriges. Lediglich die Reichweite der Regelung wurde nicht immer einheitlich beurteilt. Diesbezüglich stehen sich die angestrebte Versorgungssicherheit bei dem privilegierten Zugriff auf die ortsnahen Wasservorkommen[423] und die vordergründigen ökologischen Aspekte einer Bindung an die nahegelegenen Wasservorkommen gegenüber, allerdings ohne dass durch letztere die langfristige Sicherung der ortsnahen Wasserversorgung

420 Entsprechend etwa Bulling/Finkenbeiner, BWWG, § 43 Rdnr. 6; ebenso Faustel/Plaßky, Wasserrecht des Freistaates Thüringen, § 63 ThürWG; sinngemäß auch Habel/Zeppernick, Wasserrecht Sachsen, § 59 SächsWG Rdnr. 6, auch wenn der Wortlaut des § 59 Abs. 1 SächsWG insoweit nicht eindeutig ist; vgl. im Übrigen die Erörterung der landesrechtlichen Vorschriften im 1. Teil, D. I. Regelungsstruktur in den Landeswassergesetzen bis zur erstmaligen Einführung des Grundsatzes der ortsnahen Wasserversorgung in das Wasserhaushaltsgesetz.

421 Zu dem Vorrang der ortsnahen Wasserversorgung in diesem Sinne mit überzeugenden Argumenten Kibele, „Paradigmenwechsel in der Wasserwirtschaft", in VBlBW 1997, 121 (122). Die anderslautende Auffassung einer vorrangigen Zuweisung der ortsnahen Wasservorkommen an die öffentliche Wasserversorgung lässt sich danach so nicht mehr finden. Überhaupt scheint jene Auffassung davon auszugehen, dass die Kommunen gerade die vornehmliche Bewirtschaftung der ortsnahen Wasservorkommen anstreben.

422 Zu der ungeschriebenen Näheanforderung bereits oben, 1. Teil, D. II. 1. Ungeschriebener Grundsatz der ortsnahen Wasserversorgung vor der 7. WHG-Novelle.

423 So Salzwedel, „Ausweisung von Wasserschutzgebieten und verwaltungsgerichtliche Nachprüfung", in ZfW 1992, 397 (402); Lübbe-Wolff „Wasserschutzgebiete bei vorhandener Bebauung" in ZUR 1994, 177 (183). Letztlich dürfte hier der entscheidende Unterschied gegenüber der vordringlichen Ansicht liegen, dass dieser Ansatz protektionistisch die jeweiligen Wasservorkommen der öffentlichen Wasserversorgung zuordnet. Dies im Ergebnis zwar ebenfalls, um den Rückgriff auf Fernversorgungssysteme zu unterbinden, jedoch ohne die ortsnahe Wasserversorgung konkret anzuordnen.

aus dem Auge verloren wurde[424]. Erstere Auffassung vertrat in diesem Zusammenhang weniger stringent, dieses Vorgehen soll nur die ortsnahe Wasserversorgung »sicherstellen«, ohne sie jedoch zwingend anzuordnen. Diese Konstellation ist offenbar dem Umstand geschuldet, dass die Vertreter jener Auffassung davon ausgingen, die öffentliche Wasserversorgung sei bestrebt, an den ortsnahen Versorgungsstrukturen festzuhalten; lediglich die tatsächlichen Gegebenheiten würden eine Fernwasserversorgung erfordern[425]. Dem ist aber entgegenzuhalten, dass bei den Kommunen teilweise gerade der Wunsch nach dem Anschluss an ein Fernversorgungssystem gegeben ist[426]. Darüber hinaus zeigt sich, dass im Ergebnis durch die bloße protektionistische Schutzgebietsausweisung ein tiefgehender wasserschützender Ansatz, wie ihn ein striktes Regel-Ausnahme-Verhältnis anstrebt, nicht erreichbar ist. Allenthalben wird aber gerade dieser Effekt in den Vordergrund der ortsnahen Wasserversorgung gerückt. Richtigerweise kommt man damit um eine gesetzliche Anordnung zur vorrangigen Nutzung der eigenen Wasservorkommen nicht umhin.

Entsprechend sah auch der Gesetzgeber die Bindung der öffentlichen Wasserversorgung an die ortsnahen Wasservorkommen vor. Bereits in der Begründung zu dem überkommenen § 1a Abs. 3 WHG heißt es, dass bei der Gewässerbewirtschaftung vorrangig auf Wasser aus ortsnahen Wasservorkommen zuzugreifen *ist*[427]. Es sollte eine Verpflichtung zum Zugriff auf jene Wasservorkommen geschaffen werden. Demnach sollte der Rückgriff auf anderweitige Wasservorkommen nur möglich sein, wenn Belange des Allgemeinwohls dies erfordern, andernfalls sei deren Inanspruchnahme verwehrt[428]. In diesem Zusammenhang ist abermals auf die beabsichtigte Verschiebung der Verantwortlichkeit für die beanspruchten Wasservorkommen hin zu den Wassernutzern zu verweisen, wie auch auf die wasserschützenden Aspekte des Näheansatzes insgesamt. Im Ergebnis findet sich

---

424 Hierzu insgesamt oben, 1. Teil, B. Umweltpolitische Erwägungen zu einer ortsnahen Versorgungsstruktur.

425 Sinngemäß Salzwedel, „Ausweisung von Wasserschutzgebieten und verwaltungsgerichtliche Nachprüfung", in ZfW 1992, 397 (405 ff.); ebenso Lübbe-Wolff, „Wasserschutzgebiete bei vorhandener Bebauung" in ZUR 1994, 177 (183).

426 So im Ansatz bereits Kibele, „Paradigmenwechsel in der Wasserwirtschaft", in VBlBW 1997, 121 (123); ebenso Lehn/Steiner/Mohr, Wasser-Die elementare Ressource, S. 46.

427 BT-Drucks. 14/8668 S. 7.

428 BT-Drucks. 14/8668 S. 7.

in dem Grundsatz der ortsnahen Wasserversorgung danach ein Regel-Ausnahme-Verhältnis zugunsten der ortsnahen Wasservorkommen wieder, nur ausnahmsweise kann hiervon abgewichen werden[429].

II. Vereinbarkeit mit der regelmäßigen Privilegierung der öffentlichen Wasserversorgung

Nach den vorstehenden Erwägungen ist die öffentliche Wasserversorgung gemäß § 50 Abs. 2 WHG regelmäßig auf die Nutzung von ortsnahen Wasservorkommen verwiesen. Andererseits sieht die Norm eine entsprechende Regelung gegenüber den übrigen Wassernutzungen nicht vor, da hiernach expressis verbis nur die öffentliche Wasserversorgung gebunden wird. Anders als die öffentliche Wasserversorgung werden die übrigen Nutzer darum durch das Nähepostulat nicht angesprochen[430]. Die öffentliche Wasserversorgung wird also hinsichtlich des zur Auswahl stehenden Wasservorkommens eingeschränkt – demgegenüber sind alle übrigen Nutzer bei der Wahl der Wasservorkommen frei.

Diese Überlegungen lassen erkennen, dass der Regelungsansatz für sich genommen zu einer Benachteiligung der öffentlichen Wasserversorgung gegenüber den übrigen Nutzungen führt. Ein so verstandenes Regel-Ausnahme-Verhältnis zu Gunsten der Nutzung ortsnaher Wasservorkommen lässt diskussionswürdige Zweifel an der Rechtmäßigkeit dieses Normverständnisses aufkommen. Es stellt sich die Frage, ob die Benachteiligung der öffentlichen Wasserversorgung angesichts ihrer ansonsten privilegierten Stellung innerhalb des Wasserhaushaltsgesetzes[431] zu einem systematischen Bruch führt, also systemwidrig ist. Grundsätzlich sind solche Wertungswidersprüche bei der Auslegung von Gesetzen zu vermeiden[432]. Nur ganz ausnahmsweise sind wertungsabhängige Widersprüche hinzunehmen, etwa wenn sie keine willkürlich gegen das Gleichheitsgebot verstoßenden

429 Vgl. etwa Czychowski/Reinhardt, Wasserhaushaltsgesetz, 10. Auflage, § 50 Rdnr. 29.; Kotulla, Wasserhaushaltsgesetz, 2. Auflage, § 50 Rdnr. 8.

430 Hierzu auch 4. Teil, B. II. Erwägung der Einbeziehung sonstiger Nutzungen.

431 Hierzu sogleich ausführlich im Folgenden.

432 Nach einhelliger Auffassung in der Rechtslehre sind Normen grundsätzlich so auszulegen, dass Wertungswidersprüche vermieden werden, vgl. Larenz/ Canaris, Methodenlehre, S. 155.

Ergebnisse zur Folge haben[433]. Der aufgezeigte Regelungsansatz ist in dieser Hinsicht weiter zu untersuchen. Hierzu ist eine umfangreiche Betrachtung des Nähevorrangs im Zusammenspiel mit den übrigen Normen des Wasserhaushaltsgesetzes angezeigt.

1. Grundsätzlich: Privilegierung der öffentlichen Wasserversorgung

Grundsätzlich wird im deutschen Wasserrecht die öffentliche Wasserversorgung privilegiert[434]. Sie wird als spezielle Ausprägung des Wohls der Allgemeinheit seit jeher besonders geschützt und herausgestellt[435]. Mittlerweile ergibt sich jene Sonderstellung vor allem aus § 3 Nr. 10 WHG, hier wird diese Ausprägung des Wohls der Allgemeinheit gleichsam vor die Klammer gezogen. Zudem wird in § 6 Abs. 1 Nr. 4 WHG die Bewirtschaftung der Gewässer unter die besondere Anforderung gestellt, dass bestehende und zukünftige Nutzungsmöglichkeiten gerade für die öffentliche Wasserversorgung zu erhalten und zu erschaffen sind. Bereits im gestattungsrelevanten Rahmen des überkommenen § 6 Abs. 1 WHG waren Beeinträchtigungen der öffentlichen Wasserversorgung beispielsweise durch die Wassernutzung Dritter regelmäßig zu vermeiden, anderweitige Nutzungen waren zum Schutz der öffentlichen Wasserversorgung zu untersagen. Einen entsprechenden Versagungstatbestand ordnet mittlerweile § 12 Abs. 1 Nr. 1 i.V.m. § 3 Nr. 10 WHG an. Insgesamt genießt die öffentliche Wasserversorgung damit eine im Wasserhaushaltsgesetz hervorgehobene Position, wodurch vor allem der durch sie bezweckten Trinkwasserversorgung innerhalb des Wasserrechts eine hervorragende Stellung zukommt[436]. Danach erfolgt bereits im Rahmen der behördlichen Entscheidung über die Vergabe von Erlaubnissen und Bewilligungen zur Wassernutzung die grundsätzliche Privilegierung in Form eines Nutzungsvorrangs zugunsten der öffentlichen Wasserversorgung[437]. Aus den gleichen Gründen kann eine

433 Larenz/Canaris, Methodenlehre, S. 155.

434 Siehe nur Czychowski/Reinhardt, Wasserhaushaltsgesetz, 10. Auflage, § 6 Rdnr. 40 f..

435 Für das überkommene Wasserhaushaltsgesetz bereits in den §§ 6 Abs. 1, 12 Abs. 1, 18, 19 Abs. 1, 19d WHG.

436 So etwa Knopp in Siedler/Zeitler/Dahme, Wasserhaushaltsgesetz, § 6 WHG Rdnr. 14.

437 Dies ist soweit bereits für die überkommene Rechtslage Konsens, lediglich die mögliche Durchbrechung des Vorrangs wird unterschiedlich beurteilt. So gehen

bereits erteilte Bewilligung widerrufen oder das zulässige Maß der Wasserentnahme beschränkt werden[438]. Zur Sicherung der öffentlichen Wasserversorgung ist die Festsetzung von Wasserschutzgebieten möglich, was in den betroffenen Gebieten zu einem besonderen Schutzniveau für das Wasser führt, das der öffentlichen Wasserversorgung zur Verfügung stehen soll.

Im Rahmen der öffentlichen Wasserversorgung erfolgt die Versorgung der Bevölkerung mit Trinkwasser. Trinkwasser ist lebensnotwendiges Nahrungsmittel für Mensch und Tier und die Versorgung damit grundlegender Teil der öffentlichen Daseinsvorsorge. An seine Qualität werden hohe Anforderungen gestellt, wie insbesondere in den §§ 4 – 6 TrinkwV zum Ausdruck kommt. Gerade wegen dieser gesteigerten Anforderungen an die Beschaffenheit des Wassers sowie der besonderen Art seiner Nutzung ist die Privilegierung der Trinkwasserversorgung[439] vor allen anderen Nutzungen regelmäßig geboten. Auch das Bundesverfassungsgericht hat in seiner bekannten Nassauskiesungsentscheidung[440] die überragende Bedeutung der öffentlichen Wasserversorgung innerhalb des Wasserrechts herausgestellt und ihre grundlegende Privilegierung im Wasserhaushaltsgesetz bestätigt. Von einer gerechtfertigten Privilegierung der öffentlichen Wasserversorgung, insbesondere der Trinkwasserversorgung, spricht das Gericht ebenfalls in seiner Entscheidung zum Wasserpfennig[441].

Gegenüber der öffentlichen Wasserversorgung, die die Versorgung einer Vielzahl von Menschen in Städten und Gemeinden mit Trinkwasser und auch Brauchwasser gewährleistet, dient die übrige Nutzung des Wassers

---

etwa Czychowski/Reinhardt, Wasserhaushaltsgesetz, 10. Auflage, § 6 Rdnr. 43, davon aus, dass ein absoluter Vorrang der öffentlichen Wasserversorgung nicht zu benennen sei, soweit anderweitige Belange des Gemeinwohls überwiegen. A.A. Kotulla in Wasserhaushaltsgesetz, 2. Auflage, § 3 Rdnr. 90, mit Blick auf die Nutzung des Grundwassers wegen seiner hervorragenden Eignung zur Trinkwasserversorgung. Zustimmend wohl Pape in Landmann/Rohmer, Umweltrecht, § 6 WHG a.F. Rdnr. 69; unter dem Vorbehalt möglicher Auflagen oder Benutzungsbedingungen auch Breuer, Öffentliches und Privates Wasserrecht, Rdnr. 199.

438 § 12 Abs. 1 Nr. 1 i.V.m. § 3 Nr. 10 WHG.

439 Und nicht etwa der gesamten öffentlichen Wasserversorgung, so zutreffend Kotulla, Wasserhaushaltsgesetz, 2. Auflage, § 3 Rdnr. 90.

440 BVerfG, Beschl. v. 15.07.1981, 1 BvL 77/78, BVerfGE 58, 300.

441 BVerfG, Beschl. v. 07.11.1995, 2 BvR 413/88 und 1300/93, BVerfGE 93, 319.

außerhalb der öffentlichen Wasserversorgung durch private Dritte, vor allem durch die Industrie, regelmäßig nur dem Wohl Einzelner. Dabei ist der Nutzung der Ressource Wasser durch eine Vielzahl von Menschen grundsätzlich eine höhere Bedeutung zuzumessen als der Nutzung durch Einzelne. Bereits aus § 6 Abs. 1 Nr. 3 WHG[442] ergibt sich, dass die Bewirtschaftung des Wasserhaushalts regelmäßig zum Wohl der Allgemeinheit, und damit insbesondere der öffentlichen Wasserversorgung, zu erfolgen hat – nur im Einklang mit dem Allgemeinwohl ist der Nutzen Einzelner zu berücksichtigen. Unter Beachtung einer grundsätzlichen Gemeinwohlverträglichkeit der Nutzung sind daher die Interessen Dritter nur nachrangig zu betrachten[443]. Damit findet sich die Privilegierung der öffentlichen Wasserversorgung letztlich schon im allgemeinen Bewirtschaftungsgrundsatz wieder.

2. Privilegierung der gesamten öffentlichen Wasserversorgung nicht angebracht

Eine Privilegierung der gesamten öffentlichen Wasserversorgung erscheint indes wegen der damit gleichfalls erfolgenden Brauchwasserversorgung aus wasserwirtschaftlicher Sicht nicht zwingend. Die Auffassung einer Privilegierung der gesamten öffentlichen Wasserversorgung beruht neben dem insoweit wertungsneutralen Wortlaut des Wasserhaushaltsgesetzes maßgeblich auf den tatsächlichen Versorgungsstrukturen[444]. Die danach hauptsächlich bestehende kombinierte Versorgung mit Trink- und Brauchwasser ist allerdings nicht die zwingende Antwort auf die Frage nach der Art der zugrunde zu legenden Wasserversorgung und auch nicht danach, was den Begriff der öffentlichen Wasserversorgung rechtlich ausmacht. Getrennte Versorgungsstrukturen sind ohne weiteres möglich, so dass eine isolierte Trinkwasserversorgung denkbar ist. Entsprechend ist die isolierte Privilegierung der Trinkwasserversorgung möglich und angesichts der qualitativ

---

442 Und zuvor entsprechend aus § 1a Abs. 1 Satz 1 WHG a.F..

443 Czychowski/Reinhardt, Wasserhaushaltsgesetz, 10. Auflage, § 6 Rdnr. 33.

444 Vgl. etwa Czychowski/Reinhardt, Wasserhaushaltsgesetz, 10. Auflage, § 6 Rdnr. 41, wonach der Schutz der gesamten Öffentlichen Wasserversorgung vordringlich angezeigt sei, „weil die öffentlichen Versorgungsanlagen fast ausnahmslos zugleich Trink- und Brauchwasser liefern“.

nur nachrangigen Brauchwasserversorgung auch opportun. Allerdings findet eine getrennte Versorgung generell nicht statt, das gleiche gilt damit für die isolierte Betrachtung der Trinkwasserversorgung.

Dieses lediglich an den bestehenden Versorgungsstrukturen angelehnte rechtliche Verständnis einer Privilegierung der gesamten öffentlichen Wasserversorgung ist jedoch verfehlt und systematisch ungenau. Grundsätzlich obliegt es dem Wasserhaushaltsgesetz nicht, die tatsächlichen Strukturen in der wasserwirtschaftlichen Praxis abzubilden, vielmehr unterstellt es gerade diese Praxis dem staatlichen Bewirtschaftungsregime. Für die gesetzlich angesprochene Privilegierung der öffentlichen Wasserversorgung verbietet es sich daher mit der nötigen Stringenz, allein auf die tatsächlichen Strukturen der Praxis abzustellen. Anzusetzen ist stattdessen dasjenige Verständnis, das dem normativen System des Wasserhaushaltsgesetzes entspringt. Unter dem Blickwinkel einer zunächst inhaltsneutralen Privilegierung der öffentlichen Wasserversorgung stellt sich damit die Frage, welchen Wassernutzungen das Wasserrecht eine derart exponierte Stellung gegenüber den übrigen Nutzungen einräumen möchte. Idealiter kann dies allein die Trinkwasserversorgung im eigentlichen Sinn betreffen. Zu bedenken ist zwar, dass das Wasserhaushaltsgesetz generell die Versorgung von Mensch und Tier einer hervorgehobenen Stellung zuführt[445]. Insofern ist es angebracht, den Schutz der öffentlichen Wasserversorgung auf ihre Gesamtheit einschließlich aller dafür notwendigen Einrichtungen zu erstrecken[446]. Dagegen kann es in diesem Zusammenhang nicht angezeigt sein, generell auch die Brauchwasserversorgung einer derart hervorgehobenen Stellung zuzuführen[447]. Dies dürfte auch nach dem Ansatz einer umfassenden Privilegierung überhaupt nur dann der Fall sein, wenn die Versorgung mit Trink- und Brauchwasser einheitlich bestritten wird. Somit ergibt sich der Schutz aber aus der Tatsache der gleichzeitigen Trinkwasserversorgung als Hauptzweck der Wasserversorgung. Die parallele Berücksichtigung der Brauchwasserversorgung ist in solchen Fällen lediglich dem Umstand geschuldet, dass

445 Ganz h.M., vgl. m.w.Nachw. Czychowski/Reinhardt, Wasserhaushaltsgesetz, 10. Auflage, § 6 Rdnr. 40 f..

446 Czychowski/Reinhardt, Wasserhaushaltsgesetz, 10. Auflage, § 6 Rdnr. 41.

447 A.A. aber u.a. Czychowski/Reinhardt, Wasserhaushaltsgesetz, 10. Auflage, § 6 Rdnr. 41; Laskowski/Ziehm in Koch, Umweltrecht, § 5 Rdnr. 6, Neuwied 2002; Bender/Sparwasser/Engel, Umweltrecht, Kapitel 6, Rdnr. 6.

die Belange der Trinkwasserversorgung und die der Brauchwasserversorgung dann nicht voneinander getrennt werden können[448]. Demnach ist die Sonderstellung des Brauchwassers nur ein Reflex des erforderlichen Trinkwasserschutzes.

Grundsätzlich ist die getrennte Betrachtung von Trink- und Brauchwasserversorgung aber angezeigt und bei rein rechtlicher Bewertung des Nutzungsvorrangs auch geboten. Zum einen ist es nämlich allein die Versorgung mit dem Lebensmittel Trinkwasser, an die spezielle Qualitätsanforderungen im Rahmen der TrinkwV gesetzt werden. Entsprechende Vorgaben für die Brauchwasserversorgung gibt es nicht und regelmäßig wird an die Brauchwasserversorgung auch keine besondere Qualitätsanforderung zu stellen sein. Ausgenommen sind mögliche Anforderungen aus Industrienormen o.ä., die jedoch insoweit nicht beachtlich sind. Ferner geht mit der Privilegierung der öffentlichen Wasserversorgung zwangsläufig eine Benachteiligung der übrigen Wassernutzer einher. Die Beeinträchtigung subjektiver Rechtspositionen lässt sich dabei nur aufgrund der gesteigerten Anforderungen an die Trinkwasserqualität rechtfertigen[449]. Diese Einschätzung teilt auch das Bundesverfassungsgericht, indem es in seiner Entscheidung zum Wasserpfennig die Privilegierung der öffentlichen Wasserversorgung gerade aufgrund der qualitativ hochwertigen Anforderungen an das Trinkwasser gerechtfertigt sieht. Demgegenüber wird die betriebliche Wasserversorgung als nicht förderungswürdig verstanden, wobei das Gericht allerdings auf eine mögliche Bedarfsdeckung aus dem öffentlichen Netz nicht abstellt. Insgesamt ordnet das Bundesverfassungsgericht aber jedenfalls die vorrangige Nutzung des Grundwassers der Trinkwasserversorgung und nur mit dieser einhergehend der öffentlichen Wasserversorgung zu[450]. Dementsprechend unterscheidet das Bundesverfassungsgericht bereits in seiner Nassauskiesungsentscheidung zwischen Trinkwasser und Brauchwasser, nur die Trinkwasserversorgung hat danach unter allen Nutzungsarten absolute Priorität[451].

Misst man hieran die tatsächlichen Gegebenheiten und die Strukturen einer kombinierten Versorgung, stellt sich nur ein Teil des Wasseraufkommens der öffentlichen Wasserversorgung als besonders schutzwürdig dar. Es ist

448 In diesem Sinne Kotulla, Wasserhaushaltsgesetz, 2. Auflage § 3 Rdnr. 89 f..
449 Vgl. Kotulla, Wasserhaushaltsgesetz, 2. Auflage, § 3 Rdnr. 89.
450 BVerfG, Beschl. v. 07.11.1995, 2 BvR 413/88 und 1300/93, BVerfGE 93, 319.
451 BVerfG, Beschl. v. 15.07.1981, 1 BvL 77/78, BVerfGE 58, 300.

in Deutschland nämlich durchaus üblich, dass Industrie und Gewerbe das von ihnen benötigte Wasser ebenfalls aus dem öffentlichen Netz entnehmen, soweit eine Eigenversorgung nicht stattfindet. In Zahlen macht diese zwar durch die öffentliche Versorgung erbrachte, aber nicht der originären Versorgung mit Trinkwasser dienende Wasserentnahme eine Menge von ca. 1,1 – 1,4 Mrd. m^3 aus, wogegen auf die versorgten Haushalte insgesamt eine Entnahmemenge von ca. 4,4 Mrd. m^3 entfällt[452]. Obwohl begrifflich die industrielle Versorgung aus dem öffentlichen Netz nicht der öffentlichen Wasserversorgung unterfallen soll[453], handelt es sich dabei trotzdem um ein Wasseraufkommen, das durch die öffentliche Wasserversorgung erbracht werden muss. Insofern bedient die öffentliche Wasserversorgung faktisch bereits mit etwa 25 % ihres gesamten Versorgungsaufkommens ausschließlich Gewerbekunden. Hierbei dürfte es sich regelmäßig um die Versorgung mit Brauchwasser handeln. Ebenso macht die Brauchwasserversorgung einen nicht unerheblichen Teil der Versorgung der Haushalte aus, weniger als 4 % der gesamten Wasserentnahme (nämlich gerade einmal 5 Liter am Tag pro Wassernutzer) dient dort der Trinkwasserversorgung im eigentlichen Sinne[454]. Selbst wenn man dasjenige Aufkommen an Brauchwasserentnahme, das aufgrund seines Verwendungszwecks besonderen hygienischen Anforderungen ähnlich dem Trinkwasser unterworfen ist[455], zu der Versorgung mit Trinkwasser hinzurechnet, macht diese Nutzung gerade einmal durchschnittlich 63 % der Trinkwassernutzung aus[456]. Im Übrigen

452 Statistisches Bundesamt, „Öffentliche Wasserversorgung und Abwasserbeseitigung“, Stand August 2003. Die statistischen Werte variieren hier allerdings, so ergibt sich etwa nach der UBA Broschüre „Der Wassersektor in Deutschland – Methoden und Erfahrungen“, dass von insgesamt 5,8 Mrd. m^3 erfolgter Wasserlieferung in der öffentlichen Wasserversorgung nur etwa 4 Mrd. m^3 von Haushalts- und Gewerbekunden in Anspruch genommen wurden. Vgl. hierzu auch insgesamt oben, 4. Teil. A. I. Durchschnittliche Wasserentnahme in der BRD und Trinkwasserentnahme aus der öffentlichen Wasserversorgung.

453 Zu dem Begriff der öffentlichen Wasserversorgung oben, 4. Teil, B. I. Begriffsbestimmung.

454 Vgl. etwa GrBl Band 15, Tabelle auf S. 166. Hiernach wird ein großer Teil des durchschnittlich entnommenen Wassers als Brauchwasser genutzt, etwa für die Raumreinigung, die WC-Nutzung, die Autowäsche oder die Gartenbewässerung; Umweltbundesamt, „Der Wassersektor in Deutschland – Methoden und Erfahrungen“, Kapitel 3.3, S. 25.

455 So etwa Wasser zur Körperhygiene, zum Geschirrspülen oder Wäschewaschen.

456 Umweltbundesamt, „Der Wassersektor in Deutschland – Methoden und Erfahrungen“, Kapitel 3.3, S. 25. Siehe hierzu auch die Tabelle im 4. Teil. A. I. Durchschnittliche Wassernutzung in der BRD und Trinkwasserentnahme aus der öffentlichen Wasserversorgung.

bedient die öffentliche Wasserversorgung den reinen Brauchwasserbedarf der Allgemeinheit. Die Notwendigkeit einer umfassenden rechtlichen Privilegierung der gesamten öffentlichen Wasserversorgung ergibt sich nach dem tatsächlichen Verbrauchsaufkommen also nicht.

Unter diesem Blickwinkel erscheint die Privilegierung der gesamten öffentlichen Wasserversorgung gegenüber den sonstigen Nutzungen insgesamt nicht angezeigt. Sind es gerade die hohen Qualitätsanforderungen an das Trinkwasser, die den herausgehobenen Standard der öffentlichen Wasserversorgung rechtfertigen, ist an die Brauchwasserversorgung regelmäßig kein gesteigerter Qualitätsmaßstab anzulegen. Spiegelbildlich ist davon auszugehen, dass der Bedarf an Brauchwasser keinen Anspruch auf die Nutzung eines bestimmten, qualitativ hochwertigen Wasservorkommens gibt. Die generelle Beeinträchtigung der Rechte Dritter aufgrund jener Wassernutzung, die nicht der Versorgung der Allgemeinheit mit Trinkwasser unterfällt, kann daher nicht mehr als verhältnismäßig angesehen werden. Dem Verhältnismäßigkeitsgebot ist auch die Versagung der Wassernutzung unterworfen, indem sie als Ermessensentscheidung letztlich an die Vorgaben des § 40 VwVfG gebunden ist. In diesem Sinne ist der Nutzungsvorrang der öffentlichen Wasserversorgung im Wasserhaushaltsgesetz verfassungskonform allein als Vorrang der Trinkwasserversorgung zu verstehen.

Allerdings muss davon ausgegangen werden, dass der Gesetzgeber an der generellen Privilegierung der gesamten öffentlichen Wasserversorgung festhalten möchte. Erstens hat er diesen Zustand bis hierhin im Rahmen einer Gesetzesänderung nicht aufgehoben. Zweitens unterschied er selbst bereits im überkommenen Wasserhaushaltsgesetz in § 25b Abs. 2 Nr. 1.d) WHG zwischen Trinkwasserversorgung und öffentlicher Wasserversorgung. Diese Unterscheidung hält er nunmehr in § 28 Nr. 1 d) WHG aufrecht. Darüber hinaus ist die Forderung eines gesetzlich vorgeschriebenen Vorrangs der Trinkwasserversorgung im jüngsten Gesetzgebungsverfahren letztlich gerade nicht in Gesetzeskraft gewachsen. Der Gesetzgeber hat lediglich in der Begründung zu § 3 Nr. 10 WHG klargestellt, dass mit der expliziten Benennung der öffentlichen Wasserversorgung als Gemeinwohlbelang insbesondere die Trinkwasserversorgung angesprochen sei[457]. Die fehlende Konkretisierung im Gesetz selbst sowie innerhalb des gesetzlich vorgezeichneten Nutzungsvorrangs kann nur so verstanden werden, dass

---

457 BT-Drucks. 16/2275, S. 43.

der Gesetzgeber auch weiterhin eine vollumfängliche Betrachtung zugrunde legt.

3. Widerstreitende Rechtsgüter des Gemeinwohls

Der angesprochene Vorrang der öffentlichen Wasserversorgung ist allerdings ohnehin nicht immer gegeben. Vielmehr ist ihr Vorrang nur ein Ausdruck des Gemeinwohls, wie stets die Betitelung der öffentlichen Wasserversorgung *insbesondere* als Belang des Gemeinwohls darlegt[458]. Daneben stehen die übrigen Belange des Gemeinwohls, die eine entsprechend emporgehobene Stellung im Wasserrecht genießen. Obwohl eine dezidierte Auseinandersetzung mit dem Gemeinwohlbegriff des Wasserrechts erst zu einem späteren Zeitpunkt erfolgt, ist dabei klar, dass die Belange der öffentlichen Wasserversorgung immer auch im Widerstreit mit diesen übrigen Gemeinwohlbelangen gesehen werden müssen[459]. Ein absoluter Vorrang der öffentlichen Wasserversorgung ist daher insgesamt nicht anzunehmen[460]. Eine Privilegierung scheidet vielmehr aus, wenn diese anderen Belange hierdurch ungerechtfertigt zurückstehen müssten. So können beispielsweise Belange des Grundwasserschutzes schwerer wiegen als die der Wasserversorgung. Insgesamt kann damit die beabsichtigte Entnahme von Wasser zum Zwecke der öffentlichen Wasserversorgung selbst das Wohl der Allgemeinheit einschränken. Dementsprechend ist die Erlaubnis zur Entnahme von Wasser zum Zweck der Wasserversorgung zu versagen, wenn hiermit eine nicht hinzunehmende dauerhafte qualitative oder quantitative Beeinträchtigung des Wasserhaushalts einherginge[461]. Angelehnt an

---

458 Vgl. etwa Kotulla, Wasserhaushaltsgesetz, 2. Auflage, § 3 Rdnr. 88; entsprechend, wenn auch schärfer als "wesentliches" Kriterium des Allgemeinwohls verstanden, Czychowski/Reinhardt, Wasserhaushaltsgesetz, 10. Auflage, § 50 Rdnr. 4.

459 In diesem Sinne etwa Hofmann/Kollmann, in v.Lersner/Berendes/Reinhardt, HdBWR, Rdnr. 7 zu § 6 WHG a.F..

460 Mit Beispielen und m.w.Nachw. Czychowski/Reinhardt, Wasserhaushaltsgesetz, 10. Auflage, § 6 Rdnr. 40.

461 Vgl. m.w.Nachw. Czychowski/Reinhardt, Wasserhaushaltsgesetz, 10. Auflage, § 6 Rdnr. 40; entsprechend für entgegenstehende Beeinträchtigungen der ökologischen Gewässerfunktion im Rahmen der Trinkwasserversorgung bereits Kotulla, Wasserhaushaltsgesetz, 1. Auflage, § 6 Rdnr. 13.

die Anforderungen zur Einhaltung der Bewirtschaftungsziele ist daher die nachhaltige Funktionserfüllung der Gewässer im Blick zu behalten[462].

Eine entsprechende Sichtweise legt § 50 Abs. 2, S.1. 2. HS WHG zugrunde, der die ortsnahe öffentliche Wasserversorgung an den Belangen des Wohls der Allgemeinheit misst. Der Zugriff der öffentlichen Wasserversorgung auf die ortsnahen Wasservorkommen ist danach immer dann zu versagen, wenn Gemeinwohlbelange zwingend entgegenstehen. Mithin setzt der Ortsnähegrundsatz selbst der ortsnahen öffentlichen Wasserversorgung dort eine Grenze, wo anderweitige Belange des Gemeinwohls betroffen sind[463].

4. Konkretisierung der Privilegierung der öffentlichen Wasserversorgung durch den Grundsatz der ortsnahen Wasserversorgung

Der angesprochene Nutzungsvorrang der öffentlichen Wasserversorgung kann sich schließlich nur dort ergeben, wo die Nutzung des Wasservorkommens durch die öffentliche Wasserversorgung auch möglich ist[464]. Dies setzt insbesondere die rechtliche und tatsächliche Zulässigkeit der Benutzung voraus. Aus dem Zusammenspiel mit dem Nähegrundsatz folgt dabei, dass eine rechtmäßige Inanspruchnahme entlegener Wasservorkommen durch die öffentliche Versorgung nur ausnahmsweise dann bestehen kann, wenn der Zugriff auf jene Wasservorkommen nach dem Maßstab des § 50 Abs. 2 WHG eröffnet ist. Andernfalls ist die Nutzung schlicht rechtswidrig und damit zu untersagen. Zukünftig wird die öffentliche Wasserversorgung somit bei der Auswahl geeigneter Wasservorkommen im Wesentlichen auf ortsnahe Wasservorkommen verwiesen. Außerhalb der ortsnahen Wasservorkommen ist dementsprechend jener Nutzungsvorrang regelmäßig aufgehoben.

Folgerichtig kann bezüglich der entlegenen Wasservorkommen eine Nutzungskonkurrenz gegenüber Drittnutzungen überhaupt nur dann bestehen, wenn die Inanspruchnahme entfernt gelegener Wasservorkommen durch

---

462 Czychowski/Reinhardt, Wasserhaushaltsgesetz, 10. Auflage, § 6 Rdnr. 9.
463 Hierzu 4. Teil, E. III. Abwägungsrelevante Gemeinwohlbelange.
464 M.w.Nachw. Czychowski/Reinhardt, Wasserhaushaltsgesetz, 10. Auflage, § 6 Rdnr. 42f..

die öffentliche Wasserversorgung aufgrund gemeinwohlintendierter Belange notwendig ist – also dann, wenn im konkreten Fall eine ortsnahe Wasserversorgung aus rechtlichen oder tatsächlichen Gründen nicht in Betracht kommt. Und selbst wenn der Zugriff auf entlegene Wasservorkommen zulässig ist, bleibt der Optimierungsgedanke des wasserrechtlichen Näheprinzips zu beachten. Danach ist ein Nutzungsvorrang der öffentlichen Wasserversorgung an einem entlegenen Wasservorkommen regelmäßig nur dann denkbar, wenn es für den jeweiligen Nutzer das ortsnächste geeignete Wasservorkommen darstellt[465]. Dies unterliegt typischerweise einer Einzelfallprüfung, so dass von einem generellen Nutzungsvorrang der öffentlichen Wasserversorgung an den entlegenen Wasservorkommen insgesamt nicht die Rede sein kann. Vielmehr wird der Nutzungsvorrang der öffentlichen Wasserversorgung durch den Grundsatz der ortsnahen Wasserversorgung zukünftig auf ortsnahe Wasservorkommen beschränkt.

Eine entsprechende Auffassung mag sich auch bei den Befürwortern einer Privilegierung der gesamten öffentlichen Wasserversorgung etablieren. Herausragendes Argument war danach, dass die öffentliche Wasserversorgung wegen der gegenüber der Allgemeinheit bestehenden Versorgungspflicht und ihrer Standortgebundenheit durch andere Wassernutzer besonders gefährdet sei[466]. Dieser Schutzaspekt beschränkt sich mit Einführung des Ortsnähepostulats vornehmlich auf die ortsnahen Wasservorkommen. In Anbetracht der aufgezeigten Bedenken gegen eine vollumfängliche Privilegierung der öffentlichen Wasserversorgung wird deren Nutzungsvorrang somit verfassungskonform auf die ortsnahen Wasservorkommen konkretisiert.

5. Fazit: Eingeschränkte Privilegierung der öffentlichen Wasserversorgung

Nach der Auffassung des Gesetzgebers und eines großen Teils der wasserrechtlichen Literatur genießt die öffentliche Wasserversorgung als kombinierte Versorgung mit Trink- und Brauchwasser einen Nutzungsvorrang gegenüber den sonstigen Wassernutzungen. Nach diesseitiger Auffassung ist

---

465 Hierzu ausführlich oben, 4. Teil, B. XIII. 2. Relativer Nähevorrang innerhalb der Fernwasserversorgung.

466 Czychowski/Reinhardt, Wasserhaushaltsgesetz, 10. Auflage, § 6 Rdnr. 41 mit Verweis auf die ABer. S. 10.

ein genereller Nutzungsvorrang aber nur für die tatsächliche Trinkwasserversorgung angezeigt. Etwas anderes lässt sich aus verfassungsrechtlichen Erwägungen nur begründen, wenn die Brauchwasserversorgung zusammen mit der Trinkwasserversorgung erfolgt. In diesen Fällen wird eine Privilegierung der gesamten öffentlichen Wasserversorgung lediglich über den allein maßgeblichen Nutzungsvorrang der Trinkwasserversorgung konstruiert.

Darüber hinaus ist jedenfalls ein absoluter gesetzlicher Vorrang der öffentlichen Wasserversorgung nicht erkennbar. Jene ist lediglich in das wasserrechtliche Bewirtschaftungssystem eingegliedert und diesem damit untergeordnet. Dabei werden in der wasserrechtlichen Gestattungsprüfung die Belange der öffentlichen Wasserversorgung ins Verhältnis mit den übrigen Belangen des wasserrechtlichen Gemeinwohls gesetzt. Entsprechendes fordert der Nähegrundsatz im Bereich der ortsnahen Wasservorkommen. Dadurch wird die Privilegierung der gesamten öffentlichen Wasserversorgung inhaltlich begrenzt. Insoweit bietet sich das wasserrechtliche Näheprinzip als Korrektur des verfassungsmäßig nicht vertretbaren generellen Nutzungsvorrangs der öffentlichen Wasserversorgung an. In diesem Sinne wird die Privilegierung der öffentlichen Wasserversorgung regelmäßig auf die ortsnahen Wasservorkommen beschränkt. Ein systemfremdes Abweichen von den wasserrechtlichen Wertungen ist damit vorliegend nicht zu erkennen.

III. Immanente gesetzliche Vorzeichnung für die regelmäßige Beschränkung auf die ortsnahen Wasservorkommen

Soweit der Grundsatz der ortsnahen Wasserversorgung das beschriebene Regel-Ausnahme-Verhältnis zu Gunsten der ortsnahen Wasserversorgung statuiert, könnte man zunächst annehmen, dass jenes auf dem Merkmal des Vorrangs beruht. Tatsächlich lässt sich dieses Verhältnis auch sprachlich in dem wörtlichen Vorrang wiederfinden. Untersucht man dagegen die Anforderungen der ortsnahen Wasserversorgung genauer, ergibt sich das Regel-Ausnahme-Verhältnis zugunsten der ortsnahen Wasserversorgung ohne weiteres bereits aus den übrigen Vorgaben des § 50 Abs. 2 WHG[467].

467 Und so auch schon aus dem überkommenen § 1a Abs. 3 WHG.

§ 50 Abs. 2 WHG baut insgesamt ein Spannungsverhältnis auf, indem die ortsnahe Wasserversorgung der Versorgung aus entlegenen Gebieten gegenübergestellt wird. Hierzu gibt das Nähepostulat vor, dass eine Zuweisung an die ortsnahen Wasservorkommen nur soweit reicht, wie überwiegende Gemeinwohlbelange nicht entgegenstehen. Die erforderliche Abwägung zwischen den Anforderungen der ortsnahen Wasserversorgung und dem Allgemeinwohl erschließt sich dabei aus dem notwendigen Überwiegen allgemeinwohlorientierter Belange für die Eröffnung der Nutzung entlegener Wasservorkommen. Durch diese Konkretisierung des Abwägungsmaßstabs wird zugleich das Rangverhältnis von Regel und Ausnahme hinsichtlich der Beanspruchung ortsnaher und entlegener Wasservorkommen hinreichend vorgegeben. Nur soweit jene Belange des Gemeinwohls überwiegen, ist die regelmäßige ortsnahe Wasserversorgung aufgehoben. Lediglich in bestimmten Konstellationen ist danach der Zugriff auf ortsferne Wasservorkommen zur Deckung des Wasserbedarfs der öffentlichen Wasserversorgung überhaupt zulässig. Die Konfrontation der ortsnahen Wasserversorgung mit den Belangen des Wohls der Allgemeinheit zeichnet so bereits tatbestandlich einen regelmäßigen Verweis auf die ortsnahen Wasservorkommen vor. Darüber hinaus ist das Regel-Ausnahme-Verhältnis zu Gunsten einer ortsnahen Wasserversorgung auch durch das in dem Grundsatz angelegte Näheprinzip selbst beschrieben, das seinerseits auf die allgemeinen Bewirtschaftungsanforderungen rekurriert. Das Postulat der ortsnahen öffentlichen Wasserversorgung ist an die allgemeinen Bewirtschaftungsgrundsätze des Wasserrechts gebunden, deren Wertungen sind daher auch Maßstab für das Verständnis des § 50 Abs. 2 WHG[468]. Die hervorgehobene Stellung der öffentlichen Wasserversorgung ist demnach nur eingebettet in das staatliche Bewirtschaftungssystem. Der Grundsatz der öffentlichen Wasserversorgung ist Ausdruck dieses Bewirtschaftungssystems und von daher besondere Bewirtschaftungsanforderung für die ortsnahen Wasservorkommen. Aufgrund der ressourcenschonenden und grundwasserschützenden Intention des Nähepostulats wird der privilegierten Stellung der öffentlichen Wasserversorgung hier der Schutz des Umweltmediums Wasser als Ganzes entgegengestellt. Insoweit treten die sonstigen Belange der öffentlichen Wasserversorgung in den Hintergrund.

468 Hierzu 3. Teil, A. Verhältnis zu den Grundsätzen der Gewässerbewirtschaftung.

Insgesamt lässt sich aus diesen Erwägungen folgern, dass durch die Vorgaben des staatlichen Bewirtschaftungssystems regelmäßig die Bedarfsdeckung der öffentlichen Wasserversorgung aus ortsnahen Wasservorkommen angezeigt ist. Weil die Zuweisung an die ortsnahen Wasservorkommen schon aus gemeinwohlintendierten Gründen nur soweit greift, wie die übrigen Aspekte der Gewässerbewirtschaftung nicht entgegenstehen, ist der Vorrang der ortsnahen Wasserversorgung dort aufgehoben, wo ein nicht mehr hinnehmbarer Konflikt mit jenen anderen Vorgaben besteht. Dieses Normverständnis findet seine Entsprechung bereits in dem ungeschriebenen Grundsatz der ortsnahen Wasserversorgung[469]. Im Übrigen wird die ortsnahe Wasserversorgung gestattungsrechtlich durch den tatbestandlichen Gemeinwohlvorbehalt in den Vordergrund gerückt, indem sie über die wasserrechtliche Bewirtschaftungsplanung als Teil des Gemeinwohls konkretisiert wird. Insoweit muss sich jeder Nutzungsanspruch der öffentlichen Wasserversorgung an diesen Vorgaben messen. Aus wasserwirtschaftlicher Sicht ist dabei regelmäßig der ortsnahen Versorgung der Vorzug vor der ortsfernen Versorgung zu geben.

Die Erörterung der normativen Begrifflichkeit »vorrangig« ist bis hierhin nicht zu bemühen. Denn schon ohne die Beachtung dieses Merkmals ist in der Norm selbst angelegt, dass der Wasserbedarf der öffentlichen Wasserversorgung regelmäßig aus ortsnahen Wasservorkommen zu decken ist. Das Regel-Ausnahme-Verhältnis ergibt sich insoweit bereits eo ipso aus dem wasserrechtlichen Näheprinzip als immanente Regelungsanordnung.

IV. Wörtlicher »Vorrang« der ortsnahen Wasserversorgung als Instrument der Ermessensvorsteuerung

Indem das Regel-Ausnahme-Verhältnis den angesprochenen Abwägungskriterien zu entnehmen ist, ergibt sich die Rangfolge der Versorgungsstruktur ohne die konkrete Bezeichnung eines »Vorrangs« hinreichend aus dem Gesetz. Grundsätzlich ist die Norm also auch ohne jene Formulierung klar verständlich und inhaltlich wie grammatikalisch zutreffend. Es macht inhaltlich nämlich keinen Unterschied, ob die Versorgung aus ortsnahen Was-

469 Hierzu ausführlich oben, 1. Teil, D. II. 1. Ungeschriebener Grundsatz der ortsnahen Wasserversorgung vor der 7. WHG-Novelle.

servorkommen zu erfolgen hat, soweit nicht Belange des Wohls der Allgemeinheit entgegenstehen, oder ob die Versorgung *vorrangig* aus ortsnahen Wasservorkommen zu erfolgen hat, soweit Allgemeinwohlbelange nicht entgegenstehen. Das Ergebnis ist dasselbe. Konsequenterweise bedarf es daher der expliziten Nennung eines Vorrangs der ortsnahen Wasserversorgung dort nicht mehr. Es ist jedenfalls nicht anzunehmen, es handele sich bei der weiteren Nennung des »Vorrangs« der ortsnahen Wasserversorgung lediglich um eine gesetzgeberische Klarstellung jenes Regel-Ausnahme-Verhältnisses. Denn vor diesem Hintergrund wäre die (tatbestandliche) Benennung des Vorrangs nicht weiter erkenntnisbringend. Vielmehr wäre die Formulierung des Merkmals »vorrangig« als bloße Tautologie schlicht überflüssig. Bei der Normauslegung ist aber nach Möglichkeit jedem Merkmal eine Bedeutung zuzusprechen[470]. Somit drängt sich die Frage auf, ob der besonderen Benennung des Vorrangs im Gesetzestext eine eigenständige Funktion zukommen kann.

Für die Bewertung des Merkmals »vorrangig« im Kontext des § 50 Abs. 2 WHG ist zunächst festzustellen, dass nach dem hier vertretenen engen Verständnis der Belange des Wohls der Allgemeinheit auf der Tatbestandsseite der Gestattungsprüfung solche Anforderungen, die außerhalb des wasserrechtlichen Gemeinwohls liegen, bei der gemeinwohlintendierten Abwägung für und gegen die ortsnahe Wasserversorgung nicht zu berücksichtigen sind[471]. Zwar finden sonstige benutzungsbezogene öffentlich-rechtliche Belange mit der Neuregelung des Wasserrechts in § 12 Abs. 1 Nr. 2 WHG Eingang in die wasserrechtliche Prüfung. Für andere, nicht benutzungsbezogene Vorgaben oder nicht öffentlich-rechtliche Belange bleibt aber richtigerweise das Einfallstor auch weiterhin die wasserwirtschaftliche Ermessensentscheidung auf der Rechtsfolgenseite[472].

470 Vgl. Larenz/Canaris, Methodenlehre, S. 27.

471 Zu dem Umfang des wasserrechtlichen Gemeinwohlbegriffs ausführlich im 4. Teil, E. I. Umfang des Allgemeinwohlbegriffs im Wasserhaushaltsgesetz.

472 Dies betrifft etwa rein politisch intendierte Erwägungen gegen eine ortsnahe Wasserversorgung, die Abschottung vor aus anderen Gründen nicht erwünschten Anlagen wie etwa Kraftwerken oder der angestrebte Schutz der kommunalen Wirtschaft vor der Ansiedlung industrieller Wassernutzer, hierzu mit weiteren Beispielen Czychowski/Reinhardt, Wasserhaushaltsgesetz, 10. Auflage, § 12 Rdnr. 22.

Mit der weitergehenden Konkretisierung des Nähegrundsatzes in § 50 Abs. 2 S. 2 WHG benennt der Gesetzgeber bereits bestimmte Fälle, in denen regelmäßig die Abkehr von der ortsnahen Wasserversorgung angezeigt sein soll. Danach darf eine Fernwasserversorgung insbesondere dann betrieben werden, wenn die ortsnahe Wasserversorgung in quantitativer oder qualitativer Hinsicht nicht ausreichend ist oder die Versorgung aus jenen Wasservorkommen nicht mit vertretbarem Aufwand sichergestellt werden kann. Während die ersten Fallgruppen unmittelbar auf wasserwirtschaftliche Belange der öffentlichen Wasserversorgung und damit auf das Wohl der Allgemeinheit abstellen, ist der letztgenannte Aspekt allgemein gehalten und dürfte regelmäßig auch für solche Belastungen herangezogen werden, die außerhalb des wasserrechtlichen Gemeinwohls oder sonstiger öffentlich-rechtlicher Ge- und Verbote zu finden sind. Hier sollen etwa technische oder logistische Anforderungen an die Unterhaltung der öffentlichen Wasserversorgung angesprochen sein[473] sowie die finanzielle Leistungsfähigkeit der betroffenen Kommunen überhaupt[474]. Allerdings kann diese gesetzlich vorgezeichnete Ausnahme vom Grundsatz der ortsnahen öffentlichen Wasserversorgung nicht im Sinne einer wirtschaftlichen Optimierungspflicht aufgefasst werden[475]. Vielmehr spricht gerade die nur ausnahmsweise zulässige Abkehr von dem übergeordneten Regelungsgrundsatz des § 50 Abs. 2 Satz 1 WHG dafür, dass damit notwendigerweise ein wasserwirtschaftlich-ökologischer Ansatz verfolgt wird[476]. Dementsprechend trägt die vorrangige Berücksichtigung der ortsnahen Wasserversorgung hier fort.

Die Nennung zulässiger Abweichungsgründe in § 50 Abs. 2 Satz 2 WHG ist zudem nur beispielhaft und nicht abschließend, wie sich aus der Formulierung »insbesondere« ergibt[477]. Ohne einen entsprechenden Ansatzpunkt der vorrangigen ortsnahen Versorgung als Ermessensdirektive könnte die gebotene Versorgung aus ortsnahen Wasservorkommen danach auch aus anderen Gründen überwunden werden, ohne dass der tatbestandlich vorge-

---

473 Zu der grundsätzlichen Beachtung dieser Aspekte in § 50 Abs. 2 Satz 2 WHG Kotulla, Wasserhaushaltsgesetz, 2. Auflage, § 50 Rdnr. 11.

474 Czychowski/Reinhardt, Wasserhaushaltsgesetz, 10. Auflage, § 50 Rdnr. 34,

475 So aber OLG Frankfurt, Beschl. v. 19.08.2008, 11 W 23707, ZNER 2008, 379.

476 Czychowski/Reinhardt, Wasserhaushaltsgesetz, 10. Auflage, § 50 Rdnr. 33.

477 Kotulla, Wasserhaushaltsgesetz, 2. Auflage, § 50 Rdnr. 10.

zeichnete Abwägungsvorbehalt zum Tragen käme. Hier kommt dem sprichwörtlichen Vorrang der ortsnahen Wasserversorgung entscheidende Bedeutung zu. Insoweit wird auch auf der Ermessensseite klargestellt, dass die ortsnahe Wasserversorgung gegenüber den übrigen entscheidungsrelevanten Aspekten bevorzugt – nämlich »vorrangig« – zu berücksichtigen ist[478]. Die Wasserbehörde kann daher die tatbestandlich zulässige und angezeigte Benutzung eines ortsnahen Wasservorkommens in der Regeln nicht aufgrund sonstiger Belange innerhalb des Bewirtschaftungsermessens versagen, um eine wasserrechtlich nicht gewünschte Fernwasserversorgung zu gestatten[479].

Damit ist eine eigenständige Auslegung des Merkmals »vorrangig« möglich und wasserwirtschaftlich angezeigt. Denn wäre der wörtliche Vorrang der ortsnahen Wasserversorgung bereits in der tatbestandlichen Abwägung für und wider einer ortsnahen Wasserversorgung aufgegangen, wäre jenes Prüfungskriterium verbraucht und eine vollumfängliche Prüfung der beabsichtigten Gewässerbenutzung unter dem Gesichtspunkt der Ortsnäheanforderung nicht möglich. So verstanden konkretisiert der wörtliche »Vorrang« die Reichweite des wasserbehördlichen Ermessens und zeichnet ein Optimierungsgebot zugunsten der ortsnahen Wasserversorgung vor, indem er die behördliche Entscheidung insgesamt im Sinne des wasserrechtlichen Näheprinzips determiniert. Hierdurch wird das bereits tatbestandlich angelegte Regel-Ausnahme-Verhältnis auf der Rechtsfolgenseite flankiert und der Gewässerschutz im konkreten Einzelfall optimiert, wobei jedoch bei der hauptsächlich in Frage stehenden Grundwassernutzung der Entscheidungsspielraum der Behörde eng eingegrenzt ist[480]. Mit diesem ermessensreduzierenden Vorrang der ortsnahen Wasserversorgung ist im Ergebnis davon auszugehen, dass regelmäßig auch sonstige Belange hinter den Anforderungen des Nähegrundsatzes zurückstehen müssen, die nicht bereits auf der Tatbestandsebene nach § 12 Abs. 1 WHG oder im Wege des § 12 Abs. 1 Nr. 2 WHG zu berücksichtigen sind. Der konkrete »Vorrang« definiert so die Leitvorstellung für die Ausübung des Bewirtschaftungsermessens im Sinne der ortsnahen Wasserversorgung. Die in dieser Weise vorgezeichnete

---

478 Zu der gestattungsrechtlichen Konsequenzen bei dem Zugriff auf entlegene Wasservorkommen auch unten, 5. Teil, A. Gestattungsrechtliche Umsetzung in der Praxis.

479 Hierzu auch 5. Teil, A. Gestattungsrechtliche Umsetzung in der Praxis.

480 Sinngemäß m.w.Nachw. Czychowski/Reinhardt, Wasserhaushaltsgesetz, 10. Auflage, § 12 Rdnr. 38f..

Ermessensentscheidung ist nach dem Maßstab der Verhältnismäßigkeit auszuüben. Das durch den wörtlichen Vorrang auf die Rechtsfolgenseite der Gestattungsprüfung fortgeführte Optimierungsgebot zugunsten der ortsnahen Wasserversorgung besteht daher in den Grenzen des § 40 VwVfG, wonach im Rahmen der gebotenen Abwägung der in Betracht kommenden Güter die Gewichtung auf die ortsnahe Wasserversorgung zu legen ist.

V. Konsequenzen der Neuregelung des § 12 Abs. 1 Nr. 2 WHG für den Vorrang der ortsnahen Wasserversorgung

Mit der Neuregelung des § 12 Abs. 1 Nr. 2 WHG wird der tatbestandliche Prüfungsumfang für die Erteilung einer Erlaubnis oder Bewilligung erweitert. Danach ist eine Versagung auch dann gerechtfertigt, wenn andere Anforderungen nach öffentlich-rechtlichen Vorschriften bei der Wasserentnahme nicht erfüllt werden. Der Versagungsgrund des § 12 Abs. 1 Nr. 2 WHG steht selbstständig neben den Vorgaben des § 12 Abs. 1 Nr. 1 WHG. Im Rahmen des § 12 Abs. 1 Nr. 2 WHG findet sich allerdings das in § 50 Abs. 2 WHG angelegte Regel-Ausnahme-Verhältnis zugunsten der ortsnahen Wasserversorgung wegen der fehlenden Verknüpfung mit dem Wohl der Allgemeinheit anders als in §§ 12 Abs. 1 Nr. 1, 3 Nr. 10 WHG nicht wieder[481]. Demnach könnte die ortsnahe Wasserversorgung auch dann (tatbestandlich) ausscheiden und spiegelbildlich der Zugriff auf entlegene Wasservorkommen eröffnet werden, wenn bei der beabsichtigten Wasserentnahme aus ortsnahen Wasservorkommen nur die Anforderungen im Sinne des § 12 Abs. 1 Nr. 2 WHG nicht erfüllt sind. Die sich hieraus möglicherweise ergebenden Konsequenzen für den gesetzlichen Vorrang der ortsnahen Wasserversorgung sollen nachfolgend diskutiert werden.

1. Vorrang der ortsnahen Wasserversorgung gegenüber anderen widerstreitenden öffentlich-rechtlichen Belangen?

Zunächst stellt sich die Frage, ob das Regel-Ausnahme-Verhältnis zu Gunsten der ortsnahen öffentlichen Wasserversorgung hier sinngemäß fortträgt.

---

481 Hierzu auch im 4. Teil, E. I. 2. (c) (aa) (bbb) Formelle Prüfungskompetenz anderweitigen Rechts aus § 12 Abs. 1 Nr. 2 WHG.

§ 12 Abs. 1 Nr. 2 WHG eröffnet eine Prüfung dahingehend, ob die Benutzung sich im Widerspruch mit sonstigen benutzungsbezogenen öffentlich-rechtlichen Vorschriften befindet[482]. Dies bezieht sich vornehmlich auf solche Belange, die ihrerseits einer behördlichen Kontrolle unterliegen[483]. Hiervon können aber auch Anforderungen des Wasserhaushaltsgesetzes selbst erfasst werden[484], so dass die Berücksichtigung des Vorrangs der ortsnahen Wasserversorgung möglich bleibt. Aus der Norm ist allerdings nicht ersichtlich, dass bei der Prüfung anderweitigen öffentlichen Rechts wasserwirtschaftliche Belange im Wege der gegenseitigen Abwägung zu berücksichtigen wären[485]. Vielmehr sollen erkennbare unüberwindbare Hindernisse in dem anderen Rechtsbereich in der Regel zu einer Nichterteilung der beanspruchten Nutzung führen[486], wenigstens aber zu einer Suspendierung der Entscheidung[487]. Insofern wird im Falle entgegenstehender oder nicht erfüllter Belange im Sinne des § 12 Abs. 1 Nr. 2 WHG die Gestattung der Wasserentnahme zum Zwecke der ortsnahen Wasserversorgung regelmäßig nicht erteilt werden, eine Fortwirkung des Vorrangs der ortsnahen Wasserversorgung findet damit nicht statt.

2. Folgen der fehlenden Berücksichtigung des Vorrangs der ortsnahen Wasserversorgung

Hieran schließt sich die Frage nach der praktischen Relevanz der Nichtberücksichtigung an. Der Versagungsgrund des § 12 Abs. 1 Nr. 2 WHG führt zu der Nichtgestattung der Nutzung ortsnaher Wasservorkommen aus anderen als wasserrechtlichen Gründen, jedenfalls aus anderen Gründen als

---

482 Kotulla, Wasserhaushaltsgesetz, 2. Auflage, § 12 Rdnr. 14.

483 Zu weiteren Differenzierung Schmid in Berendes/Frenz/Müggenborg, Wasserhaushaltsgesetz, § 12 Rdnr, 44ff.

484 Kotulla, Wasserhaushaltsgesetz, 2. Auflage, § 12 Rdnr. 11.

485 So aber jedenfalls missverständlich Czychowski/Reinhardt, Wasserhaushaltsgesetz, 10. Auflage, § 12 Rdnr. 29, wenn dort von zu berücksichtigenden Bewirtschaftungszielen für das Grundwasser die Rede ist, die den naturschutzrechtlichen Eingriffsregelungen vorgingen.

486 So etwa Kotulla, Wasserhaushaltsgesetz, 2. Auflage, § 12 Rdnr. 13.

487 Hierzu ausführlich 4. Teil, E. I. 2. (c) (aa) (bbb) Formelle Prüfungskompetenz anderweitigen Rechts aus § 12 Abs. 1 Nr. 2 WHG.

den Gemeinwohlbelangen nach § 3 Nr. 10 WHG[488]. § 50 Abs. 2 WHG eröffnet demgegenüber die Nutzung entlegener Wasservorkommen nur, wenn der ortsnahen Wasserversorgung überwiegende Gründe des Gemeinwohls – § 3 Nr. 10 WHG – entgegenstehen. Da vorliegend solche Belange nicht betroffen sind, würde auch im Falle der Versagung nach § 12 Abs. 1 Nr. 2 WHG der Vorrang der ortsnahen Wasserversorgung gemäß § 50 Abs. 2 WHG den Zugriff auf entlegene Wasservorkommen weiterhin grundsätzlich verhindern. Obwohl nach § 12 Abs. 1 Nr. 2 WHG in der Regel zunächst keine abschließende Versagung der beanspruchten Wassernutzung zu rechtfertigen ist[489], wäre der wassersuchenden Gemeinde damit der Zugang zu Wasser sowohl im ortsnahen als auch im entlegenen Bereich verwehrt.

Dieses paradoxe Ergebnis lässt sich nur über die gemeinwohlrelevante Forderung nach einer dauerhaften qualitativ und quantitativ ausreichenden Versorgung der Bevölkerung mit Wasser[490] auflösen, die insoweit aber lediglich aus Rechtsgründen wegen § 12 Abs. 1 Nr. 2 WHG nicht aus ortsnahen Wasservorkommen gedeckt werden kann. Damit wird faktisch auch im Falle der Nichterteilung der Gestattung nach § 12 Abs. 1 Nr. 2 WHG die Versorgung aus entlegenen Gebieten zulässig. Somit tritt der Versagungsgrund des § 12 Abs. 1 Nr. 2 WHG in tatsächlicher Hinsicht als weitere Rechtfertigung für die Abkehr von der ortsnahen Wasserversorgung neben die in § 50 Abs. 2 WHG benannten Gründe des Wohls der Allgemeinheit.

3. Teilweise Verschiebung der Prüfung innerhalb der wasserbehördlichen Entscheidung – Verdeutlichung der Konsequenzen am Beispiel naturschutzrechtlicher Belange

Dieses Ergebnis ist in seiner Bedeutung für den Grundsatz der ortsnahen Wasserversorgung weiter zu untersuchen. Üblicherweise sind in § 12 Abs. 1 Nr. 2 WHG solche Regelungen zu verorten, die nach dem Wasserhaushaltsgesetz in der bis zum 28.02.2010 geltenden Fassung mit dem hier vertretenen engen Verständnis des Wohls der Allgemeinheit erst im Bereich des Bewirtschaftungsermessens beachtlich waren, wo sie mit dem Vorrang

---

488 Schmid in Berendes/Frenz/Müggenborg, Wasserhaushaltsgesetz, § 12 Rdnr. 21.

489 Hierzu ausführlich 4. Teil, E. I. 2. (c) (aa) (bbb) Formelle Prüfungskompetenz anderweitigen Rechts aus § 12 Abs. 1 Nr. 2 WHG.

490 Vgl. etwa Kotulla, Wasserhaushaltsgesetz, 1. Auflage, § 6 Rdnr. 9.

der ortsnahen Wasserversorgung konfrontiert wurden. Selbst wenn man von einem weiten Verständnis des Wohls der Allgemeinheit ausgeht, waren die nun in § 12 Abs. 1 Nr. 2 WHG erfassten Anforderungen jedenfalls teilweise in der tatbestandlichen Abwägung mit der Versorgung aus ortsnahen Wasservorkommen ins Verhältnis zu setzen[491]. Da der Vorrang der ortsnahen Wasserversorgung in § 12 Abs. 1 Nr. 2 WHG nicht fortwirkt[492], stellt sich die Frage, ob durch die Neuregelung eine Aufweichung des Grundsatzes der ortsnahen Wasserversorgung erfolgt, weil die Konfrontation dieser anderweitigen Vorgaben mit dem Nähegrundsatz nicht mehr besteht. Dies soll am Beispiel naturschutzrechtlicher Belange erörtert werden.

a) Naturschutzrechtliche Vorgaben

Nach § 17 Abs. 2 BNatSchG[493] kann eine Behörde, soweit sie eine Entscheidung über eine Maßnahme trifft, die auch mit einem Eingriff in die Natur und Landschaft verbunden ist, den Verursacher dieses Eingriffs (d.h. den Antragssteller aus wasserrechtlicher Sicht), dazu verpflichten, Ausgleichs- oder Ersatzmaßnahmen zu leisten. In diesem Sinne sind die Voraussetzungen des Naturschutzgesetzes an das Erfordernis einer anderweitigen verwaltungsrechtlichen Gestattung geknüpft, mit der sie einhergehend zu prüfen sind (sog. »Huckepackverfahren«). Gemäß § 14 BNatSchG sind Eingriffe in Natur und Landschaft die Veränderung der Gestalt oder Nutzung eines Grundstücks sowie die Veränderung des mit der belebten Bodenschicht in Verbindung stehenden Grundwasserspiegels, die die Leistungs- und Funktionsfähigkeit des Naturhaushalts oder des Landschaftsbilds erheblich beeinträchtigen können. Dies ist typischerweise bei Großvorhaben der Fall, wie etwa der umfangreichen Wasserförderung der öffentlichen Wasserversorgung. Aufgrund der naturschutzrechtlichen Ermächtigung hatten die Wasserbehörden schon nach der überkommenen Rechtslage Belange des Natur- und Landschaftsschutzes bei ihrer Entscheidung zu beachten.

---

491 Zu dem Umfang des Begriffs Wohl der Allgemeinheit im Wasserrecht ausführlich im 4. Teil, E. I. Umfang des Allgemeinwohlbegriffs im Wasserhaushaltsgesetz.

492 Hierzu ausführlich 4. Teil, E. I. 2. (c) (aa) (bbb) Formelle Prüfungskompetenz anderweitigen Rechts aus § 12 Abs. 1 Nr. 2 WHG.

493 Ehem. § 20 Abs. 2 bzw. § 8 Abs. 2, Satz 2 und 3 BNatSchG.

b) Bisheriges Verhältnis zum Vorrang der ortsnahen Wasserversorgung

Mit dem hier vertretenen engen Verständnis des wasserrechtlichen Gemeinwohlbegriffs waren naturschutzrechtliche Belange nicht als Belange des Wohls der Allgemeinheit zu qualifizieren. Die Berücksichtigung dieser Aspekte erfolgte erst im Rahmen des Bewirtschaftungsermessens[494]. Naturschutzrechtliche Vorgaben waren nach der überkommenen Rechtslage somit nur als Ergänzung zu den wasserrechtlichen Vorschriften in der Weise zu verstehen, dass hier ein zusätzlicher Gesichtspunkt neben dem Wohl der Allgemeinheit bestand, der bei der wasserrechtlichen Gestattung zu beachten war[495]. Dies entspricht der rechtlichen Ausgestaltung der naturschutzrechtlichen Eingriffsregelung. Denn Zweck der naturschutzrechtlichen Regelung ist es nur, diese an eine behördliche Gestattung zu koppeln, damit das in Frage stehende Verhalten einer behördlichen ex-ante Überprüfung zugänglich ist. *Dass* ein naturschutzrechtlicher Eingriff zu beachten ist, ergibt sich aus § 17 BNatSchG. Und auch die Frage, *ob* ein solcher Eingriff vorliegt, beurteilt sich allein nach den Maßstäben des § 14 BNatSchG[496]. Rechtstechnisch bildet damit die naturschutzrechtliche Eingriffsregelung die Grundlage einer Versagung[497]. Die Frage, ob naturschutzrechtliche Belange verletzt werden, durfte und darf das Wasserrecht dagegen nicht beantworten - hierzu verbleibt es bei den Vorgaben des Naturschutzrechts[498]. Zu Recht spricht Breuer in diesem Zusammenhang davon, dass die Aspekte

494 Hierzu ausführlich im 4. Teil, E. I. Umfang des Allgemeinwohlbegriffs im Wasserhaushaltsgesetz.

495 So etwa m.w.Nachw. Gassner, „Die rechtliche Relevanz der Grundwasserentnahme im Rahmen der naturschutzrechtlichen Eingriffsregelung“ in NuR 1999, 378 (380). In diesem Sinne auch noch Kotulla, Wasserhaushaltsgesetz, 1. Auflage, § 1a Rdnr. 15; derselbe in „Rechtliche Instrumente des Grundwasserschutzes“, S. 51/52, wonach es sich bei den naturschutzrechtlichen Vorgaben um eine zusätzlich zu prüfende rechtliche Voraussetzung handelt; a.A. mittlerweile in Wasserhaushaltsgesetz, 2. Auflage, § 3 Rdnr. 86. Richtigerweise ist Ansatzpunkt der Prüfung seit dem 01.03.2010 § 12 Abs. 1 Nr. 2 WHG.

496 Soweit zur überkommenen Regelung des BNatSchG auch BVerwG, Urteil v. 27.09.1990, 4 C 44.87, NVwZ 1991, 364 (365).

497 Breuer, Öffentliches und Privates Wasserrecht, Rdnr. 401.

498 Gassner, „Die rechtliche Relevanz der Grundwasserentnahme im Rahmen der naturschutzrechtlichen Eingriffsregelung“ in NuR 1999, 378 (380).

des Naturschutzrechts mit denen des Wasserrechts lediglich verzahnt werden[499]. Die Wasserbehörde hat eine Versagung zwar als einheitliche Entscheidung auf Grundlage der wasserrechtlichen Gestattungsvorgaben und der §§ 14 ff. BNatSchG zu erlassen[500]. Naturschutzrechtliche Aspekte wurden dementsprechend in dem überkommenen § 1a Abs. 1 WHG – und in §§ 1, 6 Abs. 1 Nr. 1 i.V.m. § 3 Nr. 10 WHG auch weiterhin – aber lediglich neben den Belangen des Wohls der Allgemeinheit als Bewirtschaftungsaspekte benannt und sind insoweit bereits sprachlich von dem wasserrechtlichen Gemeinwohlbegriff abgegrenzt.

Gleichwohl waren jene Belange innerhalb der wasserrechtlichen Gestattungsprüfung zu berücksichtigen, indem sie als sonstige Belange in der Ermessensausübung auf der Rechtsfolgenseite der Gestattungsprüfung zum Tragen kamen. Hierzu zeichnete das Merkmal »vorrangig« bei der Ausübung des Bewirtschaftungsermessens eine regelmäßige Gewichtung der ortsnahen Wasserversorgung gegenüber den Belangen des Naturschutzes auf der Ermessensseite vor. Zur Verwirklichung der ortsnahen Wasserversorgung waren danach in der gebotenen Abwägung Beeinträchtigungen von Natur und Landschaft grundsätzlich hinzunehmen. Nur ausnahmsweise konnten naturschutzrechtliche Erwägungen eine Entscheidung gegen die Entnahme aus dem ortsnahen Wasserdargebot rechtfertigen. Lediglich irreversible Störungen von Flora und Fauna etwa durch dauerhafte Grundwasserabsenkungen waren nicht zu dulden[501]. Andere, weniger intensive Eingriffe in die Natur und Landschaft waren dagegen für den Verweis auf die ortsnahen Wasservorkommen aufgrund des gesetzlich vorgezeichneten Abwägungsvorrangs unbeachtlich[502].

---

499 Breuer, Öffentliches und Privates Wasserrecht, Rdnr. 399; zustimmend Pape, Landmann/Rohmer, Umweltrecht, § 6 WHG Rdnr. 63. Von einem Nebeneinander von naturschutzrechtlicher Eingriffsregelung und wasserrechtlicher Gestattung geht etwa auch Gassner, „Die rechtliche Relevanz der Grundwasserentnahme im Rahmen der naturschutzrechtliche Eingriffsregelung“, NuR 1999, 378 (380), aus.

500 Breuer, Öffentliches und Privates Wasserrecht, Rdnr. 401.

501 Zustimmend auch Breuer, Öffentliches und Privates Wasserrecht, Rdnr. 382 mit Verweis auf VG Kassel, Urteil vom 24.05.1976 in ZfW 1977, 126.

502 Allerdings blieben jene nicht unberücksichtigt, sie waren gemäß der naturschutzrechtlichen Eingriffsregelung auszugleichen. Danach wurde der Eingriffsregelung ausreichend Rechnung getragen und gleichzeitig dem der ortsnahen Wasserversorgung immanenten Verursacherprinzip Ausdruck verliehen. Der Nutzer eines Wasservorkommens hatte so auch die damit verbundenen Lasten in tatsächlicher und

Nach dem weiten Verständnis des Wohls der Allgemeinheit sollen naturschutzrechtlichen Belange demgegenüber einen Belang des Gemeinwohls darstellen[503], wodurch nach der überkommenen Rechtslage bereits eine tatbestandliche Abwägung gegenüber der Vorgabe der ortsnahen Wasserversorgung eröffnet wurde. Daraus ergab sich die konkrete Konfrontation des Vorrangs der ortsnahen Wasserversorgung mit naturschutzrechtlichen Belangen, indem diese einer Gestattung nur entgegenstanden, wenn sie tatbestandlich als widerstreitende Gemeinwohlbelange gegenüber dem Nähepostulat überwogen haben[504].

Unabhängig von der systematischen Einordnung naturschutzrechtlicher Belange ist damit für die überkommene Rechtslage festzuhalten, dass jene Belange innerhalb der Gestattungsprüfung mit dem Vorrang der ortsnahen Wasserversorgung konfrontiert wurden. Aufgrund der Abwägungsvorgaben des Nähepostulats war hiernach allerdings eine Versagung der ortsnahen Wassernutzung und damit der Zugriff auf entlegene Wasservorkommen regelmäßig nicht zu rechtfertigen.

---

rechtlicher Hinsicht zu tragen, was dem Gedanken der ortsnahen Wasserversorgung entspricht.

503 Büllesbach, „Die wasserrechtliche Gemeinwohlklausel – Auch heute noch ein Rätsel?“, in DÖV 1992, 477 (484); BadWürttVGH in ZfW 1980, 233 (237); im Ergebnis wohl auch Hofmann/Kollmann, v.Lersner/Berendes/Reinhardt, HdBWR, zu § 6 WHG a.F. Rdnr 6. Ausdrücklich offen gelassen hat die Beantwortung der Frage aber BVerwG, Urteil v. 27.09.1990, 4 C 44.87, NVwZ 1991, 364 (365), da sich die Voraussetzungen eines Eingriffs sowie ein hierauf gestützter Versagungsgrund allein nach den Vorgaben des BNatSchG entscheide. Ähnlich argumentiert der BayVGH in ZfW 1994, 287 (288), wobei er allerdings anders als das BVerwG offenbar zu dem Ergebnis kommt, dass entsprechende Belange auch vom wasserrechtlichen Gemeinwohlbegriff erfasst seien. Sicherlich zu weit wurde diesbezüglich auch argumentiert, das Bundesnaturschutzgesetz konkretisiere die Staatsaufgabe Naturschutz als Aufgabe der Wasserbehörde und damit als Inhalt des Gemeinwohlvorbehalts, weswegen die Wasserbehörde über die Zulässigkeit eines Eingriffs in Natur und Landschaft zu entscheiden habe, Büllesbach, „Die wasserrechtliche Gemeinwohlklausel“ in DÖV 1992, 477 (484).

504 Zu dem Abwägungsverhältnis im Folgenden, 4. Teil, E II. Tatbestandlicher Abwägungsvorbehalt zu Gunsten der ortsnahen Wasserversorgung.

c) Neuregelung des § 12 Abs. 1 Nr. 2 WHG

Mit der Neuregelung des Wasserrechts sind naturschutzrechtliche Belange als anderweitige öffentlich-rechtliche Anforderungen zwar weiterhin auf der Tatbestandsseite der Gestattungsprüfung zu berücksichtigen, nun allerdings innerhalb des § 12 Abs. 1 Nr. 2 WHG[505]. Danach ist eine Benutzung auch dann zu untersagen, wenn andere Anforderungen nach öffentlich rechtlichen Vorschriften nicht erfüllt sind. »Andere« Anforderungen meint dabei jedenfalls solche, die nicht bereits über § 3 Nr. 10 WHG als Belang des Gemeinwohls erfasst werden[506]. Indem der Vorrang der ortsnahen Wasserversorgung innerhalb des § 12 Abs. 1 Nr. 2 WHG nicht zum Tragen kommt und die Existenz eines tatbestandlichen Versagungsgrundes eine weitergehende Gestattungsprüfung im Rahmen des behördlichen Bewirtschaftungsermessens ausschließt, findet somit de lege lata der Vorrang der ortsnahen Wasserversorgung bei der Betrachtung naturschutzrechtlicher Aspekte keine Beachtung mehr. Dies gilt entsprechend für die sonstigen benutzungsbezogenen öffentlich-rechtlichen Anforderungen, die von § 12 Abs. 1 Nr. 2 WHG erfasst sind. Hieraus folgt, dass der nach dem überkommenen Wasserrecht die gesamte wasserbehördliche Entscheidung doktrinierende Nähegrundsatz unbeachtlich geworden ist, soweit anderweitige Anforderungen des öffentlichen Rechts in Rede stehen.

Zwar führt die Nichterfüllung dieser Anforderungen nicht per se zu einer Nichtgestattung der Wasserentnahme zum Zwecke der ortsnahen Wasserversorgung, sondern rechtfertigt zunächst nur die Suspendierung der Entscheidung[507]. Allerdings kann die dauerhafte Nichterfüllung dieser Vorgaben zu einer abschließenden Versagung führen, so dass im Verhältnis zu dem überkommenen Recht aufgrund des § 12 Abs. 1 Nr. 2 WHG der Nähegrundsatzes zu Gunsten der hierdurch erfassten anderen öffentlich-rechtlichen Belange zurücktritt. Anders als zuvor, kann hiernach also der grundsätzliche Verweis auf die ortsnahen Wasserversorgung überwunden werden, ohne dass dies aus Gründen des Gemeinwohls oder aufgrund des Bewirtschaftungsermessens geboten ist. Auch der Grad der Beeinträchtigung

---

505 Siehe Schmid in Berendes/Frenz/Müggenborg, Wasserhaushaltsgesetz, § 12 Rdnr, 46.

506 Schmid in Berendes/Frenz/Müggenborg, Wasserhaushaltsgesetz, § 12 Rdnr. 21.

507 Hierzu ausführlich 4. Teil, E. I. 2. (c) (cc) (bbb) Formelle Prüfungskompetenz anderweitigen Rechts aus § 12 Abs. 1 Nr. 2 WHG.

der anderweitigen Anforderungen spielt dabei – anders als es die Abwägungsvorgabe des Nähegrundsatzes vorsieht – keine Rolle. Dies widerspricht im Grunde der Intention des § 50 Abs. 2 Satz 1 WHG, wonach weiterhin nur überwiegende Gründe des Wohls der Allgemeinheit oder allenfalls überwiegende sonstige Belange den Zugriff auf entlegene Wasservorkommen rechtfertigen sollen. Damit ist festzustellen, dass die Neuregelung des § 12 Abs. 1 Nr. 2 WHG den strikten Verweis der öffentlichen Wasserversorgung auf die ortsnahen Wasservorkommen aufweicht.

VI. Ergebnis

Der Grundsatz der ortsnahen Wasserversorgung statuiert ein Regel-Ausnahme-Verhältnis zu Gunsten der ortsnahen Wasserversorgung, jenes ist dem Nähepostulat immanent. Dadurch wird die wasserrechtliche Privilegierung der gesamten öffentlichen Wasserversorgung verfassungskonform auf die Trinkwasserversorgung begrenzt. Das tatbestandliche Regel-Ausnahme-Verhältnis rekurriert dabei allerdings nicht auf den wörtlichen Vorrang der ortsnahen Wasserversorgung, dieser spannt als maßgebliches Instrument der Ermessenssteuerung vielmehr eine entsprechende Konstellation für das wasserbehördliche Bewirtschaftungsermessen auf. Somit wird sichergestellt, dass auch außerhalb des Wasserrechts stehende Belange, die die Entscheidung für und wider die ortsnahe Wasserversorgung flankieren, regelmäßig hinter der Vorgabe der ortsnahen Wasserversorgung zurückstehen. Damit wird die wasserbehördliche Entscheidung vollumfänglich auf den Vorrang einer ortsnahen Wasserversorgung hin doktriniert. Über § 12 Abs. 1 Nr. 2 WHG ergibt sich indes mittlerweile ein weiterer Rechtfertigungsgrund für das Abweichen von einer ortsnahen Wasserversorgung, der losgelöst von dem Grundsatz der Ortsnähe besteht. Dadurch wird der regelmäßige Verweis auf die nahegelegenen Wasservorkommen gelockert.

E. Entgegenstehende überwiegende Belange des Gemeinwohls

Nach Maßgabe des § 50 Abs. 2, S. 1 1. HS WHG[508] ist von dem Grundsatz der ortsnahen Wasserversorgung auszugehen, *»soweit überwiegende*

508 Entspricht dem überkommenen § 1a Abs. 3, 2. HS WHG.

Gründe des Wohls der Allgemeinheit dem nicht entgegenstehen«. Insgesamt wird mit dem Wohl der Allgemeinheit die Prüfung der Gestattung einer Wasserbenutzung angesprochen[509]. Mit der hier zu untersuchenden Formulierung werden dem Primat der Versorgung aus ortsnahen Wasserversorgung die Belange des Wohls der Allgemeinheit entgegen gesetzt. Schon im Zusammenspiel mit dem angesprochenen »Vorrang« innerhalb der Gestattungsprüfung ist dieses Normmerkmal daher für den Nähegrundsatz im höchsten Maße praxisrelevant.

Obwohl der Teil der Norm inhaltlich für die Bewirtschaftung der ortsnahen Wasservorkommen besonders bedeutsam ist, hat der Gesetzgeber es bei der Ausgestaltung jedoch versäumt, deutliche Vorgaben festzulegen. Bereits bei der Formulierung »Wohl der Allgemeinheit« handelt es sich nach der herrschenden Auffassung in Literatur und Rechtsprechung um einen klassischen unbestimmten Rechtsbegriff[510]. Seine Auslegung hat gerade im Wasserrecht vielfältig zu Problemen und unterschiedlichen Verständnissen geführt. Während ein Teil der Rechtsprechung und Literatur von einem eher weiten Verständnis des Gemeinwohls ausgeht und hierunter auch fachfremde Belange außerhalb des Wasserrechts subsumiert, legt ein anderer Teil der Rechtsprechung und Lehre grundsätzlich ein rein wasserwirtschaftliches Verständnis zugrunde. Eine abschließende Klärung des Begriffs ist bisher nicht erkennbar, für die rechtssichere Anwendung des Nähegrundsatzes aber unerlässlich. Daher ist der gesetzlich vorgesehene Gemeinwohlvorbehalt zu konkretisieren. Als erster Schritt der Untersuchung soll hierzu die Kontroverse in der Auslegung des Begriffs »Wohl der Allgemeinheit« aufgezeigt werden. Danach wird eine Auflösung des Konflikts unter Beachtung der erfolgten Neuregelung des Wasserrechts versucht. Insbesondere soweit es die Prüfungskompetenz der Wasserbehörden angeht, weitet § 12 Abs. 1 Nr. 2 WHG nunmehr den Umfang der Gestattungsprüfung auch auf andere öffentlich-rechtliche Vorschriften aus, weswegen in diesem Zusammenhang die genauere Untersuchung der Regelung angezeigt ist. Fraglich ist, ob es sich hierbei lediglich um eine formale Prüfungskompetenz der Wasserbehörden handelt oder ob dadurch eine materiell-rechtliche Erweiterung der Aufgaben der Wasserbehörden erfolgt.

509 Hierzu schon ausführlich oben, 3. Teil, C. Zusammenspiel mit der wasserrechtlichen Gestattung.

510 M.w.Nachw. etwa Breuer, Öffentliches und Privates Wasserrecht, Rdnr. 372.

Anschließend sind mögliche Belange des Allgemeinwohls, die einer Versorgung aus ortsnahen Wasservorkommen entgegenstehen können, zu erarbeiten. Nach § 50 Abs. 2 WHG sollen entsprechende Gemeinwohlbelange für die Entscheidung gegen eine ortsnahe Wasserversorgung wörtlich nur soweit von Bedeutung sein, wie sie gegenüber dem Ortsnäheerfordernis überwiegen. Hier ist zu untersuchen, wann potentielle Einschränkungen des Ortsnähepostulats überhaupt zum Tragen kommen und wie sich jener Vorbehalt in die wasserrechtliche Prüfung integriert. Im Anschluss an diese Untersuchungsergebnisse soll am Beispiel finanzieller Aspekte der ortsnahen öffentlichen Wasserversorgung ein praxisrelevanter Abwägungsmaßstab für die wasserbehördliche Entscheidung entwickelt werden.

I. Umfang des Allgemeinwohlbegriffs im Wasserhaushaltsgesetz

Ausgangspunkt der folgenden Kontroverse ist die Auslegung des Begriffs des Gemeinwohls im Wasserrecht, der noch immer nicht abschließend unter einheitlichen Gesichtspunkten erfolgt. Zur Einführung soll zunächst das allgemeine Verständnis des Gemeinwohlbegriffs im öffentlichen Recht aufgezeigt werden, welches lange Zeit auch das Verständnis im Wasserrecht dominiert hat[511]. Danach sind die Belange des Allgemeinwohls im Sinne des Art. 14 Abs. 3 GG zu verstehen. Der Begriff deckt zwar nicht alle im öffentlichen Interesse stehenden Belange, auf die sich die Behörde bei ihrer Entscheidung beziehen darf, per se als zulässige Argumente ab. Er eröffnet lediglich einen Abwägungsspielraum der Gestattungsbehörde hinsichtlich dieser Interessen untereinander[512]. Grundsätzlich können dabei aber alle Belange des öffentlichen Interesses als Gemeinwohlbelange im Sinne des Art. 14 Abs. 3 GG herangezogen werden. Hinsichtlich des Wasserrechts wurde somit zunächst davon ausgegangen, das Wohl der Allgemeinheit stelle einen umfassenden Gesamtbegriff dar, der alle wasserwirtschaftlichen Gesichtspunkte umfasst und sich darüber hinaus auf andere Belange des öffentlichen Interesses erstreckt. Damit wurde ein komplexer Ausgleich der widerstreitenden Interessen verlangt. Hiernach war im Rahmen einer

---

511 Zur Darstellung des Meinungsstands Czychowski/Reinhardt, Wasserhaushaltsgesetz, 10. Auflage, § 6 Rdnr. 29 ff..

512 Vgl. etwa Bryde in von Münch/Kunig, Grundgesetz, Art. 14 Rdnr. 81.

wasserrechtlichen Entscheidung eine umfassende Interessenabwägung erforderlich, so dass im Ergebnis eine Gleichstellung der Belange des Wohls der Allgemeinheit im Wasserhaushaltsrecht mit dem Begriff des Art. 14 Abs. 3 GG erfolgte[513].

Betrachtet man den Wortlaut »Wohl der Allgemeinheit« isoliert, liegt diese Begriffsdeutung zunächst auch nahe. Andererseits wird der Begriff »Wohl der Allgemeinheit« im Wasserrecht gerade nicht definiert, wegen seiner Eigenschaft als unbestimmter Rechtsbegriff ist er einer abschließenden Begriffszuweisung auch nicht zugänglich. Welches Ausmaß der Bezug auf das Wohl der Allgemeinheit erreichen soll, lässt sich danach nicht ohne weiteres erkennen. Die vorbeschriebene Sichtweise wurde maßgeblich auf die ursprüngliche Begründung des Gesetzgebers zu dem überkommenen § 6 Abs. 1 WHG gestützt, wonach die Bewilligung oder Erlaubnis zu untersagen war, wenn

> »(…) das Wohl der Allgemeinheit durch eine Gefährdung des Wasserhaushalts beeinträchtigt wird, weil die Behörde eine Beeinträchtigung des Wohls der Allgemeinheit auch in anderer Hinsicht zu berücksichtigen hat«[514].

Der Verweis auf auch in anderer Hinsicht zu berücksichtigende Gemeinwohlbelange wurde dahingehend interpretiert, dass damit nur Belange außerhalb des Wasserrechts gemeint sein könnten. Überdies sollte sich das umfassende Verständnis des wasserrechtlichen Gemeinwohls aus einer medienübergreifenden Betrachtung im Wasserrecht ergeben, wonach die Behörde ihre sachgerechte Entscheidung auf alle öffentlichen Belange stützen müsse[515].

---

513 Vgl. Büllesbach, „Die wasserrechtliche Gemeinwohlklausel“ in DÖV 1992, 477 (478); ebenso die Darstellung des Meinungsstands bei Thurn, Schutz natürlicher Gewässerfunktionen durch räumliche Planung, S. 78f, dort m. w. Nachw.. Diese Auffassung vertrat etwa noch OVG Greifswald, Beschl. v. 29.06.1995, 3 M 27/95, NVwZ-RR 1996, 197 (198). Auch in einigen Landeswassergesetzen waren bisher entsprechende Gründe für die Ausnahme von einer grundsätzlichen ortsgebundenen Wasserversorgung durchaus vorgesehen, vgl. mit der Aufzählung in der Einleitung.

514 BT-Drucks. 2/2072, S. 23.

515 Vgl. hierzu Czychowski/Reinhardt, Wasserhaushaltsgesetz, 10. Auflage, § 6 Rdnr. 29.

Diese Auffassung hält einer eingehenden Untersuchung mittlerweile nicht mehr stand. Der Begriff des Wohls der Allgemeinheit taucht im Wasserhaushaltsgesetz insgesamt an unterschiedlichen Stellen auf. In der bis zum 28.02.2010 geltenden Fassung fand das Wohl der Allgemeinheit im Wasserhaushaltsgesetz in den §§ 1a Abs. 1, 4 Abs. 2 Nr. 3, 6 Abs. 1, 8 Abs. 3, 12 Abs. 1, 15 Abs. 4, 18, 18a Abs. 1, 19 Abs. 1, 31 Abs. 1 und 5, 31b Abs. 6, 31c Abs. 1 und 2, 36a Abs. 1 Erwähnung[516]. Als zentrale Norm wurde dabei § 6 Abs. 1 WHG verstanden. Danach war eine wasserrechtliche Erlaubnis oder Bewilligung zu versagen, soweit von der beabsichtigten Benutzung eine Beeinträchtigung des Wohls der Allgemeinheit, insbesondere der öffentlichen Wasserversorgung, zu erwarten war. Gerade an § 6 Abs. 1 WHG entzündete sich die Diskussion um die Reichweite der Belange des Allgemeinwohls immer wieder. Das hieraus entwickelte Verständnis war für den überkommenen § 1a Abs. 3 WHG maßgeblich und ist auch weiterhin aufzugreifen. Vordringlich unterscheidet sich der heutige Meinungsstand diesbezüglich in eine restriktive und eine eher modifizierende Ansicht. Dabei besteht zwischen beiden Auffassungen ein Grundkonsens. Es wird davon ausgegangen, dass das Verständnis vom Umfang des Allgemeinwohls im gesamten Wasserhaushaltsgesetz einheitlich ist[517]. Einigkeit herrscht zudem darüber, dass jedenfalls wasserrechtliche Belange oder solche, die das Wasserhaushaltsgesetz ausdrücklich als Wohl der Allgemeinheit benennt, hierunter zu subsumieren sind[518]. Kontrovers wird indes diskutiert, ob auch außerhalb des Wasserrechts stehende und namentlich nicht benannte Belange des öffentlichen Interesses erfasst sind[519] und als Versagungsgrund in der Gestattungsprüfung angeführt werden können.

516 Heute in den §§ 3 Nr. 10, 6 Abs. 1 Nr. 2, Abs. 2, 13 Abs. 2 Nr. 4, 14 Abs. 3, 20 Abs. 2, 22, 37 Abs. 3, 38 Abs. 5, 50 Abs. 2, 51 Abs. 1, 53 Abs. 3, 55 Abs. 1, 68 Abs. 3 Nr. 1, 71, 77, 78 Abs. 4 Nr. 1, 86 Abs. 1 Nr. 1 WHG.

517 Vgl. nur Kotulla, Wasserhaushaltsgesetz, 2. Auflage, § 3 Rdnr. 85; ebenso Czychowski/Reinhardt, Wasserhaushaltsgesetz, 10. Auflage, § 6 Rdnr. 27. So auch Thurn, Schutz natürlicher Gewässerfunktionen durch räumliche Planung, S. 77, der zwar von einer unterschiedlichen Funktion des Gemeinwohlbegriffs im Wasserhaushaltsgesetz ausgeht, die Auslegung des Begriffs müsse jedoch schon wegen der Vollziehbarkeit durch die Wasserbehörden einheitlich erfolgen.

518 Statt vieler Kotulla, Wasserhaushaltsgesetz, 2. Auflage, § 3 Rdnr. 86.

519 Ganz allgemein zum Meinungsstand Büllesbach, „Die wasserrechtliche Gemeinwohlklausel", in DÖV 1992, 477 (478 ff).

Dieser Meinungsstand soll im Folgenden dargestellt werden. Dabei ist zunächst auf die Entwicklung der unterschiedlichen Auslegungsvarianten einzugehen. Anschließend sollen diese bewertet und einer Auflösung zugeführt werden. Dabei ist auf die zum 01.03.2010 erfolgte Änderung der wasserrechtlichen Vorschriften einzugehen[520]. Zwar hat der Gesetzgeber die konkrete Regelung des § 6 Abs. 1 WHG a.F. inhaltlich aufgelöst und die Gestattungsprüfung in § 12 WHG unter Berücksichtigung weitergehender Vorgaben neu geregelt, zu der Bedeutung des Wohls der Allgemeinheit als solches hat er aber nicht Stellung genommen. Zudem wird die Gestattungsprüfung um die Kontrolle der Einhaltung sonstiger öffentlich-rechtlicher Vorschriften ergänzt, woraus weitere Rückschlüsse für die Auslegung des Allgemeinwohlbegriffs zu ziehen sind.

1. Wasserrechtliche Belange

Hinsichtlich des wasserrechtlichen Gemeinwohlbegriffs herrscht Einigkeit dahingehend, dass jedenfalls wasserrechtlich intendierte Belange hierunter fallen. Danach sind jene Belange angesprochen, die das Wasserrecht selbst als besondere Ausprägung des Gemeinwohls benennt[521]. Dies waren nach dem überkommenen Stand der Gesetzgebung die öffentliche Wasserversorgung, die in §§ 6 Abs. 1, 12 Abs. 1, 18 WHG namentlich benannt wurde, sowie die Belange einer vorhandenen Wasserkraftnutzung bei dem beabsichtigten Ausbau natürlicher oder naturnaher Gewässer, § 31 Abs. 1 WHG. Darüber hinaus sollte sich nach § 31 Abs. 5 WHG eine Beeinträchtigung des Wohls der Allgemeinheit ergeben, wenn bei dem beabsichtigten Ausbau eines Gewässers eine erhebliche und dauerhafte, nicht ausgleichbare Erhöhung der Hochwassergefahr oder eine Zerstörung natürlicher Rückhalteflächen zu erwarten war. Mit der Neuregelung des Wasserrechts reduziert sich die Konkretisierung des Begriffs auf die öffentliche Wasserversorgung gemäß § 3 Nr. 10 WHG, wobei allerdings nicht davon auszugehen ist, dass damit eine Reduzierung der wasserrechtlich relevanten Gemeinwohlbelange insgesamt stattgefunden hat.

---

520 Zu der Gesetzeshistorie oben 1. Teil, D. II. Normentwicklung im Bundesrecht.

521 Statt vieler Kotulla, Wasserhaushaltsgesetz, 2. Auflage, § 3 Rdnr. 86.

Daneben sind bestimmte Aspekte des wasserrechtlichen Gemeinwohls aus dem Wasserhaushaltsgesetz zu erschließen. In diesem Sinne sind als Belange des Gemeinwohls vor allem solche zu verstehen, die in unmittelbarem Zusammenhang mit der Bewirtschaftung der Gewässer stehen[522]. Diese Belange lassen sich aus den Anforderungen des Wasserhaushaltsgesetzes konkretisieren. Ganz allgemein ist danach ein Gemeinwohlbelang, dass die Gewässer in einem qualitativ und quantitativ den Bewirtschaftungszielen entsprechenden Zustand belassen werden. Dass stets ausreichend viel Wasser in guter Qualität zur Verfügung steht, ist maßgeblicher Ausdruck einer gemeinwohlorientierten Gewässerbewirtschaftung[523]. Insgesamt sind die wasserrechtlichen Bewirtschaftungsziele als Ausprägung des Wohls der Allgemeinheit zu verstehen[524]. Weitere Konkretisierungen ergaben sich aus Rechtsverordnungen der Bundesregierung nach Maßgabe des ehemaligen § 6a WHG zur Umsetzung supra- und internationaler Anforderungen im Hinblick auf die Vorgaben des § 1 a Abs. 1 WHG. Ebenso sind die Anforderungen an die Abwassereinleitung als Konkretisierung des wasserrechtlichen Gemeinwohls festzuhalten[525]. Im Übrigen sehen die einzelnen landesrechtlichen Regelungen teilweise spezielle Ausprägungen des wasserrechtlichen Gemeinwohlbegriffs vor[526], die jedoch für die hier maßgebliche Auslegung des Begriffs wegen des Vorrangs des Bundesrechts allenfalls als Anhaltspunkt dienen können.

2. Außerhalb des Wasserrechts stehende Gemeinwohlbelange

Höchst umstritten ist dagegen, ob auch andere Belange als solche mit unmittelbarem wasserwirtschaftlichem Bezug von dem Begriff des wasserrechtlichen Gemeinwohls umfasst sind. Dies wurde im Laufe der Zeit immer wieder unterschiedlich betrachtet. Die Entwicklung der jeweiligen Auffassungen wurde maßgeblich durch die höchstrichterliche Rechtsprechung beeinflusst, die von einer Auslegung zur nächsten schwankte. Allenthalben

522 BVerfG, Beschl. v. 15.07.1981, 1 BvL 77/78, BVerfGE 58, 300 (348); ebenso BVerwG, Urteil v. 10.2.1978, 4 C 25.75, BVerwGE 55, 220 (231).

523 Kotulla, Wasserhaushaltsgesetz, 1. Auflage, § 6 Rdnr. 9.

524 Siehe nur Czychowski/Reinhardt, Wasserhaushaltsgesetz, 9. Auflage, § 6 Rdnr. 11.

525 Franz, „Die Normstruktur von Erlaubnis und Bewilligung", in VerwA 2003, 192 (205).

526 Vgl. Czychowski/Reinhardt, Wasserhaushaltsgesetz, 10. Auflage, § 6 Rdnr. 31.

ist davon auszugehen, dass diese Diskussion immer noch nicht abgeschlossen ist. Zudem sind bei dem nun aufzuzeigenden Meinungsstand die neueren Entwicklungen des Wasserrechts zu berücksichtigten. Deren Auswirkungen für die Auslegung des wasserrechtlichen Gemeinwohlbegriffs sollen nachfolgend ebenfalls erörtert werden.

a) Restriktive Auslegung – Beschränkung auf wasserrechtliche Belange

Dem restriktiven Verständnis des Wohls der Allgemeinheit im Wasserrecht liegt der Gedanke zugrunde, dass der Begriff des Gemeinwohls grundsätzlich nicht überall dasselbe bedeutet. Er ist vielmehr stets im Zusammenhang mit dem in Frage stehenden Regelungskomplex zu sehen und danach auszulegen (funktionsdifferenzierte Auslegung)[527]. Dementsprechend kann sich die Bedeutung der Begrifflichkeit für das Wasserrecht regelmäßig auch nur aus dem Wasserhaushaltsgesetz selbst erschließen. Der anfänglichen weiten Auslegung des wasserrechtlichen Gemeinwohlbegriffs trat so zunächst das Bundesverwaltungsgericht mit Urteil vom 10.02.1978[528] entgegen. Es vertrat die Auffassung, im Rahmen des erforderlichen Planfeststellungsverfahrens – ein solches war in dem zu entscheidenden Fall durchzuführen – müsse zwar bereits dann ein zwingender Versagungsgrund vorliegen, wenn nur irgendein Belang des Allgemeinwohls beeinträchtigt sei. Davon zu trennen sei aber die Frage, worauf dieser Ablehnungsgrund zu stützen ist. Dies beantworte das Wasserhaushaltsgesetz

> »(…) ausschließlich nach dem Maßstab seiner eigenen Regelungen, d.h. in einem allein wasserwirtschaftlichen Zusammenhang und über diesen nur hinaus, soweit das Wasserhaushaltsgesetz andere öffentliche Belange ausdrücklich in seine Tatbestände einbezieht.«[529]

Damit stellte das Bundesverwaltungsgericht klar, dass Belange außerhalb wasserwirtschaftlicher Aspekte, die dem Wasserhaushaltsgesetz weder ausdrücklich noch durch tatbestandliche Einbeziehung zu entnehmen sind, nicht Grundlage einer rechtmäßigen Versagung sein können, weil sie vom

527 Vgl. etwa Kibele, „Paradigmenwechsel in der Wasserwirtschaft“, in VBlBW 1997, 121 (124); Larenz/Canaris, Methodenlehre, S. 353.
528 BVerwG, Urteil v. 10.2.1978, 4 C 25.75, BVerwGE 55, 220.
529 BVerwG, Urteil v. 10.2.1978, 4 C 25.75, BVerwGE 55, 220 (229).

wasserrechtlichen Verständnis des Gemeinwohls nicht erfasst werden. Weiter führte das Bundesverwaltungsgericht mit Blick auf einen zulässigen Eingriff in Art. 14 GG in Bezug auf die Eigentumsfähigkeit an Gewässern aus:

> »Es liegt auf der Hand, dass diese besonderen Gründe [der Versagung] und das durch sie bestimmte Maß der verfassungsrechtlich zulässigen gesetzlichen Einschränkungen [des Eigentums] allein den Sachbereich des Wasserhaushaltsrechts betreffen [...]. Für § 6 WHG bedeutet dies, dass die Frage, unter welchen Voraussetzungen ein Gewässerausbau das Wohl der Allgemeinheit beeinträchtigt, außerhalb der unmittelbar wasserrechtlichen Belange auch aus verfassungsrechtlichen Gründen nur unter Rückgriff auf die jeweils für diese Belange einschlägigen gesetzlichen Regelungen beantwortet werden darf.«[530]

Andere als wasserrechtliche Erwägungen waren danach nur aufgrund der einschlägigen Fachgesetze zu beachten. Anhand einer verfassungskonformen Betrachtung des Gemeinwohlbegriffs kam somit lediglich eine enge Auslegung der Begrifflichkeit in Frage.

Das Bundesverfassungsgericht sah die Beschränkung des Gemeinwohls auf die Belange des Wasserrechts ebenso deutlich und formulierte sogar noch drastischer. Es führt zu der Frage nach Versagungsgründen, die außerhalb des Wasserrechts stehen – hier dem Schutz von Arbeitsplätzen und vor unerwünschten Bauvorhaben – in seiner bekannten Nassauskiesungsentscheidung aus:

> »Der Zweck der Vorschrift [§ 6 Abs. 1 WHG a.F.] ist die Ordnung des Wasserhaushalts, nicht aber der Schutz von Arbeitsplätzen oder die Verhinderung unerwünschter Bauvorhaben. Fehlt es an einem unmittelbaren wasserrechtlichen Bezug, so kann hierauf die Ablehnung eines Antrags [aus Gründen des Allgemeinwohls] nicht gestützt werden.«[531]

---

530 BVerwG, Urteil v. 10.2.1978, 4 C 25.75, BVerwGE 55, 220 (231); zudem ergab sich die Verfassungswidrigkeit aus der weitreichenden Einschränkung der Eigentumsgarantie und der damit notwendigen gesetzgeberischen Rechtfertigung zum einen und der überragenden Bedeutung des Umweltgutes Wasser zum anderen, auf dessen Schutz allein sich das Wasserhaushaltsgesetz aber beschränkt.

531 BVerfG, Beschl. v. 15.07.1981, 1 BvL 77/78, BVerfGE 58, 300 (348). Zustimmend Büllesbach, „Die wasserrechtliche Gemeinwohlklausel“, in DÖV 1992, 477 (481, 483); wohl auch Keppeler, „Zur Versagung wasserrechtlicher Gestattungen

b) Modifizierte restriktive Auslegung

Dieser Auffassung tritt zu einem späteren Zeitpunkt gerade das Bundesverwaltungsgericht entgegen[532]. In seiner Entscheidung vom 17.03.1989 führt es ergänzend zu seiner bisherigen Rechtsprechung[533] aus, eine wasserrechtliche Erlaubnis dürfe

> »(…) die Benutzung eines Gewässers nicht gestatten, die zwar mit der engeren wasserhaushaltsrechtlichen Zielsetzung in Einklang stehen mag, aber durch andere gesetzliche Vorschriften ausdrücklich untersagt ist. Dies widerspräche der in § 6 WHG vorausgesetzten Einheit der Rechtsordnung.«[534]

Nach Ansicht des Bundesverwaltungsgerichts würde eine strikt restriktive Auslegung des Wohls der Allgemeinheit dazu führen, dass

> »(…) die für das Erlaubnisverfahren zuständige Behörde verpflichtet [wäre], die Benutzung des Gewässers zu erlauben. Andererseits wäre eine andere Behörde gehalten, aus Gründen des öffentlichen Gesundheitsschutzes die Nutzung des so gewonnenen Wassers sofort zu verbieten.«

Sonstige Versagungsgründe auf Grundlage anderer gesetzlicher Vorschriften, wie zum Beispiel Gründe des Gesundheitsschutzes, sollen danach unter Umständen bei der Erteilung der wasserrechtlichen Erlaubnis beachtlich

---

nach § 6 WHG", in NVwZ 1992, 137 (138). Ebenso noch Kotulla, Wasserhaushaltsgesetz, 1. Auflage, § 1a Rdnr. 12, mit Verweis auf die Ausnahme des überkommenen § 32 Abs. 2 WHG, wonach ausnahmsweise eine extensive Auslegung des Allgemeinwohlbegriffs angezeigt sei. Derselbe bereits in „Rechtliche Instrumente des Grundwasserschutzes", S. 50, wonach lediglich in § 28 Abs. 1 WHG a.F. auch auf die Belange des Naturhaushalts und auf das Bild und den Erholungswert der Gewässerlandschaft abgestellt werde. Insofern sollte sich die explizite Erwähnung nichtwasserrechtlicher Kriterien als Ausnahme darstellen. A.A. aber mittlerweile in Wasserrecht, 2. Auflage, § 3 Rdnr. 86, wonach sich im Wasserhaushaltsgesetz nunmehr bedeutsame Anknüpfungspunkte für andere, außerhalb des Wasserrechts stehende Gemeinwohlbelange fänden.

532 BVerwG, Urteil v. 17.03.1981, 4 C 30.88, BVerwGE 81, 347.

533 BVerwG, Urteil v. 10.02.1978, 4 C 25.75, BVerwGE 55, 220.

534 BVerwG, Urteil v. 17.03.1981, 4 C 30.88, BVerwGE 81, 347 (351).

sein[535]. Eine Begrenzung des wasserrechtlichen Allgemeinwohlbegriffs ergebe sich allerdings dann, wenn

> »der Gesetzgeber die Prüfung eines spezifischen öffentlichen Belangs einem gesonderten Verwaltungsverfahren übertragen hat« [536].

c) Stellungnahme

Ganz allgemein bietet sich schon aus verfassungsrechtlichen Erwägungen eine enge Auslegung des Begriffs Wohl der Allgemeinheit an, da das Grundgesetz dem Bund bis zur Föderalismusreform gemäß Art. 75 Abs. 1 Nr. 4 GG lediglich eine Rahmengesetzgebungskompetenz im Bereich des Wasserrechts verlieh[537]. Danach musste den Ländern Gelegenheit zur Ausfüllung des Rechtsrahmens gegeben werden, was einer allumfassenden Sichtweise entgegenstand. Die systematische Betrachtung des Allgemeinwohlbegriffs im Wasserhaushaltsgesetz bestätigt dies. Nahezu keine Vorschrift gibt dort Anhaltspunkte dafür, dass es über die wasserrechtlichen

---

535 BVerwG, ebenda. Zustimmend Czychowski/Reinhardt, Wasserhaushaltsgesetz, 10. Auflage, § 6 Rdnr. 32. Dieselben bereits zu der überkommenen Rechtslage in Wasserhaushaltsgesetz, 9. Auflage, § 6 Rdnr. 12, wonach eine Erlaubnis oder Bewilligung nicht zu gestatten sei, wenn sie durch andere gesetzliche Vorschriften außerhalb des Wasserrechts zu untersagen sei. Dort am Beispiel naturschutz- und landschaftsrechtlicher Verbote. Ebenso zu § 6 Rdnr. 9, wenn es dort heißt, „die (die Erlaubnis bzw. Untersagung der Nutzung betreffende) Entscheidungen können nur getroffen werden, wenn alle (öffentlichen) Belange berücksichtigt werden (...), auf die sich der beabsichtigte Eingriff in den Wasserhaushalt auswirkt".

536 Damit konstatiert das BVerwG mit Urteil v. 17.03.1981, 4 C 30.88, BVerwGE 81, 347 allerdings auch, dass nur dann eine Ausdehnung des wasserrechtlichen Allgemeinwohlbegriffs in Betracht kommt, wenn entsprechende Belange nicht schon anderweitig, zum Beispiel in einem weiteren Genehmigungsverfahren, zu berücksichtigen sind. M. w. Nachw. Czychowski/Reinhardt, Wasserhaushaltsgesetz, 9. Auflage, § 6 Rdnr. 13, insbesondere dürfe die Wasserbehörde keine von der zuständigen Behörde abweichende Auffassung in die wasserrechtliche Bewilligung beziehungsweise Versagung einfließen lassen.

537 So bereits Pape, Landmann/Rohmer, Umweltrecht, § 6 WHG a.F. Rdnr. 61. Ebenso Keppeler, „Zur Versagung wasserrechtlicher Gestattungen nach § 6 WHG", in NVwZ 1992, 137 (137).

Belange hinaus ein Einfallstor für übrige, dem Wasserrecht fremde allgemeinwohlintendierte Belange gäbe[538]. Denkbar wäre zwar, auf einen von einer Wassernutzung betroffenen umweltrechtlichen Aspekt als Gemeinwohlbelang abzustellen. Als Argument ließe sich hier etwa der Gedanke einer integrativen Bewirtschaftung des Umweltmediums Wasser heranziehen[539]. Hierbei wird jedoch nicht ausreichend darauf eingegangen, dass solche Belange bereits in anderen fachgesetzlichen Regelungen aufgegriffen werden. Demgegenüber stellt der Bewirtschaftungsgrundsatz als Ansatzpunkt für die Beachtung anderer Umweltaspekte vornehmlich auf die Ordnung des Wasserhaushalts ab, er bezweckt jedoch nicht den Schutz sonstiger Belange[540]. Gleichwohl solche Belange auch in der wasserrechtlichen Entscheidung zu beachten sind, sind sie daher bei der Auslegung des wasserrechtlichen Gemeinwohlbegriffs nicht maßgeblich[541]. Demgemäß hält das Wasserhaushaltsgesetz keine »Allzweckwaffe« zur Durchsetzung anderer, außerhalb seines Regelungszwecks liegender öffentlicher Interessen

---

538 So noch Kotulla, Wasserhaushaltsgesetz, 1. Auflage, § 1a Rdnr. 12, mit Verweis auf die Ausnahme des überkommenen § 32 Abs. 2 WHG, wonach ausnahmsweise eine extensive Auslegung des Allgemeinwohlbegriffs angezeigt sei. Derselbe auch in „Rechtliche Instrumente des Grundwasserschutzes", S. 50, wonach lediglich in § 28 Abs. 1 WHG a.F. auch auf die Belange des Naturhaushalts und auf das Bild und den Erholungswert der Gewässerlandschaft abgestellt werde. Dagegen folgert etwa Beckmann in „Die Umweltverträglichkeitsprüfung und das rechtssystematische Verständnis von Planfeststellungsbeschlüssen und Genehmigungsentscheidungen", DÖV 1987, 944 (952), dass eine enge Auslegung des Gemeinwohlbegriffs systemwidrig im Vergleich zu dem Begriff in anderen Fachgesetzen erfolge. Hierbei verkennt Beckmann aber, dass das Wasserrecht entgegen den übrigen Fachgesetzen einen Gestattungsanspruch nicht kennt, also schon wegen der Struktur des Bewirtschaftungsermessens nicht mit den sonstigen Fachgesetzen vergleichbar ist.

539 So ausführlich Czychowski/Reinhardt, Wasserhaushaltsgesetz, 9. Auflage, § 6 Rdnr. 11.

540 Breuer, Öffentliches und Privates Wasserrecht, Rdnr. 67; ausdrücklich auch Czychowski/Reinhardt, Wasserhaushaltsgesetz, 10. Auflage, § 6 Rdnr. 31f..

541 Anders aber Czychowski/Reinhardt, Wasserhaushaltsgesetz, 10. Auflage, § 6 Rdnr. 32, wonach solche Belange bei der Auslegung beachtlich seien, obgleich sie eine Versagung ebenfalls für sich genommen nicht rechtfertigen könnten.

bereit, selbst wenn der Schutz derselben legitim und wünschenswert ist. Jener ist allein durch die dafür vorgesehenen Rechtsnormen möglich[542]. Letztlich ist auch die gesetzliche Kompetenzzuordnung ins Felde zu führen, wonach eine Behörde nur diejenige Aufgabe zu erfüllen hat, die ihr zugewiesen ist. Entscheidungen der Wasserbehörden können daher zulässigerweise nur einen wasserrechtlichen Bereich regeln. Sind anderweitige Rechtsgüter betroffen, sind die dann zuständigen Behörden zu bemühen[543]. Fehlende Kompetenzen der Wasserbehörde zur Durchsetzung anderweitiger öffentlicher Interessen können durch die Instrumente des Wasserrechts nicht umgangen werden[544]. Richtigerweise ist daher der Umfang der Belange des wasserrechtlichen Gemeinwohls auf wasserwirtschaftliche Aspekte zu beschränken.

Andererseits ist angesichts der vielfältigen Aspekte bei der Inanspruchnahme der wasserrechtlichen Gestattung der Wunsch, Versagungstatbestände auch außerhalb des Wasserrechts zu suchen, durchaus nachvollziehbar. Im Ansatz ist dem Bundesverwaltungsgericht daher beizupflichten, dass es seltsam anmutet, dass die Wasserbehörde eine Nutzung erlauben könne, wogegen eine andere Behörde die insoweit zulässige Nutzung aber sogleich wieder untersagen müsste. Allerdings dürfte diese Problematik auch ohne eine Überdehnung der wasserbehördlichen Prüfungskompetenz im Einklang mit der Rechtsordnung lösbar sein. Insgesamt lässt sich der

---

542 So noch Kotulla, Wasserhaushaltsgesetz, 1. Auflage, § 1 a Rdnr. 12. Als Beispiel wird hier auf die Frage verwiesen, ob eine Versagung der Wassernutzung auf gesundheits- und infektionsschutzrelevante Belange gestützt werden kann. Dies wird verneint mit dem Hinweis, dass diese Belange allein den lebensmittel- und infektionsschutzrechtlichen Vorschriften vorbehalten sind. Die Erlaubnis zur Nutzung des Wassers bspw. durch Entnahme sei stets zu trennen von der Erlaubnis zur Weitergabe des Wassers als Trinkwasser. Letztere sei nicht den Wasser-, sondern den Lebensmittelbehörden übertragen. In ähnlicher Weise geht auch Breuer, Öffentliches und Privates Wasserrecht, Rdnr. 215 davon aus, dass § 6 WHG a.F. keine Super- oder Patentformel zur Generalisierung der Ressourcenbewirtschaftung bereithält.

543 In diesem Sinne noch Kotulla, Wasserhaushaltsgesetz, 1. Auflage, § 1a Rdnr. 13; Keppeler, „Zur Versagung wasserrechtlicher Gestattungen nach § 6 WHG" in NVwZ 1992, 137 (139).

544 So schon Kotulla, Wasserhaushaltsgesetz, 1. Auflage, § 6 Rdnr. 12 und weiterhin in Wasserhaushaltsgesetz, 2. Auflage, § 12 Rdnr. 14; so auch Breuer, Öffentliches und Privates Wasserrecht, Rdnr. 397.

erforderliche und für das Wasserhaushaltsgesetz maßgebliche Umfang des Wohls der Allgemeinheit wie folgt bewerten.

(aa) Vorbehalt des Planfeststellungsverfahrens

Soweit eine wasserrechtliche Gestattung im Rahmen eines Planfeststellungsverfahrens ausgesprochen wird, ist die Ausdehnung der wasserbehördlichen Prüfungskompetenz obsolet. Dies hat selbst das Bundesverwaltungsgericht in seiner Ausgangsentscheidung so vorgezeichnet, in dem es feststellt:

> »Eine Begrenzung der Reichweite des Versagungsgrundes des § 6 WHG kann sich auch daraus ergeben, dass der Gesetzgeber die Prüfung eines spezifischen öffentlichen Belangs einem gesonderten Verwaltungsverfahren übertragen hat. Die gesetzliche Anordnung eines bereichsspezifischen Verfahrens ist zumeist dahin zu verstehen, dass sich die Wasserbehörde einer Prüfung jener Gemeinwohlbelange zu enthalten hat.«[545]

Trotzdem wurde in der Rechtsprechung teilweise auch im Rahmen des Planfeststellungsverfahrens eine Ausweitung des wasserrechtlichen Gemeinwohlbegriffs vorgenommen[546], dessen Zulässigkeit weiter zu überprüfen ist. Das Planfeststellungsverfahren ist nicht im Wasserhaushaltsgesetz, sondern im Verwaltungsverfahrensgesetz verankert, dort §§ 72 ff. VwVfG. Danach sind gemäß § 73 Abs. 4 VwVfG im Planfeststellungsverfahren alle in dem Verfahren betroffenen privaten Belange zu beachten. Nach § 75 Abs. 1 VwVfG gilt dies entsprechend für die betroffenen öffentlichen Belange. Im Übrigen wird dem Wohl der Allgemeinheit durch mögliche Auflagen für das Vorhaben Rechnung getragen, § 74 Abs. 2 VwVfG. Somit entspricht es dem Wesen der Planfeststellung, dass eine vollumfängliche Betrachtung aller Interessen – öffentlicher wie privater – zu erfolgen hat. Ergeht die Feststellung der Zulässigkeit des Vorhabens, sind neben der Planfeststellung keine weiteren behördlichen Erstattungen erforderlich, § 75 Abs. 1 VwVfG (materielle Konzentrationswirkung). Eine weitergehende

545 BVerwG, Urteil v. 17.03.1981, 4 C 30.88, BVerwGE 81, 347.

546 Vgl. Thurn, Schutz natürlicher Gewässerfunktionen durch räumliche Planung, S. 82.

Prüfung fachlicher Erwägungen nach der erfolgreichen Planfeststellung ist damit nicht vorgesehen.

Das Wasserhaushaltsgesetz selbst kennt eine allgemeine Regelung für die Durchführung eines Planfeststellungsverfahrens in § 19 WHG[547]. Allerdings leitet § 19 WHG lediglich die Entscheidungsverantwortung von der Wasserbehörde auf die Planfeststellungsbehörde über. Dies ergibt sich bereits aus Absatz Eins, wonach in den Fällen des Planfeststellungsverfahrens nicht die Wasserbehörde, sondern die Planfeststellungsbehörde über die Erteilung der Erlaubnis oder Bewilligung entscheidet. Nach überwiegender Auffassung durchbricht § 19 WHG jedoch die materielle Konzentrationswirkung des Planfeststellungsverfahrens für das Wasserhaushaltsrecht, so dass nur formell die Zuständigkeit für das Verfahren und die Erlaubniserteilung bei der Planfeststellungsbehörde gebündelt wird[548]. Damit wirkt die Wasserbehörde materiell-rechtlich auf die Einhaltung der Vorschriften des Wasserrechts hin. Sie kann aber nur als Verfahrensbeteiligte ihre Vorstellungen in das Verfahren einbringen[549]. Somit ergibt sich aus § 19 WHG, dass innerhalb der Planfeststellung zwar eine gesonderte wasserrechtliche Erlaubnis bzw. Bewilligung erforderlich bleibt, diese wird aber nicht durch die Wasserbehörde getroffen oder ausgesprochen. Die Entscheidung über deren Erteilung ergeht vielmehr nur im Einvernehmen mit der zuständigen Wasserbehörde (§ 19 Abs. 3 WHG) durch die Planfeststellungsbehörde, und zwar auf Grundlage des Planfeststellungsverfahrens. Dabei stellt die Mitwirkung der Wasserbehörde bloß ein »Verwaltungsinternum« ohne jegliche Außenwirkung gegenüber dem Bürger dar[550].

Dementsprechend ist festzuhalten, dass bei Durchführung der Planfeststellung vordringlich die Maßstäbe des Verwaltungsverfahrensgesetzes gelten. Danach sind alle betroffenen Behörden an dem Verfahren zu beteiligen.

---

547 Entspricht dem überkommenen § 14 WHG in der Fassung bis zum 28.02.2010.

548 Statt vieler Kotulla, Wasserhaushaltsgesetz, 2. Auflage, § 19 Rdnr. 4. Wegen § 19 WHG entfaltet die Planfeststellung keine materielle Konzentrationswirkung im Sinne der Vorbehaltsbeseitigung, d.h. das Erfordernis einer wasserrechtlichen Erlaubnis oder Bewilligung bleibt bestehen.

549 Vgl. Czychowski/Reinhardt, Wasserhaushaltsgesetz, 10. Auflage, § 19 Rdnr. 5 und entsprechend noch ausdrücklich in Wasserhaushaltsgesetz, 9. Auflage, zu dem überkommenen § 14, dort Rdnr. 4.

550 Kotulla, Wasserhaushaltsgesetz, 2. Auflage, § 19 Rdnr. 16; Czychowski/Reinhardt, Wasserhaushaltsgesetz, 10. Auflage, § 19 Rdnr. 22.

Dass zur Beurteilung auch andere als wasserwirtschaftliche Belange herangezogen werden können, entspringt damit dem Wesen des Planfeststellungsverfahrens und nicht dem Aufgabenbereich der Wasserbehörde. Die Beachtung anderer als wasserwirtschaftlicher Belange ergibt sich aus dem Planfeststellungsverfahren, jedoch nicht aus den Vorgaben des Wasserrechts[551]. Insbesondere soweit es sich um eine wasserrechtlich veranlasste Planfeststellung handelt, wäre eine andere Sichtweise widersinnig. Die Planfeststellung soll gerade die Beachtung aller öffentlichen Belange gewährleisten, was durch die Kumulierung des Sachverstandes der spezifisch betroffenen Behörden geschieht. Obläge diese Interessensammlung bereits der zuständigen Wasserbehörde, wäre die Anordnung der Planfeststellung im Wasserhaushaltsgesetz obsolet. In der Aufteilung der einzelnen Behörden innerhalb des Planfeststellungsverfahrens spiegelt sich die gesetzliche Kompetenzordnung wieder, nach der die jeweilige Behörde auf ihren Fach- und Rechtsbereich beschränkt ist. Angesichts dieser gesetzlich vorgezeichneten Trennung der Rechtsbereiche und Behördenzuständigkeit müssen fachfremde Erwägungen der Wasserbehörde stets als Ermessensfehlgebrauch gewertet werden. Dementsprechend ist die Wasserbehörde auf die Geltendmachung allein wasserrechtlicher Gemeinwohlbelange verwiesen[552]. Jene Beschränkung ist letztlich auch mit Blick auf § 19 Abs. 3 WHG erforderlich, wonach die Entscheidung der Planfeststellungsbehörde im Einvernehmen mit der Wasserbehörde zu ergehen hat. Dies setzt völlige Übereinstimmung der behördlichen Auffassungen voraus[553], die Entscheidung über die wasserrechtliche Erlaubnis oder Bewilligung seitens der Planfeststellungsbehörde bedarf daher der Zustimmung der Wasserbehörde[554]. Gerade weil die Planfeststellung wegen § 19 WHG ausnahmsweise keine materielle Konzentrationswirkung entfaltet, muss der Prüfungsspielraum der Wasserbehörde begrenzt sein. Zweck der Vorschrift ist die Einbringung des Sach- und Fachverstandes der Wasserbehörde[555], der sich vernünftigerweise nur auf wasserwirtschaftliche Belange beschränken kann. Könnte die Wasserbehörde hier außerhalb ihres Kompetenzbereichs

551 Vgl. Thurn, Schutz natürlicher Gewässerfunktionen durch räumliche Planung, S. 80.

552 Hierzu noch Kotulla, Wasserhaushaltsgesetz, 1. Auflage, § 1a Rdnr. 13.

553 Etwa BVerwG, Urteil v. 29.04.1993, 7 A 2.92, BVerwG 92, 258 (262).

554 Kotulla, Wasserhaushaltsgesetz, 2. Auflage, § 19 Rdnr. 15.

555 Entsprechend etwa Czychowski/Reinhardt, Wasserhaushaltsgesetz, 10. Auflage, § 19 Rdnr. 22.

gelegene Aspekte für ihre Entscheidung heranziehen, wäre es ihr – gegebenenfalls durch das Ansetzen abweichender oder gegenteiliger Maßstäbe als eine andere beteiligte Fachbehörde – möglich, in unzulässiger Weise ein Vorhaben zu blockieren. Zudem bestünde die Gefahr einer doppelten Berücksichtigung fachlicher Erwägungen, die zu einer divergenten Einschätzung der zuständigen Fachbehörde und der Auffassung der Wasserbehörde führen könnten[556]. Eine derartige behördliche Kompetenzüberschreitung wäre in jeglicher Hinsicht unerträglich.

(bb) Vorrang des Ordnungsrechts

Nach alledem bliebe für die Heranziehung fachfremder Erwägungen bei der Ablehnung einer wasserrechtlichen Gestattung durch die Wasserbehörde überhaupt nur im Bereich der einfachen Versagung Raum. Allerdings muss auch hier die Möglichkeit der Berücksichtigung fachfremder Erwägungen durch die zuständige Wasserbehörde beschränkt werden auf solche Belange, für die nicht bereits ein eigenes behördliches Gestattungs- oder Anzeigeverfahren vorgesehen ist[557]. Andernfalls würde die rechtliche Kompetenzzuordnung verwischt, deren Ausdruck die unterschiedlichen fachgesetzlichen Anforderungen darstellen. Bei einem unkontrollierten Selbsteintritt der Wasserbehörde bestünde die Gefahr einer Vielzahl von einander abweichender Sachentscheidungen in derselben Sache[558].

Somit fokussiert sich die Betrachtung auf die Folgen einer (an sich rechtmäßigen) Inanspruchnahme eines Gewässers, also dem Fall eines Verstoßes gegen sonstiges Recht im Rahmen der Ausübung der wasserrechtlichen Erlaubnis oder Bewilligung. Zu unterscheiden ist hier zwischen dem »ob« der Wasserentnahme und dem »wie« der Nutzung. Grundsätzlich ist nur ersteres für die wasserrechtliche Gestattung von Belang. Das Wasserhaushaltsgesetz beschreibt als gestattungsrelevante Benutzung nur die unmittelbare Inanspruchnahme eines Gewässers, die versagt werden kann – folgerichtig

556 Vgl. m.w.Nachw. Breuer, Öffentliches und Privates Wasserrecht, Rdnr. 404.
557 So zutreffend auch BVerwG, Urteil v. 17.03.1981, 4 C 30.88, BVerwGE 81, 347. Daher ist die Behörde im Rahmen des Anlagengenehmigungsrechts hinsichtlich einer bau-, atom- und immissionsschutzrechtlichen Genehmigung auf die Berücksichtigung allein wasserrechtlicher Belange verwiesen.
558 M.w.Nachw. Breuer, Öffentliches und Privates Wasserrecht, Rdnr. 404.

können sich die zur Versagung herangezogenen Gründe des Gemeinwohls lediglich auf unmittelbare wasserrechtliche Belange beziehen, weil das Gesetz andere Aspekte nicht zur Disposition der Behörde stellt[559]. So obliegt es der Wasserbehörde zweifelsohne zu entscheiden, ob Grundwasser gefördert werden darf. Damit ist der regelungsrelevante Eingriff in den Wasserhaushalt aber auch schon abgedeckt. Ob das entnommene Wasser zum Beispiel als Trinkwasser genutzt wird, ist nur nachrangig zu betrachten. Zwar ist die Zweckbestimmung der beabsichtigten Wassernutzung entscheidungsrelevant. Die erforderliche Zweckbestimmung dient allerdings lediglich dazu, die Gestattung inhaltlich zu konkretisieren[560] und betrifft vornehmlich Art und Maß der Wassernutzung. Dagegen schweigt das Wasserhaushaltsgesetz zu der beabsichtigten Weiterbenutzung des Wassers, weswegen gerade nicht angenommen werden darf, es bestünde dort eine gesonderte wasserrechtliche Prüfungskompetenz. Vielmehr ist die möglicherweise gesundheitsgefährdende Verarbeitung des Wassers nur eine vom Regelungsbereich des Wasserrechts nicht mehr erfasste tatsächliche Folge der wasserrechtlichen Gestattung[561].

Richtigerweise kann daher der Wasserbehörde eine Prüfungskompetenz nur dort zugesprochen werden, wo bereits die Benutzung im Sinne des Wasserhaushaltsgesetzes als solche gegen ein gesetzliches Verbot oder wasserrechtliche Vorgaben selbst verstößt[562]. Erst durch die weitere Verwendung des Wassers verursachte Gefahren liegen dagegen jenseits des Wasserrechts und fallen damit in den Verantwortungsbereich anderer Behörden[563]. Die-

559 In diesem Sinne OVG Münster, Urteil v. 17.12.1985, 20 A 831/83, NuR 1987, 347 (347), ebenso Büllesbach, „Die wasserrechtliche Gemeinwohlklausel", in DÖV 1992, 477 (483), der hierbei allerdings maßgeblich auf die Bewirtschaftungsstruktur des § 6 WHG a.F. abstellt. Entsprechend auch Keppeler, „Zur Versagung wasserrechtlicher Gestattungen nach § 6 WHG", in NVwZ 1992, 137 (138).

560 Siehe nur Czychowski/Reinhardt, Wasserhaushaltsgesetz, 10. Auflage, § 10 Rdnr. 14.

561 Keppeler, „Zur Versagung wasserrechtlicher Gestattungen nach § 6 WHG", in NVwZ 1992, 137 (138). So im Ergebnis dann auch OVG Münster, Urteil v. 17.12.1985, 20 A 831/83, NuR 1987, 347 (347).

562 So schon Keppeler, „Zur Versagung wasserrechtlicher Gestattungen nach § 6 WHG", in NVwZ 1992, 137 (139).

563 So noch ausdrücklich Kotulla, Wasserhaushaltsgesetz, 1. Auflage, § 6 Rdnr. 14, der zu Recht auf die Anzeigepflicht des Unternehmers an die Gesundheitsbehörde nach der TrinkwV verweist. Mittlerweile wohl a.A. in Wasserrecht, 2. Auflage, §

ses behördliche Einschreiten betrifft regelmäßig einen Bereich des anderweitigen Ordnungsrechts, in den die Wasserbehörden im Falle einer darauf gestützten Versagung unzulässig hineinregieren würden. Angeführt werden hier immer wieder die Belange des Gesundheitsschutzes, etwa bei der Verwendung des geförderten Wassers als Brauwasser[564] oder eben zur Trinkwasserversorgung[565]. Das Bundesverwaltungsgericht selbst hat gesundheits- und seuchenpolizeiliche Aspekte zu dem wasserrechtlichen Gemeinwohl gerechnet[566]. Aber auch Aspekte der öffentlichen Sicherheit, des Naturschutzes, des öffentlichen Verkehrs sowie ganz allgemein des Schutzes von Leib, Leben und Eigentum, darüber hinaus sogar Belange der guten Nachbarschaft und der freundschaftlichen Zusammenarbeit zwischen ausländischen Staaten wurden dem wasserrechtlichen Gemeinwohlbelang unterworfen[567].

Die Beantwortung der Frage, weshalb jene Belange entscheidungserheblich sein sollen, stellt allenthalben auf die formelhafte Begründung des Bundesverwaltungsgerichts ab, dass die Einheit der Rechtsordnung dies gebiete – die Gestattung durch die Wasserbehörde dürfe nicht ergehen, wenn eine andere Behörde die Nutzung des Wassers sogleich wieder verbieten müsse[568]. Hiergegen ist aber gerade anzuführen, dass diese Konstellation Folge der

---

3 Rdnr. 86, einschränkend allerdings Rdnr. 14 zu § 12, wonach die behördliche Kompetenzzuordnung grundsätzlich einzuhalten ist.

564 OVG Lüneburg, Urteil v. 30.09.1971, III A 97/70, OVGE 27, 486 (489).

565 Breuer, Öffentliches und Privates Wasserrecht, Rdnr. 402; BayVGH, Urteil v. 31.10.1986, ZfW 1988, 425 (426) für den Fall des Gesundheitsschutzes, wonach aber eine Versagung ohne unmittelbaren wasserrechtlichen Bezug nicht möglich sei.

566 BVerwG, Urteil v. 17.03.1981, 4 C 30.88, BVerwGE 81, 347.

567 So allerdings viel zu weit VG Augsburg, Urteil v. 01.12.1998, Au 3 K 97/342, in ZfW 2000, 75 (78 u. 80). Spätestens hier wird der Begriff des wasserrechtlichen Gemeinwohlbelangs unzulässiger Weise zu einer ordnungsrechtlichen „Superklausel" verwischt.

568 BVerwG, Urteil v. 17.03.1981, 4 C 30.88, BVerwGE 81, 347. Mit diesem Ergebnis generell auch Beckmann, „Die Umweltverträglichkeitsprüfung und das rechtssystematische Verständnis von Planfeststellungsbeschlüssen und Genehmigungsentscheidungen", DÖV 1987, 944 (952), der davon ausgeht, dass allein die Prüfung fachfremder Voraussetzungen durch die Wasserbehörde keine Kompetenzüberschreitung darstelle. Hierbei verkennt Beckmann jedoch die Problematik, dass wegen dieser fachfremden Erwägungen die begehrte Nutzung abschließend untersagt werden kann, obwohl die tatsächlich zuständige Behörde den Sachverhalt anders beurteilt hätte.

gesetzlichen Kompetenzzuordnung an die jeweiligen Behörden ist. Die Kompetenzzuordnung ist Ausdruck der Rechtsstaatlichkeit, so dass letztlich die Einheit der Rechtsordnung auch die Respektierung dieser Zuordnung erfordert[569]. Dementsprechend ist etwa die Frage, ob die Qualität des entnommenen Wassers den Anforderungen der TrinkwV genügt – gegebenenfalls auch erst aufgrund nachträglicher Aufbereitung – in den Bereich der lebensmittelrechtlichen Kontrolle gestellt[570]. Im Ergebnis ist daher die von dem Bundesverwaltungsgericht aufgezeigte Rechtslage regelmäßig hinzunehmen.

Zwar bleibt der modifizierenden Ansicht zuzugeben, dass die Wasserbehörde erkennbare Rechtsmängel und Gefahren für die öffentliche Sicherheit und Ordnung nicht sehenden Auges hinnehmen darf, andernfalls wäre tatsächlich die vielfach bemühte Rechtseinheit gefährdet. Insofern ist rechtswidriges Verhalten eines Nutzungspetenten nicht einfach zu dulden oder stillschweigend zu akzeptieren. Allerdings ist hier kein Platz für eine zweckorientierte Entscheidungszuständigkeit der Wasserbehörde, da jener Bereich richtigerweise der Gefahrenabwehr und damit originär den zuständigen Polizei- und Ordnungsbehörden innerhalb des allgemeinen Ordnungsrechts zuzuordnen ist[571]. Könnte die Wasserbehörde hier einschreiten, wäre dies gegenüber der gesetzlichen Kompetenzverteilung im höchsten Maße vorgreiflich. Soweit ein Eingriff der Wasserbehörde zu diskutieren ist, kann dies aber etwa im Bereich einer Hinweispflicht an die zuständige Behörde geschehen[572]. Zudem ist auf die Möglichkeit der Wasserbehörden

569 Keppeler, „Zur Versagung wasserrechtlicher Gestattungen nach § 6 WHG", in NVwZ 1992, 137 (139).

570 Vgl. etwa noch Kotulla, Wasserhaushaltsgesetz, 1. Auflage, § 1a Rdnr. 14, mittlerweile aber a.A. in Wasserhaushaltsgesetz, 2. Auflage, § 3 Rdnr. 86; mit Verweis auf die Zuständigkeitsverteilung aus dem BSeuchG auch Keppeler, „Zur Versagung wasserrechtlicher Gestattungen nach § 6 WHG", in NVwZ 1992, 137 (139).

571 So bereits Keppeler, „Zur Versagung wasserrechtlicher Gestattungen nach § 6 WHG", in NVwZ 1992, 137 (139). Unzutreffend dagegen Breuer, Öffentliches und Privates Wasserrecht, Rdnr. 402, der eine Zuweisung an die Wasserbehörde dann sieht, wenn für die spezifische Gefahr kein eigenständiges Prüfungsverfahren vorgesehen ist. Damit räumt er dem Wasserrecht einen nicht zu rechtfertigenden Vorrang vor dem allgemeinen Gefahrenabwehrrecht ein.

572 Vgl. Keppeler, „Zur Versagung wasserrechtlicher Gestattungen nach § 6 WHG", in NVwZ 1992, 137 (140).

hinzuweisen, absehbaren Fehlentwicklungen durch Benutzungsbedingungen oder Auflagen hinsichtlich der gestatteten Nutzung entgegenzutreten[573].

Darüber hinaus ist zu bedenken, dass das grundsätzliche Verbot mit Befreiungsvorbehalt bereits weit in grundgesetzlich garantierte Rechtspositionen eingreift, weswegen es regelmäßig einer behutsamen Auslegung des Versagungstatbestands bedarf. Die Inanspruchnahme von Gewässern ist naturgemäß vielfältigen Interessen unterworfen. Das Wasserhaushaltsgesetz will diese Nutzungen nicht generell unterbinden, sondern nur die Beanspruchung der Ressource Wasser vernünftig koordinieren[574]. Dabei lässt sich bereits am Beispiel des Gesundheitsschutzes darlegen, dass seine Einstufung als Versagungsgrund einer wasserrechtlichen Nutzung die Grenzen der wasserrechtlichen Bewirtschaftungskompetenz unzulässig ausdehnt. Tatsächlich unterfällt jene Kontrolle materiell den Lebensmittel- und Infektionsrechtlichen Vorschriften[575]. § 13 TrinkwV sieht hierfür eine Anzeigepflicht an das zuständige Gesundheitsamt bei (Wieder-) Aufgreifen einer Trinkwasserversorgung vor. Gemäß §§ 18 ff. TrinkwV erfolgt diesbezüglich auch eine Überwachung der Wasserversorgungsanlagen. Zwar kennt die TrinkwV selbst außerhalb des Ordnungswidrigkeitsrechts keine Maßnahmen zur Untersagung einer gesundheitlich bedenklichen Wasserversorgung. Indes ist hieraus nicht zu schließen, dass darum diese Maßnahmen – gegebenenfalls auch nur anhand einer Prognose – der Wasserbehörde aufgrund der Vorgaben des Wasserrechts obliegt. Dies ist schon nicht erforderlich, weil die Wasserbehörde bei der bloßen Entnahme des Wassers noch gar nicht absehen kann, ob dieses Wasser nach erfolgter Aufbereitung dem

573 Eine entsprechende Handhabe sieht mittlerweile § 12 Abs. 1 Nr. 2 WHG vor, weswegen die Überdehnung der wasserbehördlichen Prüfungskompetenz nicht mehr angezeigt ist, vgl. Schmid in Berendes/Frenz/Müggenborg, Wasserhaushaltsgesetz, § 12 Rdnr. 57 ff. mit der Aufzählung weiterer Reaktionsmöglichkeiten der Wasserbehörde. Hierzu auch ausführlich im Folgenden.

574 In diesem Sinne etwa Keppeler, „Zur Versagung wasserrechtlicher Gestattungen nach § 6 WHG“, in NVwZ 1992, 137 (138 f).

575 Vgl. etwa noch Kotulla, Wasserhaushaltsgesetz, 1. Auflage, § 1a Rdnr. 14, mittlerweile aber a.A. in Wasserhaushaltsgesetz, 2. Auflage, § 3 Rdnr. 86; mit Verweis auf die Zuständigkeitsverteilung aus dem BSeuchG auch Keppeler, „Zur Versagung wasserrechtlicher Gestattungen nach § 6 WHG“, in NVwZ 1992, 137 (139).

Trinkwasserstandard entspricht oder nicht. Eine nachträgliche Aufbereitung des entnommenen Wassers auf Trinkwasserqualität ist jedoch regelmäßig möglich und auch nötig[576].

Viel zu weit geht überdies die Annahme, der Wasserbehörde stünde eine Verwerfungskompetenz für den Fall zu, dass eine andere (zuständige) Fachbehörde rechtsfehlerhaft entscheidet – selbst wenn die Wasserbehörde deshalb ein insoweit unrechtmäßiges Vorhaben aus wasserrechtlicher Sicht billigen müsste[577]. Hierbei käme der Wasserbehörde die Position einer übergeordneten Kontrollinstanz zu. Die Beurteilung rechtsfehlerhaften Verhaltens einer Behörde obliegt aber den Gerichten. Im Übrigen bleibt es dabei, dass grundsätzlich nur die allgemeinen Polizei- und Ordnungsbehörden befugt sind, gegen rechtswidriges Verhalten der Bürger vorzugehen[578]. Die Wasserbehörden sind dagegen auf die Bewirtschaftung des Wasserhaushalts beschränkt und mit der Verteilung und Sicherung des Wassers betraut.

(cc) Auflösung durch die Neuregelung des Wasserrechts seit dem 01.03.2010

Mit dem Gesetz zur Neuregelung des Wasserrechts hat der Bundesgesetzgeber das Wasserhaushaltsgesetz umfangreich überarbeitet. Das Wasserrecht verwendet den Begriff des Wohls der Allgemeinheit mittlerweile in §§ 3 Nr. 10, 6 Abs. 1 Nr. 2, Abs. 2, 13 Abs. 2 Nr. 4, 14 Abs. 3, 20 Abs. 2, 22, 37 Abs. 3, 38 Abs. 5, 50 Abs. 2, 51 Abs. 1, 53 Abs. 3, 55 Abs. 1, 68 Abs. 3 Nr. 1, 71, 77, 78 Abs. 4 Nr. 1, 86 Abs. 1 Nr. 1 WHG. Wie bisher bleibt der Begriff dort weitestgehend unbestimmt. Ein andersartiges Verständnis des Wohls der Allgemeinheit ergibt sich hieraus nicht. Zwar kann nach § 37 Abs. 3 WHG von den Regelungen den Wasserabfluss betreffend

---

576 Kotulla, Wasserhaushaltsgesetz, 1. Auflage, § 1a Rdnr. 14. In dieser Hinsicht auch Keppeler, „Zur Versagung wasserrechtlicher Gestattungen nach § 6 WHG“, in NVwZ 1992, 137 (138), wonach Trinkwasser in Form „reinen Wassers“ selten vorkommt und für den menschlichen Gebrauch regelmäßig aufbereitet werden muss.

577 So aber Pape, Landmann/Rohmer, Umweltrecht, § 6 WHG Rdnr. 64, der eine Verwerfungskompetenz sogar dann annimmt, wenn ein solcher Rechtsverstoß lediglich evident ist.

578 M.w.Nachw. Keppeler, „Zur Versagung wasserrechtlicher Gestattungen nach § 6 WHG“, in NVwZ 1992, 137 (140).

aufgrund der Belange des Gemeinwohls abgewichen werden, wobei hier neben der Wasserwirtschaft insbesondere die Landeskultur und der öffentliche Verkehr angesprochen sind. Dabei sind letztere nicht wasserrechtlich intendiert, allerdings spricht die konkrete gesetzliche Ausformulierung anderslautender Gemeinwohlbelange nicht gegen die restriktive Auslegung des Merkmals. Denn grundsätzlich können neben wasserrechtlichen Belangen auch solche beachtlich sein, die das Wasserrecht in den Regelungskontext einbezieht[579]. Die ausdrückliche Benennung anderer Aspekte macht schließlich deutlich, dass das Wasserrecht nicht generell andere Aspekte anspricht, wenn von dem Wohl der Allgemeinheit die Rede ist[580]. Andernfalls wäre deren gesonderte Erwähnung nicht erforderlich. Darüber hinaus geht der Gesetzgeber davon aus, dass das insoweit inhaltlich nicht weiter konkretisierte Gemeinwohl in § 53 Abs. 2 WHG insbesondere auch Belange des Gesundheitsschutzes anspreche[581]. Dies ist im Zusammenhang mit dem hier betroffenen Heilquellenschutz nur konsequent. Danach sind Heilquellen, die aufgrund des Gesundheitsschutzes zu erhalten sind, staatlich anerkennbar. Allerdings hat der Gesetzgeber darauf verzichtet, diesen Belang auch im Gesetzestext aufzunehmen. Für das Verständnis des Gesetzes ist aber zunächst der Wortlaut der Norm und erst nachrangig der Wille des Gesetzgebers beachtlich. Aus dem Wortlaut ergibt sich diese Bedeutung nicht, sondern lässt sich allenfalls aus dem Kontext erschließen. Dass der Gesetzgeber hierüber zum Ausdruck brächte, er lege generell ein weites Gemeinwohlverständnis an, lässt sich daraus jedenfalls nicht entnehmen. Eine entsprechende Konkretisierung findet sich auch in der Gesetzesbegründung an keiner anderen Stelle wieder. Tatsächlich ist es sogar so, dass der Gesetzgeber die Prüfungskompetenz der Wasserbehörde über § 12 Abs. 1 Nr. 2 WHG erweitern wollte[582], was bei einem umfassenden Gemeinwohlbegriff nicht nötig gewesen wäre. Somit bleibt § 53 Abs. 2 WHG eine gesetzgeberische Ausnahme. Im Übrigen ergibt sich aus § 3 Nr. 10 WHG weiterhin, dass insbesondere die Belange der öffentlichen Wasserversorgung Ausdruck des wasserrechtlichen Gemeinwohls sind. Der bisherige Meinungsstreit zu dem Umfang des Gemeinwohls trägt hier also fort.

---

579 BVerwG, Urteil v. 10.02.1978, 4 C 25.75, BVerwGE 55, 220 (229).

580 So noch Kotulla in Wasserhaushaltsgesetz, 1. Auflage, § 1a Rdnr. 12. A. A. aber mittlerweile in Wasserhaushaltsgesetz, 2. Auflage, § 3 Rdnr. 86, wonach sich im Zuge der Novellierung des Wasserrechts deutliche Anknüpfungspunkte für außerhalb des Wasserrechts liegende Gemeinwohlbelange fänden.

581 BT-Drucks. 16/12275, S. 68.

582 BR-Drucks. 280/1/09, S. 9.

Insgesamt wurden mit der Neuregelung aber die Rahmenbedingungen für die wasserbehördliche Gestattungsprüfung neu gefasst, die nach bisherigem Recht Ausgangspunkt für die Frage nach dem Umfang des Gemeinwohlbegriffs waren. In dem für die Gestattungsversagung relevanten § 12 WHG verzichtet der Gesetzgeber zunächst auf eine explizite Benennung des Gemeinwohlvorbehalts als tatbestandlichen Versagungsgrund. § 12 Abs. 1 Nr. 1 WHG ordnet hierzu an, dass die Gestattung zu versagen ist, wenn nicht vermeidbare oder ausgleichbare Gewässerveränderungen zu erwarten sind. Der Begriff schädliche Gewässerveränderungen selbst stellt auf § 3 Nr. 10 WHG ab und definiert diese als Gewässerveränderungen, die das Wohl der Allgemeinheit, insbesondere die öffentliche Wasserversorgung, beeinträchtigen oder nicht den Vorgaben des Wasserhaushaltsgesetzes oder sonstigen wasserrechtlichen Anforderungen entsprechen. Damit rekurriert § 12 Abs. 1 Nr. 1 WHG im Ergebnis auch weiterhin auf das Wohl der Allgemeinheit. Nach § 12 Abs. 1 Nr. 2 WHG ist eine Versagung alternativ gerechtfertigt, wenn im Rahmen der beabsichtigten Benutzung auch andere Anforderungen nach öffentlich-rechtlichen Vorschriften nicht erfüllt werden. In § 12 Abs. 2 WHG ist mittlerweile das wasserbehördliche Bewirtschaftungsermessen legaldefiniert. Diese Änderung der Rechtslage ist bei der weiteren Auslegung des Begriffs »Wohl der Allgemeinheit« zu berücksichtigen.

(aaa) Gesetzliche Klarstellung des eingeschränkten Gemeinwohlbegriffs

Im Gesetzgebungsverfahren wurde diskutiert, sonstige Belange des Wohls der Allgemeinheit als weiteren tatbestandlichen Versagungsgrund aufzunehmen[583]. Mit der vorliegenden Fassung des § 12 WHG wurde diesem Vordringen jedoch eine Absage erteilt. Indem nun stattdessen nach § 12 Abs. 1 Nr. 2 WHG ausdrücklich andere öffentlich-rechtliche Vorgaben neben dem Wohl der Allgemeinheit zur Versagung herangezogen werden können, ist offensichtlich, dass jene Belange nicht bereits in dem streitigen Begriff des Gemeinwohls aufgegangen sind. Andernfalls wäre dieser Versagungsgrund obsolet.

Zudem lässt der Verweis auf § 3 Nr. 10 WHG die rein wasserrechtliche Intention des Gemeinwohls erkennen, da hier weiterhin das Wohl der Allgemeinheit systematisch ausschließlich neben sonstigen wasserrechtlichen

583 BR-Drucks. 280/1/09, S. 9.

Belangen genannt wird. § 3 Nr. 10 WHG definiert für eine versagungsrelevante schädliche Gewässereinwirkung allein die Belange der öffentlichen Wasserversorgung als herausragendes Wohl der Allgemeinheit, wodurch sich ein Übriges ergibt. Über die begrifflich enge Legaldefinition des § 3 Nr. 10 WHG sind lediglich unmittelbare Gewässerbenutzungen gestattungsrelevant, so dass für den Versagungstatbestand des § 12 Abs. 1 Nr. 1 WHG ein enges Verständnis des Gemeinwohls anzusetzen ist[584]. Ein anderes Verständnis hätte es dagegen nahegelegt, dass wenigstens den Begriffsbestimmungen des § 3 WHG ein Hinweis auf die über das Wasserrecht hinausgehende Bedeutung der Begrifflichkeit zu entnehmen ist. Mit der Neuregelung des § 12 WHG lässt sich daher die eingeschränkte Auslegung des Begriffs »Wohl der Allgemeinheit« untermauern.

(bbb) Formelle Prüfungskompetenz anderweitigen Rechts aus § 12 Abs. 1 Nr. 2 WHG

Da jedes Tatbestandsmerkmal des § 12 Abs. 1 WHG für sich genommen eine Versagung der wasserrechtlichen Gestattung bedingt[585], hat die Wasserbehörde bei der Entscheidung über die Benutzung eines Gewässers gemäß § 12 Abs. 1 Nr. 2 WHG auch zu prüfen, ob andere Anforderungen nach öffentlich-rechtlichen Vorschriften erfüllt werden. »Andere« Anforderungen meint dabei solche, die nicht bereits über § 3 Nr. 10 als Belang des Gemeinwohls oder aufgrund anderer wasserrechtlicher Vorschriften erfasst sind[586]. Diese Vorgabe ist auch für die ortsnahe Wasserversorgung von Bedeutung, weil der gesetzlich vorgezeichnete Vorrang der ortsnahen Wasserversorgung hier nicht zu berücksichtigen ist[587]. Dabei bleibt nach dem Wortlaut des § 12 Abs. 1 Nr. 2 WHG offen, ob sich die mögliche Unvereinbarkeit mit anderen Vorschriften allein auf die Benutzung im Sinne der Entnahme des Wassers beschränkt oder aber ob hier auch die – dem Regelungsgehalt des Wasserrechts nicht mehr zufallende[588] – Verwendung des

584 Schmid in Berendes/Frenz/Müggenborg, Wasserhaushaltsgesetz, § 12 Rdnr. 16.

585 Vgl. etwa Schendel/Scheier in Giesbert/Reinhardt, BeckOK Umweltrecht, § 12 WHG Rdnr. 5.

586 Schmid in Berendes/Frenz/Müggenborg, Wasserhaushaltsgesetz, § 12 Rdnr. 21.

587 Hierzu bereits 4. Teil, D. VI. Konsequenzen der Neureglung des § 12 Abs. 1 Nr. 2 WHG für den Vorrang der ortsnahen Wasserversorgung.

588 Vgl. 4. Teil, E. I. 2 (c) (bb) Vorrang des Ordnungsrechts.

Wassers angesprochen ist. Zudem ist die Reichweite der Norm in materiell-rechtlicher Hinsicht unklar.

Nach dem Willen des Gesetzgebers soll die Vorschrift eine dem § 6 BImSchG entsprechende Regelung treffen[589], wonach die immissionsschutzrechtliche Genehmigung nur zu erteilen ist, wenn andere öffentlich-rechtliche Vorschriften nicht entgegenstehen. Der Immissionsschutzbehörde kommt damit zunächst eine umfassende Prüfungskompetenz zu[590]. Allerdings ist § 6 BImSchG auch im Zusammenhang mit § 13 BImSchG zu lesen, wonach die immissionsschutzrechtliche Entscheidung eine Konzentrationswirkung für sonstige öffentlich-rechtliche Entscheidungen entfaltet. Die von der Entscheidung betroffenen Behörden, deren Aufgabenbereiche berührt werden, sind nach Maßgabe des § 10 Abs. 5 BImSchG bei dem Genehmigungsverfahren zu beteiligen. Die Beteiligung beschränkt sich zwar auf die Anhörung der Behörde, ohne dass ihre Stellungnahme Bindungswirkung für die abschließende Anlagengenehmigung entfaltet[591]. Ergeht die Genehmigung, werden mit ihr die anderweitigen behördlichen Entscheidungen ersetzt. Die Konzentrationswirkung der immissionsschutzrechtlichen Genehmigung erstreckt sich dabei jedoch nur auf die Genehmigung als solche, der Vollzug anderweitiger öffentlich-rechtlicher Vorschriften verbleibt bei den zuständigen Behörden[592].

Das Wasserrecht kennt eine dem § 13 BImSchG entsprechende Regelung und damit die Konzentrationswirkung der wasserrechtlichen Gestattung nicht. Schon deswegen ist hier eine materiell-rechtliche Erweiterung der wasserbehördlichen Entscheidungskompetenz abzulehnen. Aber auch im Rahmen des § 13 BImSchG verbleibt die Beurteilung über die Nutzung der Anlage nach der erfolgten Genehmigung im Entscheidungsspielraum der dann zuständigen Behörde. Übertragen auf das Wasserrecht bedeutet dies, dass etwa Fragen des Gesundheitsschutzes bezüglich der Trinkwasserqualität, die gleichsam erst nachgelagert – nämlich mit der Verwendung des gewonnen Wassers – zu beantworten sind, ebenfalls der Entscheidung über das »ob« der Wasserentnahme entzogen und der zuständigen Behörden vorbehalten sind. Hinzu kommt, dass nach § 12 Abs. 1 Nr. 2 WHG anders als

589 BT-Drucks. 16/12275, S. 56.

590 Jarras, Bundesimmissionsschutzgesetz, § 6 Rdnr. 10.

591 H.M., vgl. nur Jarras, Bundesimmissionsschutzgesetz, § 10 Rdnr. 46 u. § 13 Rdnr. 19.

592 Jarras, Bundesimmissionsschutzgesetz, § 13 Rdnr. 20.

im BImSchG eine Beteiligung der in ihrem Aufgabenbereich betroffenen Behörden nicht vorgesehen ist. Eine (bindende) Entscheidung der Wasserbehörde unter Einbeziehung anderweitiger öffentlich-rechtlicher Belange würde somit ohne die Beteiligung der an sich zuständigen Behörde ergehen. Würde die Wasserbehörde hier bereits materiell-rechtlich über außerhalb des Wasserrechts stehende Belange entscheiden können, würde sie in die Zuständigkeit einer anderen Fachbehörde hineinregieren und eine Entscheidung schlechterdings vorwegnehmen, was sich jedenfalls gegenüber den Nutzungspetenten in der wasserrechtlichen Versagung manifestiert. Vor dem Hintergrund der gesetzlichen Kompetenzordnung kann dies ohne die entsprechende Rechtsgrundlage nur als rechtswidrig beurteilt werden. Da es eine solche Rechtsgrundlage im Wasserrecht nicht gibt, ist eine weite Sichtweise der Kompetenzzuweisung an die Wasserbehörden auch mit der Neuregelung abzulehnen[593].

Tatsächlich weicht § 12 Abs. 1 Nr. 2 WHG auch insoweit von der immissionsschutzrechtlichen Regelung ab, als dass danach zu beachten ist, ob andere öffentlich-rechtliche Vorschriften erfüllt werden. § 6 Abs. 1 Nr. 2 BImSchG setzt hingegen voraus, dass solche Vorschriften lediglich nicht entgegenstehen, weswegen der Prüfungsmaßstab der beiden Normen nicht identisch ist[594]. Aufgrund dieser andersartigen Formulierung ist der Umfang der immissionsschutzrechtlichen Prüfungskompetenz umstritten. Allenthalben soll die Immissionsschutzbehörde nur prognostizieren dürfen, ob die jeweiligen Vorschriften eingehalten werden können. Eine abschließende Beurteilungskompetenz ergibt sich hieraus also nicht[595]. Der Wortlaut des § 12 Abs. 1 Nr. 2 WHG müsste demgegenüber bei einem weiten Normverständnis so verstanden werden, dass die Wasserbehörde die Nichterfüllung der

---

593 A.A. etwa Schendel/Scherer in Giesbert/Reinhardt, BeckOK Umweltrecht, § 12 WHG Rdnr. 7. Schmid unterscheidet in diesem Zusammenhang in Berendes/Frenz/Müggenborg, Wasserhaushaltsgesetz, § 12 Rdnr. 41, dass eine Sachentscheidungsbefugnis der Wasserbehörde fehle und die wasserbehördliche Entscheidung insoweit auch keine abschließende Wirkung habe. Allerdings handele es sich um eine zu erfüllende Genehmigungsvoraussetzung für die wasserrechtliche Gestattung.

594 Hierzu auch Schendel/Scherer in Giesbert/Reinhardt, BeckOK Umweltrecht, § 12 WHG Rdnr. 6, 9. Anders aber Schmid in Berendes/Frenz/Müggenborg, Wasserhaushaltsgesetz, § 12 Rdnr. 21, wonach die unterschiedliche Formulierung im Ergebnis keine Bedeutung habe.

595 Zum Meinungsstand vgl. Jarras, Bundesimmissionsschutzgesetz, § 6 Rdnr. 10ff.

sonstigen Vorgaben positiv feststellt[596]. Dies ginge über die Vorgabe des BImSchG deutlich hinaus und würde dazu führen, dass die Wasserbehörden eine übergeordnete Kontrollinstanz werden, was aus rechtsstaatlichen Erwägungen abzulehnen ist[597]. Insofern trägt hier der bisherige Meinungsstreit zu dem Umfang des Wohls der Allgemeinheit fort mit der Frage, ob die Wasserbehörde aufgrund fachfremder Belange eine begehrte Benutzung konkret versagen darf oder ob dies ihre Kompetenz überschreitet.

Dabei ist zu bedenken, dass § 12 Abs. 1 Nr. 2 WHG bereits wörtlich nicht fordert, dass andere öffentlich-rechtliche Anforderungen erfüllt »sind«. Eine Versagung ist vielmehr nur zu rechtfertigen, wenn jene nicht erfüllt »werden«. Die Vorgabe des § 12 Abs. 1 Nr. 2 WHG ist damit sprachlich in die Zukunft gerichtet. Dementsprechend ist eine Versagung nicht schon deshalb möglich, weil im Zeitpunkt der Antragstellung solche anderweitigen Voraussetzungen nicht vorliegen. Nur wenn jene auch zukünftig nicht erfüllt werden, steht dem Wortlaut nach eine wasserrechtliche Versagung im Raum. Trotzdem hält § 12 Abs. 1 Nr. 2 WHG keine Ermächtigung zur materiellen Überprüfung fachfremden Rechts parat. Hier ist zwischen einer Sachentscheidungskompetenz und einer bloßen Prüfungskompetenz zu unterscheiden[598]. Danach kann sich aus § 12 Abs. 1 Nr. 2 WHG lediglich eine formelle Prüfungskompetenz dahingehend ergeben, ob die sonstigen erforderlichen Voraussetzungen nach öffentlichem Recht (zukünftig) vorliegen[599].

Entsprechend dem Immissionsschutzrecht ist der Wasserbehörde hier allenfalls einen Prognosespielraum zuzubilligen. Eine materiellrechtliche Prüfung anderweitigen Rechts darf und kann die Wasserbehörde dagegen nicht vornehmen, weil die konkrete fachrechtliche Entscheidung einer anderen Behörde vorbehalten bleibt[600]. Dies betrifft etwa Baugenehmigungen oder auch behördliche Zulassungen für die Verwendung des Wassers. Liegen

---

596 Vgl. Schendel/Scherer in Giesbert/Reinhardt, BeckOK Umweltrecht, § 12 WHG Rdnr. 6.

597 Ausführlich oben 4. Teil, E. I. 1. (c) (bb) Vorrang des Ordnungsrechts.

598 Schmid in Berendes/Frenz/Müggenborg, Wasserhaushaltsgesetz, § 12 Rdnr. 40.

599 Vgl. Schendel/Scherer in Giesbert/Reinhardt, BeckOK Umweltrecht, § 12 WHG Rdnr. 10, wonach die Wasserbehörde die Erfüllung der öffentlich-rechtlichen Anforderungen sicherstellen kann, wohl im Wege der Auflagenerteilung. Ebenso Schmid in Berendes/Frenz/Müggenborg, Wasserhaushaltsgesetz, § 12 Rdnr. 42.

600 Schmid in Berendes/Frenz/Müggenborg, Wasserhaushaltsgesetz, § 12 Rdnr. 41.

solche nicht vor, wird die Wasserbehörde die entsprechenden Fachbehörden informieren oder zur Stellungnahme auffordern. Entscheidend mit dem Wortlaut des § 12 Abs. 1 Nr. 2 WHG ist nämlich lediglich die Nichterfüllung jener außerhalb des Wasserrechts stehenden Vorgaben, die aber naturgemäß allein von der zuständigen Fachbehörde beurteilt werden können. Daher obliegt die Feststellung der fachgesetzlichen Zulässigkeit der weiteren Verwendung des Wassers auch weiterhin den zuständigen Fachbehörden. Der Einhaltung der Anforderungen anderer öffentlich-rechtlicher Vorschriften dürfen insoweit bei der Gestattungserteilung durch die Wasserbehörde allenfalls keine ernsthaften Zweifel entgegenstehen[601].

Im Rahmen des § 12 Abs. 1 Nr. 2 WHG geht es also letztlich darum, dass die Erfüllung der Anforderungen anderweitigen Rechts »sichergestellt« wird[602]. Der Gesetzgeber ging davon aus, dass mit § 12 Abs1. Nr. 2 WHG keine Verschärfung der bis dahin geltenden Kompetenzen der Wasserbehörden erfolgen sollte[603]. Dementsprechend wird man § 12 Abs. 1 Nr. 2 WHG in verfassungskonformer Auslegung nur die Befugnis der Wasserbehörden entnehmen können, im Falle des Nichtvorliegens anderer öffentlich-rechtlicher Voraussetzungen die wasserrechtliche Entscheidung bis zu einer positiven Entscheidung der Fachbehörde zu suspendieren. Denkbar wäre es auch, dass die Gestattung nur unter der Bedingung erteilt wird, dass jene anderen Belange erfüllt werden, also insbesondere erforderliche Genehmigungen einzuholen sind. Das abschließende Nichtvorliegen der anderweitigen öffentlich-rechtlichen Voraussetzungen kann somit zu einer (dann: faktischen) Versagung führen[604]. Dies entspricht im Wesentlichen der bereits vor der Neuregelung des Wasserrechts vertretenen Verfahrensweise im Falle widerstreitender öffentlich-rechtlicher Vorschriften[605].

---

601 So auch Schendel/Scherer in Giesbert/Reinhardt, BeckOK Umweltrecht, § 12 WHG Rdnr. 6, zu weit gehend allerdings, wenn danach die (zukünftige) Erfüllung dieser Anforderungen durch die Wasserbehörde positiv festzustellen ist.

602 Insoweit zutreffend Schendel/Scherer in Giesbert/Reinhardt, BeckOK Umweltrecht, § 12 WHG Rdnr. 10.

603 Zum Gesetzgebungsverfahren Schmid in Berendes/Frenz/Müggenborg, Wasserhaushaltsgesetz, § 12 Rdnr. 25.

604 So im Ergebnis wohl auch Schmid in Berendes/Frenz/Müggenborg, Wasserhaushaltsgesetz, § 12 Rdnr. 42. Derselbe mit der Aufzählung weiterer Reaktionsmöglichkeiten der Wasserbehörde, a.a.O., § 12 Rdnr. 57ff.

605 Hierzu 4. Teil, E. I. 1. (c) (cc) Vorrang des Ordnungsrechts.

Insgesamt schafft der Gesetzgeber mit der Neueinführung des § 12 Abs. 1 Nr. 2 WHG damit eine rechtliche Grundlage, um die zu der überkommenen Rechtslage diskutierten sonstigen Erwägungen außerhalb des Wohls der Allgemeinheit in der gestattungsrechtlichen Prüfung zu etablieren. Eine Ausweitung des Gemeinwohlbegriffs erfolgt indes nicht.

3. Zwischenergebnis

Das Wohl der Allgemeinheit im Wasserhaushaltsgesetz bezieht sich nach wie vor allein auf wasserrechtlich intendierte Belange. Die bisherige Diskussion über den Umfang des wasserrechtlichen Gemeinwohlbegriffs verliert aber insoweit an Bedeutung, als dass mittlerweile außerhalb des Wasserrechts stehende, benutzungsbezogene öffentlich-rechtliche Anforderungen wegen § 12 Abs. 1 Nr. 2 WHG bei der Erteilung der wasserrechtlichen Gestattung zu berücksichtigen sind.

II. Tatbestandlicher Abwägungsvorbehalt zu Gunsten der ortsnahen Wasserversorgung

Sofern einer ortsnahen Wasserversorgung Gemeinwohlbelange entgegenzusetzen sind, stellt sich weiter die Frage, wie dieses Spannungsverhältnis wasserrechtlich zu lösen ist. Die Gewichtung einer ortsnahen Wasserversorgung gegenüber den Belangen des Wohls der Allgemeinheit zeichnet sich durch die Abwägungskonkretisierung des § 50 Abs. 2 S. 1, 2. HS WHG zu Gunsten der ortsnahen Versorgung aus. Danach ist der Nutzungsvorrang für ortsnahe Wasservorkommen aufgehoben, soweit entgegenstehende Belange des Wohls der Allgemeinheit überwiegen[606]. Hiernach wird die ortsnahe Wasserversorgung im Rahmen der bestehenden Regel-Ausnahme-Konstellation mit dem Allgemeinwohlvorbehalt in einem bestimmten Verhältnis konfrontiert. Entgegen dem früheren restriktiven Erlaubnisvorbehalt des § 6 Abs. 1 WHG wird dabei aber nicht lediglich auf die Beeinträchtigung von Gemeinwohlbelangen abgestellt[607]. Erforderlich ist vielmehr,

606 Vgl. hierzu bereits oben, 3. Teil, C. II. 2. (a) Abwägungskonkretisierung des Gemeinwohlvorbehalts.

607 Vgl. hierzu bereits oben, 3. Teil, C. II. 2. (a) Abwägungskonkretisierung des Gemeinwohlvorbehalts.

dass überwiegende Gründe des Wohls der Allgemeinheit »nicht entgegenstehen«.

Fraglich ist, wie diese Formulierung zu verstehen ist. Sind hier Gründe des Gemeinwohls angesprochen, die bereits aufgrund ihrer Eigenart regelmäßig gegenüber den Belangen der öffentlichen Wasserversorgern überwiegen oder muss der Passus so verstanden werden, dass die Beeinträchtigung entgegenstehender Gemeinwohlbelange schwerwiegender sein muss als der Verzicht auf die ortsnahe Wasserversorgung? Mit anderen Worten: es ist zu erörtern, ob wegen der ortsnahen Wasserversorgung eine generelle Beeinträchtigung des wasserrechtlichen Gemeinwohls bis zu einem gewissen Grad hinzunehmen ist. In diesem Sinne wäre der Verweis auf die ortsnahen Wasservorkommen auch dann zu rechtfertigen, wenn diese Gemeinwohlaspekte im Gegensatz zu der üblichen Versagung lediglich beeinträchtigt sind. Oder muss das Überwiegen so verstanden werden, dass es bestimmte Belange des Gemeinwohls gibt, die stets die ortsnahe Wasserversorgung ausschließen, weil sie »höherwertig« sind?

Eine wortgleiche Konstellation ergibt sich mit der Neuregelung des Wasserrechts in den §§ 6 Abs. 2, 38 Abs. 4 Nr. 5, 52 Abs. 1, 77, 88 Abs. 4 WHG, ohne dass dort eine Konkretisierung des Verhältnisses erfolgt. Das Verständnis des Abwägungsvorbehalts ist daher durch weitere Auslegung der Norm zu ermitteln.

1. Rangverhältnis der Gemeinwohlbelange

Der Wortlaut der Vorschrift legt zunächst ein Rangverhältnis zwischen verschiedenen Belangen des Gemeinwohls nahe. Soweit von überwiegenden Gründen des Gemeinwohls die Rede ist, wären hierunter solche zu verstehen, die höherwertiger als die ortsnahe Wasserversorgung sind. Dies klingt so jedenfalls auch in der Gesetzesbegründung zu dem überkommenen § 1a Abs. 3 WHG an, indem der Gesetzgeber davon ausging, dass eine Fernwasserversorgung zulässig sein sollte, wenn bestimmte überwiegende Gründe des Wohls der Allgemeinheit dies erfordern[608]. Allerdings findet sich diese Formulierung so gerade nicht im Gesetz wieder. Spiegelbildlich wäre zudem anzunehmen, es müsste dann auch Belange geben, die geringwertiger

608 BT-Drucks. 14/8668, S. 7.

als die ortsnahe Wasserversorgung sind und daher stets hinter jener zurückstehen. Im Ergebnis wäre damit ein Rangverhältnis zwischen den Gemeinwohlbelangen insgesamt aufgezeigt.

Insofern würde sich bereits das Problem ergeben, bestimmte andere Belange als höherwertig zu identifizieren. Das Wasserhaushaltsgesetz schweigt dazu. Dabei wäre es zwar denkbar, die Belange der öffentlichen Wasserversorgung denen der ortsnahen Wasserversorgung überzuordnen. Allerdings benennt das Wasserrecht die öffentliche Wasserversorgung nur als besondere Ausprägung des Gemeinwohls, ohne andere Belange unterzuordnen. Auch der Schutz des Grundwassers kann der ortsnahen Wasserversorgung nicht generell entgegengestellt werden. Wegen des hauptsächlichen Zugriffs der öffentlichen Wasserversorgung auf Grundwasservorkommen würde ansonsten ein nicht auflösbares Spannungsverhältnis zwischen der Schonung des Grundwassers einerseits und der notwendigen Wasserentnahme daraus zum Zwecke der ortsnahen Versorgung andererseits entstehen. In gleicher Weise kann es nicht Aufgabe des Nähegrundsatzes sein, bestimmte Belange des wasserrechtlichen Gemeinwohls gegenüber der ortsnahen öffentlichen Wasserversorgung regelmäßig in den Hintergrund zu drängen. Diese Belange zu bestimmen, dürfte wegen der generell hohen Wertigkeit der Gemeinwohlbelange insgesamt auch nicht möglich sein. Es ist demnach davon auszugehen, dass § 50 Abs. 2 WHG kein Rangverhältnis zu den übrigen Belangen des Gemeinwohls aufspannt, sondern ein bestimmtes Abwägungsverhältnis der Gemeinwohlbelange untereinander vorgibt.

2. Abwägung der Gemeinwohlbelange gegenüber der ortsnahen Wasserversorgung

Damit kann die Formulierung nur so verstanden werden, dass die ortsnahe Wasserversorgung im Widerstreit mit sämtlichen wasserrechtlichen Gemeinwohlbelangen zu sehen ist[609]. Hinsichtlich der konfligierenden Interessenlage gibt die Norm demnach für die Abwägung eine bestimmte Gewichtung zugunsten der ortsnahen Wasserversorgung vor[610]. Ganz allgemein ist

609 So etwa auch Kotulla, Wasserhaushaltsgesetz, 2. Auflage, § 3 Rdnr. 87.

610 In diesem Sinne spricht Reinhardt, „Neuere Entwicklungen im wasserhaushaltsgesetzlichen Bewirtschaftungssystem", in NuR 2004, 82, (87), zutreffend von einem Optimierungsgebot zugunsten der ortsnahen Wasserversorgung.

es für die Untersagung einer Nutzung nach dem Wortlaut des Wasserhaushaltsgesetzes – etwa in § 3 Nr. 10 WHG – ausreichend, wenn Belange des Wohls der Allgemeinheit lediglich beeinträchtigt sind.

Im Rahmen der danach erforderlichen Abwägung geht es darum, demjenigen Belang einen Vorrang einzuräumen, der dem Gemeinwohl am dienlichsten ist[611]. Dies wird im Falle entgegenstehender Gemeinwohlgüter regelmäßig die öffentliche Wasserversorgung als Teil der Daseinsvorsorge zur Versorgung von Mensch und Tier mit Trinkwasser sein. Die jeweilige Gewichtung blieb indes einer Einzelfallbetrachtung vorbehalten[612]. Dieser Ansatz wird nun für den Fall der ortsnahen Wasserversorgung ausdrücklich klargestellt. Entsprechend ist es hier nicht schon ausreichend, wenn die betroffenen Gemeinwohlgüter sich gleichwertig gegenüberstehen. Aufgrund der angesprochenen Gewichtung zugunsten einer ortsnahen Wasserversorgung ist in diesem Fall der Nutzung der ortsnahen Wasservorkommen stets der Vorrang einzuräumen[613]. Das notwendige Überwiegen der konfligierenden Gemeinwohlbelange stellt dabei klar, dass im Rahmen des § 50 Abs. 2 WHG eine bloße Beeinträchtigung widerstreitender Gemeinwohlbelange nicht genügt[614]. Erforderlich ist vielmehr, dass sich im Rahmen einer umfassenden Abwägung der widerstreitenden Interessen ein deutlicher Konflikt zugunsten der entgegenstehenden Belange des Gemeinwohls abzeichnet. Die ist regelmäßig erst der Fall, wenn die betroffenen Gemeinwohlbelange gerade der konkreten Benutzung unter Beachtung der Ziele der ortsnahen Wasserversorgung entgegenstehen[615]. Hier ist insbesondere der Schutz des Grundwassers maßgeblich. In diesen Fällen wird der Kerngedanke der ortsnahen Wasserversorgung selbst angesprochen. Daneben ist davon auszugehen, dass eine Beeinträchtigung der sonstigen, außerhalb des

611 Etwa Kotulla, Wasserhaushaltsgesetz, 2. Auflage, § 3 Rdnr. 92.

612 Kotulla, Wasserhaushaltsgesetz, 2. Auflage, § 3 Rdnr. 87; Czychowski/Reinhardt, Wasserhaushaltsgesetz, 10. Auflage, § 12 Rdnr. 15 m.w.Nachw..

613 M.w.Nachw. auch Kotulla, Wasserhaushaltsgesetz, 2. Auflage, § 3 Rdnr. 87; Guckelberger in Giesbert/Reinhardt, BeckOK Umweltrecht, § 3 WHG Rdnr. 27.

614 So zutreffend Gößl in Siedler/Zeitler, Wasserhaushaltsgesetz, § 50 Rdnr. 31f, wonach erforderlich ist, dass jene Belange im Sinne eines echten „Entgegenstehens" betroffen sind.

615 Gößl in Siedler/Zeitler, Wasserhaushaltsgesetz, § 50 Rdnr. 31f.

Wasserrechts stehenden Gemeinwohlgüter unter dem Postulat der ortsnahen Wasserversorgung generell hinzunehmen ist[616]. Daher rechtfertigt auch die Verdrängung eines gemeinwohlrelevanten Belangs per se nicht die Abkehr von der ortsnahen Wasserversorgung. Im Einzelfall wird aber zu berücksichtigen sein, ob der betroffene Gemeinwohlbelang im konkreten Fall derart weitläufig hinter den Anforderungen der Wasserversorgung zurücktritt, dass dies aus wasserwirtschaftlicher Sicht nicht mehr hinnehmbar ist[617]. Entsprechendes wird für die Art der Beeinträchtigung gelten. Im Übrigen kann die Abwägung auf ein bestimmtes Ergebnis hin vorgezeichnet sein für den Fall, dass sich die betroffenen Gemeinwohlbelange gerade auf die öffentliche Wasserversorgung beziehen[618]. Insofern ging auch der Gesetzgeber davon aus, dass bestimmte Gründe des Allgemeinwohls ein Abweichen von der ortsnahen Wasserversorgung indizieren können[619].

3. Abwägungsvorbehalt im Sinne eines Regel-Ausnahme-Verhältnisses

Zu klären bleibt damit, wie sich der gemeinwohlorientierte Vorbehalt in die Gestattung der ortsnahen Wasserversorgung einbettet. Der Grundsatz der ortsnahen Wasserversorgung selbst spricht das Wohl der Allgemeinheit an und rekurriert somit auf den Tatbestand der wasserrechtlichen Gestattungsprüfung[620]. Steht dort die Inanspruchnahme des ortsnahen Wasservorkommens mit dem Wohl der Allgemeinheit in einem nicht auflösbaren Widerspruch, setzt die angesprochene Abwägung für die Frage des »ob« der angestrebten Nutzung des ortsnahen Wasservorkommens an, indem sie für diesen Fall einen besonderen Abwägungsmaßstab gesetzlich vorzeichnet.

Zu dem hier anzusetzenden Maßstab der Abwägung besteht allerdings eine uneinheitliche Auffassung in der wasserrechtlichen Literatur. Einmal wird

---

616 In diesem Sinne auch Gößl in Siedler/Zeitler, Wasserhaushaltsgesetz, § 50 Rdnr. 32.

617 Dies wird etwa bei der Gefährdung des Grundwassers der Fall sein, hierzu sogleich.

618 Hierzu ebenfalls im Folgenden.

619 BT-Drucks. 14/8668, S. 7, mit Blick auf die Sicherstellung der Versorgung oder aufgrund finanzieller Leistungsfähigkeit der wasserversorgenden Kommunen.

620 Insoweit zutreffend Reinhardt, „Neuere Entwicklungen im wasserhaushaltsgesetzlichen Bewirtschaftungssystem“, in NuR 2004, 82, (87).

vorgebracht, nur soweit Belange des Allgemeinwohls entgegenstehen, werde der Vorrang der ortsnahen Wasserversorgung aufgehoben und eine Fernwasserversorgung zulässig[621]. In den übrigen Fällen soll die Versorgung aus ortsnahen Wasservorkommen dementsprechend zwingend bestehen. § 50 Abs. 2 S. 1, 2. HS WHG wird somit als Öffnungstatbestand erkannt, der eine anderweitige Versorgung nur erlaubt, wenn entsprechende Allgemeinwohlbelange der ortsnahen Wasserversorgung *überwiegend* entgegentreten. Andererseits wird gemeint, die Versorgung mit Fernwasser sei bereits dann zulässig, wenn jener besagte Gründe nur nicht entgegenstehen[622]. Der Gemeinwohlvorbehalt orientiert sich danach nicht an dem ortsnahen Wasservorkommen, sondern er bezieht sich eher auf die Fernwasserversorgung. In letzter Konsequenz hieße dies, eine Fernwasserversorgung sei unter Umständen auch dann zulässig, wenn die ortsnahe Wasserversorgung nicht bereits tatbestandlich ausgeschlossen ist. Es dürfen nur keine Allgemeinwohlbelange dagegen sprechen. Ob sie eine ortsferne Versorgung gerade auch erfordern, bliebe danach unbeachtlich. Dieser Gedanke steht mit dem bereits herausgestellten Regel-Ausnahme-Verhältnis zugunsten einer ortsnahen Wasserversorgung[623] in eklatantem Widerspruch. Danach ist der Verweis auf die ortsnahen Wasservorkommen nur aufgehoben, wenn und soweit die angesprochenen Belange des Wohls der Allgemeinheit der Versorgung aus ortsnahen Wasservorkommen entgegenstehen, also die Versorgung aus entlegenen Gebieten gerade erforderlich ist.

Richtigerweise ist der Gemeinwohlvorbehalt damit als Abwägungsvorbehalt zugunsten der ortsnahen Wasserversorgung zu verstehen. Die generelle Bindung an die ortsnahen Wasservorkommen wird danach für den jeweiligen Einzelfall mit den Anforderungen des Gemeinwohls konfrontiert und hierzu ins Verhältnis gesetzt. Gleichzeitig zeichnet der Grundsatz der ortsnahen Wasserversorgung ein besonderes Verhältnis der Gewichtung vor, wenn nur überwiegende Belange des Gemeinwohls ein Abweichen von dem wasserrechtlichen Näheprinzip rechtfertigen können. Insoweit privilegiert der tatbestandliche Abwägungsvorbehalt die ortsnahe Wasserversorgung

---

621 Vgl. etwa Kotulla, Wasserhaushaltsgesetz, 2. Auflage, § 50 Rdnr. 9f..

622 Insoweit irrig Czychowski/Reinhardt, Wasserhaushaltsgesetz, 10. Auflage, § 50 Rdnr. 29, vgl. hierzu auch Gößl in Siedler/Zeitler, Wasserhaushaltsgesetz, § 50 Rdnr, 31.

623 Hierzu ausführlich oben 4. Teil, D. I. Regel-Ausnahme-Verhältnis zu Gunsten der ortsnahen Wasserversorgung.

gegenüber den übrigen Belangen des Gemeinwohls. Damit spiegelt sich das dem Nähegrundsatz immanente Regel-Ausnahme-Prinzip in der konkreten Abwägung der widerstreitenden wasserwirtschaftlichen Interessen wieder[624].

Obwohl hier in tatsächlicher Hinsicht ein Optimierungsgedanke zugunsten der ortsnahen Wasserversorgung zu erkennen ist[625], findet die maßgebliche Abwägung aber nicht zwischen der ortsnahen und der ortsfernen Wasserversorgung statt[626]. Zur Diskussion stehen allein die ortsnahe Wasserversorgung und die übrigen Belange des Gemeinwohls. Dies ergibt sich insoweit schon aus dem Wortlaut der Norm. Für die Abwägung mit der Versorgung aus entlegenen Gebieten bleibt auch deshalb kein Raum, weil die Fernwasserversorgung ebenso wenig wie die ortsnahe Wasserversorgung selbst einen Belang des Gemeinwohls beschreibt[627]. Der mögliche Zugriff auf entlegene Wasservorkommen stellt sich daher lediglich als notwendige Konsequenz der gemeinwohlorientierten Entscheidung gegen die ortsnahe Wasserversorgung dar, indem bestimmte Gemeinwohlbelange dies erfordern[628]. Zutreffend ist danach der Zugriff auf die entlegenen Wasservorkommen nur soweit eröffnet, wie Belange des Wohls der Allgemeinheit der Versorgung aus ortsnahen Wasservorkommen entgegenstehen[629].

---

624 Vgl. oben, 4. Teil, D. III. Immanente gesetzliche Vorzeichnung für die regelmäßige Beschränkung auf die ortsnahe Wasserversorgung.

625 Zu der Einordnung als Optimierungsgebot Czychowski/Reinhardt, Wasserhaushaltsgesetz, 10. Auflage, Rdnr. 29 zu § 50. Kritisch hierzu Gößl in Siedler/Zeitler, Wasserhaushaltsgesetz, § 50 Rdnr. 31.Hierzu auch unten, 5. Teil, B. I. Charakterisierung.

626 So jedoch Czychowski/Reinhardt, Wasserhaushaltsgesetz, 10. Auflage, § 50 Abs. 34, dieselben noch deutlicher in Wasserhaushaltsgesetz, 9. Auflage, § 1a Rdnr. 25c; jedenfalls missverständlich auch Reinhardt, „Neuere Entwicklungen im wasserhaushaltsgesetzlichen Bewirtschaftungssystem", in NuR 2004, 82, (87).

627 Hierzu 3. Teil, C. II. 2. (b) Konkretisierung des wasserrechtlichen Gemeinwohlbegriffs?.

628 In diesem Sinne auch BT-Drucks. 14/8668, S. 7.

629 Abwegig dagegen Czychowski/Reinhardt, Wasserhaushaltsgesetz, 10. Auflage, § 50 Rdnr. 29, wonach die Versorgung mit Fernwasser bereits zulässig sei, wenn Gemeinwohlbelange nur nicht jener entgegenstehen.

III. Abwägungsrelevante Gemeinwohlbelange

Offen bleibt, welche Belange des Gemeinwohls überhaupt der Verpflichtung zur Versorgung aus ortsnahen Wasservorkommen entgegentreten können und unter welchen Voraussetzungen eine Abkehr von der ortsnahen Wasserversorgung möglich ist. Da das Näheprinzip generell auf das Wohl der Allgemeinheit abstellt, können hier zwar alle für das Wasserrecht einschlägigen Belange aufgezählt werden. Allerdings ist nicht davon auszugehen, dass jene insgesamt geeignet sind, gegenüber der ortsnahen Wasserversorgung zu überwiegen. Daher sind die relevanten Gemeinwohlbelange zu extrahieren.

Unbestritten steht insoweit der angestrebte flächendeckende Grundwasserschutz als oberstes Ziel des Nähegrundsatzes im Vordergrund[630]. Zudem ist davon auszugehen, dass während einer ortsnahen Wasserversorgung das entnommene Wasser am Ort der Entnahme auch wieder in den Wasserhaushalt übergeben wird. Dies gewährleistet die Regenerationsfähigkeit des Wasserhaushaltes und ist damit Ausdruck des Prinzips der Nachhaltigkeit. Dazu ist auf die Qualität des Trinkwassers abzustellen, wobei ein möglichst hoher Reinheitsgrad angestrebt wird[631]. Insgesamt ist auch zu berücksichtigen, dass die nachhaltige Funktionserfüllung der jeweiligen Gewässer gewahrt bleibt[632]. Die Vorgabe wird flankiert von der Forderung nach einer dauerhaften, qualitativ und quantitativ möglichst hochwertigen Sicherung der Wasservorkommen und damit der öffentlichen Wasserversorgung, was sich letztlich in dem Aspekt der Versorgungssicherheit niederschlägt. Soweit also ein Abweichen von der regelmäßigen Versorgung aus ortsnahen Wasservorkommen in Betracht kommt, sind die in Frage kommenden Gemeinwohlbelange hieran festzumachen.

Nach den bisherigen Ergebnissen muss dabei eine Abwägung gegen diese Belange stets dann zu Lasten der ortsnahen Wasserversorgung ergehen,

---

630 Insoweit richtig Reinhardt, „Neuere Entwicklungen im wasserhaushaltsgesetzlichen Bewirtschaftungssystem", in NuR 2004, 82, (87), sowie Hasche, „Das zweistufige Bewirtschaftungsermessen im Wasserrecht", in ZfR 2004, 144 (172), wenn jene davon ausgehen, dass bei der Anwendung des § 1a Abs. 3 WHG a.F. maßgeblich auf den angestrebten Grundwasserschutz abzustellen ist.

631 Vgl. hierzu insgesamt im 1. Teil, B. Umweltpolitische Erwägungen zu einer ortsnahen Versorgungsstruktur.

632 So ausdrücklich Kotulla, Wasserhaushaltsgesetz, 1. Auflage, § 6 Rdnr. 9.

wenn jene durch die beabsichtigte Wassernutzung gerade betroffen sind. Daher ist eine ortsnahe Wasserversorgung beispielsweise nicht angezeigt, wenn dadurch eine dauerhafte Absenkung des Grundwasserspiegels zu befürchten wäre. Insoweit würden die wasserschützenden Ziele des Nähepostulats sogar in ihr Gegenteil verkehrt. Genauso wäre zu urteilen, wenn die Wasserentnahme zu Gunsten der öffentlichen Wasserversorgung über das regenerationsfähige Maß des vorhandenen nutzbaren Wasservorkommens hinausgeht, wobei jedoch nicht aus den Augen gelassen werden darf, dass die Bindung an die ortsnahen Wasservorkommen die jeweiligen Wassernutzer auch zum Wassersparen anhält. Ob daher das Maß der beabsichtigten Nutzung einer ortsnahen Wasserversorgung entgegensteht, bleibt stets im Rahmen der konkreten Interessenabwägung zu prüfen. Hierbei kann anstelle des Ausweichens auf die Versorgung aus entlegenen Gebieten etwa auch eine Einschränkung der Wassernutzung angezeigt sein mit dem Ziel, die Versorgung aus dem ortsnahen Wasservorkommen zu ermöglichen[633].

Im Einzelnen ist demnach – beschränkt auf die bedeutendsten Aspekte – die Abwägung folgender Gemeinwohlbelange zu betrachten:

1. Belange der öffentlichen Wasserversorgung

In dieser Ausgangssituation sind die Belange der öffentlichen Wasserversorgung selbst beachtlich. Wesentliche Anforderung an die öffentliche Wasserversorgung ist die Versorgung der Bevölkerung mit qualitativ hochwertigem Wasser in ausreichender Menge. Hieraus ergibt sich, dass die Abkehr von der ortsnahen Wasserversorgung zur Deckung des Wasserbedarfs der öffentlichen Wasserversorgung angezeigt ist, wenn eine entsprechende Bedarfsdeckung – gegebenenfalls auch unter Beachtung möglicher Einschränkungen des Wassergebrauchs – aus ortsnahen Wasservorkommen nicht möglich ist. Neben den finanziellen Aufwendungen einer ortsnahen öffentlichen Wasserversorgung[634] sind damit vor allem qualitative und quantitative Aspekte der Wasserversorgung angesprochen. Hierzu gibt § 50 Abs. 2 S. 2 WHG ausdrücklich vor, dass der Wasserbedarf mit Wasser aus

633 Dies spiegelt im Übrigen die bereits durch den „Wasserbedarf" vorgezeichnete, potentielle Nutzungsbeschränkung an dem vorhandenen Wasserdargebot zur Sicherung der ortsnahen Wasserversorgung wieder.

634 Hierzu sogleich im Folgenden.

entlegenen Gebieten gedeckt werden darf, wenn die Versorgung aus ortsnahen Wasservorkommen nicht in ausreichender Menge oder Güte hergestellt werden kann.

a) Wasserqualität

Die qualitativen Anforderungen an das Trinkwasser richten sich nach den Vorgaben der TrinkwV. Danach ist es erforderlich, dass das zur Verfügung stehende Wasser jedenfalls nach entsprechender Aufbereitung den hygienischen Anforderungen an Trinkwasser als Lebensmittel entspricht. Ist dies nicht der Fall, ist die Abkehr von der ortsnahen Wasserversorgung angezeigt. Reine Komfortdefizite wie ein zu hoher Härtegrad des Wassers sind dagegen nicht maßgeblich und regelmäßig hinzunehmen[635].

Qualitative Mängel des vorhandenen Wasserdargebots dürften häufig den Grund für die Abkehr von der Versorgung aus den ortsnahen Wasservorkommen darstellen. Dabei kommt es aber entscheidend darauf an, ob solche Defizite vermeidbar sind[636]. Nur wenn qualitative Mängel unabwendbar sind, können sie den Zugriff auf entlegene Wasservorkommen rechtfertigen[637]. Andernfalls sind die Wassernutzer aus dem Verständnis der ortsnahen Wasserversorgung heraus gehalten, die ausreichende Qualität des Trinkwassers durch Aufbereitung oder entsprechende wasserschonende Maßnahmen sicherzustellen[638]. Dies ergibt sich ohne weiteres aus dem Regel-Ausnahme-Verhältnis zugunsten der Versorgung aus ortsnahen Wasservorkommen. Anders ließe sich auch das Überwiegen des Qualitätsdefizits in der tatbestandlichen Abwägung nicht darstellen. Nur soweit eine Versorgung der Bevölkerung mit qualitativ gutem Wasser aus einem ortsnahen Wasservorkommen nicht möglich ist, wird danach die Notwendigkeit

---

635 Kibele, „Paradigmenwechsel in der Wasserwirtschaft", in VBlBW 1997, 121 (124).

636 Kibele, „Paradigmenwechsel in der Wasserwirtschaft", in VBlBW 1997, 121 (123).

637 So schon Kibele, „Paradigmenwechsel in der Wasserwirtschaft", in VBlBW 1997, 121 (125).

638 Kibele, „Paradigmenwechsel in der Wasserwirtschaft", in VBlBW 1997, 121 (125). Hierzu gehört neben dem erforderlichen Reinigungsaufwand insbesondere auch die Vermeidung eines schlechten Trinkwasserzustands durch unzureichende Abwasserentsorgung.

der Trinkwasserversorgung aus entlegenen Gebieten aus gemeinwohlorientierten Gesichtspunkten eröffnet[639]. Sonst bleibt die Kommune zur Nutzung des eigenen Wasservorkommens verpflichtet.

In diesem Kontext stellt die Abwasserentsorgung ein besonderes Problem dar. Marode Abwasserleitungen und Kanalsysteme können in erheblichem Maß Einfluss auf die Trinkwasserqualität in Ballungszentren nehmen, weil durch den Eintrag des verunreinigten Abwassers die Nutzbarkeit des vorhandenen Grundwassers leidet. Die mit dem Näheprinzip einhergehende Verantwortungszuweisung für das eigene Wasservorkommen schließt daher den sorgsamen Umgang mit dem Abwasser ein. Im Sinne einer vermeidbaren Qualitätsbeeinträchtigung des vorhandenen Trinkwassers sind die Kommunen deshalb gehalten, im Rahmen der Abwasserentsorgung geeignete Maßnahmen zu treffen, um eine Kontamination des nutzbaren Trinkwassers zu vermeiden[640]. Allerdings ergibt sich in tatsächlicher Hinsicht, dass gerade solche Maßnahmen allenfalls eine zukünftige Nutzung des ortsnahen Wasserschatzes im Blick haben können. Für die Möglichkeit der Inanspruchnahme im Zeitpunkt der Antragsstellung bleibt es dabei, dass qualitativ ungeeignetes Wasser zur Versorgung der Bevölkerung nicht herangezogen werden kann. Dies hat zur Konsequenz, dass obwohl hier ein eigenes Verschulden für das Versorgungsdefizit vorliegt, die Bedarfsdeckung aus den ortsnahen Wasservorkommen nicht durchsetzbar ist. Damit strahlt die abwasserrechtliche Problematik auf die gesetzlich vorgezeichnete Nutzung der ortsnahen Wasservorkommen aus.

Dieses Ergebnis ist unbefriedigend, weil gerade die Verschmutzung der eigenen Wasservorkommen konträr zu der eigentlich bezweckten Selbstdisziplinierung der Kommunen im Umgang mit jenen Wasservorkommen ist. Insoweit ist eine Korrektur des eigenen Verhaltens anhand der Maßstäbe der gesetzlich vorgezeichneten ortsnahen Wasserversorgung erforderlich. Trotzdem sind Qualitätsmängel, soweit sie der Versorgung aus ortsnahen Wasservorkommen entgegenstehen, beachtlich. Im Zweifel bleibt daher die ortsnahe Wasserversorgung lediglich in dem Maße angezeigt, wie die Be-

639 Vgl. schon BT-Drucks. 14/8668, S. 7.

640 Hierzu auch 1. Teil, B. Umweltpolitische Erwägungen zu einer ortsnahen Versorgungsstruktur.

darfsdeckung aus den ortsnahen Wasservorkommen möglich ist. Somit eröffnet auch der unsachgemäße Umgang mit Abwässern keinen vollumfänglichen Zugriff auf entlegene Wasservorkommen.

b) Wassermenge

Anders ist dies, wenn man die zur Verfügung stehende Wassermenge der ortsnahen Wasservorkommen betrachtet. Die Quantitätsanforderung an das vorhandene Trinkwasser richtet sich nach dem Wasserbedarf der öffentlichen Wasserversorgung und ist von daher einzugrenzen. Die vorhandene Menge des nutzbaren Wassers ist durch Gutachten und sachverständige Prüfung zu ermitteln[641], erkennbare Mengendefizite können dabei eine Abweichung von der ortsnahen Wasserversorgung rechtfertigen. Insgesamt ist hier weiter zu differenzieren:

Grundsätzlich können rein mengenmäßige Defizite nicht dazu führen, auf die ortsnahe Wasserversorgung gänzlich zu verzichten. Insofern ist es stets angezeigt, lediglich den Mehrbedarf aus entlegenen Wasservorkommen zu decken. Quantitative Mängel indizieren daher regelmäßig nur die Ergänzung mit Wasser aus entlegenen Gebieten, wobei dies aber auch unter dem Aspekt der Versorgungssicherheit und der Qualitätseinbußen bei Vermengung des Wassers zu betrachten ist[642]. So wird im Rahmen der Abwägung zugunsten der Fernwasserversorgung zu entscheiden sein, wenn eine dauerhafte Sicherung der Wasserversorgung aus dem ortsnahen Wasservorkommen nicht möglich ist[643]. Eine vollumfängliche Abkehr von der anteiligen Versorgung aus ortsnahen Wasservorkommen ist jedoch nur zulässig, wenn deren Nutzung aus wasserschützender Sicht wegen der dann ohnehin bestehenden Fernwasserversorgung nicht mehr vertretbar ist.

Andererseits ist eine quantitative Beeinträchtigung nicht schon deshalb zu besorgen, weil die Gemeinde als Träger der öffentlichen Wasserversorgung aufgrund eines überhöhten Wasserverbrauchs oder wegen beabsichtigter städtebaulicher Entwicklungen mit dem vorhandenen Wasserdargebot nicht

---

641 Gößl in Siedler/Zeitler, Wasserhaushaltsgesetz, § 50 Rdnr. 30.

642 Vgl. hierzu Kibele, „Paradigmenwechsel in der Wasserwirtschaft“, in VBlBW 1997, 121 (124).

643 BT-Drucks. 14/8668, S. 7.

auskommt bzw. auskommen wird. Vielmehr hat sie zuvorderst ihren Wasserbedarf an das Potential des Wasservorkommens anzupassen. Dies ergibt sich schon aus der edukatorischen Funktion des Nähegrundsatzes und ist bereits in der ex-ante Prognose des Wasserbedarfs angelegt[644]. Daher ist zunächst zu untersuchen, ob jenes Defizit vermeidbar ist[645]. Die Wasserbehörde hat dazu auf eine effiziente Nutzung des zur Verfügung stehenden Wassers hinzuwirken[646]. Ungerechtfertigt übermäßige Wassernutzungen und vermeidbare Wasserverluste sind möglichst abzustellen und können den Zugriff auf entlegene Wasservorkommen nicht eröffnen. Soweit ein Mengendefizit aus der Übernutzung des Wasserdargebots herrührt, ist ein sparsamer Umgang mit der Ressource angezeigt. Dies bezieht sich auf die Art und den Umfang des Gebrauchs ebenso wie auf die Förderung wassersparender Techniken. In diesem Zusammenhang ist ein nur kurzfristiges Wasserdefizit – quantitativ wie qualitativ – nicht geeignet, die generelle Versorgung aus entlegenen Gebieten zu eröffnen. Vielmehr sind hier zunächst Anstrengungen der Wassernutzer zur Sicherung der ortsnahen Wasserversorgung notwendig[647], so dass dieser Aspekt in der Abwägung regelmäßig nicht gegen die ortsnahe Wasserversorgung zum Tragen kommt.

c) Zukünftige Versorgungsdefizite

Die vorgenannten Überlegungen beziehen sich vornehmlich auf mengenmäßige Defizite, die bereits im Zeitpunkt der Gestattungsprüfung bestehen. Nun könnte man annehmen, auch zukünftige quantitative Defizite der öffentlichen Wasserversorgung seien als Belang des Gemeinwohls beachtlich und stehen als solche dem Verweis auf die ortsnahe Wasserversorgung entgegen.

---

644 Hierzu ausführlich oben, 4. Teil, A. II. 2. Planungsmaßstab der öffentlichen Wasserversorgung als ex ante Prognose des zukünftigen Wasserbedarfs.

645 In diesem Sinne schon Kibele, „Paradigmenwechsel in der Wasserwirtschaft", in VBlBW 1997, 121 (125).

646 Dies gilt sowohl für die eigenen Anlagen als auch das Nutzungsverhalten der Wasserverbraucher. Dort steht den Trägern der Wasserversorgung ein umfangreiches Spektrum geeigneter Maßnahmen zur Verfügung, vgl. mit entsprechenden Ansätzen Hünnekens in Landmann/Rohmer, Umweltrecht, § 50 WHG Rdnr. 27.

647 Vgl. Kibele, „Paradigmenwechsel in der Wasserwirtschaft", in VBlBW 1997, 121 (125), im Übrigen ergibt sich dieser Abwägungsansatz nunmehr unmittelbar aus § 50 Abs. 2 WHG.

Maßgeblich für die gemeinwohlintendierte Abwägung für und gegen die ortsnahe Wasserversorgung ist aber die Prognose des bestehenden und langfristigen Wasserbedarfs und seiner voraussichtlichen Auswirkungen für das Wasserdargebot auf Grundlage der bestehenden Nutzung[648]. Obwohl hier grundsätzlich auch Änderungen des Nutzungsumfangs zu berücksichtigen sind, ist für die Gestattungsprüfung eine möglichst schonende (zukünftige) Nutzung des Wassers zugrunde zu legen. Damit sind auch gewisse Einschränkungen der betroffenen Kommune verbunden.

Daher sind negative Entwicklungen des vorhandenen Wasserdargebots im Verhältnis zum Wasserbedarf, die nicht von der Kommune beeinflussbar sind, in der Abwägung zu berücksichtigen. Bei lediglich potentiellen quantitativen Defiziten, die auf den durch die Kommune selbst angestrengten Änderungen des Wasserbedarfs beruhen, handelt es sich dagegen nicht um eine tatsächlich bestehende Anforderung an die Wasserversorgung, sondern vielmehr um die politisch oder wirtschaftlich getragene Entscheidung der kommunalen Entwicklung, die mit einem gesteigerten Wasserbedarf in der Zukunft einhergeht. Solche Nutzungen können folgerichtig erst betrachtet werden, nachdem die grundsätzliche Entscheidung darüber gefallen ist, ob die Versorgung aus dem ortsnahen Wasservorkommen unter Berücksichtigung des konkreten Wasserbedarfs erfolgen kann und schließlich auch muss.

2. Belange des Grundwasserschutzes

An den Gesichtspunkt der Versorgungssicherheit und die qualitativen Aspekte der ortsnahen Wasserversorgung schließen sich nahtlos die zu beachtenden Belange des Grundwasserschutzes an. Wesentliches Ziel der ortsnahen Wasserversorgung ist der flächendeckende Grundwasserschutz, wobei aber das Grundwasser regelmäßig auch der hauptsächliche Lieferant des für die öffentliche Wasserversorgung benötigten Trinkwassers ist. Damit be-

648 Dies gebietet insoweit schon die erforderliche Zweckbestimmung für die Wassernutzung, die nach Art und Maß konkretisiert sein muss, vgl. hierzu Czychowski/Reinhardt, Wasserhaushaltsgesetz, 9. Auflage, § 7 Rdnr. 18. Dementsprechend misst das OVG Münster mit Urteil v. 02.12.1977 in ZfW 1979, 58 eine Beeinträchtigung des Wohls der Allgemeinheit an der konkreten Nutzungsabsicht. Zustimmend Breuer, Öffentliches und Privates Wasserrecht, Rdnr. 384.

steht ein generelles Spannungsverhältnis zwischen der angestrebten ortsnahen Wasserversorgung aus dem vorhandenen Grundwasser und dem Schutz desselben. Dies ist solange unbeachtlich, wie ausreichend Grundwasser zur Verfügung steht. Wenn kein übermäßiges Grundwasservorkommen vorhanden ist, kann der Zugriff hierauf allerdings bedenklich sein. Die Ausbeutung des Grundwasservorkommens ist zu unterlassen, seine Regenerationsfähigkeit ist sicherzustellen. Dementsprechend findet hier eine Verzahnung mit den qualitativen und quantitativen Aspekten der Wasserversorgung statt.

Danach ist im Wege der ortsnahen Wasserversorgung jedenfalls ein Ausgleich zwischen der Grundwassersicherung und der qualitativ und quantitativ ausreichenden Wasserversorgung auf Dauer sicherzustellen. Entscheidend ist, dass das Gleichgewicht zwischen Grundwasserentnahme und –Nachlauf gewahrt ist. Diese Abwägungsprämisse korrespondiert mit den Bewirtschaftungszielen für das Grundwasser, wonach ein Gleichgewicht zwischen der Grundwasserentnahme und seiner Neubildung zu gewährleisten ist. Damit verlagert sich das Problem schließlich auf die Frage der nachhaltigen Grundwassernutzung. Insoweit ist die ortsnahe Wasserversorgung nicht angezeigt, wenn hierdurch eine nachhaltige Gewässerbewirtschaftung nicht möglich erscheint. Im Rahmen der Abwägung ist daher die Anforderung der ortsnahen Wasserversorgung mit den Vorgaben der ressourcenschonenden Bewirtschaftung der Grundwasservorkommen ins Verhältnis zu setzen.

Anders als die übrigen Gemeinwohlbelange steht der Grundwasserschutz in direktem Zusammenhang mit der ortsnahen Wasserversorgung, die jenen gerade bezweckt. Die Anwendung der Norm ist also von daher zu bestimmen. Da letztlich der Grundsatz der ortsnahen Wasserversorgung Maßnahme zum Schutz der Grundwasservorkommen ist, wird er sich diesem Ziel generell unterordnen müssen. Dies ergibt sich schon aus tatsächlichen Erwägungen, weil eine Überbeanspruchung des vorhandenen Trinkwasserschatzes einer dauerhaften Versorgung aus jenem Wasservorkommen entgegensteht. Insofern muss es genügen, wenn durch die ortsnahe Wasserversorgung ein Ungleichgewicht hinsichtlich Grundwasserentnahme und -neubildung gegeben ist, auf ein Überwiegen des Grundwasserschutzes kommt es in der Abwägung dagegen nicht mehr an. Vielmehr wird man annehmen müssen, dass außerhalb dieser Parameter die Belange des Grundwasserschutzes den Belangen einer ortsnahen Wasserversorgung generell vorgehen. Somit wird hier der Vorrang der ortsnahen Wasserversorgung zu Gunsten des Grundwasserschutzes relativiert.

3. Bewirtschaftungsziele

Darüber hinaus sind die wasserrechtlichen Bewirtschaftungsziele bei der Abwägung im Rahmen des Gemeinwohls beachtlich, so dass eine ortsnahe Wasserversorgung auch dann nicht in Betracht kommt, wenn die Erreichung jener Ziele durch die Nutzung der ortsnahen Wasservorkommen vereitelt wird. Dies sind insbesondere die in § 47 WHG definierten Ziele für das Grundwasser und die in § 27 WHG vorgesehenen Bewirtschaftungsziele für Oberflächengewässer. Erneut ist hier etwa für das Grundwasser anzuführen, dass durch die ortsnahe Wasserversorgung keine dauerhafte Verschlechterung des mengenmäßigen Zustands herbeigeführt werden darf.

IV. Berücksichtigung der kommunalen Selbstverwaltungshoheit

Insgesamt zeigt sich, dass die Sicherung der bestehenden Versorgung aus ortsnahen Wasservorkommen mit den Interessen der kommunalen Entwicklung in die Waagschale geworfen wird[649]. Es liegt auf der Hand, dass etwa die Ansiedlung wasserintensiver Industrie ebenso wie die mit einem erhöhten Wasserabfluss einhergehende Bodenversiegelung im Wege der baulichen Gebietserweiterung maßgeblichen Einfluss auf das Ausreichen des (verbleibenden) Wasserdargebots hat. Ebenso verhält es sich, wenn ein erhöhtes Abwasseraufkommen die Regeneration des vorhandenen Trinkwassers beeinträchtigt. Damit ist ein Spannungsverhältnis zwischen den legitimen Interessen der kommunalen Selbstverwaltungsorgane und den gesetzlich vorgezeichneten Belangen der ortsnahen Wasserversorgung evident, das zur Durchsetzung der Vorgabe der ortsnahen Wasserversorgung in verfassungskonformer Weise zu überwinden ist[650].

---

649 So auch Hendler/Grewing, „Der Grundsatz der ortsnahen Wasserversorgung im Wasserrecht“, in ZUR Sh 2001, 146 (148); Kibele, „Paradigmenwechsel in der Wasserwirtschaft“, in VBlBW 1997, 121 (125).

650 Hierzu bereits ausführlich oben, 2. Teil, C. Vorrang der ortsnahen Wasserversorgung und kommunale Selbstverwaltung.

Nimmt man den Vorrang der ortsnahen Wasserversorgung als Instrument der Verhaltenssteuerung ernst[651], muss hierfür grundsätzlich gelten, dass mit einhergehender Gefährdung der Versorgung aus ortsnahen Wasserversorgung die städteplanerische Entwicklung unter Beachtung der gebotenen Verhältnismäßigkeit zurücktritt. Dies gebietet auch Art. 20a GG, an den die Kommunen gebunden sind. Der so verstandene Grundsatz der ortsnahen Wasserversorgung setzt eine Interaktion der Kommunen mit den ihnen ortsnahen Wasservorkommen voraus und trägt damit maßgeblich zu einem bewussteren Umgang mit der Ressource Trinkwasser bei.

Zwar steht der Vorrang in der Abwägung der widerstreitenden Interessen nicht per se der kommunalen Entwicklung entgegen. Aufgrund der vorrangigen Nutzung des bestehenden »eigenen« Wasserdargebots kann es unter Berücksichtigung des Gedankens eines Auskommens mit gerade diesem Wasser aber angezeigt sein, bestimmte Wassernutzungen zugunsten der kommunalen Entwicklung einzuschränken oder umgekehrt die kommunale Entwicklung auf das bestehende Wasserdargebot abzustimmen, um das geforderte Gleichgewicht wiederherzustellen[652]. Hier kommt der Ansatz des Gewässerschutzes durch Selbstdisziplinierung zum Ausdruck[653]. Dieser Kerngedanke ist bereits der allgemeinen Bewirtschaftungsanforderung des Wasserhaushaltsgesetzes zu entnehmen[654], die alle Wassernutzer und damit auch die Kommunen bindet. Deren Selbstverwaltung ist lediglich im Rahmen der geltenden Gesetze garantiert, so dass hierdurch eine weitergehende Einschränkung nicht erfolgt.

Allerdings darf der Verweis auf die ortsnahen Wasservorkommen wegen Art. 28 Abs. 2 GG nicht dazu führen, dass die Kommunen in ihrer Entwick-

651 Hierzu: 1. Teil, B. V. Indirekte Verhaltenssteuerung-Verantwortungsverschiebung hin zu einer eigenverantwortlichen Gewässernutzung.

652 Kibele, „Paradigmenwechsel in der Wasserwirtschaft“, in VBlBW 1997, 121 (125).

653 Siehe hierzu Hendler/Grewing, „Der Grundsatz der ortsnahen Wasserversorgung im Wasserrecht“, in ZUR Sh 2001, 146 (148).

654 Hierzu bereits ausführlich oben, 3. Teil, A. Verhältnis zu den Grundsätzen der Gewässerbewirtschaftung.

lung gänzlich handlungsunfähig werden. Eine solche Vorgabe wäre unverhältnismäßig[655]. Darum gesteht der Grundsatz der ortsnahen Wasserversorgung den Wasserbehörden einen ausreichenden Entscheidungsspielraum hinsichtlich der kommunalen Interessen zu, wonach für die Kommunen unter bestimmten Voraussetzungen der Zugriff auf entlegene Wasservorkommen möglich ist. Die verbleibende Einschränkung der Kommunen ist dagegen wegen der übergeordneten ratio des Ressourcenschutzes gerechtfertigt[656]. Darüber hinaus findet der Vorrang der ortsnahen Wasserversorgung vor der städteplanerischen Entwicklung bereits aus dem Wasserrecht selbst seine Grenzen dort, wo über die planerische Aktivität der jeweiligen Kommune hinaus Aspekte der Raumordnung tangiert sind. Hier sind die Ziele der Raumordnung zu beachten und die Grundsätze und sonstigen Erfordernisse der Raumordnung zu berücksichtigen[657].

V. Abwägungskonkretisierung am Beispiel finanzieller Aspekte der öffentlichen Wasserversorgung

Das so beschriebene tatbestandliche Regel-Ausnahme-Verhältnis zu Gunsten der ortsnahen Wasserversorgung soll im Folgenden am Beispiel finanzieller Aufwendungen der Kommunen für die Sicherung der Versorgung aus ortsnahen Wasservorkommen dargestellt werden. Dieser Aspekt hat neben den rein wasserwirtschaftlichen Erwägungen eine hohe Relevanz für die Gewährleistung der öffentlichen Wasserversorgung. Die Kommunen sind als Träger der öffentlichen Wasserversorgung kostenpflichtig für den Bau und Unterhalt der erforderlichen Wasserversorgungsanlagen. Sie tragen demnach die Kosten für die Erschließung und Bewirtschaftung der ortsnahen Wasservorkommen, aus denen sie ihren Wasserbedarf decken[658]. Soweit es der Grundsatz der ortsnahen Wasserversorgung erfordert, tragen sie zudem die Kosten wassersparender Maßnahmen, ebenso die der Reinhaltung der vorhandenen Gewässer sowie die der abwasserseitig notwendigen

655 Ausführlich oben 2. Teil, C. Vorrang der ortsnahen Wasserversorgung und kommunale Selbstverwaltung.

656 Sinngemäß Czychowski/Reinhardt, Wasserhaushaltsgesetz, 8. Auflage, § 1a Rdnr. 25b.

657 Nunmehr für die Festlegungen des Maßnahmenprogramms in § 82 Abs. 1 WHG.

658 Zu den Kostenfaktoren der öffentlichen Wasserversorgung ganz allgemein beispielsweise auch Breuer, „Wasserpreise und Kartellrecht“, in NVwZ 2009, 1249 (1249ff).

Maßnahmen. Jene sind für die ortsnahe Wasserversorgung von grundlegender Bedeutung, weil die dauerhafte Verfügbarkeit von sauberem Grundwasser auch die adäquate Abwasserfortleitung und -aufbereitung voraussetzt, um die Vermischung des Abwassers mit dem nutzbaren Trinkwasser zu vermeiden.

Gerade letzteres dürfte für viele Kommunen einen erheblichen finanziellen Aufwand darstellen. Der naturgemäß kostenträchtigeren Versorgung aus den eigenen Wasservorkommen und den damit einhergehenden kostenaufwendigen Maßnahmen der Wasserreinhaltung und sparsamen Verwendung des Wassers steht gegebenenfalls ein günstigerer Anschluss an eine (bestehende) Fernwasserversorgung oder jedenfalls der Zugriff auf entlegene Wasservorkommen gegenüber. Daher kann die Abkehr von der ortsnahen Wasserversorgung unter finanziellen Aspekten in Betracht kommen, wenn der Anschluss an eine Fernwasserversorgung kostengünstiger als die Eigenwasserversorgung ist. Im Folgenden wird erörtert, ob und unter welchen Voraussetzungen eine solche Abkehr aufgrund wirtschaftlicher Erwägungen möglich erscheint. Hierzu soll der Umfang der über § 50 Abs. 2 S. 2 WHG als vertretbarer Aufwand berücksichtigungsfähigen kommunalen Interessen untersucht werden. Anschließend ist zu ergründen, auf welche Weise diese Interessen konkret in der Gestattungsprüfung zu berücksichtigen sind.

1. Vertretbarer Aufwand im Sinne des § 50 Abs. 2 S. 2 WHG

Mit Einführung des § 50 Abs. 2 S. 2 WHG stellt der Gesetzgeber klar, dass die ortsnahe Wasserversorgung mit vertretbarem Aufwand sichergestellt werden muss. Ist dies nicht möglich, kann der Wasserbedarf auch aus entlegenen Gebieten gedeckt werden. Die Abweichungsvorgabe ist inhaltlich weit gefasst. Äußerst ungenau besagt auch die Begründung für diese weitergehende Fassung des Nähegrundsatzes nur, dass hierdurch die Voraussetzungen eines Abweichens von dem Nähepostulat konkretisiert werden[659]. Als Vorgabe der Regelung dienten in ähnlicher Weise bestehende Ansätze in den Landeswassergesetzen, namentlich in § 45 Abs. 2 Nr. 2 RhPflWG, § 59 Abs. 1 Nr. SächsWG, § 63 Nr. 1 ThürWG, § 16 Abs. 3 Nr.

659 BT-Drucks. 16/12275, S. 66.

2 HbgWG sowie § 146 Abs. 2 Nr. 1 NdsWG. Dort wurden jene Abweichungsvorgaben landesrechtlich als Belang des Wohls der Allgemeinheit formuliert, wobei insbesondere finanzielle Aspekte einer ortsnahen Wasserversorgung in den Vordergrund gerückt wurden. Zuzustimmen ist, dass hier regelmäßig neben technischen Anforderungen der Trinkwassergewinnung und der Umsetzung wassersparender Maßnahmen zur Sicherung der Bedarfsdeckung insbesondere der finanzielle Aufwand der Kommunen angesprochen sein dürfte[660], was auch der Gesetzgeber ursprünglich als Möglichkeit für eine Abweichung von der ortsnahen Wasserversorgung verstanden hat[661].

Die entsprechende Neuregelung des bundeseinheitlichen Wasserrechts hingegen ist weder eindeutig als Einfallstor für Belange des Allgemeinwohls noch als Ermessensdirektive ausgestaltet. Anders als jene überkommenen landesrechtlichen Regelungen ergibt sich hieraus jedenfalls keine rechtliche Konkretisierung des wasserrechtlichen Allgemeinwohls im Sinne einer Legaldefinition. Zwar lässt die Formulierung des § 50 Abs. 2 Satz 2 WHG eine solche vermuten, indem die dort genannten Gründe »insbesondere« ein Abweichen von dem Grundsatz der ortsnahen Wasserversorgung zulassen, wodurch eine Verknüpfung mit den Belangen des Wohls der Allgemeinheit in Satz 1 hergestellt werden kann[662]. Andererseits sind dort weder finanzielle Aspekte ausdrücklich benannt, noch ist die Aufzählung zulässiger Abweichungsgründe in § 50 Abs. 2 Satz 2 WHG abschließend[663]. Tatsächlich stellt diese zweite Alternative des § 50 Abs. 2 Satz 2 WHG allein auf den vertretbaren Aufwand einer Maßnahme ab und trägt damit in erster Linie dem Verhältnismäßigkeitsgrundsatz Rechnung. Ein konkreter Bezug zu dem Tatbestandsmerkmal »Wohl der Allgemeinheit« im Sinne eines tatsächlichen Gemeinwohlbelangs findet zunächst nicht statt. Vielmehr ergibt sich hieraus lediglich ein Abwägungsvorbehalt[664], wonach bestimmte, nämlich unvertretbare Anforderungen der ortsnahen Wasserversorgung entgegen gehalten werden können. Damit wirkt die Vorgabe aber auch auf der

---

660 Vgl. auch Kotulla, Wasserhaushaltsgesetz, 2. Auflage, § 50 Rdnr. 11.

661 Insoweit noch zu dem überkommenen § 1a Abs. 3 WHG BT-Drucks. 14/8668, S. 7.

662 Eine vergleichbare Regelungstechnik findet sich in § 3 Nr. 10 WHG für die öffentliche Wasserversorgung im Bereich des Wohls der Allgemeinheit.

663 Kotulla, Wasserhaushaltsgesetz, 2. Auflage, § 50 Rdnr. 10.

664 Insoweit etwa auch Kotulla, Wasserhaushaltsgesetz, 2. Auflage, § 50 Rdnr. 11.

Rechtsfolgenseite der Gestattungsprüfung als Konkretisierung des Bewirtschaftungsermessens, wonach die Wasserbehörde eine umfassende, verhältnismäßige Entscheidung zu treffen hat. Die sprachlich verunglückte Verknüpfung mit dem Wohl der Allgemeinheit als alleiniger Ansatzpunkt der Regelung kann insoweit als gesetzgeberische Ungenauigkeit gewertet werden. Diese rührt offenkundig aus der Begründung zu dem ursprünglichen § 1a Abs. 3 WHG her, wonach bereits dort – unzutreffend – die Möglichkeit der Kommunen zum Abweichen vom Grundsatz der ortsnahen Wasserversorgung aus finanziellen Gründen als Gemeinwohlaspekt verstanden wurde[665]. Mit der Erweiterung des Näheprinzips findet lediglich die Konkretisierung der bisherigen Abweichungsmöglichkeiten statt[666], allerdings ohne dass hierdurch rechtstechnisch eine weitergehende inhaltliche Ausgestaltung des Gemeinwohls erfolgen sollte.

2. Berücksichtigungsfähigkeit innerhalb § 12 Abs. 1 Nr. 1 WHG

Finanzielle Belange der Kommunen sind weder im Rahmen des § 12 Abs. 1 Nr. 1 WHG als schädliche Gewässerveränderungen berücksichtigungsfähig, noch stellen sie eine Anforderung nach anderen öffentlich-rechtlichen Vorschriften im Sinne des § 12 Abs. 1 Nr. 2 WHG dar, weil finanzielle Aspekte als solche keine »benutzungsbezogenen«[667] Regelungen sind. Finanzielle Beweggründe der Kommunen können damit grundsätzlich nicht auf der Tatbestandsseite des § 12 WHG, sondern regelmäßig erst im Rahmen des Bewirtschaftungsermessen berücksichtigt werden[668].

Im Folgenden ist daher scharf zwischen allgemeinen finanziellen oder anderen Erwägungen der Kommunen und den finanziellen Belastungen, die

---

665 BT-Drucks. 14/8668, S. 7.
666 BT-Drucks. 16/12275, S. 66.
667 Zu dem Begriff Kotulla, Wasserhaushaltsgesetz, 2. Auflage, § 50 Rdnr. 11.
668 In diesem Sinne wohl auch Czychowski/Reinhardt, Wasserhaushaltsgesetz, 10. Auflage, § 50 Rdnr. 33 f., die jedoch eine abschließende Einordnung nicht vornehmen. A.A. Kotulla, Wasserhaushaltsgesetz, 2. Auflage, § 50 Rdnr. 10 und 12, wonach über die Verknüpfung der Formulierung „insbesondere“ in § 50 Abs. 2 Satz 2 eine Konkretisierung überwiegender Gemeinwohlbelange erfolgt, denen auch die Abwägung der Kosten der ortsnahen Wasserversorgung im Sinne eines nicht vertreten Aufwandes unterfallen soll.

sich unmittelbar aus der Verwirklichung der ortsnahen öffentlichen Wasserversorgung ergeben, zu unterscheiden. Im letzteren Fall kommt es nämlich nur in zweiter Linie auf die wirtschaftlichen Erwägungen der Kommunen an. Tatsächlich betrifft die Frage der finanziellen Belastungen einer ortsnahen Wasserversorgung den Bestand und Ausbau der Einrichtungen der öffentlichen Wasserversorgung selbst und ebenso die Kosten für die notwendige Förderung und Reinigung des Wassers, die die Kommunen zu leisten haben[669]. Der Begriff der öffentlichen Wasserversorgung ist im Wasserrecht umfassend zu verstehen und schließt die Anlagen und Einrichtungen der öffentlichen Wasserversorgung – wie: Pumpstationen und Leitungen – ein[670]. Diese Belange der öffentlichen Wasserversorgung sind nach der gesetzlichen Vorgabe des § 3 Nr. 10 WHG stets als Belang des Wohls der Allgemeinheit zu qualifizieren. Hieraus folgt, dass die damit im Zusammenhang stehenden Belastungen bereits innerhalb der gemeinwohlintendierten Abwägung auf der Tatbestandsseite zu berücksichtigen sind. Dementsprechend dürfen nur die finanziellen Aufwendungen der Kommunen zur Sicherstellung einer ortsnahen Wasserversorgung nicht unvertretbar sein.

Allerdings wird damit lediglich der erforderliche Betrieb oder Ausbau der Versorgungsanlagen oder die Erschließung geeigneter Wasservorkommen, nicht aber die Entscheidung, in eigener Verantwortung oder durch Dritte eine Wasserversorgung betreiben zu wollen, angesprochen. Hierzu sind die Kommunen schon wegen § 50 Abs. 1 WHG im Wege der Daseinsvorsorge verpflichtet. Unbeachtlich ist daher, ob die Kommunen die Versorgung aus den eigenen Wasservorkommen aufgeben wollen, weil dies für sie wirtschaftlich attraktiver ist. Denkbar wären etwa Erwägungen, bestimmte Grundstücke gewinnbringend an Dritte zu veräußern bzw. als Bauland zu erschließen oder – aus finanzieller Sicht – nicht die erforderlichen Beschäftigten für den Betrieb der Anlagen vorhalten zu wollen. Auch die möglichen finanziellen Vorteile der Ansiedlung wasserintensiver Industrie, die aufgrund der Sicherung der ortsnahen Wasserversorgung ausgeschlossen wäre, rechtfertigen die Abkehr hiervon an dieser Stelle nicht. Solche Erwägungen stehen nicht im unmittelbaren Zusammenhang mit der Sicherstellung der

---

669 Hierzu auch Kotulla, Wasserhaushaltsgesetz, 2. Auflage, § 50 Rdnr. 11.

670 Zu dem Begriff der öffentlichen Wasserversorgung Czychowski/Reinhardt, Wasserhaushaltsgesetz, 10. Auflage, § 50 Rdnr. 4 sowie zu § 6 Rdnr. 39 ff. sowie oben, 4. Teil, B. I. Begriffsbestimmung.

öffentlichen Wasserversorgung und bleiben daher allenfalls auf der Ermessensebene zu berücksichtigen.

3. Berücksichtigungsgrad in der wasserrechtlichen Gestattung

§ 50 Abs. 2 Satz1 WHG stellt die Pflicht zur ortsnahen Wasserversorgung den konkurrierenden Belangen des Wohls der Allgemeinheit gegenüber. Wegen des umfassenden Vorrangs der ortsnahen Wasserversorgung ist dabei eine Gewichtung zu Gunsten der Versorgung aus den eigenen Wasservorkommen vorgezeichnet. Die entstehende finanzielle (Mehr-) Belastung durch die ortsnahe Wasserversorgung haben die Kommunen wegen des umweltrechtlichen Verursacherprinzips grundsätzlich hinzunehmen[671]. Das Wasserhaushaltsgesetz stellt aber klar, dass diese Belastungen für die jeweiligen Träger der Wasserversorgung nur bis zu einem bestimmten Maß akzeptabel sind[672]. Finanzielle Belastungen sollen danach Berücksichtigung finden, wenn die Kosten der ortsnahen Wasserversorgung oder die Erschließung eines geeigneten eigenen Wasservorkommens die Kosten des Fernwasserbezugs erheblich überschreiten[673]. Liegen berücksichtigungsfähige Aufwendungen vor und beachtet die Behörde sie nicht oder ergeht eine Entscheidung trotz einer damit verbundenen übermäßigen Kostenlast für den Träger der öffentlichen Wasserversorgung, ist die Versagung der Nutzung entlegener Wasservorkommen rechtsfehlerhaft. Andersherum wird auch eine deutliche Überschreitung der alternativen Kosten für den Fernwasserbezug danach nicht stets zur Unangemessenheit des Verweises auf die ortsnahen Wasservorkommen führen, wenn die Erheblichkeitsschwelle nicht überschritten ist. Eine klare Festlegung der hinnehmbaren finanziellen

---

671 Czychowski/Reinhardt zu dem überkommenen § 1a Abs. 3 WHG, Wasserhaushaltsgesetz, 9. Auflage, § 1a Rdnr. 25c. Vgl. auch 2. Teil, C. IV. Grenzen und verfassungsrechtliche Unbedenklichkeit eines Eingriffs in Art. 28 Abs. 2 GG.

672 So eröffneten bereits diverse landesrechtliche Umsetzungen des Nähegrundsatzes frühzeitig die Nutzung entlegener Wasservorkommen aufgrund einer mit der Nutzung ortsnaher Wasservorkommen verbundenen unverhältnismäßig hohen Kostenlast; vgl. hierzu die Zusammenfassung im 6. Teil, A. Ausgangslage: Landesrecht zum 28.02.2010.

673 Mit Blick auf die daraus resultierende Kostenlast für die Endabnehmer: Kibele, „Paradigmenwechsel in der Wasserwirtschaft“, in VBlBW 1997, 121 (125), zustimmend Czychowski/Reinhardt, Wasserhaushaltsgesetz, 10. Auflage, § 50 Rdnr 29; ebenso Hasche, „Das zweistufige Bewirtschaftungsermessen im Wasserrecht“, in ZfR 2004, 144 (173); Bulling/Finkenbeiner, BWWG, § 43 Rdnr. 22; Kotulla, Wasserhaushaltsgesetz, 2. Auflage, § 50 Rdnr. 11.

Belastung durch die Kommunen ist damit jedoch nicht erkennbar, so dass letztlich die Frage nach der tragbaren Belastung im Sinne der »Erheblichkeit« weiter zu bestimmen ist. Angesichts der Vorgabe einer kostendeckenden Gewässerbewirtschaftung nach der Wasserrechtsnovelle stellt sich allerdings zunächst die Frage, ob und in welchem Rahmen finanzielle Erwägungen bei der Nutzung ortsnaher Wasservorkommen überhaupt zu berücksichtigen sind.

a) Kostendeckungsprinzip und Preisniveau der Wasserversorgung

Die Bewirtschaftung der Gewässer unterfällt bundesrechtlich veranlasst einem Kostendeckungsprinzip. Danach sollen die Kosten, die einem Versorgungsunternehmen bei sach- und aufgabengerechter Gestaltung der Wasserversorgung entstehen, in die Wasserpreise einfließen[674]. Eine entsprechende Konstellation ergibt sich aus einigen landesrechtlichen Regelungen und dem Kommunalabgabenrecht. Daraus sind die Kommunen berechtigt, die Kosten der öffentlichen Wasserversorgung auf die Wassernutzer umzulegen, so dass sich im Ergebnis keine Kostenlast für die Kommunen aufgrund der öffentlichen Wasserversorgung ergibt[675]. Somit ist es jedenfalls zweifelhaft, ob die Kommunen der ortsnahen Wasserversorgung mit dem Kostenargument entgegentreten können, wenn der Gesetzgeber die Kosten der Wassernutzung bereits anderweitig ausgeglichen sieht.

Grundsätzlich ist die Berücksichtigung finanzieller Mehraufwendungen im Rahmen der Wasserpreise aufgrund der Vorgaben der ortsnahen Wasserversorgung zulässig[676]. Zudem ist zu bedenken, dass Wasserabgaben ähnlich wie Steuern eine Verhaltenssteuerung bewirken, indem das verbrauchte Gut Wasser mit einem gewissen finanziellen Wert versehen wird. Jener orientiert sich auch an den tatsächlichen Gegebenheiten des Wasserdargebots einer Region, so dass die Ressource Trinkwasser nicht an jedem Ort denselben Wert hat. Wo es einen Wasserüberfluss gibt, wird das Wasser wesentlich günstiger sein als in Regionen, in denen Wasser knapp ist. Die Was-

---

674 Vgl. etwa Breuer, „Wasserpreise und Kartellrecht“, in NVwZ 2009, 1249 (1252).

675 So etwa in § 6 Abs. 2 KAG NW; § 9 Abs. 2 KAG BW; Art. 8 BayKAG; § 10 Abs. 2 HessKAG; § 5 Abs. 1 NdsKAG; § 5 Abs. 1 SächsKAG.

676 BGH, Beschl. v. 02.02.2010, KVR 66/08, Rdnr. 35, BGHZ 184, 168.

serverbraucher werden daher in wasserarmen Gebieten bereits durch die finanziellen Belastungen der Wassernutzung zu einem wassersparenden Verhalten veranlasst[677], was dem Ansatz des wasserrechtlichen Nähegrundsatzes entspricht und im Übrigen bereits durch den wasserrechtlichen Sorgfaltsgrundsatz angezeigt ist. Mithin trägt dies auch der gesetzlichen Handlungsvorgabe des § 50 Abs. 3 WHG Rechnung, wonach die Träger der öffentlichen Wasserversorgung auf wassersparendes Verhalten der Bürger hinwirken sollen. Andererseits darf Wasser als notwendiges Lebensmittel nicht unerschwinglich werden. Insoweit bleibt zu beachten, dass Leistungen der Daseinsvorsorge – insbesondere die Trinkwasserversorgung – für den Nutzer so günstig wie möglich sein müssen. Gleichwohl ist anerkannt, dass unter dem Postulat einer ortsnahen Wasserversorgung rein ökonomische Erwägungen für die Auswahl der Wasservorkommen und damit verbunden die Gestaltung der Wasserpreise nicht maßgeblich sind[678]. In diesem Sinne ist ein divergentes Preisniveau und damit auch eine höherpreisige öffentliche Wasserversorgung durchaus hinnehmbar[679].

Zwar kann nicht angenommen werden, der Gesetzgeber wollte um jeden Preis die ortsnahe Wasserversorgung etablieren. Indes dürfte er es danach durchaus für angebracht halten, dass die Kosten für eine Eigenwasserversorgung diejenigen der Fernwasserversorgung auch weit überschreiten[680]. Die Versorgung mit »eigenem« Wasser soll in finanzieller Hinsicht bis zur

677 Zu der ressourcenschonenden Wirkung von Wasserabgaben bereits Scholz in Driehaus, Kommunalabgabenrecht, Rdnr. 48, 111 und 490 zu § 6. Entsprechende Regelungen finden sich etwa in Art. 8 Abs. 5 BayKAG; § 7 Abs. 1 KAG RP; § 14 Abs. 2 SächsKAG. Zu der zulässigen Steuerungswirkung von Wasserabgaben auch BVerfG, Beschl. v. 07.11.1995, 2 BvR 413/88 und 1300/93, BVerfGE 93, 319.

678 Lotze/Reinhardt, „Die kartellrechtliche Missbrauchskontrolle bei Wasserpreisen“ in NJW 2009, 3273 (3277), ebenso Czychowski/Reinhardt, Wasserhaushaltsgesetz, 10. Auflage, § 50 Rdnr. 33; Kotulla, Wasserhaushaltsgesetz, 2. Auflage, § 50 Rdnr. 11; Breuer, „Wasserpreise und Kartellrecht“, in NVwZ 2009, 1249 (1251).

679 Nach dem BGH können daher aus kartellrechtlicher Sicht Preisunterschiede in der Wasserversorgung durch die besonderen Anforderungen einer ortsnahen Wasserversorgung gerechtfertigt sein, BGH, Beschl. v. 02.02.2010, KVR 66/08, Rdnr. 35, BGHZ 184, 168.

680 Explizit zu § 43 BWWG Kibele, „Paradigmenwechsel in der Wasserwirtschaft“, in VBlBW 1997, 121 (125).

Grenze der Unzumutbarkeit erfolgen[681]. Dementsprechend genügt der bloße Umstand, dass die ortsnahe Wasserversorgung erhöhte technische Anstrengungen erfordert oder teurer als eine ortsferne Versorgung ist, nicht[682]. Insgesamt können finanzielle Aspekte der Wasserversorgung daher nur beachtlich sein, wenn ein derart krasses Missverhältnis zu der Kostenlast der Kommunen besteht, dass die Nutzung der ortsnahen Wasservorkommen vernünftigerweise nicht mehr verlangt werden kann. Hierbei ist zu bedenken, dass über die Wasserpreise zwar diese Kosten im Nachhinein aufgefangen werden können, die Kommunen aber zunächst die für den Bau der Wasserversorgungsanlagen erforderlichen finanziellen Mittel bereitstellen müssen. Bei der konkreten Auswahl der Wasserversorgung steht den Kommunen ein Entscheidungsspielraum zu[683]. Zu berücksichtigen ist bei dessen Ausschöpfung, dass die Sicherung der ortsnahen Wasserversorgung naturgemäß unterschiedliche Anforderungen an die Kommunen stellt und die Kommunen selbst auch nur in unterschiedlichem Maße jene Anforderungen auffangen können[684]. Im Ergebnis ist daher als Maßstab der Angemessenheit die finanzielle Situation der jeweiligen Kommune in Abwägung zu den individuell erforderlichen Kosten der ortsnahen Wasserversorgung anzusetzen, so dass eine Entscheidung für den Einzelfall zu treffen ist. Dies ist im Weiteren zu erörtern.

b) Kosten-Nutzen-Abwägung nach § 50 Abs. 2 S. 2 WHG

Entscheidend für die Reichweite des Abweichungsvorbehalts ist, dass der Wortlaut der Vorschrift auf den vertretbaren Aufwand einer ortsnahen Wasserversorgung abstellt. Damit konkretisiert der Vertretbarkeitsvorbehalt auf der Tatbestandsseite das »Überwiegen« der damit angesprochenen Belange des Wohls der Allgemeinheit nach § 50 Abs. 2 Satz 1 WHG. Im Übrigen

---

681 M.w.Nachw. Breuer, „Wasserpreise und Kartellrecht“ in NVwZ 2009, 1249 (1251).

682 In diesem Sinne auch Kotulla, Wasserhaushaltsgesetz, 2. Auflage, § 50 Rdnr. 11.

683 Breuer, „Wasserpreise und Kartellrecht“ in NVwZ 2009, 1249 (1252). Hierzu auch oben, 2. Teil, C. III. Fernwasserversorgung als geschützte Aufgabe der örtlichen Gemeinschaft.

684 In diesem Zusammenhang ist auf die finanzielle Leistungsfähigkeit der Kommunen abzustellen, Czychowski/Reinhardt, Wasserhaushaltsgesetz, 10. Auflage, § 50 Rdnr. 34.

findet die Formulierung eine Entsprechung in der eigentlichen Verhältnismäßigkeit auf der Rechtsfolgenseite der Gestattungsprüfung. In diesem Sinne stellte der überkommene § 63 Nr. 1 ThürWG wörtlich auf die Unverhältnismäßigkeit der Kostenlast ab, in ähnlicher Weise sprechen § 16 Abs. 3 Nr. 2 HgbWG und § 45 Abs. 2 Nr. 2 RhPflWG von der wirtschaftlichen Unzumutbarkeit der ortsnahen Wasserversorgung[685]. Allerdings ist hierdurch für die Normerkenntnis selbst nichts weiter gewonnen, da die Frage der Verhältnismäßigkeit bzw. der Zumutbarkeit von Fall zu Fall unterschiedlich zu beantworten ist. Andererseits ist hiernach festzuhalten, dass es auf die Höhe der finanziellen Belastung dann nicht ankommt, wenn diese der Belastung einer Versorgung aus entlegenen Gebieten entspricht oder nur unwesentlich höher ist[686]. Insoweit fehlt ein schutzwürdiges Interesse der Kommunen, solche Belange zu berücksichtigen, weil sie in jedem Fall anfallen werden.

Die bundesrechtlich gewählte Formulierung der Vertretbarkeit ist daher vor dem Hintergrund einer zunächst zulässigen, auch erheblichen finanziellen Belastung der Kommunen zur Sicherung einer ortsnahen öffentlichen Wasserversorgung inhaltlich weiter auszulegen. Dafür ist die Anforderung in den wasserrechtlichen Bewirtschaftungskontext einzufügen. In diesem Sinne wird die wasserbehördliche Entscheidung neben den Bewirtschaftungsvorgaben um die Berücksichtigung finanzieller Belange der Träger der Wasserversorgung ergänzt, was ein Zusammenspiel all jener Faktoren bei der Entscheidungsfindung vorzeichnet. Dabei sind die mit der Sicherung der ortsnahen Wasserversorgung verbundenen finanziellen Belastungen mit dem angestrebten Ziel des flächendeckenden Grundwasserschutzes[687] und der dauerhaften ortsnahen Versorgung der Bevölkerung mit qualitativ gutem Trinkwasser in ausreichender Menge ins Verhältnis zu setzen. Hieraus ergibt sich das Maß des noch vertretbaren (finanziellen) Aufwands, den die Kommunen zur Sicherung der ortsnahen Wasserversorgung betrei-

685 So auch Kibele, „Paradigmenwechsel in der Wasserwirtschaft", in VBlBW 1997, 121 (125).

686 In diesem Sinne auch Kotulla, Wasserhaushaltsgesetz, 2. Auflage, § 50 Rdnr. 11.

687 So wohl Czychowski/Reinhardt, Wasserhaushaltsgesetz, 10. Auflage, § 50 Rdnr. 33 f., wonach ein Ausgleich im Sinne eines wasserwirtschaftlich-ökologischen Ansatzes zu finden ist.

ben müssen. Dieser bestimmt sich allerdings nicht nach einer rein betriebswirtschaftlichen Kosten-Nutzen-Analyse[688]. So kann auch eine erhebliche Belastung der Kommunen gerechtfertigt sein, wenn sich hieraus die mit der ortsnahen Wasserversorgung angestrebten Ziele verwirklichen lassen[689]. Sinngemäß geht etwa auch § 59 Abs. 1 Nr. 1 SächsWG davon aus, dass allein eine über das vertretbare Maß hinausgehende Beeinträchtigung des Natur- und Wasserhaushalts durch die ortsnahe Wasserversorgung nicht (mehr) hinnehmbar sei. Entsprechend lässt § 88 Abs. 2 Nr. 1 NdsWG mit Blick auf die Kosten und die Versorgungssicherheit nur dann eine Abweichung vom Ortsnäheprinzip zu, wenn die Fernwasserversorgung

> »(…) gegenüber der Nutzung ortsnaher Wasservorkommen nicht nur geringfügig besser ist«.

Soweit die Verhältnismäßigkeit als solche also lediglich auf die finanzielle Belastung abstellt, hebt die Vertretbarkeitsgrenze nach § 50 Abs. 2 Satz 2 WHG die Zweck-Mittel-Relation der ortsnahen Wasserversorgung in den Vordergrund und eröffnet damit eine wasserwirtschaftlich doktrinierte Kosten-Nutzen-Abwägung im Rahmen der behördlichen Entscheidung, wodurch ein konkreter Abwägungsmaßstab angelegt wird[690]. Fallen danach die Kosten der Sicherung und Nutzung der ortsnahen Wasserversorgung gegenüber einer nur eingeschränkten Erreichung der mit ihr verbundenen Ziele eklatant auseinander, ist ein Abweichen von dem Grundsatz der ortsnahen Wasserversorgung möglich. Ist demgegenüber die Zielerreichung zu realisieren, ist zunächst auch ein erheblicher Kostenaufwand grundsätzlich gerechtfertigt.

c) Abwägungsmaßstab

Der in § 50 Abs. 1 Satz 2 WHG angelegten Kosten-Nutzen-Abwägung lässt sich letztlich eine umfangreiche Abwägungsdirektive entnehmen, die es

---

688 Vgl. Czychowski/Reinhardt, Wasserhaushaltsgesetz, 10. Auflage, § 50 Rdnr. 33.

689 Vgl. etwa Kotulla, Wasserhaushaltsgesetz, 2. Auflage, § 50 Rdnr. 11; ebenso Hünnekens in Landmann/Rohmer, Umweltrecht, § 50 WHG Rdnr. 22; Breuer, „Wasserpreise und Kartellrecht“, in NVwZ 2009, 1249 (1251).

690 Zutreffend sprechen Czychowski/Reinhardt von einem wasserwirtschaflich-ökologischen Ansatz in Wasserhaushaltsgesetz, 10. Auflage, § 50 Rdnr. 33.

weiter zu konkretisieren gilt. Die wasserrechtlich angestrebte Versorgung aus den eigenen Wasservorkommen wird in Relation zu den Kosten ihrer Verwirklichung gestellt, welche ihrerseits an den hierdurch bezweckten und erreichbaren Zielen zu messen sind. Sachgemäß erscheint es dabei, dass der Zugriff auf entlegene Wasservorkommen eröffnet wird, wenn die Kosten der ortsnahen Wasserversorgung den beabsichtigten, mit ihr verbunden Nutzen für den Grundwasserschutz bei weitem übersteigen[691]. Ausgehend von dem gesetzlichen Regel-Ausnahme-Verhältnis zugunsten der ortsnahen Wasserversorgung lässt sich dazu festhalten: zunächst dürfte auch ein erheblicher finanzieller Aufwand vertretbar sein, sofern mit dem »eigenen« Wasserdargebot die Versorgung der Bevölkerung qualitativ und quantitativ auf Dauer sichergestellt werden kann[692]. Demgegenüber wäre der Aufwand unvertretbar, wenn hierdurch weder eine Sicherstellung der dauerhaften Versorgung aus ortsnahen Wasservorkommen gewährleistet wird, noch ein nennenswerter grundwasserschützender Effekt durch den Verweis auf jene Wasservorkommen erkennbar ist.

Allerdings kann der fehlende Schutzeffekt für die ortsnahen Wasservorkommen nicht generell maßgeblich sein, wenn lediglich keine Verbesserung des bereits bestehenden hohen Schutzniveaus erkennbar ist. Dies hieße regelmäßig nur, dass bereits ein ausreichend hohes Schutzniveau besteht. Denn bei einer Sicherstellung der ortsnahen Wasserversorgung steht stets der Grundwasserschutz am Entnahmeort im Vordergrund. Eine gute und mengenmäßig ausreichende Grundwasserqualität ist geradezu die Idealvoraussetzung der ortsnahen Wasserversorgung, verständlicherweise kann dies nicht gleichzeitig die Möglichkeit des anderweitigen Wasserbezugs eröffnen. In dieser Situation bleibt die Kommune schon wegen des gesetzlich angeordneten Regel-Ausnahme-Verhältnisses zu Gunsten der ortsnahen Wasserversorgung auf das eigene Wasservorkommen verwiesen.

Im Ergebnis wird ein vertretbarer Aufwand daher nur dann nicht mehr gegeben sein, wenn ein solches Schutzniveau auch bei dem Einsatz erheblicher finanzieller Mittel gerade nicht erreichbar ist. Zudem darf diese Be-

---

691 Entsprechend Hünnekens in Landmann/Rohmer, Umweltrecht, § 50 WHG Rdnr. 22.

692 In diesem Sinne etwa Kotulla, Wasserhaushaltsgesetz, 2. Auflage, § 50 Rdnr. 11; ebenso Hünnekens in Landmann/Rohmer, Umweltrecht, § 50 WHG Rdnr. 22; Breuer, „Wasserpreise und Kartellrecht“, in NVwZ 2009, 1249 (1251).

trachtung nicht dazu führen, dass bei einem Überfluss des entlegenen Wasserdargebots der grundwasserschützende Effekt in den Hintergrund tritt mit dem Argument, dass die zusätzliche Entnahme dort keinen negativen Effekt auf den Wasserhaushalt habe und schon deshalb der Verweis auf die ortsnahen Wasservorkommen nicht vertretbar ist. Die Frage des vertretbaren Aufwands ist also allein von der Bewirtschaftung der ortsnahen Wasservorkommen her zu beurteilen. Daher kann sich die Unvertretbarkeit auch nicht aus dem Vergleich der Aufwendungen der ortsnahen mit denen für eine (meist günstigere) ortsferne Wassernutzung herleiten[693]. Andernfalls wäre der Grundsatz der ortsnahen Wasserversorgung ausgehebelt. Dies muss ebenso gelten, wenn die Belastung für den Wasserhaushalt durch die Versorgung aus entlegenen Wasservorkommen gleich hoch ist.

Für den verbleibenden Spielraum zwischen der eindeutigen Versagung der Nutzung entlegener Wasservorkommen und der möglichen Abkehr von einer ortsnahen Wasserversorgung lässt sich weiter überlegen, dass je höher die quantitativen Anforderungen der öffentlichen Wasserversorgung an das ortsnahe Wasservorkommen sind, desto höher muss auch die Schwelle des vertretbaren Aufwands gesetzt werden. Ansonsten führt etwa ein übersteigerter Wasserbedarf umso leichter zu einem Abweichen von dem Nähegrundsatz, was jenen aber konterkarieren würde. Vor dem Hintergrund des Verursacherprinzips als tragenden Aspekt einer ortsnahen Wasserversorgung kann dem Träger der öffentlichen Wasserversorgung zudem ein erhöhter (finanzieller) Aufwand für die Reinigung des nutzbaren Trinkwassers zugemutet werden, wenn sein eigenes Verhalten diesen Zustand bedingt. Entsprechendes muss gelten, wenn er selbst aus anderweitigen Gründen die verfügbare Menge des eigenen Trinkwassers verringert. Dies ist gerade Ausdruck der edukatorischen Funktion des Näheprinzips. Aber selbst wenn der Wassernutzer den erhöhten Aufwand nicht zu vertreten hat, ist die Schwelle der hinnehmbaren Belastungen hoch anzusetzen, wenn etwa die alternative Nutzung eines entlegenen Wasservorkommens nur mit erheblichen Beeinträchtigungen des Wasserhaushalts am Ort der Entnahme zu realisieren wäre. Erneut würde der übergeordnete Ressourcenschutz eine weitergehende Belastung der Kommunen rechtfertigen.

---

693 So auch Kotulla, Wasserhaushaltsgesetz, 2. Auflage, § 50 Rdnr. 11; anders aber Czychowski/Reinhardt, Wasserhaushaltsgesetz, 10. Auflage. § 50 Rdnr. 34, wonach die „Versorgungsalternativen“, gemeint ist die Versorgung aus entlegenen bzw. ortsnahen Wasservorkommen, einander gegenüber zu stellen seien.

Damit lässt sich abschließend formulieren: je umfangreicher die Belastung des Wasserhaushalts durch eine Beanspruchung entlegener Wasservorkommen ist, desto höher sind die (finanziellen) Anforderungen an die Träger der öffentlichen Wasserversorgung, um zunächst die »eigenen« Ressourcen zu nutzen oder nutzbar zu machen. Die äußerste Grenze ist dort zu ziehen, wo unabhängig von individuellen Präferenzen die finanzielle Leistungsfähigkeit der betreffenden Kommune überschritten wird und deswegen die ortsnahe Wasserversorgung tatsächlich nur unzureichend oder gar nicht verwirklicht werden könnte[694].

VI. Ergebnis

Insgesamt knüpft der Gemeinwohlvorbehalt des Nähegrundsatzes an die Tatbestandsseite der wasserrechtlichen Gestattungsprüfung im Rahmen des § 12 Abs. 1 Nr. 1 WHG an. Aufgrund der gebotenen restriktiven Auslegung der Belange des Wohls der Allgemeinheit im Wasserrecht steht die ortsnahe Wasserversorgung dort regelmäßig unmittelbaren wasserwirtschaftlichen Belangen gegenüber. Hierzu ordnet das Näheprinzip für die wasserrechtliche Gestattungsprüfung eine Abwägung an, wonach eine generelle Privilegierung der ortsnahen öffentlichen Wasserversorgung gegenüber den sonstigen Gemeinwohlbelangen vorgezeichnet ist. Damit wird der Abwägungsvorbehalt innerhalb der Gestattungsprüfung zugunsten der ortsnahen Wasserversorgung gesetzlich konkretisiert. Gleichwohl ergibt sich bereits aus tatsächlichen Erwägungen, dass das so angezeigte Regel-Ausnahme-Verhältnis nur dann zum Tragen kommt, wenn nicht bereits eine dauerhafte Beeinträchtigung des zu nutzenden Wasservorkommens selbst in Rede steht. Andernfalls tritt der Vorrang der ortsnahen Wasserversorgung zugunsten der betroffenen Gemeinwohlbelange zurück. Hinsichtlich finanzieller Erwägungen der öffentlichen Wasserversorgung erfolgt im Ergebnis eine Kosten-Nutzen-Abwägung, soweit die Kosten unmittelbar die öffentliche Wasserversorgung betreffen. Im Übrigen ist der Aufwand für die Realisierung der ortsnahen Wasserversorgung im Bewirtschaftungsermessen zu berücksichtigen.

---

694 Kotulla, Wasserhaushaltsgesetz, 2. Auflage, § 50 Rdnr. 12; Czychowski/Reinhardt, Wasserhaushaltsgesetz, 10. Auflage, § 50 Rdnr. 34.

5. Teil: Bewertung des gesetzlichen Vorrangs der ortsnahen öffentlichen Wasserversorgung nach § 50 Abs. 2 WHG

Zusammenfassend ist für § 50 Abs. 2 WHG festzuhalten, dass der Gesetzgeber über die Verweisung der öffentlichen Wasserversorgung auf ortsnahe Wasservorkommen versucht, den Schutz des Trinkwassers – insbesondere des Grundwassers – zu fördern. Zur Vermeidung wasserwirtschaftlicher Spannungen und zur Vereinbarkeit der Regelung mit verfassungsrechtlichen Vorgaben zur Wahrung der Belange der Kommunen als Träger der öffentlichen Wasserversorgung ist das Nähepostulat als Regel-Ausnahme-Verhältnis zugunsten einer ortsnahen Wasserversorgung ausgestaltet. Dabei werden spezifische Ausnahmetatbestände eröffnet, die eine Abweichung von der Bindung an die ortsnahen Wasservorkommen rechtfertigen können. Insgesamt bildet die Regelung damit einen Kompromiss zwischen dem angestrebten Trinkwasserschutz und den Belangen der wasserversorgenden Kommunen, dessen flexible Grenzen der Gesetzgeber an unterschiedlichen Merkmalen festgemacht hat.

Der so gefasste Grundsatz der ortsnahen Wasserversorgung nach Maßgabe des § 50 Abs. 2 WHG ist zu bewerten. Es stellt sich dabei die Frage nach der tatsächlichen Handhabe des Nähegrundsatzes in der Praxis und inwieweit dieses Konstrukt in sinnvoller Weise die mit ihm verbundenen Ziele verfolgt. Ob mit der vorrangigen Versorgung aus entlegenen Wasservorkommen das beschriebene Umdenken im Umgang mit der Ressource Trinkwasser einhergeht, kann aus juristischer Sicht allerdings nicht beurteilt werden. Hierzu sind die sozialwissenschaftlichen Disziplinen zu bemühen. Ebenso kann juristisch nicht beurteilt werden, ob durch das Nähepostulat eine tatsächliche Verschiebung der Wassernutzung hin zu ortsnahen Wasservorkommen und der gewünschte grundwasserschützende und trinkwasserschonende Effekt eintritt. Auch dies wird erst zukünftig durch die naturwissenschaftlichen Disziplinen ergründet werden können. Die nachfolgende Bewertung beschränkt sich daher auf die rechtliche Beurteilung der Norm mit dem Fokus, ob die vorliegende Regelung sachgerecht ist und die Umsetzung der beschriebene Ziele fördern kann. Dazu wird zunächst zu erörtern sein, wie sich der Nähegrundsatz in der wasserbehördlichen Praxis darstellt und ob die Anknüpfung an die Eigenschaft der Ortsnähe, also an die tatsächliche Lage der Wasservorkommen, sinnvoll ist. Angesichts der Vielzahl unterschiedlicher Konstellationen der Wasserentnahme, die hierunter zu verorten sind, ist zu hinterfragen, ob so regelmäßig gerechte Ergebnisse bei der Wasserzuteilung erwartet werden können und müssen. Zum anderen ist zu erörtern, ob und in wie weit durch das Nähepostulat die gewünschte Schutzwirkung erzielt werden kann. Hierbei muss berücksichtigt werden, dass sich die Wasserentnahme der öffentlichen Wasserversorgung in mittlerweile bestehenden Systemen manifestiert hat. Die erforderlichen wasserrechtlichen Gestattungen liegen in der Regel bereits vor. Damit stellt sich die Frage nach der tatsächlichen Anwendungsreichweite und der entsprechenden Bedeutung der Regelungsanordnung. Hieran knüpft die Untersuchung an, ob über das Nähepostulat auch der gestattungsrechtliche Zugriff auf bestehende Fernwasserversorgungssysteme eröffnet wird. Erkennbare Defizite der Regelung sollen herausgestellt und soweit möglich einem Lösungsansatz zugeführt werden.

A. Gestattungsrechtliche Umsetzung in der Praxis

Aus dem vorstehend aufgezeigten Regel-Ausnahme-Verhältnis zu Gunsten der ortsnahen Wasserversorgung ergibt sich, dass die öffentliche Versorgung mit Wasser in unmittelbarer Nähe des Ortes der Wasserentnahme erfolgen soll. Eine Fernwasserversorgung ist dagegen grundsätzlich unzulässig. Aufgrund dieser Konstellation wird der Grundsatz der ortsnahen Wasserversorgung gestattungsrechtlich hauptsächlich bei dem Zugriff auf entlegene Wasservorkommen zu diskutieren sein, indem er dort der Gestattung einer Wasserentnahme aus Wasservorkommen jenseits des Gebietes der eigenen oder angrenzenden Gemeinde regelmäßig entgegen tritt[695]. Diese Vorgabe hat jeweils die am Ort der beabsichtigten Wasserentnahme zuständige Wasserbehörde zu beachten.

Insofern hat die Behörde tatbestandlich zu prüfen, ob die beabsichtigte Wasserförderung der planungsrechtlichen Vorgabe der Ortsnähe[696] entspricht, also aus einem für den Versorgungsort ortsnahen Wasservorkommen erfolgen soll. Umgekehrt hat sie somit nachzuhalten, ob im Verhältnis

695 4. Teil, D. I. Regel-Ausnahme-Verhältnis zu Gunsten der ortsnahen Wasserversorgung.

696 Hierzu 4. Teil, C. XV. Ortsnähe als Planungsmaßstab und Ermessensdirektive.

zu dem zu beanspruchenden Wasservorkommen das Versorgungsgebiet ortsnah gelegen ist. Ist dies nicht der Fall, ist die Gestattung zu versagen, wenn die Versorgung aus ortsnahen Wasservorkommen möglich ist. Die mit dem Gestattungsantrag zu benennende Zweckbestimmung der Wassernutzung dient der Wasserbehörde dabei zugleich als Indiz für eine möglicherweise beantragte Fernwasserversorgung[697]. Erfolgt demnach der Zugriff auf ein entlegenes Wasservorkommen, wird der Antragsteller im Sinne einer Negativabgrenzung darlegen müssen, welche konkreten Gründe gegen die Nutzung eines für ihn ortsnahen Wasservorkommens sprechen[698]. Die Wasserbehörde verifiziert das Vorliegen dieser Gründe zum einen dahin, ob es sich um widerstreitende Gemeinwohlbelange handelt und zum anderen, ob diese gegenüber der Versorgung aus ortsnahen Wasservorkommen überwiegen. Hierbei hat sie auch zu beachten, ob der Antragsteller von einem zutreffend zu berücksichtigenden Wasserbedarf[699] ausgeht. Ist dies insgesamt nicht der Fall, erfolgt eine Entscheidung zu Gunsten der ortsnahen Wasserversorgung - die begehrte Benutzung des entlegenen Wasservorkommens ist zu versagen. Überwiegen die angeführten Gründe des Gemeinwohls, wird dagegen vorbehaltlich weiterer gemeinwohlrelevanter Aspekte für die Beanspruchung des konkreten Wasservorkommens die beabsichtigte Wasserförderung tatbestandlich zu gewähren sein.

Die abschließende Entscheidung liegt allerdings weiterhin im pflichtgemäßen Ermessen der Behörde. Dort kann zwar ganz allgemein eine tatbestandlich angezeigte Versorgung aus ortsnahen Wasservorkommen nicht auf Wunsch des Antragstellers aufgrund außerhalb des Wasserrechts stehender Aspekte überwunden werden. Dies ergibt sich insoweit bereits aus der dann fehlenden tatbestandlichen Gestattungsfähigkeit der Fernwasserversorgung. Demgegenüber kann die Wasserentnahme aus ortsnahen Wasservorkommen aber auch im Falle ihrer tatbestandlichen Zulässigkeit

---

697 Vgl. Hasche, „Das zweistufige Bewirtschaftungsermessen im Wasserrecht", in ZfR 2004, 144 (171), dazu ausführlich auch schon 3. Teil, C. II. 4. Kriterium der Zweckbestimmung der angestrebten Wassernutzung.

698 So wie der Antragssteller ganz allgemein die die Gestattung rechtfertigenden Tatsachen darzulegen hat, hierzu Czychowski/Reinhardt, Wasserhaushaltsgesetz, 10. Auflage, § 10 Rdnr. 13 ff.

699 Zu der insoweit erforderlichen Angabe der Zweckbestimmung „ortsnahe Wasserversorgung" im 3. Teil, C. II. 4. Kriterium der Zweckbestimmung der angestrebten Wassernutzung.

grundsätzlich auf der Ermessensebene zu versagen sein, wie es für jede wasserrechtliche Benutzung möglich ist[700]. Für die Behörde am Ort des entlegenen Wasservorkommens bedeutet dies, dass sie inzident die Entscheidung der für das ansonsten ortsnahe Wasservorkommen zuständigen Behörde nachzuvollziehen und die sich hieraus ergebenden Konsequenzen bei ihrer Entscheidungsfindung zu berücksichtigen hat. Die Wasserbehörde kann den Antragsteller nämlich nicht auf das für ihn nahe gelegene Wasservorkommen verweisen, wenn die dann zuständige Gestattungsbehörde die Benutzung dieses ortsnahen Wasservorkommens auf der Ermessensebene versagen würde. Hier lenkt zwar der sprichwörtliche Vorrang der ortsnahen Wasserversorgung die Ermessensausübung zu Gunsten der ortsnahen Wasserversorgung[701], so dass im Falle der tatbestandlichen Zulässigkeit einer ortsnahen Wasserentnahme zumeist von ihrer Gestattungsfähigkeit auszugehen ist. Trotzdem wird die Versagung der Wasserentnahme aus einem entlegenen Wasservorkommen regelmäßig im Benehmen mit der zuständigen Wasserbehörde am Ort des ortsnahen Wasservorkommens erfolgen müssen, um widersprüchlichen Entscheidungen entgegen zu wirken. In gleicher Weise wird zu verfahren sein, wenn die Wasserbehörde den Antragsteller lediglich auf ein ortsnäheres Wasservorkommen verweisen will[702].

B. Geeignetheit des Regelungsansatzes

Die räumliche Nähe eines Wasservorkommens zu dem Versorgungsgebiet stellt den Dreh- und Angelpunkt der Vorgabe des § 50 Abs. 2 WHG dar. Das räumliche Kriterium ist der Maßstab des hiernach postulierten Regel-Ausnahme-Verhältnisses für den Zugriff auf ein bestimmtes Wasservorkommen[703]. Diese Konstruktion rührt aus der unmittelbaren Abgrenzung zur Fernwasserversorgung her und ist insoweit »historisch« begründet. Die Abgrenzung zur Versorgung aus entlegenen Gebieten ist das erklärte Ziel

700 Hierzu 3. Teil, C. II. 1. Die wasserrechtliche Gestattungsstruktur.

701 4. Teil, D. IV. Wörtlicher „Vorrang" der ortsnahen Wasserversorgung als Instrument der Ermessensvorsteuerung.

702 Hierzu 4. Teil, C. XIII. 2. Relativer Nähevorrang innerhalb der Fernwasserversorgung.

703 4. Teil, C. II. Erste Annäherung an den Begriff der Ortsnähe: Gegenüberstellung von Fernwasser- und ortsnaher Wasserversorgung.

der Regelung[704]. Beabsichtigt sind der Schutz des Wassers zum einen und die Vermeidung unnötiger Umweltbeeinträchtigungen zu anderen. Dabei soll die Regelungswirkung über eine gesetzlich vorgesehene Verantwortungszuweisung hin zu den Wassernutzern erfolgen, damit diese im Eigeninteresse das notwendige umweltschützende Verhalten an den Tag legen[705]. Soweit hierdurch die Nachteile für Mensch und Umwelt bei der Versorgung aus entlegenen Gebieten aufgehoben werden[706], ist die Vorschrift offenkundig geeignet, den Schutz des Wasserdargebots zu fördern. Aufgrund der gestattungsrechtlichen Einbindung des Näheprinzips ist davon auszugehen, dass die Norm über den anzulegenden Wasserbedarf und den Abwägungsvorbehalt eine Verhaltenssteuerung hin zur Nutzung ortsnaher Wasservorkommen erreichen kann[707]. Andererseits ist deutlich geworden, dass die Verwirklichung der ortsnahen Wasserversorgung teilweise mit erheblichen Einschränkungen für die Wassernutzer einhergehen wird. Es liegt in der Natur der Regelung, dass die Einschränkungen nicht alle Wassernutzer gleich treffen. Fraglich ist daher, ob ein anderer Regelungsansatz eine gerechtere Lösung für den hierdurch angestrebten Wasserschutz ermöglichen würde. Hierzu soll das Nähepostulat zunächst charakterisiert und anschließend seine Wirkung mit Blick auf bestehende Bedenken dargestellt werden.

I. Charakterisierung

Regelmäßig wird der Nähegrundsatz als Optimierungsgebot hin zu einer ortsnahen Wasserversorgung verstanden[708]. Allerdings dürfte diese Beschreibung rechtstechnisch ungenau sein, denn bei genauerer Betrachtung

---

704 BT-Drucks. 14/8668, S. 7.

705 1. Teil, B. V. Indirekte Verhaltenssteuerung – Verantwortungsverschiebung hin zu einer eigenverantwortlichen Gewässernutzung.

706 Hierzu insgesamt 1. Teil, B. Umweltpolitische Erwägungen zu einer ortsnahen Versorgungsstruktur.

707 Siehe auch 1. Teil, B. V. Indirekte Verhaltenssteuerung-Verantwortungsverschiebung hin zu einer eigenverantwortlichen Gewässernutzung.

708 Etwa Reinhardt, „Neuere Entwicklungen im wasserhaushaltsgesetzlichen Bewirtschaftungssystem“, in NuR 2004, 82, (87), der sich jedoch auf die Betrachtung des Tatbestands der Versagung im Bereich des Wohls der Allgemeinheit beschränkt. Ebenso Czychowski/Reinhardt, Wasserhaushaltsgesetz, 10. Auflage, § 50 Rdnr. 29; Hünnekens in Landmann/Rohmer, Umweltrecht, § 50 WHG Rdnr. 21; in diesem Sinne wohl auch Hasche in Giesbert/Reinhardt, BeckOK Wasserhaushaltsgesetz, § 50 Rdnr. 8ff.

geht er darüber hinaus[709]. Unter einem Optimierungsgebot ist eine verwaltungsrechtliche Sollvorschrift zu verstehen, deren Überwindung nur bei gesteigerter Rechtfertigung durch gegenläufige Belange möglich ist[710]. Dies ist hier zwar insoweit der Fall. Tatsächlich eröffnet der Grundsatz der ortsnahen Wasserversorgung aber auf allen drei Ebenen der wasserrechtlichen Gestattung, nämlich innerhalb der Planung sowie auf der Tatbestands- und Rechtsfolgenseite der Gestattungsprüfung, einen behördlichen Beurteilungsspielraum, wonach jeweils eine Privilegierung der ortsnahen Wasserversorgung gegenüber der Nutzung entlegener Wasservorkommen angestrebt wird. Der Grundsatz der ortsnahen Wasserversorgung lenkt damit die wasserrechtliche Gestattung von der Planung über die konkrete Betrachtung des Einzelfalls im Sinne einer ortsnahen Wasserversorgung und beschreibt insofern einen die gesamte Gewässerbewirtschaftung umspannenden Bewirtschaftungsgedanken. Daher lässt sich das Näheprinzip auch nicht abschließend als intendierende Vorschrift der Ermessenssteuerung beschreiben[711]. Merkmal solcher Normen ist die eingegrenzte Freistellung des behördlichen Handelns durch Verwendung von Öffnungsklauseln wie »kann« oder »soll«, wonach die regelmäßige Rechtsfolge der Entscheidung zum Ausdruck gebracht wird. Bei der Annahme eines vorgezeichneten Regelfalls kann dann die Abwägung der widerstreitenden Belange entfallen[712]. Vorliegend fehlt es aufgrund der tatbestandlichen Doktrinierung der Gestattungsentscheidung aber an dem allein ermessensrelevanten Ansatz. Insgesamt determiniert der Grundsatz der ortsnahen Wasserversorgung vielmehr in dreifacher Hinsicht die Gestattungsentscheidung der Wasserbehörde. Hiernach ist bereits im Vorfeld der eigentlichen Ausübung des gestalterischen Ermessens der Gestattungsbehörde eine generelle Ausrichtung der Gewässerbewirtschaftung zugunsten der ortsnahen öffentlichen Wasserversorgung angezeigt.

Dabei ist das Postulat mitnichten als verwaltungsinterne Richtlinie der Ermessensausübung zu verstehen. Sowohl die gesetzliche Zielvorgabe der ortsnahen Wasserversorgung wie auch ihre konkrete Umsetzung in einem

709 So wohl auch Gößl in Siedler/Zeitler, Wasserhaushaltsgesetz, § 50 Rdnr. 31.
710 Kopp/Ramsauer, Verwaltungsverfahrensgesetz, § 74 Rdnr. 49f.
711 Zu dem Begriff BVerwG, Urteil v. 05.07.1985, 8 C 22.83, BVerwGE 72, 1 (6).
712 Vgl. hierzu m.w.Nachw. Ziekow, Verwaltungsverfahrensgesetz, § 40 Rdnr. 23.

Maßnahmenprogramm entfaltet als Rechtsnorm anders als eine Ermessensdirektive[713] Außenwirkung. Damit ist die gesetzliche Vorzeichnung des Regel-Ausnahme-Verhältnisses zum Vorteil der ortsnahen Wasserversorgung über ein bloßes Verwaltungsinternum hinausgewachsen. Der Grundsatz der ortsnahen Wasserversorgung kumuliert ein wasserrechtliches Optimierungsgebot mit den übrigen verwaltungsrechtlichen Instrumenten der Ermessenssteuerung und zielt so auf eine vollumfängliche Verwirklichung der Zielvorstellung »ortsnahe Wasserversorgung« ab. Somit lässt sich das wasserrechtliche Näheprinzip als umfassendes Instrument der Ermessensvorsteuerung der wasserbehördlichen Entscheidung zugunsten einer ortsnahen Wasserversorgung bezeichnen.

II. »Gerechte« Verteilung des vorhandenen Wassers

Einleitend wurde darauf hingewiesen, dass die Nutzung des Wassers vielfältigen Interessen in uneinheitlicher Ausprägung unterworfen ist. Das Wasserdargebot stellt sich an den verschiedenen Orten der Versorgung höchst unterschiedlich dar[714], weswegen die aus dem Vorrang der ortsnahen Wasserversorgung folgenden Beschränkungen bei dem Zugriff auf das nutzbare Wasser individuell unterschiedlich und auch von unterschiedlicher Intensität sein können[715]. Gerechte Ergebnisse im Sinne einer für alle Wassernutzer gleichen und gleichbleibend intensiven Inanspruchnahme aufgrund der Verpflichtung zur vorrangigen Nutzung ortsnaher Wasservorkommen sind daher aus tatsächlichen Gründen nicht zu erwarten.

Allerdings ist für die damit aufgeworfene Frage nach der »Gerechtigkeit« der Regelung weiter zu differenzieren. Dabei ist der Aspekt der gerechten Verteilung des der Allgemeinheit zur Verfügung stehenden Wasserschatzes von der unterschiedlichen Belastungsintensität für die Wassernutzer wie auch für den Wasserhaushalt selbst bei der Bedarfsdeckung aus den hier

---

713 Zu dem Begriff etwa Kopp/Ramsauer, Verwaltungsverfahrensgesetz, § 40 Rdnr. 26.

714 Vgl. Breuer, „Wasserpreise und Kartellrecht", in NVwZ 2009, 1249 (1251). Hierzu auch 1. Teil, A. Realanalyse: Fernwasserversorgungsstruktur in Deutschland.

715 Hierzu etwa im 4. Teil, A. II. 1. (b) (cc) Allgemeine Sorgfaltspflicht der Wassernutzer.

relevanten ortsnahen Wasservorkommen zu trennen. Darüber hinaus ist der Aspekt der »Gerechtigkeit« in einem zweiten Schritt im Verhältnis zur Versorgung aus entlegenen Wasservorkommen zu betrachten, bei der den tatsächlichen und rechtlichen Restriktionen der vorrangigen ortsnahen Wasserversorgung entgangen wird[716]. Aufgrund der gegebenenfalls gebotenen Beschränkung des Nutzungsvolumens innerhalb der ortsnahen Wasserversorgung über das Merkmal des »Wasserbedarfs« ist regelmäßig eine unterschiedliche Verteilung des Wassers angelegt, weil hier an den individuellen Voraussetzungen der Wassernutzung und dem eigenen Verhalten der Wassernutzer angeknüpft wird. In diesem Zusammenhang darf eine gerechte Verteilung nicht mit einer mengenmäßig einheitlichen Verteilung verwechselt werden. Vielmehr ist eine Verteilung gerecht, wenn durch die zugeteilte Menge Wasser der Bedarf ausreichend gedeckt werden kann. Im Sinne einer gerechten Betrachtung sind hierbei auch die individuellen Gegebenheiten zu berücksichtigen. Dies bedeutet stets, dass individuell unterschiedliche Anstrengungen zu unternehmen sind, um das gleiche Ergebnis zu erreichen. Mit dieser Problematik sind alle Modelle konfrontiert, die eine interessengerechte Regelung der Wassernutzung unter dem gewählten Schutzzweck anstreben. Dagegen wäre es tatsächlich ungerecht, wenn der defizitäre Umgang mit Wasser begünstigt würde, wogegen wassersparende Anstrengungen zur Realisierung der ortsnahen Versorgung mit erheblichen Einschränkungen verbunden sind. Ungerecht wäre es daher auch, wenn trotz unterschiedlicher Ausgangsbedingungen alle Wassernutzer den selben Restriktionen unterworfen wären und von daher immer gleiche Anstrengungen zu erbringen hätten, wobei das (an sich gewünschte einheitliche) Ergebnis dann stets unterschiedlich wäre[717]. Eine solche Lösung ist nicht geeignet, den Normzweck zu erreichen.

Ohnehin kennt das Verwaltungsrecht den Maßstab der »Gerechtigkeit« bei der Bewertung gesetzlicher Regelungen oder der Überprüfung der Rechtmäßigkeit einer Norm nicht. Zur Vermeidung nicht tragbarer Ergebnisse ist vielmehr der Verhältnismäßigkeitsgrundsatz als verfassungsrechtliche Grenze vorgesehen. In diesem Zusammenhang ist zu hinterfragen, ob der

---

716 Vgl. auch die Erwägungen im 4. Teil, A. II. 1. (b) (bb) Anforderungen des allgemeinen Bewirtschaftungsgrundsatzes.

717 In diesem Sinne auch sogleich zu der Frage einer möglicherweise gleichheitswidrigen Verpflichtung zur Nutzung ortsnaher Wasservorkommen.

gesetzlich vorgezeichnete Vorrang der Versorgung aus ortsnahen Wasservorkommen als solcher zu schlechterdings nicht hinnehmbaren, mithin »ungerechten« Ergebnisses führt. Dies ist indes nicht der Fall, weil § 50 Abs. 2 WHG ausreichend Möglichkeiten einer zulässigen Abweichung von dem grundsätzlichen Vorrang der ortsnahen Wasserversorgung vorsieht[718].

III. Vermeidung von Ungleichbehandlungen

Unabhängig davon ist der Begriff einer »gerechten« Regelung eng mit der Vorstellung der Gleichbehandlung der Wassernutzer verbunden. Im Sinne einer gerechten Lösung sollen ungerechtfertigte Begünstigungen oder Benachteiligungen vermieden werden. Im Ergebnis beantwortet sich die Frage nach der »Gerechtigkeit« damit auch an den Vorgaben des allgemeinen Gleichheitssatzes. Eine unterschiedliche Behandlung der Wassernutzer mit Blick auf die individuelle Belastungsintensität darf demnach nicht ohne sachlichen Grund erfolgen. Dieser sachliche Grund ist aber unter anderem gerade in den individuellen tatsächlichen Gegebenheiten der jeweiligen Wassernutzer angelegt, weswegen diese auch in Ansehung ihrer individuellen Bedürfnisse zunächst mit dem eigenen Wasserdargebot auszukommen haben[719]. Insofern ist die Bemessung des jeweiligen Grades der Einschränkung der einzelnen Wassernutzer durch den Vorrang der ortsnahen Wasserversorgung an den individuellen Gegebenheiten des jeweiligen Wasserdargebots tatsächlich in höchstem Maße gerecht und gerechtfertigt. Ungerecht wäre es demgegenüber, wenn der Zugriff auf entlegene Wasservorkommen als Abweichung von der gesetzlichen Zielvorstellung mit einer leicht realisierbaren Entlastung der betreffenden Wassernutzer einherginge. Hier käme es zu einer ungleichen Verteilung des Nutzens und der Lasten der Wasserentnahme, da letztere regelmäßig die Wassernutzer am Ort der Entnahme treffen. Damit würde der Mehrbedarf einzelner Wassernutzer auf Kosten der übrigen Wassernutzer durch die Preisgabe ihrer Wasservorkommen getragen. Auch die Durchbrechung der gesetzlichen Zielvorgabe führt daher

---

718 Vgl., auch 2. Teil, C. IV. Grenzen und verfassungsrechtliche Unbedenklichkeit eines Eingriffs in Art. 28 Abs. 2 GG sowie 4. Teil, A. II. 4. Beachtlichkeit entgegenstehender Grundrechtspositionen.

719 Hierzu oben, 1. Teil, B. V. Indirekte Verhaltenssteuerung – Verantwortungsverschiebung hin zu einer eigenverantwortlichen Gewässernutzung.

grundsätzlich nicht zu einer Freistellung der Wassernutzer, weil der Bewirtschaftungsgedanke bei dem Zugriff auf entlegene Wasservorkommen fortbesteht[720].

IV. Sachgerechte Lösung

Ausgangsüberlegung der Diskussion über die Herkunft des Wassers war unter anderem, dass eine extensive Fernwasserversorgung den Wasserhaushalt am Entnahmeort schädigen kann, die Wassernutzer diese Folgen aber tatsächlich nicht tragen. Dies sollte vermieden werden. Zum anderen war – vor dem Hintergrund der damit einhergehenden Verantwortungszuweisung – eine Verschiebung der Versorgungsmodalitäten hin zu regionalen und örtlichen Versorgungsstrukturen beabsichtigt[721]. Dabei ist klar, dass auch die Wassernutzung am Ort des Wasserverbrauchs Nachteile für den Wasserhaushalt mit sich bringen kann. Nur treffen diese Konsequenzen, soweit sie innerhalb des wasserrechtlichen Bewirtschaftungsregimes hinnehmbar sind, dann in erster Linie den Verursacher selbst, was insoweit als »gerecht« empfunden werden darf[722]. Entsprechendes gilt für die einheitliche Übertragung der Lasten und Nutzen der Wasserversorgung auf den jeweiligen Wassernutzer. Die strukturelle Einteilung über die Lage der Wasservorkommen zu dem jeweiligen Versorgungsgebiet stellt danach eine sachgerechte Lösung dar, um die Wassernutzer als Verursacher einer Beeinträchtigung des Wasserhaushalts in die Pflicht zu nehmen.

Fraglich bleibt lediglich, ob es hierzu andere, besser geeignete Kriterien gegeben hätte. Solche sind aber nicht erkennbar, weil aufgrund der konkreten Nutzung des Wassers eine unauflösbare Verknüpfung mit dem hierzu beanspruchten Wasservorkommen besteht. Denkbar wäre lediglich, an die Wasservorkommen einen anderen Maßstab als den der »Ortsnähe« anzusetzen. Die Auslegung des Begriffes »Ortsnähe« hat aber gezeigt, dass solche andersartigen Maßstäbe prinzipiell nicht zu gerechteren, sondern allenfalls zu undeutlicheren Ergebnissen führen[723].

---

720 4. Teil, C. XIII. Optimierungsgebot der ortsnahen Wasserversorgung.

721 Hierzu oben, 1. Teil, B. V. Indirekte Verhaltenssteuerung – Verantwortungsverschiebung hin zu einer eigenverantwortlichen Gewässernutzung.

722 Hierzu etwa im 4. Teil, A. II. 1. (b) (cc) Allgemeine Sorgfaltspflicht der Wassernutzer.

723 Hierzu insgesamt im 4. Teil, C. Ortsnähe.

C. Konsequenzen für bestehende Fernwasserversorgungssysteme

Aus der gesetzlich vorgezeichneten Bewirtschaftung der Gewässer im Sinne einer ortsnahen Wasserversorgung ergeben sich im Zusammenhang mit der wasserrechtlichen Gestattung weitere mittelbare Konsequenzen, die im Folgenden beleuchtet werden sollen. Es ist zu erörtern, ob aufgrund des Nähegrundsatzes die bestehenden Erlaubnisse und Bewilligungen anzupassen sind beziehungsweise ob die wasserrechtliche Neuregelung sogar eine Aufhebung bestehender Gestattungen rechtfertigt. Dazu ist anhand der bestehenden Benutzungsstruktur zu untersuchen, ob und in wie weit die Neuregelung der ortsnahen Wasserversorgung eine Wirkung auch für bereits existierende Gestattungen entfaltet. Ist dies nicht der Fall, hätte der Vorrang der ortsnahen Wasserversorgung allein für zukünftige Gestattungen der Wasserentnahme für die öffentliche Wasserversorgung Bedeutung[724]. Dies wiederum hieße, dass die eingangs dargestellte tatsächliche Versorgungssituation[725] auch nach Einführung des Näheprinzips im Wesentlichen unverändert bleibt. Es geht also darum, die Effektivität des Nähepostulats innerhalb der bereits existierenden Versorgungsstruktur zu ergründen.

Hierzu ist zunächst zu prüfen, welche Rechtsfolgen die Vorgabe der ortsnahen Wasserversorgung als grundsätzliche Gestattungsanforderung für die Wasserentnahme gegenüber den bestehenden Versorgungsstrukturen herbeiführt. Anschließend ist zu klären, ob – gegebenenfalls – ordnungsrechtlich eine Anpassung der bestehenden Versorgung an den gesetzlichen Maßstab einer ortsnahen Bedarfsdeckung erreicht werden kann. Für den Zugriff auf die bereits erteilte Erlaubnis oder Bewilligung stellt das Wasserrecht die Instrumente der Rücknahme und des Widerrufs der Gestattung zur Verfügung. Weniger einschneidend können die Wasserbehörden eine nachträgliche Anordnung zur vorrangigen Nutzung ortsnaher Wasservorkommen treffen.

---

724 In diesem Sinne geht Gößl ohne Weiteres davon aus, dass der Grundsatz der ortsnahen Wasserversorgung nur bei Anträgen auf Wasserentnahme – also bei zukünftigen Nutzungsverhältnissen – eine lenkende Wirkung entfaltet, Gößl in Siedler/Zeitler, Wasserhaushaltsgesetz, § 50 Rdnr. 28.

725 1. Teil, A. Realanalyse: Fernwasserversorgungsstruktur in Deutschland.

I. Widerspruch zu bestehenden Bewirtschaftungsanforderungen

§ 50 Abs. 2 WHG bestimmt nach seinem Wortlaut, dass der Wasserbedarf der öffentlichen Wasserversorgung aus ortsnahen Wasservorkommen zu decken *ist*. Dies geht über eine bloße gesetzgeberische Zielvorstellung für die Zukunft hinaus. Hätte der Gesetzgeber lediglich die zukünftigen Strukturen der Wasserversorgung im Blick gehabt, wäre die Formulierung im Sinne einer Zielvorstellung, etwa dass die Wasserversorgung ortsnah erfolgen *soll*, zu erwarten gewesen. Stattdessen beschreibt der Gesetzgeber hier die Bewirtschaftungsanforderung im Imperativ und gibt damit eine konkrete Vorgabe für die Struktur der öffentlichen Wasserversorgung und die Bewirtschaftung der ortsnahen Wasservorkommen auf. Der Wille des Gesetzgebers geht eindeutig dahin, dass anstelle der Versorgung aus entlegenen Gebieten eine Versorgung aus ortsnahen Wasservorkommen erfolgt. Die Maßgaben der ortsnahen öffentlichen Wasserversorgung sind als objektiv-rechtliche Verpflichtung auch für bestehende Gewässerbenutzungen zum Zwecke der öffentlichen Wasserversorgung zu berücksichtigen[726]. Mit Einführung des Nähegrundsatzes stellt die öffentliche Versorgung aus entlegenen Gebieten ohne ausreichende gemeinwohlintendierte Begründung daher einen den bestehenden Bewirtschaftungsanforderungen widersprechenden Zustand dar, wodurch das wasserrechtliche Wohl der Allgemeinheit tangiert ist.

II. Rücknahme und Widerruf der Gestattung

Fraglich ist allerdings, ob deswegen auch der Zugriff auf bestehende Gestattungen eröffnet ist. Das Wasserhaushaltsgesetz selbst hält verschiedene Möglichkeiten vor, bereits erteilte Gestattungen aufzuheben oder anzupassen. Soweit das Wasserrecht keine abschließende Regelung getroffen hat, kommt zudem die Rücknahme beziehungsweise der Widerruf der Gestattung nach den allgemeinen verwaltungsrechtlichen Grundsätzen in Betracht.

726 Entsprechend Gößl unter Verweis auf die bestehende grenzüberschreitende Wasserentnahme in Siedler/Zeitler, Wasserhaushaltsgesetz, § 50 Rdnr. 29.

1. Rücknahme der Gestattung

Die Rücknahme einer wasserrechtlichen Erlaubnis oder Bewilligung richtet sich mangels einer speziellen wasserrechtlichen Regelung nach § 48 VwVfG. Voraussetzung einer Gestattungsrücknahme nach § 48 VwVfG ist zunächst, dass die Gestattung rechtswidrig ist. Da vor der Einführung des Grundsatzes der ortsnahen Wasserversorgung eine gesetzliche Pflicht zur Nutzung der ortsnahen Wasservorkommen nicht bestand, kann sich die Rechtswidrigkeit nur aus der nachträglichen Gesetzesänderung ergeben. In Betracht kann eine Rücknahme daher nur kommen, wenn die an sich rechtmäßige Gestattung der Benutzung eines entlegenen Wasservorkommens mit der Einführung des Nähepostulats nachträglich rechtswidrig geworden ist. Diese Konstellation ist als Grundlage einer Rücknahme wegen der Eigenschaft der wasserrechtlichen Gestattung als Dauerverwaltungsakt[727] denkbar, weil es damit auf die Rechtswidrigkeit der Gestattung zum Zeitpunkt des Erlasses nicht ankommt[728]. Die Gestattung bleibt weiterhin der behördlichen Überprüfung unterworfen, so dass ein möglicher Bestandsschutz hier nicht zu diskutieren ist.

Die Rücknahme ist zulässig, wenn unter Berücksichtigung der Vorgaben des § 50 Abs. 2 WHG eine Rückführung auf die vorrangige ortsnahe Wasserversorgung angezeigt ist. Die Rücknahme steht allerdings im pflichtgemäßen Ermessen der Behörde, weswegen jene im Rahmen der Abwägung aller maßgeblichen Aspekte nicht zwingend ist. Die Fernwasserversorgung erfolgt unter dem Aspekt der Versorgungssicherheit und als Maßnahme der Daseinsvorsorge, was für sich genommen die Annahme einer langfristigen Versorgungsstruktur rechtfertigt. Dies begründet ein schutzwürdiges Vertrauen des Trägers der öffentlichen Wasserversorgung auf das Fortbestehen der einmal gestatteten Benutzung, was zusammen mit der Tatsache, dass die Rückführung der Wasserversorgung nach der erfolgten Ausrichtung auf die Versorgung aus entlegenen Gebieten mit erheblichen finanziellen Belastungen im Sinne des § 50 Abs. 2 Satz 2 WHG verbunden sein wird, regelmäßig gegen die Entscheidung einer Rücknahme der Gestattung sprechen dürfte. Insoweit wird sich die Rücknahme der Gestattung unabhängig von der tatsächlichen Versorgungsmöglichkeit aus ortsnahen Wasservorkommen in der Regel als unverhältnismäßig erweisen. Unbeschadet dessen

---

727 So etwa Kotulla, Wasserhaushaltsgesetz, 1. Auflage, § 7 Rdnr. 5.
728 Hierzu grds. BVerwG, Urteil v. 16.11.1989, 2 C 43.87, BVerwGE 84, 111 (113).

ist nach Maßgabe des § 48 Abs. 4 VwVfG die Rücknahme eines Verwaltungsakts nur innerhalb eines Jahres seit dem Zeitpunkt der Kenntnisnahme der Umstände, die zu einer Rechtswidrigkeit führen, zulässig. Diese Frist dürfte hinsichtlich der bestehenden Wasserversorgungen aus entlegenen Gebieten mittlerweile abgelaufen sein, so dass bereits deshalb eine Rücknahme der Gestattung unzulässig geworden ist.

2. Widerruf der Gestattung

§ 18 WHG i.V.m. § 49 VwVfG sieht vor, dass die Erlaubnis und Bewilligung widerruflich ist, wobei die Bewilligung nur unter den abschließenden Voraussetzungen des § 18 Abs. 2 WHG widerrufen werden kann[729]. Im Übrigen bleibt es für die Erlaubnis bei den allgemeinen verwaltungsrechtlichen Regelungen des § 49 VwVfG[730]. Für die gehobene Erlaubnis, die nach Maßgabe eines Großteils der bestehenden Landeswassergesetze Grundlage der Wasserentnahme für die öffentliche Wasserversorgung ist[731], verweist § 15 WHG auf §§ 11 Abs. 2, 14 Abs. 3 – 5 WHG, ohne jedoch eine Regelung über den Widerruf der gehobenen Erlaubnis zu treffen. Von ihrer Widerruflichkeit ist allerdings auszugehen. Die gehobene Erlaubnis steht systematisch zwischen der Erlaubnis und der Bewilligung. Es kann dabei nicht angenommen werden, dass die rechtlich stärkere Bewilligung widerrufen werden kann, die gehobene Erlaubnis aber nicht. Obwohl sie sich für die Erteilungsvoraussetzungen auf einen Teil der Vorgaben der Bewilligung bezieht, ist sie daher nach den allgemeinen Maßstäben für die Erlaubnis widerruflich[732], wobei es wegen der gesetzlichen Vorzeichnung der Widerruflichkeit einer konkreten Festsetzung in der wasserrechtlichen Gestattung nicht bedarf.

Aufgrund der fehlenden wasserrechtlichen Beschränkung der Widerrufsgründe erfolgt der Widerruf nach § 49 Abs., 2 Nr. 1 VwVfG i.V.m. § 18

---

729 Zu der insoweit entsprechenden überkommenen Rechtslage BVerwG, Beschl. v. 29.11.1993, 7 B 114.93, ZfW 1994, 394 (396).

730 Hierzu Kotulla, Wasserhaushaltsgesetz, 2. Auflage, § 18 Rdnr. 3f., Czychowski/Reinhardt, Wasserhaushaltsgesetz, 10. Auflage, § 18 Rdnr. 11. Die besonderen Widerrufsvoraussetzungen des überkommenen § 12 WHG a.F. wurden nicht in die Neuregelung des WHG übernommen.

731 M.w.Nachw. Breuer, Öffentliches und Privates Wasserrecht, Rdnr. 186.

732 Vgl. hierzu auch BT-Drucks. 16/12275, S. 57.

WHG. Für alle Gestattungstatbestände maßgeblich ist im vorliegenden Fall der Widerrufsgrund nach § 49 Abs. 2 S. 1 Nr. 4 VwVfG. Voraussetzung ist hiernach, dass die Behörde anlässlich einer geänderten Rechtsvorschrift berechtigt wäre, die Gestattung nicht zu erteilen, der Begünstigte hiervon noch keinen Gebrauch gemacht hat sowie, dass ohne den Widerruf das öffentliche Interesse gefährdet würde. Eine solche geänderte Rechtsvorschrift liegt mit § 50 Abs. 2 WHG und zuvor bereits wegen § 1a Abs. 3 WHG beziehungsweise seiner landesrechtlichen Umsetzung vor. Fraglich ist aber, ob durch die Entnahme von Wasser aus entlegenen Gebieten eine mit der nach § 49 Abs. 2 Nr. 4 VwVfG erforderlichen Gefährdung des öffentlichen Interesses in das Wasserrecht übertragene Gefährdung des Gemeinwohls vorliegt. Zwar kann schon die bloße Beeinträchtigung des Wohls der Allgemeinheit genügen, um einen Widerrufstatbestand zu eröffnen. Dabei ist die Anforderung an das Maß der betroffenen Belange vergleichsweise gering, regelmäßig ist hier jeder hinreichend gewichtige Grund des Gewässerschutzes ausreichend[733]. Insbesondere die Änderung der wasserrechtlichen Bewirtschaftungsplanung eröffnet den Widerrufstatbestand jedenfalls für die Erlaubnis[734]. Da der Grundsatz der ortsnahen Wasserversorgung sich gerade dort niederschlägt, wird hier regelmäßig der Zugriff auf die bestehende Gestattung begründet. Doch selbst wenn man davon ausginge, es läge eine Gefährdung des öffentlichen Interesses vor, wird dies im Ergebnis nicht zum Widerruf der Gestattung führen. Denn zum einen ist auch der Ausspruch des Widerrufs in das pflichtgemäße Ermessen der Wasserbehörde gestellt, so dass das für die Möglichkeit der Rücknahme der Gestattung Gesagte entsprechend gilt. Die Abwägung der betroffenen Gemeinwohlgüter mit den Interessen des Wassernutzers, wobei auch die finanziellen Interessen des Betroffenen zu berücksichtigen sind[735], wird hier in der Regel ebenfalls dazu führen, dass der Widerruf der erteilten Gestattung nicht erfolgt.

---

733 Breuer, Öffentliches und Privates Wasserrecht, Rdnr. 653 unter Bezugnahme auf BVerwG, Urteil v. 29.06.1993 in RdL 1994, 224; OVG Münster, Urteil v. 17.12.1976 in DVBl 1977, 930; BayVGH, Urteil v. 31.05.1990 in ZfW 1991, 180 (184); BadWüttbg VGH, Urteil v. 06.03.1991 in ZfW 1991, 223 (235).

734 So ausdrücklich schon zu dem überkommenen § 7 WHG Czychowski/Reinhardt, Wasserhaushaltsgesetz, 9. Auflage, § 7 Rdnr. 25, die als Widerrufsgrund die Änderung der tatsächlichen Verhältnisse einer Benutzung und dort ausdrücklich die Änderung eines Bewirtschaftungsplans benennen, und nun ganz allgemein m.w.Nachw. in Wasserhaushaltsgesetz, 10. Auflage, § 18 Rdnr. 11.

735 Ausführlich Czychowski/Reinhardt, Wasserhaushaltsgesetz, 10. Auflage, § 18 Rdnr. 19 ff.

Zum anderen gilt auch hier die Frist des § 48 Abs. 4 VwVfG, wie sich aus der Verweisung des § 49 VwVfG ergibt. Danach ist der Widerruf ausgeschlossen, wenn die in Rede stehende Fernwasserversorgung bereits besteht und somit eine Ingebrauchnahme vorliegt. Der verwaltungsrechtliche Begriff des Gebrauchmachens stellt auf den Begriff des »Inwerksetzens« ab. Hierfür genügt es, dass aufgrund der erteilten Gestattung bereits mit dem Bau der erforderlichen Wasserversorgungsanlagen begonnen wurde[736]. Dies dürfte selbst bei neueren Fernleitungsvorhaben regelmäßig der Fall sein, für bereits vor der Einführung des Nähegrundsatzes bestehende Fernwasserversorgungssysteme ist dies selbstverständlich. Die Möglichkeit der (nachträglichen) Anpassung bestehender Versorgungsstrukturen ist damit regelmäßig ausgeschlossen.

III. Nachträgliche Anordnungen

Ohne auf den Bestand der Gestattung selbst zuzugreifen, sieht darüber hinaus § 13 WHG die Möglichkeit der Wasserbehörde vor, die bestehende Rechtsposition auch im Nachhinein durch Auflagen oder Benutzungsbedingungen zu korrigieren. Solche nachträglichen Festsetzungen können das »Ob« und das »Wie« der betroffenen Wassernutzung regeln[737]. § 13 Abs. 2 Nr. 2b WHG gibt dazu vor, dass nachträgliche Anordnungen insbesondere Maßnahmen sein können, die geboten sind, damit das Wasser mit Rücksicht auf den Wasserhaushalt sparsam verwendet wird[738]. Hierdurch ist vor allem die nachträgliche Anpassung der Gestattung an die geänderten Festsetzungen der wasserrechtlichen Bewirtschaftungsplanung eröffnet[739]. Zudem

736 Vgl. etwa Wolff/Decker, Verwaltungsverfahrensgesetz, § 49 Rdnr. 21. Für die Bewilligung Kotulla, Wasserhaushaltsgesetz, 2. Auflage, § 18 Rdnr. 18, ebenso Czychowski/Reinhardt, Wasserhaushaltsgesetz, 10 Auflage, § 18 Rdnr. 36. Anders aber für die Erlaubnis, wonach das „in Werk setzten“ nicht per se zum Ausschluss des Widerrufs führt, Czychowski/Reinhardt, Wasserhaushaltsgesetz, 10. Auflage, § 18 Rdnr. 12.

737 Statt vieler Czychowski/Reinhardt, Wasserhaushaltsgesetz, 10. Auflage, § 13 Rdnr. 7.

738 § 13 Abs. 2 Nr. 2b WHG entspricht dem überkommenen § 5 Abs. 1 Nr. 3 WHG. Zu der Thematik bereits ausführlich oben, 4, Teil, A. IV. 2. Inhalts- und Nebenbestimmungen zur wasserrechtlichen Gestattung.

739 So etwa zu der Rechtslage nach dem überkommenen Wasserrecht Czychowski/Reinhardt, Wasserhaushaltsgesetz, 9. Auflage, § 5 Rdnr. 4e.

kann gemäß § 13 Abs. 2 Nr. 2a WHG die Durchsetzung des Maßnahmenprogramms Gegenstand von Anordnungen sein. Dabei ist aber zu berücksichtigen, dass durch eine nachträgliche Anordnung der Bestand der Gestattung an sich nicht angetastet wird, sie wird lediglich inhaltlich verändert[740]. Sofern nachträgliche Anordnungen möglich sind, gehen sie dem (Teil-) Widerruf der Gestattung aus Gründen der Verhältnismäßigkeit vor[741]. Eine nachträgliche Anordnung darf jedoch nicht zu einer dauerhaften Beschränkung einer bereits zugestandenen Nutzung führen. Rechtstechnisch ist eine solch einschneidende Maßnahme allein auf den Widerruf der Gestattung zu stützen[742], dessen Voraussetzungen hier aber nicht vorliegen. Vor diesem Hintergrund führen etwa Anordnungen den sparsamen Umgang mit Wasser betreffend nicht zu einer jedenfalls teilweisen (Wieder-) Aufnahme der ortsnahen Wasserversorgung. Vielmehr kann sich das wassersparende Verhalten nur auf die konkret gestattete Nutzung beziehen, so dass sich ein Rückführungseffekt vergleichbar dem Widerruf der Gestattung einer Benutzung entlegener Wasservorkommen nicht ergeben kann.

Auch die nachträgliche Anpassung der Gestattung an die Bewirtschaftungsplanung ist in diesem Zusammenhang nicht zielführend. Die Bedarfsdeckung aus ortsnahen Wasservorkommen ist nicht Teil der wasserrechtlichen Gestattung, sondern im Falle der ortsnahen Wasserversorgung bildet sie den Gegenstand der Gestattung – im Fall der Versorgung aus entlegenen Gebieten dementsprechend gerade nicht. Von daher kann bei eindeutiger Zuweisung eines Wasservorkommens der Rückgriff auf ortsnahe Wasser nicht nachträglich durch Inhalts- oder Nebenbestimmungen angeordnet oder festgesetzt werden, da hiermit nur die Art und das Maß der bestehenden (Fernwasser-) Nutzung angreifbar sind[743]. Die Einschränkung des zulässigen Maßes der gestatteten Nutzung führt aber nicht zwangsläufig zu einer Bedarfsdeckung aus ortsnahen Wasservorkommen, insoweit fehlt hier schon die nötige Rechtsfolge. Sinnvoll erscheint eine solche Maßnahme daher nur dort, wo über die ortsnahe Wasserversorgung hinaus die Versorgung aus entlegenen Wasservorkommen ergänzend erfolgt. Dies mit dem Ziel, durch einen möglichst sparsamen Umgang mit dem Wasser die Entnahme aus den

740 Vgl. etwa Kotulla, Wasserhaushaltsgesetz, 2. Auflage, § 13 Rdnr. 5.

741 Siehe nur Czychowski/Reinhardt, Wasserhaushaltsgesetz, 10. Auflage, § 18 Rdnr. 17.

742 Czychowski/Reinhardt, Wasserhaushaltsgesetz, 10. Auflage, § 13 Rdnr. 109.

743 Hierzu allgemein Kotulla, Wasserhaushaltsgesetz, 2. Auflage, § 13 Rdnr. 27f..

entlegenen Wasservorkommen zu Gunsten der Versorgung aus den ortsnahen Wasserressourcen zurückzudrängen, soweit eine solche Differenzierung überhaupt technisch möglich ist. Andererseits bleibt es dabei, dass mit der nachträglichen Anordnung keine dauerhafte Beschränkung der wasserrechtlichen Gestattung einhergehen kann.

IV. Andere behördliche Maßnahmen

Über § 100 WHG kann die Behörde zudem (kurzfristig) die im Einzelfall notwendigen Maßnahmen zur Einhaltung der wasserrechtlichen Vorgaben treffen. Hiernach kann jenseits der gestattungsrechtlichen Möglichkeiten auf die öffentliche Wasserversorgung sowie auf die Wassernutzer eingewirkt werden, um die Vorgaben der ortsnahen Wasserversorgung durchzusetzen. Allerdings ist auch insoweit eine Rückführung der über die Gestattung zugestandenen Wassernutzung nicht möglich[744].

V. Fazit

Nach alledem ergibt sich, dass der Bezug von Wasser aus entlegenen Gebieten für die öffentliche Wasserversorgung ohne das erforderliche Vorliegen gegenüber einer ortsnahen Wasserversorgung überwiegender Gemeinwohlbelange einen rechtswidrigen Zustand darstellt. Allerdings lässt sich eine Rückkehr zu ortsnahen Versorgungsstrukturen auf § 50 Abs. 2 WHG in der Regel nicht begründen. Angesichts einer gefestigten und durchaus umfangreichen Fernwasserversorgungsstruktur in der Bundesrepublik[745] ist daher zunächst nicht davon auszugehen, dass durch den Grundsatz der ortsnahen Wasserversorgung eine weitreiche Änderung in dem konkreten Verhalten der Wassernutzer zu erwarten ist. Der Grundsatz der ortsnahen Wasserversorgung wird als Bewirtschaftungsanforderung lediglich für zukünftige Gestattungen der Wasserentnahme aus entlegenen Gebieten Bedeutung haben. Der angestrebte Grundwasserschutz wird damit allenfalls durch

---

744 Gößl sieht hier einen Anwendungsspielraum etwa bei der Umgehung des § 50 Abs. 2 WHG durch den Bezug von Fernwasser aus dem Ausland, Gößl in Siedler/Zeitler, Wasserhaushaltsgesetz, § 50 Rdnr, 29.

745 Dazu ausführlich oben, 1. Teil, A. Realanalyse: Fernwasserversorgungsstruktur in Deutschland.

kleinschrittige Lösungen aufgrund der Beschränkung bei dem Zugriff auf neue Wasservorkommen erreicht werden können.

D. Bedenken gegen die konkrete Ausgestaltung des wasserrechtlichen Nähegrundsatzes – Erkennbare Defizite

Im Folgenden soll die tatsächliche Ausgestaltung des wasserrechtlichen Näheprinzips bewertet werden. Hierbei ist neben den bereits in der Normbestimmung gefundenen Ansatzpunkten auch zu berücksichtigen, dass § 50 Abs. 2 WHG anders als noch seine auf Umsetzung durch die jeweiligen Landesgesetze ausgelegte Vorgängernorm mittlerweile eine bundeseinheitliche Regelung darstellt, was die folgenden Probleme erkennen lässt.

I. Fehlende Normkonkretisierung

Hauptproblem der vorliegenden Regelung ist die fehlende Konkretisierung der maßgeblichen Merkmale des Nähepostulats. Erforderlich wäre es gewesen, das Merkmal der Ortsnähe als Hauptansatzpunkt der Regelung einer verbindlichen und bundeseinheitlichen Definition zuzuführen, um solche Wasservorkommen überhaupt von den entlegenen abgrenzen zu können. Aus den Untersuchungsergebnissen folgt, dass hier eine Festlegung nur schwer möglich ist. Letztlich ist daher für die Begrifflichkeit auf eine zweckgemäße, jedoch keinesfalls befriedigende Lösung zurückzugreifen. Ebenso wäre es angezeigt gewesen, die Anforderungen an die ortsnahen Wasservorkommen, welche die öffentliche Wasserversorgung im Sinne des Wasserbedarfs an jene stellen darf, herauszustellen. Andersherum bleibt unklar, inwieweit sich hieraus Bewirtschaftungsanforderungen innerhalb des Wasserrechts und auch flankierend ergeben. Die konkrete Verantwortlichkeit für das insoweit »eigene« Wasservorkommen als tragender Gedanke der Norm bleibt unerwähnt. Es ist absehbar, dass deshalb der Nähegrundsatz auch zukünftig differenziert betrachtet werden wird. Das konkrete Gewichtungsverhältnis bei der Abwägung zwischen den Arten der Wasserversorgung bleibt ebenfalls offen und wäre jedenfalls als Ermessensdirektive auszuformulieren gewesen. Auch hier ist bereits im Kern ein unterschiedlicher Vollzug des Grundsatzes durch die Wasserbehörden angelegt. Schließlich versäumte es der Gesetzgeber, dem Grundsatz der ortsnahen Wasserversorgung eine deutliche Funktion im Wasserrecht zuzuweisen.

Dies alles war bereits aus der Kontroverse über Verständnis und Anwendung des Nähegrundsatzes in der zunächst bestehenden divergenten landesrechtlichen Ausgestaltungen bekannt, deren Vereinheitlichung maßgebliches Anliegen der Neuregelung des Gesetzes war[746]. Die Problematik rührt im Wesentlichen daher, dass der Normgeber den auf weitere inhaltliche Konkretisierung als bloßen Regelungsauftrag ausgestalten § 1a Abs. 3 WHG in § 50 Abs. 2 WHG nahezu wortgleich weitergeführt hat. Ursprünglich kam dem Bund bei Einführung des überkommenen § 1a Abs. 3 WHG lediglich eine Rahmengesetzgebungskompetenz zu. War es danach vor der Neuregelung des Wasserrechts den Landesgesetzgebern überlassen, die inhaltlichen Konkretisierungen des Nähepostulats vorzunehmen, hätten diese in der nun bundesrechtlich verbindlichen Rechtsnorm durch den Gesetzgeber erfolgen müssen. Der inhaltlich nahezu unveränderte § 50 Abs. 2 WHG hat stattdessen das Dogma der unvollkommenen Regelung des ehemaligen § 1a Abs. 3 WHG im Ergebnis übernommen. § 50 Abs. 2 WHG ist daher für die Ausformung des bundeseinheitlichen Nähegrundsatzes höchst defizitär. Die bestehenden Unklarheiten, die bereits § 1a Abs. 3 WHG anhafteten und auch in der wasserrechtlichen Literatur zu einem weiten Meinungsspektrum geführt haben, werden fortgeführt.

Hinzu kommt, dass der Gesetzgeber die jahrzehntelange Diskussion über die Reichweite des wasserrechtlichen Gemeinwohlbegriffs in dem vorliegenden Gesetz weiterhin keiner abschließenden Regelung zugeführt hat, was auch den Grundsatz der ortsnahen Wasserversorgung betrifft. Durch die fehlende Klarstellung des Begriffs bleiben nämlich die Abweichungsgründe von einer ortsnahen Wasserversorgung offen und sind durch Landesrecht zu bestimmen. Somit hat der Gesetzgeber es versäumt, hier klare Verhältnisse zu schaffen.

Der Verzicht auf die weitergehende Konkretisierung ist dabei in zweierlei Hinsicht problematisch. Zum einen ergeben sich bei der Anwendung der Norm erhebliche Schwierigkeiten, da ihre einzelnen Merkmale nicht hinreichend deutlich sind. Aus diesem Grund ist auch nicht davon auszugehen,

746 Eine entsprechende Intention bestand schon in dem Versuch des nunmehr gescheiterten Umweltgesetzbuches, dessen teilweise Umsetzung die Neuregelung des Wasserrechts bezweckte, siehe 1. Teil, D. II. Normentwicklung im Bundesrecht.

dass der Bundesgesetzgeber in § 50 Abs. 2 WHG eine – insoweit aber notwendige – erschöpfende Regelung getroffen hat. Damit wird den Ländern entgegen der bestehenden Gesetzgebungskompetenzen[747] die Möglichkeit der weitergehenden Regelung, nämlich die Konkretisierung der unklaren Normbegriffe, aufgedrängt, was für die Bewirtschaftung der Wasservorkommen für die öffentliche Wasserversorgung auch weiterhin zu einer Zersplitterung des Wasserrechts führen kann. Im Gegensatz dazu ist wegen der bundesrechtlich verbindlichen Ausgestaltung des aktuellen Wasserhaushaltsgesetzes eine Auffüllung durch landesrechtliche Bestimmungen weder angezeigt noch erwünscht[748]. Insofern hat der Gesetzgeber nur unzureichend von seiner Rechtsetzungskompetenz Gebrauch gemacht. In diesem Zusammenhang mutet es daher seltsam an, dass der Bundesgesetzgeber zwar die Gründe für ein Abweichen von einer ortsnahen Wasserversorgung weitergehend konkretisiert, die übrigen und insoweit wichtigeren tatbestandlichen Merkmale der Norm ebenso wie ihre konkrete Einordnung in das Gefüge des Wasserrechts aber unbeachtet lässt. Zudem beschränkt sich die formelhafte Wiederholung der bereits in einigen Ländern bestehenden Abweichungsvoraussetzungen weitestgehend auf Selbstverständlichkeiten – so ergibt sich die Notwendigkeit des Abweichens aus qualitativen und quantitativen Gründen ohne weiteres aus Gründen des Gemeinwohls, nämlich der Versorgung der Bevölkerung mit ausreichend Trinkwasser in entsprechender Qualität. Ein weitergehender Erkenntnisgewinn lässt sich hieraus nicht erzielen.

Zum anderen lässt sich wegen der unklaren Ausgestaltung des Postulats dessen Verfassungsmäßigkeit mit Blick auf das Bestimmtheitsgebot anzweifeln, hierzu im Folgenden.

II. Bestimmtheitsgebot

Das Bundesverfassungsgericht folgert in ständiger Rechtsprechung aus dem Rechtsstaatsprinzip, dass Anlass, Zweck und Ausmaß einer gesetzlichen Regelung hinreichend bestimmt sein müssen, damit der Betroffene die Folgen der Regelung absehen und sein Verhalten daran ausrichten kann.

747 Hierzu sogleich im Folgenden.
748 6. Teil, B. Umsetzungsdivergenz.

Demgemäß muss aus einer Vorschrift für die sie umsetzende Behörde deutlich erkennbar sein, welche steuernden und begrenzenden Handlungsmaßstäbe sich aus der Norm für ihr Verhalten ergeben[749]. Die unscharfe Ausgestaltung des § 50 Abs. 2 WHG wirft die Frage auf, ob die Regelung wegen der fehlenden Normkonkretisierung dem Bestimmtheitsgebot genügt.

Zwar ist es danach nicht erforderlich, dass die Vorschrift selbst eine detaillierte Regelung vorhält. Ausreichend ist es, wenn im Wege der Normauslegung Inhalt, Zweck und Ausmaß der Ermächtigung aus dem Sinnzusammenhang der Norm mit anderen Vorschriften und das Ziel, das die gesetzliche Regelung insgesamt verfolgt, entnommen werden können[750]. Maßgebend ist dabei der in der Bestimmung zum Ausdruck kommende objektive Wille des Gesetzgebers, so wie er sich aus dem Wortlaut der Norm und dem Sinnzusammenhang ergibt[751]. Danach ist es zulässig, durch die Verwendung unbestimmter Rechtsbegriffe die Gesetzesanwendung flexibler zu gestalten. Insoweit ist § 50 Abs. 2 WHG nicht zu beanstanden. Auch lässt sich mit dem konkreten Hinweis auf die ortsnahe öffentliche Wasserversorgung entnehmen, welches Ziel der Gesetzgeber verfolgt – nämlich die öffentliche Wasserversorgung an die (wie auch immer zu bestimmenden) nahegelegenen Wasservorkommen zu verweisen. Zudem ergibt sich ohne weiteres, dass Regelungsgegenstand die Entnahme von Wasser zum Zwecke der öffentlichen Wasserversorgung ist. Aus der Gesetzesbegründung schließlich folgt der hierdurch beabsichtigte Schutz des Grundwassers als Haupttrinkwasserlieferant[752]. Zweck und Anlass der Norm sind daher offenbar.

Die Problematik im Bereich des Nähegrundsatzes ist aber eine andere: aus der vorgehenden Untersuchung ergibt sich, dass nach der derzeitigen Regelungslage das Ausmaß des Nähepostulats nicht abschließend festzustellen

749 So etwa BVerfG, Beschl. v. 03.03.2004, 1 BvF 3/92, NJW 2004, 2213.

750 BVerfG, Beschl. v. 12.11.1958, 2 BvL 4/56, 2 BvL 26/56, 2 BvL 40/56, 2 BvL 1/57, 2 BvL 7/57, BVerfGE 8, 274 (307); BVerfG, Beschl. v. 11.01.1966, 2 BvR 424/63, 19, 354 (362).

751 BVerfG, Urteil v. 21.05.1952, 2 BvH 2/52, BVerfGE 1, 299 (312); BVerfG, Beschl. v. 12.11.1958, 2 BvL 4/562 2 BvL 26/562 2 BvL 40/562 2 BvL 1/572 2 BvL 7/57, BVerfGE 8, 274 (307); BVerfG, Beschl. v. 11.01.1966, 2 BvR 424/63, 19, 354 (362); hierzu insgesamt auch BVerfG, Beschl. v. 21.05.1968, 2 BvL 10/66, 2 BvL 3/67, BVerfGE 24, 1.

752 So bereits zu dem überkommenen § 1a Abs. 3 WHG a.F. in BT-Drucks. 14/8668, S. 7.

ist. Bereits die vielgefächerte Auslegungsmöglichkeit seiner Tatbestandsmerkmale lässt vermuten, dass eine einheitliche und damit rechtssichere Anwendung der Norm nicht gegeben sein wird. Unklar bleibt abschließend, welcher Umfang dem Merkmal der Ortsnähe zuzusprechen ist. Jener ist für die Vorschrift grundlegend, weswegen das Ausmaß der Regelung insgesamt fraglich bleibt. Die Anforderungen an die Kommunen als Träger der Wasserversorgung, aber auch der Entscheidungsspielraum der Wasserbehörden orientiert sich maßgeblich an den in zulässiger Weise zu nutzenden Wasservorkommen. Die hier präferierte Lösung für die Begriffsbestimmung ist lediglich eine pragmatische, was den Anforderungen an die Bestimmtheit – wie sie den Gesetzgeber treffen – nicht genügt. Auf der anderen Seite sind die Grenzen des Vorrangs der ortsnahen Wasserversorgung wegen der unscharfen Begrifflichkeit des Wohls der Allgemeinheit ebenfalls nur rudimentär festzustellen. Hierzu trägt auch die Formulierung möglicher Abweichungskriterien gemäß § 50 Abs. 2 S. 2 WHG bei, die die nötige Eindeutigkeit vermissen lässt. Weder die Träger der öffentlichen Wasserversorgung noch die Wasserbehörde können nach dem bestehenden Recht abschließend erkennen, welche Konsequenzen und Verhaltensmaßstäbe § 50 Abs. 2 WHG für die Bewirtschaftung des Wassers vorsieht. Es ist daher festzustellen, dass § 50 Abs. 2 WHG in der derzeitigen Fassung den Vorgaben des Bestimmtheitsgebots nicht genügt und deswegen verfassungswidrig ist.

III. Lösungsansatz

Damit ist eine verfassungskonforme Formulierung des § 50 Abs. 2 WHG angezeigt. Hier ist zunächst eine Festlegung des Merkmals »ortsnah« erforderlich. Zudem sollen die vorstehenden Untersuchungsergebnisse insbesondere mit dem Blick darauf einfließen, dass eine konkrete Zuordnung des Regel-Ausnahme-Verhältnisses möglich ist und klar gestellt wird, dass der Grundsatz der ortsnahen Wasserversorgung nicht bloße Programmatik, sondern eine echte Bewirtschaftungsanforderung hinsichtlich der öffentlichen Wasservorkommen aufstellt. Darüber hinaus ist bisher die zuvor aufgezeigte Umsetzung des Nähegrundsatzes in der Praxis nicht abschließend durch den Gesetzgeber berücksichtigt[753]. Zur Vermeidung widersprüchli-

753 Oben, 5. Teil, A. Gestattungsrechtliche Umsetzung in der Praxis.

cher Entscheidungen sollte daher die erforderliche Abstimmung der Wasserbehörden im Gestattungsverfahren aufgegriffen werden. Unter Berücksichtigung der vorstehenden Untersuchungsergebnisse bietet sich folgende ideale Formulierung des § 50 Abs. 2 WHG an:

> *Der Wasserbedarf der öffentlichen Wasserversorgung ist aus ortsnahen Wasservorkommen zu decken, soweit überwiegende Gründe des Wohls der Allgemeinheit nicht entgegenstehen. Ortsnah ist ein Wasservorkommen, das wenigstens zum Teil*
>
> > *a) innerhalb der Grenzen des zu versorgenden Gemeindegebiets oder*
> >
> > *b) innerhalb der Grenzen der an das Versorgungsgebiet angrenzenden Gemeinde liegt.*
>
> *Soweit der Wasserbedarf der öffentlichen Wasserversorgung aus Grundwasser gedeckt wird, sind die auf die Erdoberfläche übertragenen Grenzen des Grundwasservorkommens maßgeblich.*
>
> *Die für die Erteilung der Erlaubnis oder der Bewilligung zuständigen Behörden sollen bei der Ausübung ihres Bewirtschaftungsermessens die Bedarfsdeckung der öffentlichen Wasservorkommen aus ortsnahen Wasservorkommen vorrangig gegenüber sonstigen Belangen berücksichtigen. Kann der Wasserbedarf der öffentlichen Wasserversorgung nicht aus ortsnahen Wasservorkommen gedeckt werden, sind möglichst nahegelegene Wasservorkommen zur Deckung des Wasserbedarfs der öffentlichen Wasserversorgung heranzuziehen. In diesem Fall gilt Absatz 1 Satz 1 entsprechend. Die Versagung einer Erlaubnis oder Bewilligung zur Wasserentnahme aus nicht ortsnahen Wasservorkommen ergeht im Benehmen mit der für das Wasservorkommen nach Absatz 1 zuständigen Behörde.*
>
> *Die zuständigen Behörden der Länder werden zur Erreichung der Bewirtschaftungsziele die ortsnahe öffentliche Wasserversorgung in die jeweiligen Maßnahmenprogramme aufnehmen.*

6. Teil: Vorrang der ortsnahen Wasserversorgung und Landesrecht

Mit der sog. Föderalismusreform hat der Bund über Art. 74 Abs. 1 Nr. 32, 72 GG die konkurrierende Gesetzgebungskompetenz für das Wasserrecht erlangt, auf dessen Grundlage zum 01.03.2010 das Gesetz zur Neuregelung des Wasserrechts und damit auch der untersuchungsgegenständliche § 50 Abs. 2 WHG als bundeseinheitliche Vorschrift in Kraft getreten ist. Die hiernach erlassenen bundesrechtlichen Regelungen sind grundsätzlich abschließend. Nach Maßgabe des Art. 72 Abs. 1, Abs. 3 Nr. 5 GG können die Länder für den Bereich des Wasserrechts allerdings abweichende Regelungen treffen, soweit der Bund von seiner Gesetzgebungskompetenz nicht Gebrauch gemacht hat oder es sich bei der bundesgesetzlichen Regelung nicht um stoff- oder anlagenbezogene Regelungen handelt. In diesem Fall geht im Verhältnis von Bundes- zu Landesrecht das spätere Gesetz vor. Aufgrund dieser »lex posterior«-Regelung sind im Ergebnis nur solche Vorgaben des Wasserhaushaltsgesetzes regelungsfest, die stoff- oder anlagenbezogen sind. Im Übrigen werden die Landeswassergesetze von den Normen des Bundesrechts lediglich überlagert und für die Zeit bis zu einer landesrechtlichen Neuregelung der Materie suspendiert[754]. Damit ist für den Grundsatz der ortsnahen Wasserversorgung zu erörtern, ob hierin eine abschließende bundeseinheitliche Regelung vorliegt oder ob eine differenzierte landesgesetzliche Ausprägung des Nähepostulats möglich bleibt.

Hierzu soll zunächst – ausgehend von dem überkommenen § 1a Abs. 3 WHG – die Rechtslage in den Landeswassergesetzen dargestellt werden. Im Zeitpunkt der erstmaligen bundesrechtlichen Einführung des Nähegrundsatzes hatte der Bund lediglich die Rahmengesetzgebungskompetenz für den Bereich des Wasserrechts nach Art. 72, 75 Abs. 1 Nr. 4 GG. Bei Einführung des damaligen § 1a Abs. 3 WHG bestanden landesrechtlich

754 Vgl. Kotulla, „Umweltschutzgesetzgebungskompetenzen und „Föderalismusreform"", in NVwZ 2007, 489 (492); Schulze-Fielitz, „Umweltschutz im Föderalismus - Europa, Bund und Länder", in NVwZ 2007, 249 (255).

zahlreiche unterschiedliche Regelungen für die öffentliche Wasserversorgung aus naheliegenden Einzugsgebieten[755]. Jenen Regelungen wurde die Neuregelung des § 1a Abs. 3 WHG gegenübergestellt, wonach die ortsnahe Wasserversorgung in den Landeswassergesetzen positiv zu normieren war[756]. Das Normgepräge dieser landesrechtlichen Umsetzungen stellt die Ausgangslage dar, mit der die bundeseinheitliche Regelung des § 50 Abs. 2 WHG zu ihrer Einführung konfrontiert war. Es beschreibt zugleich die landesrechtlich vorherrschenden Unterschiede und möglicherweise abweichenden Interpretationen einer ortsnahen Wasserversorgung sowie die tatsächlichen Strukturen, wie sie sich anhand der jeweiligen landesrechtlichen Voraussetzungen für die Bewirtschaftung der Trinkwasservorkommen herausgebildet haben. Da die ausführliche Aufarbeitung sechzehn unterschiedlicher Landeswassergesetze und gegebenenfalls weiterer Nebengesetze den mit dieser Arbeit abbildbaren Umfang übersteigen würde, beschränkt sich die nachfolgende Darstellung auf eine kursorische Zusammenfassung des Regelungsstandes. Hieran schließt sich die Überprüfung des § 50 Abs. 2 WHG auf seine Abweichungsfestigkeit hin an.

A. Ausgangslage: Landesrecht zum 28.02.2010

Insgesamt war bis zum Inkrafttreten der bundeseinheitlichen Neuregelung des Wasserrechts eine Umsetzung des Nähepostulats in den Landesgesetzen erfolgt. In einem Großteil der landesrechtlichen Regelungen wurde hierzu der ehemalige § 1a Abs. 3 WHG wörtlich übernommen[757], eine weitere Konkretisierung der Bewirtschaftungsanforderung blieb dabei teilweise

---

755 § 43 Abs. 1 BWWG, § 56 HessWG, § 45 Abs. 1 MVWG, § 59 SächsWG, § 63 ThürWG und § 37a Abs. 4 BerlinWG; vgl. 1. Teil, D. I. Regelungsstruktur in den Landeswassergesetzen bis zur erstmaligen Einführung des Grundsatzes der ortsnahen Wasserversorgung in das Wasserhaushaltsgesetz.

756 Hierfür sah § 42 Abs. 1 WHG eine Umsetzung in den Landesgesetzen bis zum 22.12.2003 vor.

757 Namentlich erfolgte die wörtliche Übernahme in den § 2 Abs. 3 NdsWG, § 59 Abs. 1 S. 1 SächsWG, § 43 Abs. 3 MVWG, § 36a S. 2 BayWG, § 2 Abs. 3 BremWG, § 2 Abs. NRWWG, § 2 Abs. 2 S. 2 SaarlWG, § 1 Abs. 4 BbgWG sowie in § 147 S. 2 SachsAnhWG und annähernd wortgleich auch in § 29 Abs. 2 SchlHolstWG.

aus[758]. Die schon vor Einführung des bundesrechtlichen Nähegrundsatzes bestehenden Regelungen in § 43 Abs. 1 BWWG, § 37a Abs. 4 BerlinWG und § 63 ThürWG blieben dagegen unverändert. Der bereits bestehende § 56 HessWG wurde in § 39 Abs. 6 HessWG angepasst und gab ebenfalls nur noch den Wortlaut des § 1a Abs. 3 WHG wieder.

Darüber hinaus erfuhr der Nähegrundsatz in den übrigen landesrechtlichen Regelungen eine weitergehende Ausgestaltung. § 43 Abs. 3 MVWG konkretisierte etwa die Gründe eines zulässigen Abweichens von der ortsnahen Wasserversorgung, nämlich im Falle qualitativer oder quantitativer Mängel der ortsnahen Wasservorkommen sowie einer Gefährdung der Erreichung der Bewirtschaftungsziele nach dem ehemaligen § 33 Abs. 1 WHG[759]. Ferner ordnete § 43 Abs. 4 MVWG eine Sanierungspflicht durch das Land für solche Wasservorkommen an, die infolge äußerer und behebbarer Einflüsse nicht den Qualitätsanforderungen der öffentlichen Wasserversorgung entsprachen. In gleicher Weise definierte § 59 Abs. 1 S. 1 SächsWG als Gründe des Gemeinwohls, die der Versorgung aus ortsnahen Wasservorkommen entgegenstehen konnten, qualitative oder quantitative Mängel des Wassers, aber auch finanzielle Erwägungen hinsichtlich einer ortsnahen Wasserversorgung, entgegenstehende Bauleitpläne oder Aspekte der Flächennutzung sowie zu erwartende Beeinträchtigungen des Natur- oder Wasserhaushalts als solches (§ 59 Abs. 1 Nr. 1 SächsWG). Ebenso konnte danach von einer ortsnahen Wasserversorgung abgesehen werden, wenn die Fernwasserversorgung Teil eines gebietsübergreifenden Verbundes war, § 59 Abs. 1 Nr. 2 SächsWG. Darüber hinaus verbot § 59 Abs. 3 SächsWG die Versorgung aus entlegenen Gebieten, wenn ein Abweichen von der ortsnahen Wasserversorgung aus Gründen des Gemeinwohls nicht angezeigt oder hierdurch eine Gefährdung der öffentlichen Wasserversorgung, der Versorgungssicherheit, des Gesundheitsschutzes oder des Umweltschutzes zu erwarten war und dies durch Auflagen nicht vermieden oder ausgeglichen werden konnte.

---

758 So in den § 36a S. 2 BayWG, § 2 Abs. 3 BremWG, § 2 Abs. NRWWG, § 2 Abs. 2 S. 2 SaarlWG, § 1 Abs. 4 BbgWG, § 147 S. 2 SachsAnhWG, § 29 Abs. 2 SchlHolstWG.

759 Entsprechend auch §§ 16 Abs. 3, 29 Abs. 3 Nrn. 1-3 HbgWG sowie § 45 Abs. 2 RhPfWG.

Herauszuheben ist zudem die Umsetzung des Nähegrundsatzes im niedersächsischen Wasserrecht. Danach ergab sich in § 2 Abs. 3 zunächst eine wörtliche Wiederholung des Regelungsauftrags, sodann erfolgte allerdings eine einzigartige Konkretisierung des Nähepostulats in § 90 NdsWG[760]. Gemäß § 90 Abs. 1 NdsWG war ein Wasservorkommen ortsnah, wenn das mit dem Wasser versorgte Gebiet sich zumindest teilweise innerhalb der auf die Erdoberfläche übertragenen Grenze des Grundwasserkörpers oder an einem an dem zur Versorgung bestimmten Grundwasser angrenzenden Grundwasservorkommen befand. Das Wohl der Allgemeinheit hinsichtlich der Abweichung von dem Grundsatz der ortsnahen Wasserversorgung war nach § 90 Abs. 2 NdsWG tangiert, wenn die Nutzung des Wasservorkommens gegen die wasserrechtlichen Bewirtschaftungsziele verstieß, eine Fernwasserversorgung nicht nur geringfügig besser für die Versorgungssicherheit oder Wirtschaftlichkeit der öffentlichen Wasserversorgung war oder der Versorgung aus ortsnahen Wasservorkommen andere rechtliche oder tatsächliche Hindernisse entgegenstanden.

B. Umsetzungsdivergenz

Trotz der erfolgten Anpassung der Landesgesetze bestand damit ein unterschiedliches Regelungssystem in den einzelnen Bundesländern fort. So statuierte der unverändert bestehende § 43 Abs. 1 BWWG weiterhin, dass ein Abweichen von dem Grundsatz der ortsnahen Wasserversorgung möglich sei, wenn Gründe des Wohls der Allgemeinheit dies erfordern. Hierin lag ein Öffnungstatbestand zugunsten der Versorgung aus entlegenen Gebieten, der dem strikten Gebot einer ortsnahen Wasserversorgung widersprach – danach war eine Durchbrechung nur angezeigt, wenn Gemeinwohlbelange der ortsnahen Wasserversorgung entgegenstanden. Ebenso eröffnete der unveränderte § 63 ThürWG eine ergänzende oder alleinige Fernwasserversorgung, ohne jedoch zugleich den Vorrang der ortsnahen Wasserversorgung anzuordnen. Daneben setzten § 63 Nr. 1 ThürWG, § 45 Abs. 2 Nr. 2 RhPfWG, § 59 Abs. 1 Nr. 1 SächsWG, § 16 Abs. 3 Nr. 2 HbgWG sowie § 90 Abs. 2 Nr. 1 NdsWG der ortsnahen Wasserversorgung bereits im Rahmen des Gemeinwohlvorbehalts wirtschaftliche Gesichtspunkte entgegen,

760 Mittlerweile § 88 NdsWG, vgl. hierzu ausführlich auch oben, 4. Teil, C. X. Grenzen des Grundwasserkörpers als Definition der Ortsnähe?.

die nach dem Verständnis des Wasserhaushaltsgesetzes aber regelmäßig erst im Rahmen der Ermessensentscheidung auf der Rechtsfolgenseite zum Tragen kommen[761].

Kontrovers waren auch die Regelungen des § 90 Abs. 1 Nr. 2 NdsWG und § 59 Abs. 1 Nr. 2 SächsWG. § 90 Abs. 1 Nr. 2 NdsWG definierte als ortsnahe Wasservorkommen auch solche, die an das der zu versorgenden Kommune eigene Wasservorkommen angrenzen. Diese Wasservorkommen können aber nicht ohne weiteres als ortsnah im Sinne eines relativen Näheverhältnisses verstanden werden, wenn jenes bereits mit dem vorhandenen Wasservorkommen der Kommune ausreichend abgedeckt ist. Damit ergibt sich ein Wertungswiderspruch, sofern ein eigenes Wasservorkommen vorhanden ist, zugleich aber trotzdem ein außerhalb der Kommune gelegenes ebenfalls zulässigerweise beansprucht werden könnte. Indem das somit entlegene Wasservorkommen per definitionem als Ortsnahes zu verstehen ist, läuft die hierdurch eigentlich bezweckte grundsätzliche Verantwortungszuweisung an die Wassernutzer für das eigene Wasservorkommen ins Leere[762]. Die entsprechende Problematik ergab sich aus § 59 Abs. 1 Nr. 2 SächsWG. Danach sollte der Grundsatz der ortsnahen Wasserversorgung der Versorgung aus entlegenen Gebieten nicht entgegenstehen, wenn jene Teil eines gebietsübergreifenden Verbundes war oder werden sollten, weswegen auch die dezentrale überörtliche Wasserversorgung hiernach grundsätzlich zulässig war. Eine solche Ausnahme kann dagegen unter dem Postulat der Ortsnähe nur angezeigt sein, wenn hierdurch eine dezentrale Versorgung bestritten wird[763]. Dies sah § 59 Abs. 1 Nr. 2 SächsWG so nicht vor.

Im Zuge der Neuregelung des Wasserrechts sind die landesrechtlichen Regelungen zugunsten des § 50 Abs. 2 WHG teilweise außer Kraft getreten, teilweise wurden neue landesrechtliche Ausformungen des Nähegrundsatzes vorgenommen bzw. bestehen formal fort. Während einige Landesregelungen lediglich § 50 Abs. 2 WHG sinngemäß wiedergeben[764], gehen die Regelungen in § 59 SächsWG, § 45 Abs. 2 RhPfWG, § 16 Abs. 3 HessWG

---

761 Hierzu bereits ausführlich oben, 4. Teil, E. V. Abwägungskonkretisierung am Beispiel finanzieller Aspekte der öffentlichen Wasserversorgung.

762 Zu der im NdsWG angelegten Problematik auch ausführlich oben, 4. Teil, C. X. Grenzen des Grundwasserkörpers als Definition der Ortsnähe?.

763 Hierzu 4. Teil, C. XIII. 4. Sonderfall: Zusammenschluss angrenzender Gemeinden.

764 § 2 Abs. 2 NRWWG, § 29 Abs. 2 SchHWG.

sowie § 43 BWWG und dem anstelle des ehemaligen § 90 NdsWG gleich lautenden § 88 NdsWG weiterhin inhaltlich über § 50 Abs. 2 WHG hinaus, indem sie eine umfangreiche Abgrenzung und Ausgestaltung der Abweichungsvorgaben von dem Vorrang der ortsnahen Wasserversorgung statuieren.

C. Regelungsfestigkeit

Mit Einführung des § 50 Abs. 2 WHG ergibt sich zunächst die Konsequenz, dass diese landesrechtlichen Bestimmungen außer Kraft gesetzt sind. Allerdings ist dieser Zustand nur dann rechtlich dauerhaft, wenn die Regelung nach Art. 72 Abs. 3 Nr. 5 GG der Landesgesetzgebung zukünftig entzogen bleibt. Dies wiederum ist nur anzunehmen, sofern es sich bei der Anordnung der ortsnahen Wasserversorgung um eine stoff- oder anlagenbezogene Regelung im Sinne des Wasserhaushaltsgesetzes handelt. Demgegenüber sollen allgemeine wasserrechtliche Grundsätze unabhängig davon durch den Bund nicht abweichungsfest geregelt werden[765]. In diesem Fall geht im Verhältnis von Bundes- und Landesrecht das spätere Gesetz vor. Aufgrund dieser »lex posterior«-Regelung sind im Ergebnis nur stoff- oder anlagenbezogene Vorgaben des Wasserhaushaltsgesetzes regelungsfest. Da es hierbei allein auf die zeitliche Abfolge ankommt, sind die Länder nicht gehalten, stets gänzlich neue Regelungen zu treffen. Es scheint vielmehr ausreichend, dass auch eine bloße Wiederholung der bisher bundesrechtlich überlagerten Regelung den Geltungsbereich des Landesrechts (erneut) festlegt[766]. Umgekehrt kann eine neuerliche Bundesreglung ihrerseits die (wieder auflebende) Landesregelung verdrängen. Zu Recht wird damit von einem »Ping-Pong-Effekt« gesprochen[767], der zu einem Wettlauf der Gesetzgeber ausarten kann. Danach ist eine abschließende, rechtssichere sowie bundeseinheitliche Regelung in diesen Bereichen nicht zu erwarten.

765 Schulze-Fielitz, „Umweltschutz im Föderalismus-Europa, Bund und Länder“, in NVwZ 2007, 249 (258).

766 So denkbar für § 43 BWWG, § 2 Abs. 2 NRWWG, § 29 Abs. 2 SchHWG, § 16 Abs. 3 HessWG, § 88 NdsWG, § 45 Abs. 2 RhPfWG, § 59 SächsWG.

767 Kotulla, „Umweltschutzgesetzgebungskompetenzen und „Föderalismusreform““, in NVwZ 2007, 489 (492); Schulze-Fielitz, „Umweltschutz im Föderalismus - Europa, Bund und Länder“, in NVwZ 2007, 249 (255).

Indem der Vorrang der ortsnahen Wasserversorgung als Grundsatz der Gewässerbewirtschaftung mit Blick auf die ortsnahen Wasservorkommen ausgestaltet ist, ist danach fraglich, ob die Bundesregelung in ihrem Bestand landesrechtlich unangetastet bleibt. Klärungsbedürftig ist dabei auch, ob die Eigenschaft des Nähepostulats als besondere Ausprägung der Bewirtschaftungsgrundsätze[768] eine Abweichung erlaubt. Dieser Aspekt ist jedoch nur von zweitrangiger Bedeutung, wenn eine Abweichungskompetenz schon nach den verfassungsrechtlichen Vorgaben im Sinne einer nicht stoff- oder anlagenbezogenen Regelung eröffnet ist, was zunächst diskutiert werden soll.

I. Stoffbezogene Regelung

Nach der Diktion des Wasserrechts sind unter stoffbezogenen Regelungen solche zu verstehen, die insbesondere auf den stofflichen Eintrag in die Gewässer Bezug nehmen und insoweit vor allem auf die chemische Belastung der Gewässer abzielen. Damit einher gehen Bestimmungen, die Einleitungsverbote oder –begrenzungen mit sich bringen[769]. Im Übrigen können hierunter mittelbar auch quantitative Regelungen das Wasserdargebot betreffend verstanden werden, soweit es etwa die Verunreinigung von Trinkwasser angeht, das dann in qualitativ hochwertiger Form nicht mehr in der vorgefundenen Menge zur Verfügung steht. In diesem Sinne dürften beispielsweise die §§ 46 ff. WHG insgesamt abweichungsfest sein, soweit nicht ausdrücklich etwas anderes bestimmt ist. Deswegen sind etwa die Bewirtschaftungsziele für das Grundwasser nach § 47 WHG nicht disponibel. Zwar rekurriert der Grundsatz der ortsnahen Wasserversorgung ebenfalls auf jene Zielvorgaben, trotzdem lässt sich hieraus für die konkrete Festsetzung des § 50 Abs. 2 WHG nichts folgern. Denn dort geht es allein um die Wassernutzung durch die öffentliche Wasserversorgung aus ortsnahen Wasservorkommen, die insoweit von einem möglichen Stoffeintrag oder der notwendigen Vermeidung desselben zu differenzieren ist. Demnach wird mit § 50 Abs. 2 WHG eine stoffbezogene Regelung, aus der sich die Abweichungsfestigkeit ergeben könnte, nicht verfolgt.

---

768 Siehe hierzu 3. Teil, A. Verhältnis zu den Grundsätzen der Gewässerbewirtschaftung.

769 Schulze-Fielitz, „Umweltschutz im Föderalismus-Europa, Bund und Länder“, in NVwZ 2007, 249 (258); Kotulla, „Umweltschutzgesetzgebungskompetenzen und „Föderalismusreform“", in NVwZ 2007, 489 (493f).

II. Anlagenbezogene Regelung

Der Anlagenbegriff ist denkbar weit zu verstehen und spezifisch wasserrechtlich zu erfassen[770]. Dementsprechend muss auch der Umfang der anlagenbezogenen Regelung verstanden werden. Hierunter fallen alle Bestimmungen, die der Regelung von Anlagen im wasserrechtlichen Sinne dienen. Erfasst sind also technische Einrichtungen, die geeignet sind, nachteilige Veränderungen des Wassers zu verursachen. Dies sind vor allem Abwasseranlagen, Rohrleitungen und Anlagen in und an Gewässern, sowie die Regelungen, die ihrer Vorbereitung, dem Betrieb, der Sammlung von Wasser oder ihrer Stilllegung dienen[771]. Darüber hinaus sind hierunter nicht nur solche Regelungen zu begreifen, die einer qualitativen Verschlechterung des Wassers begegnen. Umfasst werden vielmehr jegliche nachteilige Veränderungen des Gewässerzustands, die sich aus der Anlage, ihrem Betrieb oder sonstigem ergeben können – dies betrifft insbesondere den mengenmäßigen Zustand der Gewässer[772].

Wesentlicher Gesichtspunkt der vorrangigen ortsnahen Wasserversorgung ist die Entnahme von Wasser zum Zwecke der Trinkwasserversorgung in unmittelbarer Nähe zum Versorgungsort. In diesem Sinne stellt § 50 Abs. 2 WHG zunächst zwar »nur« eine Bewirtschaftungsanforderung auf, die durch die Wasserbehörden zu vollziehen ist. Allerdings wird mit dem Regelungszweck der Norm zugleich der Anlagenbezug deutlich. Danach weist der Nähegrundsatz entscheidend auf die möglichst ortsnahe Errichtung von Wassergewinnungswerken hin, wodurch wiederum die Entnahme und Sammlung von Wasser in den Anlagen der öffentlichen Wasserversorgung angesprochen ist. Jener Anlagenbegriff versteht sich seit jeher umfassend und schließt die hierfür notwendigen Einrichtungen ein, so dass auch die Rohrleitungen und Pumpstationen für die Wasserversorgung als Anlage der

---

770 Zu dem Begriff der öffentlichen Wasserversorgung Czychowski/Reinhardt, Wasserhaushaltsgesetz, 10. Auflage, § 50 Rdnr. 4 sowie zu § 6 Rdnr. 39 ff. sowie 4. Teil, B. I. Begriffsbestimmung.

771 Schulze-Fielitz, „Umweltschutz im Föderalismus-Europa, Bund und Länder“, in NVwZ 2007, 249 (258).

772 Mit einer ausführlichen Darstellung Kotulla, „Umweltschutzgesetzgebungskompetenzen und „Föderalismusreform““, in NVwZ 2007, 489 (494).

öffentlichen Wasserversorgung aufgefasst werden[773]. Der Bezug zur öffentlichen Wasserversorgung begründet die Regelungsfestigkeit ebenfalls, da hierunter allenthalben das Sammeln, Fördern, Speichern, Weiterleiten und Verteilen von Wasser verstanden wird[774]. Insoweit beschreibt der Grundsatz der ortsnahen Wasserversorgung die regelmäßigen gesetzlichen Grenzen des Betriebs und der Errichtung der Anlagen der öffentlichen Wasserversorgung. Er ist von daher unter der weiten Definition der anlagenbezogenen Regelung nach Art. 72 Abs. 3 Nr. 5 GG zu fassen und dementsprechend abweichungsfest gegenüber anderslautenden landesrechtlichen Bestimmungen.

III. Ausnahme von der Abweichungsfestigkeit als allgemeiner Grundsatz der Gewässerbewirtschaftung?

Damit bleibt abschließend zu erörtern, ob der Grundsatz der ortsnahen Wasserversorgung sich trotzdem deshalb nicht als abweichungsfest darstellt, weil er als allgemeiner Grundsatz der Gewässerbewirtschaftung zu verstehen und darum einer abschließenden bundesrechtlichen Regelung enthoben ist. Dies ist im Ergebnis jedoch zu verneinen. Bei § 50 Abs. 2 WHG handelt es sich nicht um einen solchen allgemeinen Grundsatz der Gewässerbewirtschaftung, vielmehr handelt es sich hierbei um eine besondere Bewirtschaftungsanforderung, die allein die öffentliche Wasserversorgung und die Nutzung der – insoweit ortsnahen – Wasservorkommen durch die öffentliche Wasserversorgung betrifft[775]. Dieses Verständnis ergibt sich bereits aus der Systematik des Wasserhaushaltsgesetzes, das in Allgemeine Bestimmungen nach Kapitel 1 und Besondere Bestimmungen nach Kapitel 3 unterscheidet. § 50 Abs. 2 WHG selbst ist jenem 3. Kapitel zugeordnet und von daher als besonderer wasserrechtlicher Grundsatz zu qualifizieren. Dementsprechend bindet § 50 Abs. 2 WHG auch nicht andere Wassernutzer im Sinne einer allgemein gültigen Bewirtschaftungsvorgabe[776]. Dies muss auch der Gesetzgeber so verstanden haben, indem er die ursprüngliche

773 Czychowski/Reinhardt, Wasserhaushaltsgesetz, 10. Auflage, § 6 Rdnr. 41.

774 Zu dem Begriff der öffentlichen Wasserversorgung bereits oben, 4. Teil, B. I. Begriffsbestimmung.

775 Siehe hierzu 3. Teil, A. Verhältnis zu den Grundsätzen der Gewässerbewirtschaftung.

776 Hierzu ausführlich 4. Teil, B. II. Erwägung der Einbeziehung sonstiger Nutzungen.

Regelung des § 1a Abs. 3 WHG, die gerade den allgemeinen Bestimmungen zugeordnet war und dessen übrigen Absätze nun in Kapitel 1 aufgeteilt wurden, eben diesem Abschnitt enthoben und in einen eigenständigen Abschnitt die öffentliche Wasserversorgung betreffend implementiert hat.

IV. Ergebnis

§ 50 Abs. 2 WHG stellt eine abweichungsfeste bundeseinheitliche Regelung der ortsnahen öffentlichen Wasserversorgung auf. Hierdurch werden die bestehenden landesrechtlichen Umsetzungen des überkommenen § 1a Abs. 3 WHG außer Kraft gesetzt. Das bundesrechtliche Postulat kann auch durch eine nachträgliche landesrechtliche (Neu-) Regelung des Grundsatzes der ortsnahen Wasserversorgung im Sinne der »lex posterior«-Regelung nicht verdrängt werden.

D. Ausblick: Konsequenzen für landesrechtliche Regelungen

Nach Maßgabe des Art. 72 Abs. 1 GG ist die Befugnis der Länder zur Gesetzgebung aufgehoben, sofern und soweit der Bund von seiner Gesetzgebungsbefugnis Gebrauch macht. Mit der bundesrechtlichen Regelung des § 50 Abs. 2 WHG wurden somit die bis dahin landesrechtlich bestehenden Umsetzungen des Grundsatzes der ortsnahen Wasserversorgung verdrängt. Eine nachträgliche landesrechtliche Neuregelung im Sinne einer »lex-posterior« Regelung ist nicht möglich. Allerdings drängt sich hinsichtlich der landesrechtlichen Regelungen, die nach dem 01.03.2010 über die Anforderungen des § 50 Abs. 2 WHG hinausgehende Anforderungen erlassen haben[777], die Frage auf, ob jene insgesamt hinter § 50 Abs. 2 WHG zurücktreten oder nur soweit, wie das Wasserhaushaltsgesetz eine Regelung vorgibt.

Hierzu ist zu differenzieren. Da nach dem Wortlaut des Grundgesetzes die bundesrechtliche Norm landesrechtliche Regelungen nur in dem Umfang ausschließt, in dem der Bund auch tatsächlich eine Regelung getroffen hat,

777 So geschehen für § 43 BWWG, § 2 Abs. 2 NRWWG, § 29 Abs. 2 SchHWG, § 16 Abs. 3 HessWG, § 88 NdsWG, § 45 Abs. 2 RhPfWG, § 59 SächsWG.

tritt eine Sperrwirkung für landesgesetzliche Regelungen lediglich ein, wenn das Bundesrecht eine abschließende, den Sachbereich erschöpfende Regelung vorsieht[778]. Für eine solche inhaltliche Sperrwirkung ist die Gesamtwürdigung des betroffenen Normkomplexes heranzuziehen[779]. Demgegenüber schließt eine Norm ohne eigentliche inhaltliche Regelung eine weitergehende Gesetzgebungskompetenz der Länder nicht aus[780]. Nach diesen Maßstäben hat der Grundsatz der ortsnahen Wasserversorgung, wie § 50 Abs. 2 WHG ihn vorsieht, gerade keine abschließende Regelung getroffen, weil § 50 Abs. 2 WHG bisher an einer fehlenden, aber für den Normvollzug notwendigen Konkretisierung leidet. Die Problematik ist wegen seiner inhaltlichen Identität zu dem überkommenen § 1a Abs. 3 WHG historisch angelegt. § 1a Abs. 3 WHG war als Regelungsauftrag an die Landesgesetzgeber ausgestaltet und damit auf Ausfüllung durch die Landeswassergesetze ausgelegt. Hieran hat sich wegen der zum Teil ausfüllungsbedürftigen Regelungsmerkmale des § 50 Abs. 2 WHG, der den Wortlaut des überkommenen § 1a Abs. 3 WHG schlicht übernommen hat, nichts geändert[781]. Die Norm bedient sich unbestimmter Rechtsbegriffe zur Beschreibung des Postulats und will insoweit gerade keine abschließende Regelung treffen. Sie ist damit zum einen auf Ausfüllung durch die Wasserbehörden bei dem Vollzug der ortsnahen Wasserversorgung ausgerichtet[782]. Zum anderen bedarf etwa der rechtlich unscharfe Begriff der Ortsnähe einer Definition, die bisher bundesrechtlich nicht existiert. Die Ausformulierung ist daher noch durch den Landesgesetzgeber möglich. Würde man § 50 Abs. 2 WHG dagegen als abschließende Regelung verstehen, würde deswegen ein Verstoß gegen das verfassungsrechtliche Bestimmtheitsgebot vorliegen[783].

Weitergehende Regelungen auf Ebene der Landeswassergesetze werden nahezu zwangsläufig weiterhin unterschiedliche Ausgestaltungen des Nähegrundsatzes in den Bundesländern zur Folge haben.

---

778 BVerfG, Beschl. v. 09.02.1972, 1 BvR 111/68, BVerfGE 32, 319 (327); BVerfG, Beschl. v. 07.05.1994, 2 BvL 17/73, BVerfGE 37, 191 (198f.).

779 BVerfG, Urteil v. 27.05.2005, 1 BvR 668/04, BVerfGE 113, 348.

780 BVerfG, Urteil v. 30.05.1956, 1 BvF 3/53, BVerfGE 5, 25; BVerfG, Urteil v. 26.07.1972, 2 BvF 1/71, BVerfGE 34, 9 (27).

781 Ebenso Czychowski/Reinhardt, Wasserhaushaltsgesetz, 10. Auflage, § 50 Rdnr. 28.

782 So etwa die konkrete Abwägung im Rahmen des Vorrangs und ebenso Bestimmung des Wasserbedarfs.

783 Siehe auch 5. Teil, D. II. Bestimmtheitsgebot.

Dabei ist allerdings zu berücksichtigen, dass jedenfalls hinsichtlich der bereits erschöpfend geregelten Teile des § 50 Abs. 2 WHG eine landesrechtliche Weiterentwicklung des Grundsatzes der ortsnahen Wasserversorgung nicht zulässig ist. Dies betrifft im Wesentlichen die konkrete Ausgestaltung der Voraussetzungen der rechtmäßigen Abweichung von einer ortsnahen Wasserversorgung. Hierzu beziehen einige Landesgesetze über die Ausfüllung des Wohls der Allgemeinheit fachfremde Belange in die tatbestandliche Abwägung für und wider die ortsnahe Wasserversorgung ein[784]. Die Möglichkeiten des Abweichens von einer grundsätzlichen ortsnahen Wasserversorgung werden so ausgeweitet. Im Gegensatz dazu beschränkt sich das Wasserhaushaltsgesetz auf die Betrachtung lediglich wasserrechtlich intendierter Belange[785]. Damit ergibt sich bereits aus dem Normkontext, dass der Bundesgesetzgeber eine abschließende Voraussetzung für die mögliche Abweichung von einer ortsnahen Wasserversorgung vorgezeichnet hat. Eine entsprechende Abweichung ließe sich auch dann nicht rechtfertigen, wenn im Übrigen die weitergehende Ausgestaltung des Begriffs Wohl der Allgemeinheit durch die Landesgesetzgeber an anderer Stelle erfolgt. Es spielt daher auch keine Rolle, ob man den Begriff des Wohls der Allgemeinheit einer zulässigen Ausfüllungsbefugnis durch die Länder unterstellen will. Denn auch hier greift der Vorbehalt des Art. 72 Abs. 3 Nr. 5 GG, wonach von der anlagenbezogenen Regelung des § 50 Abs. 2 WHG nicht abgewichen werden darf. Eine solche Abweichung verbietet sich auch mittelbar durch Schaffung entsprechender gesetzlicher Rahmenbedingungen. Andernfalls bestünde im Ergebnis für jede Vorgabe des Wasserhaushaltsgesetzes, die auf eine grundlegende Vorgabe abstellt, eine Abweichungsmöglichkeit durch zeitlich nachfolgendes Landesrecht.

Im Übrigen bleibt dem Bundesgesetzgeber die Möglichkeit, im Wege der »lex posterior«-Regelung im Nachhinein eine regelungsfeste, nämlich abschließende Normierung des Grundsatzes der ortsnahen öffentlichen Wasserversorgung zu treffen, wie sie bereits mit der vorliegenden Arbeit vorgeschlagen wurde[786].

784 Vgl. hierzu zuvor, 6. Teil, B. Umsetzungsdivergenz.
785 Hierzu 4. Teil, E. I. Umfang des Allgemeinwohlbegriffs im Wasserhaushaltsgesetz.
786 5. Teil, D. III. Lösungsansatz.

Fazit und Zusammenfassung in Thesen

Insgesamt ist festzuhalten, dass die mittlerweile in § 50 Abs. 2 WHG vorliegende Regelung der ortsnahen Wasserversorgung für sich genommen eine begrüßenswerte Entwicklung im Wasserrecht darstellt. Die hierdurch verankerte Verantwortungszuweisung an die Wassernutzer kann zu einem bewussteren und ressourcenschonenden Umgang mit dem überragend wichtigen Umweltgut Trinkwasser beitragen. Dabei ist positiv zu bewerten, dass sich das Nutzungsverhalten der Wassernutzer gerade an dem jeweils vorhandenen Wasserdargebot orientieren soll. Der sprichwörtlich »eigene« Wasserschatz bekommt damit eine herausragende Bedeutung für die Inanspruchnahme der lebensnotwendigen Ressource. Dies verstärkt zwar regionale Unterschiede bei der Nutzbarkeit von Wasser, hierdurch wird aber zugleich dem naturgegebenen Umfeld der betroffenen Wassernutzer Rechnung getragen. Einem sorglosen Umgang mit Trinkwasser, sozusagen nach dem Leitspruch »Wasser kommt aus dem Wasserhahn«, wird damit entgegengewirkt.

Allerdings ist auch festzustellen, dass die bisherige Ausformulierung des Nähegrundsatzes rechtlich wie inhaltlich unzureichend ist. Wegen der vielfach ausfüllungsbedürftigen Regelungsmerkmale des Postulats ist ein rechtssicherer Verwaltungsvollzug der Norm vorerst nicht anzunehmen. Auch die Voraussetzungen eines zulässigen Abweichens von dem Nähegrundsatz lassen eine entsprechende gesetzgeberische Deutlichkeit vermissen. Dies wird in der Folgezeit sehr wahrscheinlich zu einer Vielzahl unterschiedlicher Sachentscheidungen führen, so dass die abschließende Bestimmung des Regelungsinhalts der Anforderungen des § 50 Abs. 2 WHG den Verwaltungsgerichten vorbehalten bleiben wird. Es ist daher auch nach der Neuregelung des Wasserrechts wünschenswert, dass der Gesetzgeber den Grundsatz der ortsnahen Wasserversorgung – wie es für eine Regelung der konkurrierenden Gesetzgebung des Bundes stets angezeigt ist – in eine inhaltlich und rechtlich deutliche Form gießt. Die vorliegende Untersuchung des wasserrechtlichen Nähepostulats hat dazu aufgezeigt, wo die bisherige Gesetzeslage verbesserungsbedürftig ist. Zwar kann sowohl die Einordnung des Grundsatzes wie auch der Großteil seiner Regelungsmerkmale durch juristische Auslegung ermittelt werden. Eine Vielzahl von praxisrelevanten Fragen lässt sich aber nicht erschöpfend beantworten. Die

Entwicklung des Grundsatzes der ortsnahen öffentlichen Wasserversorgung, wie sie sich derzeit in § 50 Abs. 2 WHG manifestiert, dürfte daher noch nicht abgeschlossen sein.

In tatsächlicher Hinsicht ergibt sich, dass eine Rückkehr zu ortsnahen Versorgungsstrukturen in der Regel nicht auf § 50 Abs. 2 WHG begründet werden kann. Daher wird der Grundsatz der ortsnahen Wasserversorgung als Bewirtschaftungsanforderung im Grunde lediglich für zukünftige Gestattungen der Wasserentnahme aus entlegenen Gebieten Bedeutung haben. Angesichts einer gefestigten und durchaus umfangreichen Fernwasserversorgungsstruktur in der Bundesrepublik[787] ist deswegen davon auszugehen, dass durch die Vorgabe der ortsnahen Wasserversorgung eine nennenswerte Änderung in dem Verhalten der Wassernutzer realiter zunächst nicht zu erwarten ist. Der angestrebte Grundwasserschutz dürfte somit allenfalls durch kleinschrittige Lösungen aufgrund der Beschränkung bei dem zukünftigen Zugriff auf neue Wasservorkommen erreicht werden. Der Erfolg des Nähegrundsatzes muss sich dementsprechend langfristig beweisen.

Thesen

Die tragenden Ergebnisse der vorliegenden Untersuchung des Grundsatzes der ortsnahen Wasserversorgung lassen sich in der Reihenfolge ihrer Erarbeitung in folgenden Thesen zusammenfassen.

1. Die Regelungsmerkmale des Grundsatzes der ortsnahen Wasserversorgung sind inhaltlich nicht konkret genug ausformuliert, weswegen eine umfangreiche Auslegung der wesentlichen Merkmale der Norm erforderlich war.
2. Der Grundsatz der ortsnahen Wasserversorgung im deutschen Wasserrecht findet eine entsprechende Regelungsstütze in den Vorgaben der WRRL.
3. Der Vorrang der ortsnahen Wasserversorgung konkretisiert ein Ziel der Gewässerbewirtschaftung, insbesondere für das Grundwasser.
4. Er beschreibt eine grundwasserschützende Maßnahme, wodurch er über die Maßnahmenprogramme und die Bewirtschaftungspläne Eingang in die wasserwirtschaftliche Planung findet.

787 Dazu 1. Teil, A. Realanalyse: Fernwasserversorgungsstruktur in Deutschland.

5. Zugleich stellt der Nähegrundsatz eine konkrete Bewirtschaftungsvorgabe für die ortsnahen Wasservorkommen auf. Damit ist der Grundsatz der ortsnahen Wasserversorgung umfassendes Instrument der Ermessensvorsteuerung der wasserbehördlichen Entscheidung.
6. Die Anforderung der ortsnahen Wasserversorgung als Aspekt der wasserrechtlichen Planung wird über die Festsetzung im Maßnahmenprogramm in die tatbestandlichen Versagungsgründe transportiert und ist von daher im Rahmen des Wohls der Allgemeinheit zu beachten. Danach ist eine Benutzung zu untersagen, die der planerischen Festsetzung der ortsnahen Wasserversorgung widerspricht.
7. Der Nähevorrang hat gestattungsrechtliche Wirkung auf der Tatbestandsseite und auf der Rechtsfolgenseite.
8. Der Vorrang der ortsnahen Wasserversorgung konkretisiert den Gedanken, dass die Kommunen grundsätzlich mit dem ihnen zur Verfügung stehenden Wasser auszukommen haben. Die Vorgabe stellt einen rechtfertigungsbedürftigen Eingriff in die kommunale Selbstverwaltungsgarantie dar, soweit der Bezug von Fernwasser untersagt wird.
9. Der Eingriff in die kommunale Selbstverwaltungsgarantie ist durch die normativ vorgezeichnete Berücksichtigung entgegenstehender Gemeinwohlbelange und innerhalb der Vertretbarkeitsgrenze des § 50 Abs. 2 Satz 2 WHG verhältnismäßig.
10. Die Wasserbehörde kann über den Wasserbedarf im Wege einer ex-ante Prognose den Zugriff der öffentlichen Wasserversorgung auf entlegene Wasservorkommen regulieren, indem sie einem versorgungsrelevanten Defizit des ortsnahen Wasserdargebots mit einer Einschränkung der zu berücksichtigenden Benutzung begegnet.
11. Bei dem Verweis auf die ortsnahen Wasservorkommen sind wegen der Orientierung an dem vorhandenen Wasserdargebot bestimmte Aspekte der beabsichtigten Wassernutzung nicht berücksichtigungsfähig.
12. Über den gestattungsrelevanten »Wasserbedarf« kann die Wasserbehörde das Wassernutzungsverhalten steuern und zulässige Entnahmekapazitäten planerisch vorgeben.
13. Unter dem Postulat der ortsnahen Wasserversorgung sind wasserintensive (industrielle) Nutzungen des Wassers gegebenenfalls zu vermeiden, hieraus lässt sich der Zugriff auf entlegene Wasservorkommen nicht rechtfertigen. Jenseits der öffentlichen Wasserversorgung können diese Nutzungen weiterhin bedient werden, wenn die Wasserentnahme keine Beeinträchtigung des öffentlichen Wohls – insbesondere der öffentlichen Wasserversorgung – mit sich bringt.

14. Ortsnah ist ein Wasservorkommen, das wenigstens zum Teil innerhalb der Grenzen des zu versorgenden Gemeindegebiets oder innerhalb der Grenzen der an das Versorgungsgebiet angrenzenden Gemeinde liegt. Wird der Wasserbedarf aus Grundwasser gedeckt, sind die auf die Erdoberfläche übertragenen Grenzen des Grundwasservorkommens maßgeblich.
15. Die Wertungen des § 50 Abs. 2 WHG wirken auch außerhalb der Versorgung aus ortsnahen Wasservorkommen fort. Gegenüber der Fernwasserversorgung besteht ein Optimierungsgebot zugunsten der Nutzung möglichst nahegelegener Wasservorkommen im Sinne eines relativen Nähevorrangs.
16. Der Grundsatz der ortsnahen Wasserversorgung zeichnet ein tatbestandliches Regel-Ausnahme-Verhältnis zugunsten der Bedarfsdeckung aus ortsnahen Wasservorkommen vor, das durch die strikte Bindung an die ortsnahen Wasservorkommen im Zusammenspiel mit der Öffnungsmöglichkeit aufgrund entgegenstehender überwiegender Belange des Wohls der Allgemeinheit erreicht wird.
17. Durch das gesetzlich vorgezeichnete Regel-Ausnahme-Verhältnis zugunsten der ortsnahen Wasserversorgung erfolgt eine verfassungskonforme Konkretisierung des Nutzungsvorrangs der öffentlichen Wasserversorgung auf die jeweils ortsnahen Wasservorkommen.
18. Das gesetzlich vorgesehene »Überwiegen« entgegenstehender Gemeinwohlbelange konkretisiert den Abwägungsmaßstab innerhalb des tatbestandlichen Regel-Ausnahme-Verhältnisses zu Gunsten der Bedarfsdeckung aus ortsnahen Wasservorkommen.
19. Das konkrete Merkmal des »Vorrangs« definiert die Leitvorstellung für die Ausübung des Bewirtschaftungsermessens im Sinne der ortsnahen Wasserversorgung. Der wörtliche »Vorrang« der ortsnahen Wasserversorgung stellt innerhalb des Bewirtschaftungsermessens eine Abwägungskonkretisierung zugunsten der Versorgung aus ortsnahen Wasservorkommen gegenüber sonstigen Belangen dar, die nicht bereits im Rahmen des § 12 Abs. 1 Nr. 2 WHG zu berücksichtigen sind.
20. Gegenüber einer ortsnahen Wasserversorgung überwiegende Belange des Wohls der Allgemeinheit sind nur solche mit unmittelbarem wasserrechtlichem Bezug (enge Auslegung).
21. Soweit einer ortsnahen Wasserversorgung finanzielle Aspekte einer Kommune als Träger der öffentlichen Wasserversorgung entgegenstehen, konkretisiert sich der Vorrang der ortsnahen Wasserversorgung in einer Kosten-Nutzen-Abwägung, die aufgrund der Verknüpfung mit

den Belangen der öffentlichen Wasserversorgung im Rahmen der widerstreitenden Gemeinwohlgüter vorzunehmen ist.

22. Für die Kosten-Nutzen-Abwägung gilt: je umfangreicher die Belastung des Wasserhaushalts durch eine Beanspruchung entlegener Wasservorkommen ist, desto höher sind die (finanziellen) Anforderungen an die Träger der öffentlichen Wasserversorgung, um zunächst die »eigenen« Ressourcen zu nutzen oder nutzbar zu machen. Ein hierfür vertretbarer Aufwand liegt dann nicht mehr vor, wenn auch bei Einsatz erheblicher finanzieller Mittel ein ausreichendes Schutzniveau für das Wasser nicht erreichbar ist.
23. § 12 Abs. 1 Nr. 2 WHG gibt den Wasserbehörden lediglich eine formale Prüfungskompetenz für die Einhaltung sonstiger öffentlich-rechtlicher Vorschriften.
24. Im Falle der Nichtgestattung der Wasserentnahme aus ortsnahen Wasservorkommen nach § 12 Abs. 1 Nr. 2 WHG wird die Versorgung aus entlegenen Gebieten zulässig. Der Versagungsgrund des § 12 Abs. 1 Nr. 2 WHG tritt so in tatsächlicher Hinsicht als weitere Rechtfertigung für die Abkehr von der ortsnahen Wasserversorgung neben die in § 50 Abs. 2 WHG benannten Gründe des Wohls der Allgemeinheit.
25. Aufgrund § 12 Abs. 1 Nr. 2 WHG kommt es zu einer teilweisen Verschiebung der Prüfung außerhalb des Wasserrechts stehender Belange in der wasserbehördlichen Entscheidung. Entgegen der ursprünglichen Vorgaben des überkommenen Wasserhaushaltsgesetzes werden diese Belange nicht mehr mit dem Regel-Ausnahme-Verhältnis zugunsten der ortsnahen Wasserversorgung konfrontiert. Es erfolgt eine Aufweichung des Nähegrundsatzes.
26. Der Grundsatz der ortsnahen Wasserversorgung wird regelmäßig bei dem Zugriff auf entlegene Wasservorkommen relevant. Die Wasserbehörde am Ort der beabsichtigten Wasserentnahme hat im Sinne einer Negativprüfung nachzuhalten, ob die Versorgung aus entlegenen Gebieten ausnahmsweise zulässig ist. Zur Vermeidung widersprüchlicher Entscheidungen sollte die Versagung der Fernwasserversorgung im Benehmen mit der für das ortsnahe Wasservorkommen zuständigen Wasserbehörde ergehen.
27. Mit Einführung des Nähegrundsatzes stellt die öffentliche Wasserversorgung aus entlegenen Gebieten ohne ausreichende gemeinwohlintendierte Begründung einen den bestehenden Bewirtschaftungsanforderungen widersprechenden Zustand dar, wodurch das wasserrechtliche Wohl der Allgemeinheit betroffen ist.

28. Eine Rückführung der Versorgungsstruktur hin zu einer ortsnahen Wasserversorgung ist mit dem Grundsatz der ortsnahen Wasserversorgung nicht durchsetzbar.
29. Die bestehende Regelung des § 50 Abs. 2 WHG ist defizitär und bedarf einer inhaltlichen Neufassung. In der jetzigen Ausformulierung verstößt § 50 Abs. 2 WHG gegen das Bestimmtheitsgebot und ist verfassungswidrig.
30. Der Grundsatz der ortsnahen Wasserversorgung ist abweichungsfest im Sinne des Art. 72 Abs. 3 Nr. 5 GG.

Literaturverzeichnis

Beckmann, Martin: Die Umweltverträglichkeitsprüfung und das rechtssystematische Verhältnis von Planfeststellungsbeschlüssen und Genehmigungsentscheidungen, Die Öffentliche Verwaltung 1987, S. 944 – 953.

Berendes, Konrad: Wasserhaushaltsgesetz, Berlin 2010.

Berendes, Konrad/Frenz, Walter/Müggenborg, Hans-Jürgen: Wasserhaushaltsgesetz, Berlin 2011.

Brandt, Edmund/Ruchay, Dietrich/Weidemann, Clemens: Kommentar zum Kreislaufwirtschafts- und Abfallgesetz LsBlS, Band 1, München 1997.

Breuer, Rüdiger: Öffentliches und Privates Wasserrecht, 2. Auflage, München 1986.

derselbe: Öffentliches und Privates Wasserrecht, 3. Auflage, München 2004.

derselbe: Wasserpreise und Kartellrecht, Neue Zeitschrift für Verwaltungsrecht 2009, S. 1249 – 1255.

Brockhaus Enzyklopädie, Band 23, US – WEJ, 19. Auflage, Mannheim 1994.

Büllesbach, Rudolf: Die wasserrechtliche Gemeinwohlklausel – Auch heute noch ein Rätsel?, Die Öffentliche Verwaltung 1992, S. 477 – 485.

Bulling, Manfred v./Finkenbeiner, Otto: Wassergesetz des Landes Baden-Württemberg, Kommentar zum BWWG, LsBlS, 3. Auflage, Stuttgart u.a. 2003.

Czychowski, Manfred/Reinhard, Michael: Wasserhaushaltsgesetz, Kommentar zum Wasserhaushaltsgesetz, 8. Auflage, München 2004.

dieselben: Wasserhaushaltsgesetz, Kommentar zum Wasserhaushaltsgesetz, 9. Auflage, München 2007.

dieselben: Wasserhaushaltsgesetz, Kommentar zum Wasserhaushaltsgesetz, 10. Auflage, München 2010.

Die Große Bertelsmann Lexikothek, Naturwissenschaft und Technik, Band 3, Gütersloh 1985.

Die Große Bertelsmann Lexikothek, Band 15, Veno – zZ, Gütersloh 1986.

Driehaus, Hans-Joachim: Kommentar zum Kommunalabgabenrecht, LsBlS., Band I.

derselbe: Kommentar zum Kommunalabgabenrecht, LsBlS., Band II

Feustel, Martin/Plaßky, Barbara: Wasserrecht des Freistaates Thüringen, Kommentar zum Thüringischen Wassergesetz, 1. Auflage 1994

Fischer, Martin/Zwetkow, Katrin: Systematisierung der derzeitigen Privatisierungsmöglichkeiten auf dem deutschen Wassermarkt – Trennung von Netz und Betrieb als zusätzliche Option?, Neue Zeitschrift für Verwaltungsrecht 2003, S. 281 – 291.

Franz, Thorsten: Die Normstruktur von Erlaubnis und Bewilligung, Verwaltungsarchiv 2003, S. 192 – 221.

Gassner, Erich: Die rechtliche Relevanz der Grundwasserentnahme im Rahmen der naturschutzrechtliche Eingriffsregelung, Natur und Recht 1999, S. 378 – 384.

Giesbert, Ludger/Reinhardt, Michael: Umweltrecht, Beckscher Onlinekommentar, Stand: 01.07.2012.

Habel, Wolfgang/Zeppernick, Volker: Kommentar zum Sächsischen Wassergesetz, Dresden 2004.

Hasche, Frank: Das zweistufige Bewirtschaftungsermessen im Wasserrecht – das planerische Bewirtschaftungsermessen und das Gestattungs-Bewirtschaftungsermessen, Zeitschrift für Wasserrecht 2004, S. 144 – 174.

Hendler, Reinhard/Grewing, Cornelia: Der Grundsatz der ortsnahen Versorgung im Wasserrecht, Zeitschrift für Umweltrecht 2001 (Sonderheft), S. 146 – 152.

Honert, Siegfried/Rüttgers, Jürgen: Landeswassergesetz NRW, 4. Auflage, Köln 2001.

Hoppe, Werner/Beckmann, Martin: Rechtliche Möglichkeiten des internationalen Austausches von Abfällen und Recycling-Produkten, Deutsche Verwaltungsblätter 1995, S. 817 – 825.

Jarras, Hans D.: Festlegung von Einzugsbereichen für Abfallentsorgungsanlagen, Deutsche Verwaltungsblätter 1991, S. 7 – 13.

derselbe: Kommentar zum Bundes-Immissionsschutzgesetz, 7. Auflage, München 2007.

derselbe/Pieroth, Bodo: Grundgesetz für die Bundesrepublik Deutschland, 8. Auflage, München 2002.

Keppeler, Jürgen: Zur Versagung wasserrechtlicher Gestattungen nach § 6 WHG, Neue Zeitschrift für Verwaltungsrecht 1992, S. 137 – 141.

Kibele, Karlheinz: Paradigmenwechsel in der Wasserwirtschaft: Das Recht der Wasserversorgung nach der Wassergesetz-Novelle von 1995, Verwaltungsblätter für Baden-Württemberg 1997, S. 121 – 126.

Koch, Hans-Joachim: Umweltrecht, 2. Auflage, Neuwied 2007.

Knopp, Günther-Michael: Die Umsetzung der Wasserrahmenrichtlinie im deutschen Wasserrecht, Zeitschrift für Umweltrecht 2001, S. 368 – 380.

Kopp, Ferdinand O./Ramsauer, Ulrich: Kommentar zum Verwaltungsverfahrensgesetz, 10. Auflage, München 2008.

Kotulla, Michael: Wasserhaushaltsgesetz, Kommentar zum Wasserhaushaltsgesetz, 1. Auflage, Stuttgart 2003.

derselbe: Wasserhaushaltsgesetz, Kommentar zum Wasserhaushaltsgesetz, 2. Auflage, Stuttgart 2011.

derselbe: Rechtliche Instrumente des Grundwasserschutzes, Berlin 1999.

derselbe: Das Wasserhaushaltsgesetz und dessen 7. Änderungsgesetz, Neue Zeitschrift für Verwaltungsrecht 2002, S. 1409 – 1420.

derselbe: Umweltschutzgesetzgebungskompetenzen und »Föderalismusreform«, Neue Zeitschrift für Verwaltungsrecht 2007, S. 489 – 495.

derselbe: Die staatliche Verantwortung für den Gewässerschutz und die Wasserversorgung, Tagungsband des MUNLV NRW »Staatlicher und Europäischer Umweltschutz im Widerstreit«, Umweltrechtstage 2001.

Landmann, Robert von/Rohmer, Gustav: Umweltrecht, Elektronische Fassung Beck-Online, Stand: 65. Ergänzungslieferung 2012.

Larenz, Karl/Canaris, Claus-Wilhelm: Methodenlehre der Rechtswissenschaft, 5. Auflage, Berlin 1983.

Laskowski, Silke R.: Die deutsche Wasserwirtschaft im Kontext von Privatisierung und Liberalisierung, Zeitschrift für Umweltrecht 2003, S. 1 – 10.

Lehn, Helmut/Steiner, Magdalena/Mohr, Hans: Wasser – die elementare Ressource, Leitlinien einer nachhaltigen Nutzung, Berlin u.a. 1996.

Lersner, Heinrich v./Berendes, Konrad/Reinhardt, Michael: Handbuch des Deutschen Wasserrechts, LsBlS, Berlin.

Leßmann, Bernd/Scharpff, Hans-Jürgen/Wedel, Angelika/Wiegand, Klaus: Grundwasser im Vogelsberg, 1. Auflage 2000, Hessisches Landesamt für Umwelt u. Geologie und Forsten.

Liedtke, Herbert/Mäusbacher, Roland/Schmidt, Karl – Heinz: Nationalatlas der Bundesrepublik Deutschland des Institutes für Länderkunde, Band 2 – Relief, Boden und Wasser, Heidelberg u.a. 2003.

Löwer, Wolfgang: Energieversorgung zwischen Staat, Gemeinde und Wirtschaft, Deutsche Verwaltungsblätter 1991, S. 132 – 142.

Lotze, Andreas/Reinhardt, Michael: Die kartellrechtliche Missbrauchskontrolle bei Wasserpreisen, Neue Juristische Wochenschau 2009, S. 3273 – 3278.

Lübbe-Wolff, Gertrude: Wasserschutzgebiet bei vorhandener Bebauung, Zeitschrift für Umweltrecht 1994, S. 177 – 184.

Markopoulos, Titos: Rechtliche Ge- und Verbote bei der Öffnung der Wasserversorgungsmärkte, Kommunaljurist 2012, S. 361 – 367.

Münch, Ingo v./Kunig, Philip: Kommentar zum Grundgesetz, Band 3, Artikel 70 – 146, 3. Auflage, München 1996.

Ossenbühl, Fritz: Rechtliche Aspekte der Elektrizitätsversorgung in den neuen Bundesländern, Die öffentliche Verwaltung 1992, S. 1 – 10.

Reinhard, Michael: Neuere Entwicklungen im wasserhaushaltsgesetzlichen Bewirtschaftungssystem unter besonderer Berücksichtigung des Bergbaus, Natur und Recht 2004, S. 82 – 89.

Salzwedel, Jürgen: Ausweisung von Wasserschutzgebieten und verwaltungsgerichtliche Nachprüfung – Zur Funktion besondere Schutzanordnungen vor dem Hintergrund verschärfter Flächendeckender Anforderungen an den Gewässerschutz, Zeitschrift für Wasserrecht 1992, S. 397 – 411.

Scherer-Leydecker, Christian: Europäisches Abfallrecht – Seine Umsetzung und Anwendung in Deutschland, Neue Zeitschrift für Verwaltungsrecht 1999, S. 590 – 596.

Schmalz, Reinhard: Ressourcenschonung im liberalisierten Wassermarkt, Zeitschrift für Umweltrecht 2001 (Sonderheft), S. 152 – 156.

Schulze-Fielitz, Helmuth: Umweltschutz im Föderalismus - Europa, Bund und Länder, Neue Zeitschrift für Verwaltungsrecht 2007, S. 249 – 259.

Sieder, Frank/Zeitler, Herbert/Dahme, Heinz: Kommentar zum Wasserhaushalts- und Abwasserabgabengesetz, LsBlS, Band 1, München 2003.

Siedler, Frank/Zeitler, Herbert: Wasserhaushalts- und Abgabengesetz, Elektronische Fassung Beck-Online, Stand: 43. Ergänzungslieferung 2012.

Sparwasser, Reinhard/Engel, Rüdiger/Vosskuhle, Andreas: Umweltrecht, Grundzüge des öffentlichen Umweltschutzrechts, 5. Auflage, Heidelberg 2003.

Thurn, Peter: Schutz natürlicher Gewässerfunktionen durch räumliche Planung, Möglichkeiten im Bereich des Wasserhaushalts- Naturschutz- und Raumordnungsrechts, Münster 1986.

Treuner, Peter: Handwörterbuch der Raumordnung, 2. Auflage, Hannover 1995.

Weigt, Bodo: Wasserwirtschaft in urbanen Räumen, Anforderungen und Lösungsansätze zur Nachhaltigkeit, Berlin 1998.

Weiß, Matthias: Möglichkeiten und Grenzen des leitungsgebundenen Fernwassertransports (Langfassung), Umweltmagazin 12/2001.

Wilmowsky, Peter v.: Das Nähe- oder Optimierungsprinzip des Europäischen Abfallrechts, Neue Zeitschrift für Verwaltungsrecht 1999, S. 597 – 600.

Wolff, Heinrich Amadeus/Decker, Andreas: Studienkommentar zur Verwaltungsgerichtsordnung und zum Verwaltungsverfahrensgesetz, 1. Auflage, München 2005.

Ziekow, Jan: Kommentar zum Verwaltungsverfahrensgesetz, Stuttgart 2006.